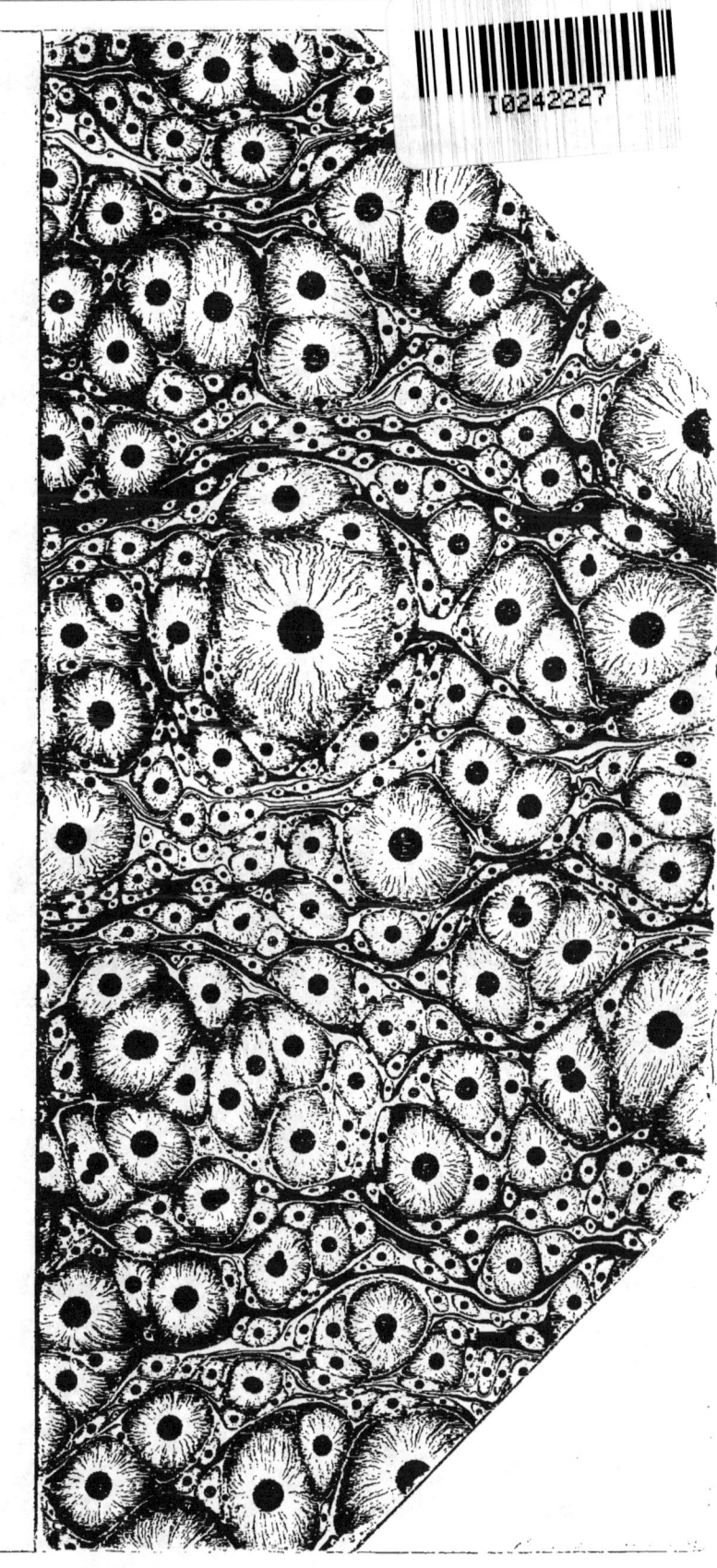

Comte Gaston de Thannberg.

JOURNAL

DU

MARQUIS DE DANGEAU

AVEC LES ADDITIONS

DU DUC DE SAINT-SIMON

TYPOGRAPHIE DE H. FIRMIN DIDOT. — MESNIL (EURE).

JOURNAL
DU
MARQUIS DE DANGEAU

PUBLIÉ EN ENTIER POUR LA PREMIÈRE FOIS

PAR

MM. EUD. SOULIÉ ET L. DUSSIEUX

AVEC LES

ADDITIONS INÉDITES

DU

DUC DE SAINT-SIMON

PUBLIÉES

PAR M. FEUILLET DE CONCHES

TOME DIX-NEUVIÈME
TABLE GÉNÉRALE ALPHABÉTIQUE

PARIS

FIRMIN DIDOT FRÈRES, FILS ET Cⁱᴱ, LIBRAIRES

IMPRIMEURS DE L'INSTITUT DE FRANCE

RUE JACOB, N° 56

1860

TABLE
DU JOURNAL DE DANGEAU.

NOTE DES ÉDITEURS.

En terminant cette publication par une table alphabétique générale des noms et des matières mentionnés dans le *Journal de Dangeau* et dans les **Additions de Saint-Simon**, nous croyons devoir donner les raisons qui nous ont fait préférer cette forme à celle des tables analytiques, ordinairement adoptée pour les collections de Mémoires.

Nous avons dit dans notre Avertissement (tome Ier, page vi) que Saint-Simon avait composé lui-même pour chaque année du *Journal de Dangeau* des tables divisées sous les titres de : *Morts, Mariages, Grâces et disgrâces,*

Nouvelles, Rangs, Honneurs, Démêlés, Préséances, Familles, etc. Une table particulière des *Additions* se trouve aussi en tête de chaque année du manuscrit annoté par Saint-Simon. Nous avions d'abord pensé à refondre toutes ces tables dans un ordre alphabétique général et à donner ainsi une table de Dangeau faite par Saint-Simon lui-même, mais nous avons reconnu que ce volumineux travail, triple en étendue de la table des *Mémoires de Saint-Simon,* qui à elle seule forme un volume entier, ne suffirait même pas à toutes les recherches qu'on peut avoir à faire dans le *Journal de Dangeau.* En effet, l'abondance et la diversité des noms et des faits qui s'y trouvent consignés chaque jour nécessiteraient, pour une table complète, la réimpression du *Journal* par ordre alphabétique, ce qui est inadmissible. L'ordre chronologique naturellement et rigoureusement suivi par Dangeau rend déjà très-faciles la plus grande partie des recherches en se reportant à la date des événements. Il est certain que pour qui aura besoin de connaître les faits relatifs au roi, aux princes de la maison royale, aux ministres, à tous ceux dont le nom se trouve répété presque à chaque page, il faudra lire l'ouvrage tout entier. Il n'en est pas de même pour les noms qui ne s'y rencontrent qu'incidemment; il est nécessaire de pouvoir les trouver sans être obligé de feuilleter les dix-huit volumes, et ce sont les recherches de ce genre que nous avons voulu faciliter par une table analogue à celle du P. Anselme pour son *Histoire généalogique et chronologique de la maison royale de France.* Il eût été puéril, par exemple, de donner pour Mme de

Maintenon, qui se trouve nommée presque à chaque page jusqu'à l'époque de la mort de Louis XIV, plusieurs colonnes de chiffres qui n'auraient été d'aucune utilité, tandis que pour Mme de Montespan, dont on voit le nom disparaître peu à peu, on trouvera à la table l'indication de toutes les pages où elle est mentionnée. Pour les prélats, qui sont presque toujours cités au nom de leurs archevêchés ou évêchés, nous les avons rétablis à leur nom de famille, et nous avons agi de même pour les souverains étrangers. Nous avons aussi indiqué dans notre table les pièces de théâtre, les jeux et quelques autres matières.

Nous avons voulu qu'on pût facilement trouver dans le *Journal de Dangeau* tout ce qui peut raisonnablement entrer dans une table, et dans les *Additions de Saint-Simon* tout ce qui peut en faciliter la comparaison avec le texte de ses *Mémoires*. Ce travail long et pénible satisfera, nous l'espérons, à toutes les exigences de cette importante publication.

E. S.-L. D.

Quelques articles de cette table ayant été oubliés dans le classement général se trouvent rétablis dans le SUPPLÉMENT *qui la termine, et qu'il sera toujours nécessaire de consulter pour les recherches.*

TABLE

GÉNÉRALE ALPHABÉTIQUE

DES NOMS ET DES MATIÈRES

MENTIONNÉS DANS LE JOURNAL DU MARQUIS DE DANGEAU

ET DANS LES ADDITIONS DU DUC DE SAINT-SIMON.

(Le chiffre romain indique le tome et le chiffre arabe la page.)

A.

ABAFFI (Michel), prince de Transylvanie, II, 60.
ABEILLE (Abbé), X, 47, 93; XVII, 294.
ABENSUR, juif, XI, 265.
ABINGDON (Comte d'), XV, 210.
ABINGDON (Comtesse d'), XIII, 321.
ABLÈGES (M. d'), II, 158; XII, 40; XIII, 445.
ABLEIGES-MAUPEOU (M. d'), III, 412.
ABRAHAM, chef des fanatiques du Languedoc, XIII, 271.
ABO (D'), gentilhomme de M. le comte de Toulouse, XVI, 323.
ABRANTÈS (Duc d'), VII, 441.
Absalon, tragédie, VIII, 270, 294, 309, 332.
ABZAC (M. d'), XIV, 480.
Académie française, V, 67; XV, 147.
ACCIAIOLI (Cardinal), VII, 428; XVIII, 19.
ACHMET II, sultan, V, 136, 173.
ACHMET III, sultan, IX, 313, 345, 394; XI, 84, 267; XII, 87, 117; XIII, 85, 118, 236, 309, 315, 326, 350, 358, 479; XIV, 8, 16, 27, 43, 55, 132, 151, 157, 317, 333, 335, 391, 395, 405, 454, 462, 475; XV, 19, 58; XVII, 132, 320, 333, 411.

Achy (M. d'), III, 328 ; IV, 385 ; V, 342 ; VIII, 303 ; IX, 43 ; X, 165 ; XI, 46, 68, 69.

Acier (M. d'), IV, 333.

Acigné (Comtesse d'), XV, 393.

Acigné (Mlle d'), I, 38 ; XVI, 317.

Acis (Chevalier d'), II, 162.

Acis et Galatée, opéra, I, 381, 388, 416.

Acy (M. d'), VII, 122 ; XVII, 166, 168.

Acuna (Famille d'), XIII, 303.

Acunha (M. d'), XIV, 153.

Adam (Mme), XV, 390.

Adelman (Le P.), II, 59, 60.

Adhémar (Comte d'), XV, 31. *Voy.* Grignan.

Adine, directeur de la banque, XVIII, 249.

Adoncourt (M. d'), XV, 275 ; XVII, 439.

Adoration de la Croix (Cérémonie de l'), IX, 463.

Adrets (Baron des), I, 286 ; III, 166, 167.

Adrets (Chevalier des), IV, 163, 306.

Affry (M. d'), capitaine au régiment des gardes suisses, XII, 131, 447 ; XV, 207, 302, 314.

Agara (Mlle), femme de chambre de la dauphine ; VI, 224.

Agathange (Le P.), VII, 102.

Agde (Évêque d'). *Voy.* Feuquières et Fouquet.

Agen (Évêque d'). *Voy.* Hébert et Mascaron.

Agenois (Comte d'), X, 208 ; XI, 220 ; XV, 107 ; XVII, 7, 355, 357, 361.

Agenois (Mme d'), X, 209.

Agnan, médecin, XVI, 135.

Agnès (La mère), II, 303 ; III, 406.

Agnès (M. des), avocat général de la cour des aides, VIII, 27.

Agousto (Don Antonio d'), I, 282, 333.

Agrin (M. d'), XIII, 283.

Agrippine (Bains d'), à Marly, V, 449.

Aguesseau (D'). *Voy.* Daguesseau.

Aguets (M. des), I, 337 ; X, 105.

Aguilar (Comte d'), VI, 163 ; VII, 414, 441 ; VIII, 284 ; IX, 206 ; X, 6, 15, 27, 428, 441, 476, 481, 483 ; XII, 394, 467 ; XIII, 4, 35, 47, 265 ; XIV, 44. *Voy.* Fricillana.

Aguirre (Le P. d'), Espagnol, I, 384 ; cardinal, VII, 151.

Aides (M. des), colonel réformé de dragons, V, 286, 288 ; VIII, 351 ; IX, 426 ; brigadier, 440, 443.

Aigle (Abbé de l'), XIII, 76.

Aigle (Chevalier de l'), XVI, 387.

Aigle (Marquis de l'), V, 317 ; VI, 431 ; X, 170 ; brigadier d'infanterie, XII, 130 ; XIV, 130, 144, 366.

Aigle (Marquise de l'), VI, 62, 66, 69, 141 ; VIII, 23 ; XII, 459 ; XV, 164.

Aigle (Mlle de l'), VIII, 16, 55 ; XIV, 13, 25.

Aignan (Abbé), VIII, 137.

Aigneux (M. d'), III, 166.

AIGREBERS (M. d'), IV, 231, 384 ; brigadier de cavalerie, XII, 319.
AIGUILLE (M. d'), XVIII, 9.
AIGUILLON (Duchesse d'), IV, 130 ; X, 202.
AILLION (D'), capitaine du Vexin, XI, 446.
AILLY (M. d'), III, 166 ; XI, 364.
AILSBURY (Milord), VI, 300.
AIMAR (Abbé), V, 126.
Aire (Évêque d'). *Voy*. BEZONS, FLEURIAU D'ARMENONVILLE, FROMENTIÈRES et MATHA.
Aix (Archevêque d'). *Voy*. COSNAC et VINTIMILLE.
AIX (Marquis d'), V, 438.
AIX (M*me* d'). VIII, 66.
ALAIRAC. *Voy*. ALÉRAC.
ALAIS (Comte d'), IX, 252, 414.
Alais (Évêché). *Voy*. ALET.
ALAIS (M*lle* d'), fille du prince de Conty, VII, 130.
ALAMÉDA (Marquis de la), VIII, 58.
ALARD (Le P.). *Voy*. ALLART.
ALARY (Abbé), XVIII, 148, 293.
ALBA (M. d'), brigadier, XVI, 396.
ALBANI, neveu du pape, XIII, 472.
ALBANI, nonce du pape, XIV, 8.
ALBANI (Cardinal), III, 69 ; VII ; 445 ; XVIII, 31.
ALBANI (Dom Annibal), IX, 406 ; XIV, 68.
ALBARÈDE (M. d'), X, 107.
ALBARET (M. d'), IV, 415 ; VI, 340.
ALBARET (M. d'), intendant de Roussillon, X, 454 ; premier président de Perpignan, XIII, 80.
ALBARET (M. d'), fils du président, IX, 430.
ALBE (Duc d'), IX, 148, 214, 320, 325 ; ambassadeur d'Espagne, 346, 348, 476 ; X, 12, 50, 52, 174, 249, 261, 265, 343, 440, 476 ; XI, 10, 36, 85, 238, 249, 253, 299, 362, 452, 456 ; XII, 12, 18, 111, 288, 322, 400, 406, 416, 418, 431, 451, 454, 466, 471 ; XIII, 15, 30, 95, 118, 123, 222, 223, 228, 236, 252, 275, 285, 299, 308, 411, 413.
ALBE (Duchesse d'), IX, 379, 420 ; X, 52, 261, 264, 441 ; XII, 44 ; XIII, 100, 123, 413, 428, 438, 482 ; XIV, 226, 228 ; XVI, 474.
ALBE (Fils du duc d'), VIII, 20, 51.
ALBEMARLE (Duc d'), I, 210 ; II, 234 ; VI, 277, 473 ; VII, 21, 85, 98, 161, 237, 238, 299, 317, 344, 453 ; VIII, 229, 341, 434 ; IX, 64, 74 ; XI, 149, 438 ; XII, 233 ; XIII, 2, 37 ; gouverneur de Tournay, 325, 367, 370, 480 ; XIV, 41, 191, 207, 208 ; XVII, 318.
ALBEMARLE (Duchesse d'), VII, 346, 370, 371, 383 ; VIII, 303 ; XI, 389.
ALBERGOTTI (Chevalier d'), X, 313 ; XVII, 48.
ALBERGOTTI (Comte d'), I, 155 ; II, 123 ; III, 75, 85 ; IV, 111, 137, 138, 307, 334, 342, 442 ; V, 119, 148, 372 ; VI, 352 ; maréchal de camp, 367 ; VII, 221, 463 ; VIII, 32, 93, 170, 176, 265, 268 ; lieutenant général, 304, 320, 347, 453, 469, 476 ; IX, 100, 109, 147, 170, 179, 207, 209, 222, 371, 411 ; X, 85, 151, 170, 201, 298, 313, 374, 387 ; XI, 89, 92, 97, 206, 225, 227, 328,

382, 437, 438 ; XII, 245, 248, 274, 362 ; XIII, 7, 32, 36, 132, 152, 158, 159, 164, 166, 175, 181, 184, 189, 190, 191, 193, 194, 197, 210, 212, 286, 291, 311, 313, 392 ; XIV, 128, 191, 221, 222, 229, 429, 430, 432 ; XV, 314, 396 ; XVII, 48.

ALBERGOTTI (M. d'), brigadier d'infanterie, XII, 477.

ALBERGOTTI (M. d'), le neveu, VI, 58.

ALBERONI (Abbé), XII, 55 ; XIV, 169, 201 ; XV, 159, 336 ; XIV, 406, 416, 421 ; XVII, 9, 54, 123, 137 ; cardinal, 150, 164, 169, 190, 203, 205, 321, 420, 436 ; XVIII, 24, 34, 185, 187, 188, 191, 201, 205, 210, 222, 240, 247, 251, 303.

ALBERT (Chevalier d'), VII, 228, 464 ; VIII, 151.

ALBERT (Comte d'), III, 180 ; IV, 62, 72 ; V, 107, 112, 116, 150, 238, 239, 245, 246, 249, 309 ; VII, 357, 358, 365, 460 ; VIII, 109 ; IX, 52, 159, 381, 382, 383 ; V, 00, 05, 212, 007, XIII, 186, 433 ; XIV, 156 ; XV, 194, 327, 349, 355, 358, 367, 374, 381, 383 ; XVII, 176, 327 ; XVIII, 32, 266.

ALBERT (Marquis d'), V, 250.

ALBICI (Cardinal), I, 63.

ALBON (Chevalier d'), VIII, 453.

ALBON (Marquis d'), II, 167.

ALBREC (M. d'), VI, 146.

ALBRET (Duc d'), I, 137 ; IV, 139, 152, 156, 253, 299, 456 ; V, 101, 174, 317, 350, 353, 354, 359, 361 ; VI, 379, 380, 386 ; VII, 62, 105, 121, 409, 449 ; XI, 74, 276, 309, 346, 360 ; XII, 384 ; XIII, 78, 164, 429 ; XV, 381 ; XVI, 172, 196 ; grand chambellan, 272 ; XVII, 64, 65, 78, 116, 124, 125, 130, 134, 143, 153, 215, 243, 244, 245, 247, 334, 335, 341, 359, 370, 478 ; XVIII, 14, 18, 24, 27, 74, 105, 191, 288, 289, 291, 294.

ALBRET (Duchesse d'), VI, 126, 244 ; VIII, 166, 302, 338 ; XIII, 62 ; XIV, 429 ; XVI, 319, 459 ; XVII, 36, 37, 414, 478 ; XVIII, 73, 74, 76, 296.

ALBRET (Mlle d'), V, 471 ; XVI, 319, 323, 325.

ALBUQUERQUE (Duc d'), VIII, 428 ; vice-roi du Mexique, XI, 311, 345 ; XII, 400.

Alby (Archevêque d'). *Voy.* BERCHÈRE et NESMOND.

ALCANISES (Marquis d'), X, 375.

Alceste, opéra, VII, 221, 224, 225, 228, 232 ; XI, 307.

ALDROVANDI (M.), XV, 427, 429.

ALEFELD (Comte d'), gouverneur du prince de Danemark, IV, 239.

ALÈGRE (Comtesse d'), XV, 266.

ALÈGRE (Marquis d'), III, 75, 110 ; IV, 17, 20, 138 ; maréchal de camp, 254, 258, 259, 383, 478 ; V, 314, 370, 389 ; VI, 370, 469, 471, 473 ; VII, 1, 2, 17, 347 ; VIII, 49, 92 ; lieutenant général, 304, 346, 434 ; IX, 21, 43, 71, 76, 108, 110, 174, 187, 207, 208, 301, 447, 459 ; X, 77, 92, 148, 176, 279, 349, 373, 408, 415, 436 ; XI, 100, 149, 214, 270, 275, 317, 449 ; XII, 216 ; XIII, 436, 486 ; XIV, 239, 316, 444 ; XV, 278, 279, 280, 284 ; XVI, 434 ; XVII, 71, 72, 116, 124, 125, 130, 458.

ALÈGRE (Mme d'), X, 239 ; XIV, 331, 438 ; XVII, 116, 125, 130.

ALÈGRE (M. d'), fils du précédent, X, 322.

ALÈGRE (Mlle d'), V, 309, 314, 344, 345, 370 ; X, 239 ; XIV, 316, 321, 326.

TABLE GÉNÉRALE ALPHABÉTIQUE.

Alègre (M. d'), président à mortier, XVI, 434.
Alègre (Vicomtesse d'), II, 316.
Alencastro (Cardinal d'), IV, 225, 226.
Alençay (D'), I, 27.
Alençon (Charles de Berry, duc d'), XIV, 373-386.
Alérac (Mlle d'), I, 283; II, 373, 389.
Alet (Évêque d'). *Voy.* Fontaine et Maboul.
Alexandre, premier commis de la Guerre, VIII, 163.
Alexandre VIII (Pierre Ottoboni), pape, III, 15, 40, 203, 281, 286.
Alexandre (Le prince). *Voy.* Sobieski.
Alexis Petrowitch, fils du czar Pierre Ier, XIV, 16, 20; XVII, 114, 275, 349, 352.
Alger (Députés d'), I, 134.
Algériens (Paix avec les), III, 5.
Aligny (M. d'), brigadier d'infanterie, IV, 255.
Aligre (Chancelier d'), I, 251.
Aligre (La chancelière d'), I, 121.
Aligre (Le commandeur d'), chef d'escadre, XV, 50.
Aligre (M. d'), I, 200, 244, 253, 265; III, 2, 165; X, 439; XI, 57; XVI, 8.
Aligre (M. d'), conseiller d'État ordinaire, V, 205.
Aligre (D'), maître des requêtes, VIII, 240.
Aligre (M. d'), président à mortier, XII, 296.
Aligre (MM. d'), I, 242.
Aligre (Président d'), XVI, 505; XVII, 370; XVIII, 170, 267, 294.
Aligre (La présidente d'), VIII, 508.
Aligre-Boislandry (M. d'), I, 368.
Alincourt (Marquis d'), I, 70, 112, 130, 146, 148, 202, 203; II, 174, 397, 402; III, 50; IV, 254, 442, 450; X, 124; XIV, 233, 244; XVII, 43, 46, 136, 274; XVIII, 199, 246, 334.
Alipon (D'), mestre de camp, VIII, 294.
Allard (Les), sauteurs, VII, 170, 397; IX, 321; XVII, 403.
Allart (Théodore), évêque de Vence, I, 269.
Allemand (L'), chef des fanatiques, X, 314.
Alléon de Bourdon (Abbé), XVIII, 258.
Alleurs (Des). *Voy.* Desalleurs.
Alluye (Marquis d'), III, 49.
Alluye (Marquise d'), XVII, 58; XVIII, 247, 252.
Almond (Comtesse d'), III, 236; V, 286, 305; VI, 326; VII, 156; IX, 168.
Alon (M. d'), I, 86; III, 75; IV, 284; VIII, 202.
Alphée, opéra, VIII, 176.
Altamira (Comte d'), VI, 423; XIII, 353.
Altamira (Comtesse d'), XV, 345; XVI, 421.
Altermatt, brigadier d'infanterie, X, 166; XVI, 385; XVII, 263, 405.
Althan (Cardinal), XVIII, 171.
Altheim (Comte d'), XVII, 471; XVIII, 149.
Altiéri (Cardinal), II, 468; III, 19, 257, 358; VI, 277, 382, 383.

Alvarès, envoyé d'Espagne, X, 468.
Alwic (Baron d'), envoyé extraordinaire du landgrave de Hesse-Cassel, XV, 371.
Amadieu (Abbé), XI, 352.
Amadis, opéra, I, 131 ; VII, 54 ; XVII, 296.
Amanzé (M. d'), I, 52 ; II, 197, 408 ; IV, 155 ; XI, 36.
Ambleville, bohémien, I, 362.
Amblimont (M. d'), I, 357 ; III, 165 ; IV, 209, 285 ; chef d'escadre, V, 467 ; VI, 97 ; gouverneur de la Martinique, VII, 410.
Amblimont (Mme d'), VIII, 460.
Ambres (Chevalier d'), XIII, 395.
Ambres (Marquis d'), I, 147, 261, 369 ; XIII, 38, 40, 51 ; XIV, 121.
Ambres (Marquise d'), IV, 200.
Ambres (M. d'), fils, XIII, 97.
Amélie (L'impératrice). *Voy.* Guillelmine-Amélie de Hanovre.
Amelot (Abbé), IV, 461.
Amelot (M.), ambassadeur à Venise, I, 60, 62, 419 ; II, 216 ; III, 230 ; V, 262 ; ambassadeur en Suisse, VI, 231, 237, 314 ; conseiller d'État, VII, 156, 342 ; X, 285, 290, 310, 330, 340 ; ambassadeur à Madrid, 345, 366, 388, 498 ; XI, 16, 106, 129, 143, 199 ; XII, 21, 157, 441, 447, 461, 470, 476 ; XIII, 31, 36, 41-44, 142, 234, 421 ; XIV, 392 ; XV, 253, 270, 276, 283, 288, 289, 346, 352, 356, 370, 373, 449 ; XVI, 191, 196, 200, 209, 211, 212, 260, 293, 426 ; XVII, 3, 11, 63, 102, 129, 245 ; XVIII, 201, 296.
Amelot (M.), fils, XI, 465 ; XII, 142.
Amelot (Mlle), XIV, 43.
Amelot de Chaillou (M.), II, 128 ; XVI, 98 ; maître des requêtes, 260 ; XVIII, 309, 326.
Amelot de Gournay (Michel), archevêque de Tours, II, 26.
Amfreville (Marquis d'), I, 107 ; chef d'escadre, II, 57, 147, 410, 477 ; III, 19, 83, 166, 269, 354 ; IV, 25, 193 ; XII, 91 ; XIII, 21.
Amfreville (Mme d'), VI, 275, 315.
Amiens (Évêque d'). *Voy.* Faure et Brou.
Amiens (Vidame d'), V, 197, 304 ; VIII, 152, 313, 324 ; IX, 416, 440, 442 ; X, 125, 198, 234, 288, 320 ; XII, 164, 362, 395 ; XIII, 357 ; XIV, 5. *Voy.* Chaulnes.
Amiens (Mme la vidame d'), XI, 10 ; XII, 29.
Amiral (M. l'). *Voy.* Toulouse (Comte de).
Ammonio, III, 80 ; XVI, 490.
Amont (Chevalier d'), X, 331.
Amurath-Bey, VIII, 464.
Ancelin (Abbé), VI, 208, 220 ; XII, 1.
Ancelin (Humbert), évêque de Tulle, I, 181 ; VIII, 351 ; XVIII, 314.
Ancelin (M.), II, 224.
Ancelin (Mme), nourrice du roi, II, 182.
Ancenis (Duc d'), III, 9.
Ancenis (M. d'), I, 17 ; XII, 309 ; XIII, 449 ; XVI, 235 ; XVII, 103, 144, 394 ; XVIII, 308.
Ancenis (M. d'), brigadier de cavalerie, XIII, 131.

ANCENIS (M. d'), capitaine des gardes du corps, XVII, 445.
ANCENIS (Marquis d'), II, 32 ; mestre de camp , XII, 183, 365, 368, 380 ; XVIII, 6.
ANCENIS (Marquise d'), XIII, 315, 316.
ANCEZUNE (M. d'), V, 166 ; XIII, 375 ; XV, 353, 370, 387, 394 ; XVI, 368 ; XVIII, 238.
ANCEZUNE (Mme d'), XVIII, 238.
ANCOURT (D'). *Voy.* DANCOURT.
ANDENNE (D'), capitaine de vaisseau, II, 417 ; III, 164.
ANDIGNÉ (M. d'), IV, 40 ; maréchal de camp, VIII, 305 ; IX, 32, 295.
ANDLAU (Mme d'), XII, 381.
ANDRÉ (Milord), XV, 94.
ANDRÉ, financier, XVIII, 285.
ANDRÉ (Mlle), XVIII, 284.
ANDREZEL (M. d'), intendant d'armée, IX, 402 ; XI, 58, 227, 483 ; secrétaire du cabinet, XII, 94, 114, 118, 296 ; XIV, 29 ; XVI, 396 ; XVII, 5 ; intendant en Roussillon, XVIII, 45.
Andrienne (*L'*), comédie, IX, 370.
Andronic, tragédie, I, 119.
ANGE (Frère), capucin, III, 60, 65, 71.
ANGELIS (Monsignor des), I, 384 ; cardinal, V, 290.
ANGENNES (Marquis d'), VII, 56, 229 ; IX, 222 ; XII, 164, 228 ; XIII, 37 ; XIV, 127, 130, 144, 327, 331 ; XV, 171 ; XVI, 461, 469, 470.
Angers (Évêque d'). *Voy.* ARNAULD, PELLETIER et PONCET DE LA RIVIÈRE.
ANGERVILLIERS (M. d'), I, 152 ; VII, 342 ; maître des requêtes, VIII, 344 ; X, 293 ; intendant du Dauphiné, 391 ; XII, 168 ; XVI, 206 ; XVII, 198 ; intendant d'Alsace, XVIII, 207, 208.
ANGERVILLIERS (Mme d'), XVII, 465.
ANGLESEY (Comte d'), XV, 210.
ANGLETERRE (Louise-Marie, princesse d'), fille de Jacques II, IV, 157 ; VI, 257 ; VII, 88, 423 ; VIII, 197 ; X, 120, 227, 320, 463 ; XI, 4, 80, 314 ; XII, 66 ; XIII, 322, 385, 440 ; XIV, 130.
Angleterre (Roi d'). *Voy.* CHARLES II, GEORGES Ier, GUILLAUME III, JACQUES II et JACQUES III.
Angleterre (Reine d'). *Voy.* ANNE et MARIE-BÉATRIX-ÉLÉONORE D'ESTE.
Angleterre (La reine douairière d'). *Voy.* CATHERINE DE PORTUGAL.
Angleterre (La feue reine mère d'). *Voy.* HENRIETTE-MARIE DE FRANCE.
ANCLURE (M. d'), II, 366.
ANGOULÊME (Chevalier d'), I, 154, 206 ; III, 193 ; IV, 447, 466 ; VI, 208 ; VII, 118 ; VIII, 202.
ANGOULÊME (Duchesse d'), VI, 240 ; XIV, 460.
Angoulême (Évêque d'). *Voy.* PÉRICARD et REZAY.
ANGRAN (M.), maître des requêtes, XVIII, 130.
ANGUIEN. *Voy.* ENGHIEN.
ANHALT (Prince d'), III, 11 ; X, 399, 403, 411 ; XI, 18, 338 ; XV, 391.
ANHALT-DESSAU (Prince d'), général des troupes de Brandebourg, XIII, 321, 342.
ANION (D'), colonel, I, 52.

ANJOU (Louis de France, duc d'), XIII, 102, 138; XIV, 109, 110. *Voy.* Louis XV.
ANJOU (Philippe de France, duc d'), I, 172 à VII, 418. *Voy.* PHILIPPE V.
ANLEZY (Chevalier d'), X, 169; XI, 386.
ANLEZY (M. d'), VIII, 283; IX, 139; XII, 361, 362, 364; XIII, 24, 29; XIV, 15.
ANNANDALE (Milord), XV, 153.
ANNE, reine d'Angleterre, VIII, 372, 376, 420, 433, 464; IX, 190, 262, 316, 377, 408, 426, 429; X, 47, 116, 119, 200; XI, 203, 335, 479; XII, 94, 111, 116, 139, 222, 290, 345, 351; XIII, 104, 203, 214, 263, 266, 271, 282, 289, 298, 345, 371, 400, 483, 487; XIV, 1, 10, 11, 12, 21, 24, 25, 27, 35, 37, 40, 42, 44, 48, 65, 143, 151, 161, 197, 207, 252, 263, 321, 332, 340, 365, 369, 391, 452, 456; XV, 58, 210; XVI, 34. *Voy.* DANEMARK (Anne, princesse de).
ANNE D'AUTRICHE, reine de France, I, 102; II, 135, 298; XVI, 341.
ANNE-CÉCILE (Sœur), religieuse de Port-Royal, XIII, 60.
ANNE-MARIE (Sœur), religieuse de Port-Royal, XIII, 60.
ANNE-MARIE D'ORLÉANS, duchesse de Savoie, puis reine de Sardaigne, nommée d'abord *Mademoiselle*, puis *Madame Royale* et *Madame la Duchesse royale*, femme de Victor-Amédée II, I, 2, 5, 11, 151, 187, 265, 277; III, 51, 154; IV, 209, 242, 379; V, 209, 235; VI, 114, 227, 228, 447; VII, 82; VIII, 94, 442; IX, 185; X, 420, 494; XI, 135, 153; XIV, 479; XVII, 311.
Anneau tournant (Jeu de l'), II, 337.
ANNISSON, négociant, XVIII, 327.
Annonciade (Ordre de l'), VI, 54.
ANSELIN. *Voy.* ANCELIN.
ANSELME (Abbé), I, 311, 312, 315; IV, 263, 280; V, 77, 147; VI, 349, 452, 472; VII, 69, 94; IX, 350; XII, 322, 335.
ANSPACH (Prince d'), VI, 454; VII, 1, 18, 40; IX, 22, 35, 167.
ANSPACH (Princesse d'), X, 440.
ANTIN (Marquis d'), I, 50, 52, 130, 266, 319, 320, 366, 372, 373, 374; II, 25, 42, 80, 100, 123, 172, 200, 201, 203, 308, 348, 358, 406; III, 124, 149, 229, 438; IV, 254, 294, 409, 437, 442, 461; V, 16, 105, 177, 298, 342, 350, 385; VI, 38, 51, 370, 421, 430, 432, 447; VII, 141, 237, 243, 257, 356, 410; duc, VIII, 23, 93, 256, 260, 346; IX, 53, 70, 72, 108, 343, 378, 459; X, 79, 104, 320, 466; XI, 34, 46, 239, 287, 375, 377, 380, 407, 417, 461, 473, 494; XII, 27, 108, 144, 158, 160, 161, 182, 211, 306, 327, 433; XIII, 60, 63, 127, 128, 154, 241, 319, 361, 377, 386, 408, 413, 414, 419, 430, 431, 433, 461, 478; XIV, 30, 71, 80, 102, 183, 194, 212, 247, 252, 253, 286, 325, 380, 389, 397, 399, 401, 404, 406, 409, 410, 411, 431, 468, 469, 476, 477; XV, 133, 189, 203, 205, 287, 296, 314, 327, 363, 383, 389; XVI, 101, 125, 139, 190, 194, 195, 200, 205, 219, 235, 271, 289, 292, 309, 317, 321, 325, 336, 384, 401, 409, 413, 423, 424, 434, 450, 476, 481, 483, 505, 510; XVII, 29, 30, 31, 56, 93, 108, 195, 218, 234, 275, 281, 282, 303, 337, 359, 367, 392, 442; XVIII, 41, 205.
ANTIN (Mme d'), III, 81; IV, 432; V, 329.
ANTINY (D'), colonel, XVIII, 2.

ANTOINE (Abbé), VIII, 391.
ANTOINE (Prince). *Voy.* LORRAINE.
ANTRAGUES. *Voy.* ENTRAGUES.
Anvers (Évêque d'), XIII, 314.
AOSTE (Duc d'), VIII, 99; XV, 390, 392.
AOUST (D'), lieutenant de roi, VIII, 461.
APOLLINE (Sœur), religieuse de Port-Royal, XIII, 60.
Apollon (Bains d'), à Versailles, I, 173; X, 458.
Appartement (Note sur cette expression), I, 56.
APREMONT (Abbé d'), XIII, 217.
APREMONT (Comte d'), III, 393; VIII, 70, 155, 161; IX, 409; XVIII, 246.
APREMONT-REKEIN (Comte d'), V, 167.
AQUARTO (Don Antonio de), I, 195.
AQUAVIVA (M. d'), Napolitain, VI, 121; XI, 113; cardinal, XV, 202, 242; XVIII, 78.
ARBON (D'), lieutenant de roi de Verdun, XVII, 76. *Voy.* DARBON.
ARBOUCAVE (Bernard d'Abbadie d'), évêque de Dax, X, 97.
ARBOUVILLE (Chevalier d'), IV, 285.
ARBOUVILLE (Commandeur d'), XIV, 457.
ARBOUVILLE (M. d'), VI, 387; VII, 367; VIII, 89; X, 433; XIV, 238; XVI, 355.
ARBOUVILLE (Mlle d'), XV, 259.
ARBOUVILLE (Marquis d'), V, 440.
ARC (Marquis d'), XII, 333.
ARCHE (Baron d'), gouverneur de Fribourg, XV, 12, 20, 24, 25.
ARCHER (Chevalier l'), VII, 272.
Archevêque (L'). *Voy.* HARLAY et NOAILLES.
Archiduc (L'). *Voy.* CHARLES-FRANÇOIS-JOSEPH, JOSEPH, LÉOPOLD-JEAN-JOSEPH et LÉOPOLD-JOSEPH.
Archiduchesse (L'). *Voy.* ÉLISABETH-CHRISTINE DE BRUNSWICK-WOLFENBUTTEL, MARIE-ANNE-JOSÈPHE et MARIE-JOSÈPHE.
ARCHINTO, nonce en Espagne, VII, 195; cardinal, VIII, 179, 205; archevêque de Milan, XIV, 137.
ARCHON (Abbé), X, 337.
ARCO (Comte d'), VIII, 416; IX, 327, 346, 361, 455; X, 66, 71; XIII, 233; XVII, 16.
ARCO (Comtesse d'), VIII, 97, 98; XIII, 186.
ARCO (Duc del), XVII, 191; XVIII, 202.
ARCOS (Comte d'), IX, 128, 347; X, 271, 281, 478; XI, 27.
ARCOS (Duc d'), VIII, 212, 216; XV, 7; XVI, 405.
ARCOS (Duchesse d'), XIII, 62, 63, 281, 344.
ARCOS (Duché d'), XV, 361.
ARCY (Marquis d'), 1, 70, 74, 120, 159, 339; II, 223, 225, 243, 286, 320, 476, 477; III, 2, 66, 122, 328; IV, 32, 439; V, 23; XV, 376; XVI, 242.
ARCY (Mme d'), XVII, 33; XVIII, 239.
ARCY (M. d'), fils de la précédente, XVII, 33.
ARDENNE (D'), lieutenant des gardes du duc du Maine, II, 210.
ARDENNE (Le P. d'), prêtre de la Doctrine chrétienne, XVII, 319.

ARDIER (Mme), II, 108.
AREINS (Chevalier d'), colonel d'infanterie, XIV, 32.
AREMBERG (Duc d'), XVI, 476; XVII, 307.
AREMBERG (Duchesse d'), XVII, 173, 175, 202, 307.
AREMBERG (M. d'), mestre de camp, XIII, 208; brigadier de cavalerie, XVIII, 10.
AREMBERG (Mlle d'), XI, 482.
AREMBERG-VASSENAER (Mlle d'), VII, 27, 43, 61.
ARENNES (D'), brigadier d'infanterie, IV, 255; major général, VIII, 317; maréchal de camp, 318, 347, 485; IX, 110, 153; X, 144; lieutenant général, 164, 356; XI, 207, 315, 329, 410; XII, 12, 132, 475; XIV, 267.
ARENNES (Mme d'), XVI, 229.
ARENNES (Des), lieutenant de roi de Condé, XVI, 207.
AREST. *Voy.* ARRESTS.
ARGELOS (D'), X, 126, 133, 140, 380, 499; XI, 403.
ARGENIS (D'), colonel, VI, 64; IX, 362; XII, 34.
ARGENLIEU (Abbé d'), V, 126; VIII, 110.
ARGENSON (Abbé d'), VIII, 391.
ARGENSON (François-Élie de Voyer de Paulmy d'), évêque de Dol, X, 231; XI, 241; archevêque d'Embrun, XV, 341; XVIII, 28, 89; archevêque de Bordeaux, 40, 302.
ARGENSON (M. d'), V, 159, 171; VI, 61; lieutenant de police, VII, 61, 168; VIII, 366; XI, 52, 447; XII, 399; XIII, 16, 59; XIV, 35, 105, 136, 407; XV, 144, 437; XVI, 194, 195, 211, 231, 293, 379, 410, 458; XVII, 12, 29, 63, 102, 131, 210, 214, 224, 236, 240, 241, 243, 248, 251, 255, 263, 275, 281; garde des sceaux, 289, 308, 314, 332, 334, 347, 370, 408, 438, 440; XVIII, 8, 27, 33, 36, 40, 56, 75, 93, 118, 199, 200, 203, 281, 296, 299, 300, 302; chancelier, 303, 320, 323, 334.
ARGENSON (Mme d'), XVII, 275; XVIII, 93, 96.
ARGENSON (MM. d'), fils du précédent, XVII, 423; XVIII, 12, 205, 207, 308, 309.
Argenterie du roi (Fonte de l'), III, 33, 38, 58.
ARGENTON (Mme d'), XI, 208; XII, 334; XIII, 82, 84, 209; XIV, 30; XVI, 267, 390. *Voy.* SERY.
ARGENTRÉ (Abbé d'), XII, 358; XIV, 147; XV, 116.
ARGINY (D'), brigadier d'infanterie, VIII, 305; X, 468.
ARGON (M.), premier commis de M. de Ponchartrain, X, 447.
ARGOUGES (François d'), évêque de Vannes, II, 83; IV, 54; VII, 404; XI, 180; XVI, 349.
ARGOUGES (M. d'), I, 110, 142, 249, 251, 253, 254, 273, 404; III, 147; IV, 351, 399, 419, 439, 440; V, 261; XVI, 351.
ARGOUGES (M. d'), le fils, I, 338; II, 152.
ARGOUGES (Marquis d'), XII, 392.
ARGOUGES DE RANNES (M. d'), maître des requêtes, II, 41, 134; III, 439; V, 205; XII, 332.
ARGUIER DE LAVAL (M. d'), X, 393.
ARGYLE (Comte d'), I, 177, 198, 292, 395.

TABLE GÉNÉRALE ALPHABÉTIQUE.

ARGYLE (Duc d'), XIII, 307, 369 ; XIV, 65, 192, 242, 243, 245, 316; XV, 153, 210, 280; XVI, 223, 251, 256, 262, 324, 416 ; XVII, 225.

ARIAS (Cardinal d'), XVII, 205.

ARIAS (Don Manuel d'), président de Castille, VII, 414; VIII, 58, 463; IX, 342, 456.

ARIFAX (D'), cornette des mousquetaires noirs, IX, 156 ; X, 157; XIII, 132 ; XVII, 100; XVIII, 6 ; enseigne des mousquetaires gris, 39.

ARLEQUIN. *Voy.* DOMINIQUE.

Arles (Archevêque d'). *Voy.* GRIGNAN.

ARLIN. *Voy.* HARLIN.

ARLINGTON (Milord), I, 206, 208.

ARLO (Mlle), XIV, 437.

ARLOT, trésorier du régiment des gardes, XVI, 377.

ARMAGNAC (Abbé d'), XII, 293 ; XIV, 247.

ARMAGNAC (Bailli d'), chef d'escadre, VIII, 453 ; IX, 64.

ARMAGNAC (Chevalier d'), IV, 209.

ARMAGNAC (Louis de Lorraine, comte d'), grand-écuyer de France, nommé *Monsieur le Grand*, I, 63, 84, 88, 219, 227, 236, 240, 259, 377, 330, 402 ; II, 13, 14, 17, 52, 53, 57, 116, 140, 145, 146, 213, 222, 240, 241, 285, 286, 311, 344, 402, 409, 435, 436, 475; III, 25, 30, 40, 98, 309, 424, 442; IV, 242; V, 346, 461; VI, 56, 396, 447, 454, 455 ; VII, 197, 201, 214, 234, 239, 268 ; VIII, 227, 333, 499 ; IX, 462, 488; X, 138, 244; XI, 21, 79, 250 ; XII, 36, 40, 69, 84, 264, 383 ; XIII, 15, 90, 221 ; XIV, 247, 318, 383 ; XV, 69, 277, 385, 400, 457, 458 ; XVI, 208, 215, 216; XVII, 172; 293, 819, 322, 324.

ARMAGNAC (Mme d'), I, 3, 140 ; II, 12, 75, 82; III, 48, 114 ; IV, 242, 245, 369, 432; V, 57, 139, 140, 253, 391; VI, 55, 56, 141 ; VII, 3, 4, 162, 183, 285 ; IX, 119, 183, 279 ; X, 255 ; XI, 21, 308; XII, 36, 37 ; XVII, 79; XVIII, 204.

ARMAGNAC (Mlle d'), II, 126, 129, 140, 145, 146, 212 ; IV, 432; V, 294, 296, 302, 304, 353 ; VI, 63, 141, 243, 394, 401 ; VII, 70, 162, 226, 236, 237; VIII, 20, 338 ; IX, 267, 385, 391, 487; X, 88, 273 ; XI, 2, 33, 79; XII, 36 ; XIV, 88, 114, 318 ; XV, 277 ; XVII, 330.

ARMAND. *Voy.* HERMAND.

ARMENDARIS (M. d'), brigadier de cavalerie, XV, 249.

ARMENONVILLE (Fleuriau d'), *Voy.* FLEURIAU.

ARMENONVILLE (M. d'), III, 67 ; VIII, 136, 141, 272, 505 ; X, 448, 504 ; XI, 407, 455; XII, 81, 92 ; XIII, 484 ; XIV, 360 ; XVI, 300, 301, 303, 307, 318, 319, 322, 323, 331, 335, 378, 386, 390, 495; XVII, 37, 85, 138, 161, 349 ; XVIII, 36, 37, 164, 290.

ARMENONVILLE (M. d'), intendant des finances, VII, 460 ; directeur des finances, X, 322.

ARMENONVILLE (Mme d'), XVI, 476, 479.

ARMENONVILLE (M. d') fils, VIII, 505 ; avocat du roi du Châtelet, XI, 439.

ARMENONVILLE (Mlle d'), XII, 70, 76, 115 ; XVI, 479.

ARMENTIÈRES (Marquis d'), XII, 277, 290 ; XIII, 90, 426, 435; XVII, 59 ; XVIII, 68.

ARMENTIÈRES (Mme d'), XV, 443.

ARMENTIÈRES (Mlle d'), XIV, 127.
ARMENTIÈRES (Le petit d'), XVIII, 167.
Armide, opéra, I, 173. 296, 304, 311, 316, 327, 334, 339, 432; IV, 62.
ARMOUTH. *Voy.* YARMOUTH.
ARNAUD (Abbé), VI, 474.
ARNAUD (D'), chevalier de Saint-Louis, XIV, 330.
ARNAULD (Henri), évêque d'Angers, IV, 108.
ARNAULD (M.), III, 180; V, 59.
ARNAUX, financier, V, 166.
ARNAUX (M.), commis de l'extraordinaire des guerres, VIII, 97.
ARNOLFINI, I, 323; maréchal de camp, II, 63, 344, 434; III, 94.
ARNOTON (M. d'), I, 154; II, 158; VI, 278; VII, 342.
ARNOTON (Mlle d'), IX, 251.
ARNOULD (M.), intendant de la Marine, IV, 172; IX, 158; X, 105; XIII, 81; XVIII, 141.
ARNOULD (M.), frère du précédent, X, 189.
ARONCHÈS (Marquis d'), VII, 276.
ARONDEL DE VARDOUR, (Milord), I, 358.
AROUET, XVI, 378; XVII, 92, 418; XVIII, 235.
ARPAJON (Duchesse d'), I, 24, 25, 28, 55, 106, 145, 147, 162, 166, 167, 176, 215, 216, 277, 301; II, 14, 52, 96, 98, 101, 125, 140, 176, 236, 430; III, 2, 19, 28, 31, 49, 112, 114, 116, 154, 331; V, 462; VI, 28, 283, 378; VII, 164; VIII, 99, 161.
ARPAJON (Marquis d'), V, 158; XII, 361; maréchal de camp, 363; XIII, 50, 457, 483; XIV, 8, 22, 32; XV, 346, 376, 388, 458; XVI, 472; XVII, 183, 263; XVIII, 269.
ARPAJON (Mme d'), XVII, 170; XVIII, 44.
ARPAJON Mlle d'), I, 369; II, 25, 100, 101, 307, 316, 325, 326.
ARPAJON (Fils de M. d'), XVIII, 47.
Arpajon (Privilège de la maison d'), XVIII, 44.
ARQUES (Comtesse d'), XII, 269; XIII, 58.
ARQUIEN (Marquis d'), IV, 87, 417, 418, 429; V, 327; cardinal, 367; VII, 210; XI, 4, 390.
ARRAN (Milord), I, 6, 7, 10, 58, 124, 188, 393, 396, 431; II, 352, 353; III, 42.
Arras (Évêque d'). *Voy.* ROCHECHOUART.
ARRESTS (Abbé d'), XIII, 217.
ARRESTS (Mme d'), III, 425.
ARRESTS (Mlle d'), II, 409, 435.
ARROL (Comtesse d'), III, 342; IV, 371.
ARS (M. d'), II, 188.
ARSAN (D'), capitaine de grenadiers, XII, 90.
ARSY (D'), capitaine de carabiniers, V, 104.
ARTAGNAN (Abbé d'), XIV, 389.
ARTAGNAN (Comte d'), V, 435.
ARTAGNAN (M. d'), I, 21; II, 80, 458, 459; III, 172, 314, 327, 328; IV, 52, 230, 307, 333, 370, 484; V, 15, 168, 341, 437, 443; VI, 295; VIII, 33, 147, 218; IX, 61; X, 260, 458, 460, 469; XI, 46, 382; XII, 163, 188,

197, 462, 463, 468; XIII, 7, 28. 30, 31, 41; XIV, 214; XVI, 320, 344, 355; XVIII, 7.
ARTAGNAN (M. d'), brigadier d'infanterie, II, 164; maréchal de camp, V, 240; gouverneur d'Arras, VI, 70; VII, 39; VIII, 93; lieutenant général, 346, 392; IX, 72, 108, 459; X, 20, 173; XI, 328; XII, 362, 363; maréchal de France, XIII, 58, 88. *Voy.* MONTESQUIOU.
ARTAGNAN (M. d'), capitaine des mousquetaires gris, XVIII, 31.
ARTAGNAN (M. d'), colonel d'infanterie, XIII. 447.
ARTAGNAN (M. d'), major des gardes françaises, II, 178; III, 11, 273; IV, 331, 460; V, 113; VI, 278.
ARTAGNAN (M. d'), des mousquetaires, V, 343; IX, 108; XII, 39; XIII, 349.
ARTAGNAN (Marquis d'), VI, 367.
ARTAGNAN (M. d') neveu, IX, 488; XIV, 196.
ARTELOIRE. *Voy.* HARTELOIRE.
Artémire, tragédie, XVIII, 235, 239, 247.
ARTIGNOSE (Thoron d'), lieutenant des galères, XIV, 329.
ASCHEMBERG (Maréchal), II, 121.
ASFELD (Chevalier d'), V, 28; maréchal de camp, VIII, 304; IX, 43, 107, 108, 366; lieutenant général, X, 164; XI, 329, 371, 384, 387, 388, 392, 410, 428, 466; XII, 132, 178, 191, 210, 273, 288, 455, 466; XIII, 5, 35, 349, 485; XIV, 20, 267, 484; XV, 30, 67, 160, 441, 450; XVI, 4.
ASFELD (M. d'), brigadier de dragons, I, 205, 210, 304; II, 147; maréchal de camp, 163, 383, 418, 423, 431, 435, 439, 443, 462, 468; III, 12, 13, 30, 328; VI, 248; VII, 2, 397; VIII, 31, 126; IX, 72, 90; XI, 32; XII, 251, 267; lieutenant général, 363, XV, 34, 373; XVI, 187, 229, 380, 514; XVII, 68, 394; XVIII, 35.
ASFELD (M. d') l'aîné, V, 341; maréchal de camp, VIII, 347.
ASPREMONT. *Voy.* APREMONT.
ASSURANCE (L'), enseigne des gardes du corps, IV, 11.
ASTALLI (Monsignor), I, 384; cardinal légat de Ferrare, IX, 211.
ASTI (Monsignor d'), VII, 195; cardinal, XII, 462.
ASTORGA Y CESPEDES (Don Diègue), archevêque de Tolède, XVII, 189.
ASTORGOS (Marquis d'), XIII, 147.
Astrée, opéra, III, 435.
ASTURIES (Louis, prince des), XI, 452; XII, 18, 470, 472; XIV, 14; XVII, 1, 14.
ATALAYA (Comte d'), V, 8; VI, 436.
Athalie, tragédie, III, 269, 283, 290; VI, 70; VII, 33; VIII, 303, 320, 322, 332, 334; XV, 289; XVI, 332, 352.
Athénaïs, tragédie, VII, 206.
ATHIS (M. d'), III, 130; lieutenant des Cent-Suisses, V, 57.
ATHLONE (Comte d'), IV, 301; V, 231, 234, 258, 260, 263, 382; VIII, 404, 411, 413, 433, 475; IX, 120; XIII, 486. *Voy.* GINKLE.
ATHOL (Marquis d'), II, 368, 407, 419; duc, XI, 261.
ATIGNAC (M. d'), capitaine aux gardes, II, 458, 459.
ATRI (Duc d'), I, 363; IV, 454; VI, 363; XI, 485; XII, 2; XIV, 149, 289.
Atys, opéra, III, 28, 246; XIV, 464.
AUBAIS (Mlle d'), X, 306.

ALBARÈDE (M. d'), maréchal de camp, I, 60, 167; II, 163; IV, 267; V, 341; lieutenant général, XIII, 123; XIV, 230.
AUBERCOURT (Le P. d'), VIII, 423; XV, 430.
AUBERT, président des comptes à Rouen, XVI, 486.
AUBESPINE-CHATEAUNEUF (M. de l'), XIII, 152.
AUBETERRE (Chevalier d'), II, 400; XI, 356; XVII, 65; XVIII, 282.
AUBETERRE (Comte d'), VIII, 304; XI, 329; XIV, 345.
AUBETERRE (M. d'), V, 104, 106, 342; VIII, 307; maréchal de camp, 347; lieutenant général, IX, 431; XI, 156, 315, 335; XII, 363; XV, 314, 461.
AUBETERRE (Mme d'), X, 337.
AUBETERRE (Marquis d'), V, 97; IX, 404; XI, 335.
AUBETERRE (Fils du marquis d'), XIII, 421.
AUBEVILLE (M. d'), envoyé à Gênes, I, 183.
AUBIGNÉ. *Voy.* AUBIGNY.
AUBIGNÉ (Claude-Maur d'), évêque de Noyon, IX, 271, archevêque de Rouen; XII, 36, 114, 369; XIII, 39; XVII, 406, 407; XVIII, 37.
AUBIGNÉ (Comte d'), II, 222, 242, 285; IX, 199; XVIII, 6.
AUBIGNÉ (M. d'), I, 149; II, 109, 165, 166, 258, 311; III, 418; X, 212, 230; brigadier d'infanterie, XIII, 131, 363; XIV, 150, 400; XVI, 385.
AUBIGNÉ (Mme d'), VI, 322; IX, 201.
AUBIGNÉ (Mlle d'), V, 346; VI, 309, 310, 321.
AUBIGNY (Abbé d'), I, 326; IV, 184, 185; VIII, 65, 66.
AUBIGNY (Comte d'), VI, 231.
AUBIGNY (M. d'), III, 273, 358; V, 339; IX, 396; X, 114; XIV, 223, 345; XV, 16, 30, 158, 399.
AUBIGNY (M. d'), colonel de dragons, XI, 114.
AUBIGNY (M. d'), colonel du régiment Royal, XIV, 488.
AUBIGNY (D'), écuyer de la princesse des Ursins, XIII, 881.
AUBIGNY (Mme d'), VI, 231.
AUBIGNY (Mlle d'), V, 194, 364; VI, 33, 39, 52, 89, 108, 141, 215, 308.
AUBIJOUX (Mlle d'), XV, 447, 460.
AUBONNE (M. d'), XV, 43; intendant de Soissons, XVI, 514.
AUBREMIS (Mme d'), XV, 117.
AUBRIÈRES (Des), cornette des mousquetaires, IV, 231, 384; IX, 156.
AUBRY (Abbé), XVI, 449.
AUBRY, capitaine de dragons, VI, 343.
AUBUSSON (Comte d'), XVIII, 5.
AUBUSSON (Duc d'), III, 252, 416.
AUBUSSON (M. d'), mestre de camp, IX, 190, 266; X, 381; brigadier de cavalerie, XII, 319.
AUBUSSON (Mme d'), IX, 467.
AUBUSSON (Marquis d'), VIII, 332.
Auch (Archevêque d'). *Voy.* MARETS, MOTHE et SUZE.
AUCOURT (M. d'), de l'Académie française, V, 79.
AUCOURT (Mlle d'), III, 338; IV, 433.
AUDIFFRET (D'), aide-major, X, 283; lieutenant aux gardes, XI, 416; brigadier, XVIII, 8.

TABLE GÉNÉRALE ALPHABÉTIQUE.

Aldiffret (M. d'), envoyé du roi à Mantoue, VI, 301 ; auprès du duc de Lorraine, VIII, 456; X, 367; XI, 240; XIV, 9.
Auesberg (Comte d'), ambassadeur de l'empereur en Espagne, VII, 403; VIII, 54, 85; IX, 262.
Auger. *Voy.* Dauger.
Auger (M.), gouverneur de Saint-Domingue, XI, 57.
Augerie (D'), major, IV, 251.
Augers (Chevalier des), capitaine de vaisseau, III, 167; VI, 77, 78; VII, 414 ; XI, 238, 244.
Augicourt (D'), gentilhomme de Picardie, X, 68. *Voy.* Daugicour.
Augier (D'), maréchal de camp, I, 128.
Augsbourg (Ligue d'), I, 365.
Auguste (Le roi). *Voy.* Frédéric-Auguste II.
Augustin (Le P.), moine génois, X, 60.
Aulnay (Comte d'), capitaine de vaisseau, V, 162.
Aumale (Duc d'), fils du duc du Maine, IX, 473 ; XII, 215.
Aumale (M. d'), élève de Saint-Lazare, XV, 71.
Aumale (Mlle d'), fille du duc du Maine, VII, 134.
Aumale (Mlle d'), demoiselle de Saint-Cyr, XV, 279, 427; XVIII, 98.
Aumale (Marie de Savoie-Nemours, Mlle d'), reine de Portugal, XI, 303. *Voy.* Marie de Savoie.
Aumard (M. d'), I, 39.
Aumont (Duc d'), I, 291, 295, 297, 378, 380, 390, 425, 437 ; II, 98, 130, 149, 174, 211, 214, 222, 227, 238, 242, 285; III, 44, 46, 82, 111, 262, 299, 441; IV, 196, 279; V, 20, 86, 140, 156 ; VI, 117, 305 ; VII, 64, 178, 426; VIII, 101; IX, 207, 277, 461; X, 252; XI, 34, 74; XII, 360, 366, 398, 458 ; XIII, 79, 91, 172; XIV, 10, 49, 100, 101, 102, 213, 240, 262, 265, 268, 271, 274, 278, 281, 282, 318, 322, 324, 326, 341, 374, 408, 421, 433, 440, 447, 456, 459, 472, 481, 486; XV, 29, 38, 42, 131, 205, 264, 296, 299, 364; XVI, 126, 144, 198, 212, 289, 292; XVII, 29, 30.
Aumont (Duchesse d'), I, 299 ; X, 26 ; XIII, 219; XIV, 337.
Aumont (Duchesse douairière d'), XIII, 100, 174.
Aumont (Maréchale d'), III, 432, 441.
Aumont (Mlle d'), XI, 57.
Aunay (Le chevalier d'), premier écuyer du duc du Maine, II, 69, 174; III, 182, 404. *Voy.* Daunay.
Auneuil (Chevalier d'), IV, 400.
Auneuil (Comte d'), VI, 100.
Auneuil (M. d'), maître des requêtes, XV, 378.
Aunoy (Comte d'), IX, 485.
Aurélie (Sœur), religieuse de Port-Royal, XIII, 60.
Aurelio, comédien italien, I, 225.
Auriac (D'), brigadier de cavalerie, V, 342. *Voy.* Dauriac.
Auroy (M. d'), capitaine, VI, 443.
Autel (Comte d'), gouverneur de Luxembourg, VIII, 32; IX, 118, 187; X, 194, 259; XI, 254, XII, 175; XIII, 137 ; XIV, 105.
Autichamp (D'), mestre de camp de cavalerie, XII, 88.
Autichamp (M. d'), le fils, IV, 40.

Autrey (M. d'), colonel de la Sarre, XIII, 287; XVII, 161.
Autriche (Maison d'), XIV, 42, 340.
Autun (Évêque d'). *Voy.* Dromesnil et Roquette.
Auvergne (Comté et dauphiné d'), V, 153.
Auvergne (Abbé d'), IV, 156; V, 125, 281; VI, 109, 234; VII, 402; IX, 157; X, 343; XII, 31, 55, 245, 256; XIII, 163, 216, 218; XV, 252, 379, 381; XVI, 384; XVII, 3, 78, 160, 170, 264, 288; XVIII, 150, 212.
Auvergne (Bailli d'), VI, 59, 445; VII, 229, 340; VIII, 360.
Auvergne (Comte d'), I, 16, 77, 83; II, 18, 131, 141, 221, 256; lieutenant général, 339, 346, 394, 464; III, 88, 134, 152, 177, 190-193, 213, 228, 330, 437; IV, 39-41, 51, 86, 96, 210, 267, 390; VI, 130, 221, 223, 445, 476; VII, 27, 43, 53, 60, 109, 230, 278, 287, 340, 449; IX, 49, 50, 105, 492; X, 252; XI, 385, 392; XII, 15.
Auvergne (Comtesse d'), VI, 429, 445; VII, 100, 289, 340, X, 127.
Auvergne (Mlle d'), VI, 223; VII, 42, 43, 126; XVIII, 129.
Auvergne (Prince d'), IV, 4; V, 431; VI, 429; VII, 230, 287, 340, 449; VIII, 453, 454, 464; IX, 79, 180; XI, 438, 482; XII, 265, 272, 273; XIII, 39, 163, 216; XVI, 235, 289; XVII, 78, 244, 248; XVIII, 95, 189, 206, 208. *Voy.* Bouillon.
Auvergne (Princesse d'), XIV, 80; XVII, 3.
Auvergne (Prince Frédéric d'), XI, 267; XII, 31, 187; XIII, 218; XIV, 250; XV, 252; XVII, 3, 164, 170, 184, 264.
Auvilar (D'), brigadier, XVIII, 11.
Auxerre (Évêque d'). *Voy.* Caylus et Colbert.
Auxy (M. d'), XI, 23; XVI, 242.
Auxy (Mme d'), XV, 279; XVI, 502.
Auzeville (D'), maréchal de camp, XVII, 263.
Avaray (M. d'), mestre de camp, V, 198; VI, 467; VIII, 31; maréchal de camp, 304, 307, 347; lieutenant général, IX, 435; X, 361; XI, 128, 151, 329; XII, 263, 466; XIII, 5; XV, 317; XVI, 307, 313, 364; XVII, 101; ambassadeur en Suisse, 315, 440; XVIII, 3.
Avaray (Mme d'), II, 37.
Avaray (Mlle d'), I, 312, 368.
Avaray (M. d') fils, XVI, 379.
Avare (L'), comédie, VII, 391; XII, 104; XIV, 366; XV, 239.
Avarey. *Voy.* Avaray.
Avaugour (M. d'), VII, 43; XII, 192; XIV, 360; XVIII, 11.
Avaugour (Mlle d'), XVIII, 205, 206.
Avaucourt (M. Dubois d'), XV, 426.
Avaucourt (Mme d'), XVI, 438.
Avaux (M. d'), ambassadeur à La Haye, I, 10, 11, 31, 57, 239, 358; II, 92, 98, 102, 185, 194, 211, 218, 236, 240, 296, 321, 337; ambassadeur en Irlande, 403, 475; III, 14, 79, 94, 122, 187; IV, 192, 196, 204, 211, 223, 241; V, 200, 261; VI, 108; ambassadeur en Suède, 209, 231, 242, 326, 390, 411, 461; VII, 101, 134; VIII, 12, 23, 27, 41, 67, 68, 74, 85, 95, 152, 153, 162, 163, 174, 408; IX, 282; X, 120; XI, 230; XII, 327, 328.
Aveiro (Duchesse d'), XV, 360.
Avéjan (Comte d'), II, 381; III, 311, 316, 420; IV, 191, 219, 253, 254,

281, 283; V, 257; VI, 47, 367; VII, 49; VIII, 93, 304, 346; IX, 57; X, 328, 357; XI, 465; XVI, 344, 355, 401; XVIII, 12.
AVEJAN (M. d') fils, X, 341; XII, 15.
AVELLINO (Prince d'), XIII, 165.
AVENAY (Abbesse d'), II, 19.
AVERKERKE (D'), Hollandais, VIII, 376. *Voy.* OWERKERKE.
AVERNE (Abbé d'), Messinois, VI, 123.
AVERNE (Comte d'), brigadier de dragons, IV, 255; V, 35.
AVERNE (Comte d'), Messinois, I, 103; II, 130, 196.
AVIA (D'). *Voy.* DAVIA.
AVIGNON (D'). *Voy.* DAVIGNON.
AVILA (Don Diego d'), XI, 360.
AVILLIERS (D'), IV, 356.
Avranches (Évêque d'). *Voy.* COETENFAO, HUET et TESSÉ.
AZZOLINI (Cardinal), II, 388, 421.
AYDIE (Abbé d'), XVIII, 56.
AYDIE (Comte d'), I, 66; XVI, 512; XVII, 430, 435; XVIII, 56.
AYDIE (Comtesse d'), XVI, 326, 330, 343, 359, 387, 429, 482; XVII, 163.
AYEN (Comte d'), V, 126, 346; VI, 308, 309, 310, 321, 322; VII, 20, 206, 212, 221, 226, 235, 237, 251, 255, 293, 302; VIII, 21, 25, 269, 295, 302; brigadier de cavalerie, 305, 385, 498; IX, 15, 28, 200, 320, 322, 412; XVII, 242. *Voy.* NOAILLES.
AYEN (Comtesse d'), VI, 322, 323, 378, 410, 434, 443; VII, 20, 21, 60, 106, 119, 150, 155, 159, 161, 206, 226, 228, 243, 251, 255, 351; VIII, 173, 204, 269, 295, 336, 506; IX, 419.
AYEN (Duchesse d'), VII, 9.
AYEN (Mlle d'), VI, 96, 108, 141, 215, 280, 282, 284.
AYETONNE (Marquis d'), gouverneur de Crémone, VIII, 447, 454; X, 491; XI, 76; XII, 416; XIII, 265.
AYLESBURY (Milord), I, 208.
AYNAC (Abbé d'), II, 352.

B.

BABIN (Abbé), XV, 17.
BACHELIER, XVI, 198.
BACHELIER père, XV, 63.
BACHELIER, premier valet de garde-robe, IX, 145, 146; XIV, 112.
BACHEVILLIERS (M. de), II, 164; III, 25; IV, 66, 141, 162, 184; maréchal de camp, 258, 376, 396, 405, 478; V, 100, 341, 348; VI, 54; VII, 462; VIII, 164, 314; lieutenant général, 347; XVII, 399.
BACOUE (Léon), évêque de Glandève, IV, 458.
BACQUEVILLE (M. de), XV, 171, 172; XVII, 88.
BACQUEVILLE (Mme de), XVI, 376; XVIII, 244, 305.
BADE (Marquis de), I, 391.
BADE (Prince de), II, 93; III, 11; IV, 322, 350, 452; VI, 139, 143, 155, 193, 199; IX, 17, 32, 155, 163, 168, 171, 241, 250, 254, 303, 307, 308, 316,

334, 346, 360, 380, 499; X, 17, 66, 105, 109, 117, 134, 140, 324, 326, 329, 336, 345, 347, 350, 405, 408, 412, 417, 426, 432, 438, 440, 441, 463, 467, 478; XI, 69, 83, 89, 97, 102, 134, 210, 215, 225, 239, 308.

BADE (Princesse de), I, 71, 72, 257; II, 151, 425, 426; IX, 375; XI, 376.

BADE (Prince Hermann de), I, 65; III, 129, 420.

BADE (Prince Louis de), I, 190, 408; II, 202, 285, 472, 473; III, 8, 24, 238, 355, 372, 381, 392, 395, 411, 420, 431, 433, IV, 20, 169, 180, 203, 210, 241, 257, 272, 273, 279, 297, 306, 315, 322, 325, 326, 331, 338, 340, 344, 416, 438, 441, 458, 471; V, 29, 30, 35, 50, 55, 58, 81, 83, 85, 213, 230, 243, 248, 253, 255, 284, 416, 424, 435, 452, 454, 458, 466, 468, 469, 470, 477; VI, 3, 5, 172, 173, 176, 186, 202, 210; VII, 382, 439; VIII, 43, 82, 86, 135, 142, 219, 225, 231, 398, 404, 408, 422, 441, 443, 455, 461; IX, 8, 14, 24, 28, 42, 47, 50, 110, 125, 127, 132, 134, 172, 179, 191, 205, 210, 216, 223, 225, 238, 245, 265, 286, 289, 298, 314, 372, 375; X, 29, 43, 338, 366; XI, 250, 283.

BADE-DOURLACH (Marquis de), VII, 11.

BADE-DOURLACH (Prince de), II, 191, 192; VI, 475. *Voy.* DOURLACH.

BADEN (Princesse de), VIII, 358.

BADIE (M. de la), brigadier, V, 28, 275; maréchal de camp, VIII, 305, 346, 491; IX, 108, 271; lieutenant général, X, 164; XI, 46, 54, 329, 332; XII, 132, 367; XIII, 132, 273; XIV, 16, 177, 183, 220, 390; XVII, 415.

BADOUER (Cardinal), XI, 113; XV, 153.

BAGLIANI (Comte), envoyé de Mantoue, VIII, 161, 389.

BAGLION (François-Ignace de), évêque de Tréguier, puis de Poitiers, I, 319, 332.

BAGLION DE LA SALLE DE SAILLANT (Pierre de), évêque de Mende, XIV, 474.

BAGNASQUE (Marquis de), VI, 54; IX, 333.

BAGNOLS (M. de), intendant en Flandre, I, 35; II, 33; IV, 76, 298, 306; V, 240; VII, 216; IX, 7; X, 158; XI, 117, 163; XII, 122, 124, 146, 156; XIII, 47.

BAGNOLS (Mlle de), V, 318, 344; VI, 480.

Bague (Jeu de), VIII, 473.

BAILLEUL (M. de), capitaine aux gardes, XII, 308.

BAILLEUL (M. de), président à mortier, XV, 126.

BAILLEUL (Président le), I, 156, 325; II, 440; III, 2, 3; VIII, 145, 146.

BAILLEUL (M. le), fils du précédent, I, 39; brigadier d'infanterie, IV, 254; VII, 94.

BAILLEUL-CHATEAUGONTIER (M. de), président à mortier, XVII, 270, 415.

BAILLIF (Abbé), V, 161.

BAILLY, missionnaire de la paroisse, XIV, 84.

BAILLY (Mme), XVI, 102.

BAILLY (Mlle), X, 300.

BAILLON, lieutenant de la louveterie, I, 223.

BAINS, mestre de camp, IV, 396.

BAISEMEAUX, *Voy.* BESMEAUX.

Bajazet, tragédie, VI, 466.

BALAGNY (Maréchal de), V, 142.

BALAN (M.), envoyé du duc de Hanovre, IV, 57.

BALBAZÈS (Marquis de los), I, 257; V, 160; VII, 230; IX, 201; XI, 379; XII, 76; XIV, 116; XV, 242; XVI, 405.
BALBAZÈS (Marquise de los), I, 331.
BALBIEN (Nanon), V, 462; XVI, 73.
Bâle (Évêque de), III, 225; VIII, 113.
BALENNE, écuyer ordinaire, XVII, 457.
BALINCOURT (Chevalier de), capitaine aux gardes, VI, 94; IX, 250; brigadier d'infanterie, XIII, 131; maréchal de camp, XVIII, 6.
BALINCOURT (M. de), capitaine des chasses, XII, 351.
BALIVIÈRE (Chevalier de), IV, 256, 307, 398, 400; V, 30; VII, 100; IX, 72; X, 278; XI, 131.
BALIVIÈRE (M. de), major de cavalerie, III, 430; brigadier de cavalerie, VIII, 305; maréchal de camp, X, 165, 280; XI, 492; XIII, 273; lieutenant général, 130, 352; XIV, 253; lieutenant des gardes du corps, XVII, 398; XVIII, 336.
BALIVIÈRE (MM. de), VIII, 97.
BALLON, danseur, VII, 236, 244, 260; XVII, 247, 403; XVIII, 199.
BALME (La), enseigne des gardes de l'étendard, XIV, 330.
BALUZE (M. de), XIII, 198.
BALZAC, lieutenant aux gardes, XVII, 382.
Bamberg (Évêque de), V, 89.
BANDEVILLE (Chevalier de), grand-prieur de Champagne, XVII, 420.
BANDEVILLE (M. de), IX, 169.
BANNIÈRE (M. de), I, 72.
BANOS (Comte de), grand d'Espagne, IV, 59.
BANOS (Duc de), VIII, 212, 216.
BAR (Hugues de), évêque de Lectoure, IV, 15.
BAR (M. de), colonel, V, 350; VIII, 306; IX, 141, 443; X, 190, 194, 199; brigadier, XI, 118.
BAR (Mlle de), III, 339; V, 127, 279.
BARA, capitaine des galères, XV, 69.
BARADAS (Abbé de), IV, 286.
BARAIL. *Voy.* BARRAIL.
BARANGUE, conseiller au Châtelet, XVIII, 130.
BARAVY, commandant de Traerbach, IX, 124, 130; brigadier, 141.
BARBANÇON (M. de), II, 304; IV, 264; V, 227.
BARBANÇON (Prince de), IV, 83, 122, 131, 336; IX, 9.
BARBANÇON-NANTOUILLET, premier maître d'hôtel de Monsieur, X, 461.
BARBANTANE, capitaine, II, 415.
BARBARIGO, archevêque de Corfou, I, 384, 398; cardinal, III, 6; VI, 146, XI, 142.
BARBAZAN (M. de), brigadier, XVIII, 12.
BARBAZAN (Mme de), XVI, 424.
BARBE (Mme), V, 371.
BARBERIN (Cardinal), III, 257; VI, 289; VII, 232; VIII, 421; X, 163, 174; XIII, 165.
BARBEZIÈRES (M. de), I, 264; brigadier de dragons, II, 164, 445, 471, 472; III, 170; IV, 20, 66, 79, 185, 210; maréchal de camp, 258, 392, 478; V,

97, 297, 341, 348; lieutenant général, VIII, 93, 129, 170, 320, 347, 489; IX, 44, 57, 109, 121, 126, 131, 257, 329; X, 13, 30 ; XIII, 42.

BARBEZIEUX (Marquis de), I, 245, 254 ; II, 28, 210, 341, 379, 448, 461; III, 240, 365, 367, 368, 384, 389, 390, 393, 402, 410, 422, 429, 444, 448; IV, 4, 15, 51, 58, 59, 86, 88, 97, 98, 104, 162, 236, 243, 246, 252, 282, 302, 372, 419, 442, 463, 469; V, 1, 5, 77, 135, 164, 167, 187, 204, 213, 215, 217, 234, 235, 239, 242, 309, 312, 313, 314, 332, 340, 341, 343, 345, 371, 372, 383, 394, 325, 438; VI, 58, 79, 81, 120, 134, 171, 173, 184, 225, 259, 281, 316, 348, 356, 469, 472, 473, 477; VII, 7, 17, 60, 77, 87, 133, 219, 241, 251, 298, 319, 358, 365, 381, 386, 396, 403, 411, 412, 437, 465; VIII, 2, 3, 4, 8, 384, 485; IX, 63; X, 69; XVI, 31.

BARBEZIEUX (Mme de), III, 438; IV, 289, 483; V, 5; VI, 75, 141, 244, 469, 471, 473; VII, 17, 347, 353; XI, 40, 930.

BARBEZIEUX (Mlle de), XIV, 394, 427, 435, 436; XVII, 71, 72, 99.

BARCAUT ou BARCOS, intendant du maréchal de Villeroy, IX, 299.

BARCLAY (Milord), V, 55, 60, 68, 69, 201, 257.

BARCOS (Abbé de), XVIII, 147, 167, 190.

BARLITH (Marquis de), IV, 125, 127, 178 ; V, 116; XI, 308. Voy. BRANDEBOURG.

BARENTIN (M.), I, 284 ; II, 344 ; V, 350 ; VII, 8, 9 ; IX, 443 ; X, 415 ; XII, 332.

BARENTIN (Mme de) III, 425.

BARENTIN (Mlle), IV, 274, 275.

BARÈRE, officier de la marine, IX, 161.

BARGEDÉ (Édouard), coadjuteur, puis évêque de Nevers, X, 393; XIII, 217 ; XVIII, 93.

BARGEDÉ (M. de), X, 170.

BARGETON, avocat, XVII, 445; XVIII, 48.

BARILLAC, brigadier, I, 397.

BARILLON (Henri de), évêque de Luçon, VII, 78.

BARILLON (M. de), ambassadeur en Angleterre, I, 123 ; II, 40, 128, 139, 224, 295, 296, 301 ; III, 360, 370, 374 ; XII, 329; XIII, 77.

BARILLON (M. de), maître des requêtes, XIII, 80, 375; XIV, 234 ; XVIII, 24, 130, 199.

BARILLON (Mme de), V, 93.

BARIN, premier maître d'hôtel de Monsieur, VII, 224.

BARIN (Mlle), II, 353, 356.

BARJAVEL (Abbé de), XIII, 461.

BARMONDIÈRE (La), curé, II, 136.

BARNIÈRE, colonel, XII, 295.

BARON, comédien, I, 137, 159, 293; II, 2; III, 38, 419, 420; VI, 237 ; VIII, 296, 298; IX, 370; XI, 22; XVIII, 245, 265.

BARON (La), comédienne, XVII, 266.

Baron d'Albikrac (Le), comédie, XV, 355.

BARRAIL (M. du), IX, 167, 442 ; XI, 3; XIII, 329 ; XIV, 185 ; gouverneur de Landrecies, XVIII, 269.

BARRANGUE, XVI, 411.

BARRAS, capitaine lieutenant sur la Réale, I, 271.

BARRAS, chevalier de Saint-Louis, XIV, 330.

Barras de la Penne, chef d'escadre des galères, XVIII, 137.
Barrault, colonel de dragons, V, 278.
Barre (M. de la), capitaine aux gardes, IV, 457; V, 99, 297; brigadier d'infanterie, VIII, 305 ; maréchal de camp, X, 408, 413, 431; XI, 3, 246, 250, 296.
Barré, résident de France à La Haye, VIII, 382.
Barré (M.), premier maître d'hôtel de Monsieur, II, 157; V, 353.
Barrère, commandant à Navarreins, XVII, 439.
Barrière, enseigne des mousquetaires noirs, IV, 88, 240.
Barrière (Abbé de), VI, 185, 220 ; camérier d'honneur du pape, VII, 343; VIII, 66.
Barrière (M. de), III, 78.
Barrière (Mlle de), VIII, 321.
Barrois (M. de), envoyé extraordinaire de Lorraine, XII, 286.
Barry (Du), lieutenant-colonel, XVIII, 9.
Barsum, enseigne de la compagnie de Lorges, III, 430; brigadier de cavalerie, V, 342 ; VI, 362; IX, 12, 112, 157. *Voy.* Barzin.
Bart (Jean), II, 404, 413; III, 51, 165, 378; IV, 201, 203, 211, 247, 290, 362, 431, 439, 442, 448, 452, 461, 463; V, 36, 38, 40, 106, 132, 423, 427, 430, 431; VI, 98, 179, 182, 198, 229, 236; VII, 457; VIII, 403.
Bart (La veuve de Jean), VIII, 404.
Bart (Le fils de Jean), V, 39; IX, 175; X, 465; XI, 247, 371.
Barte (La), commandant du fort de Saint-André, I, 403.
Bartet (Abbé), II, 410.
Bartet (M.), secrétaire du cabinet, III, 53, 54, 61; XI, 462.
Barthe (La) fils, capitaine, II, 136.
Bartillat (M. de), le père, garde du trésor royal, VI, 118 ; VIII, 146.
Bartillat (M. de) fils du précédent, I, 278; maréchal de camp, II, 163 ; lieutenant général, IV, 253, 258 ; V, 232; VI, 118; VIII, 348; XVII, 398.
  Voy. Bertillac et Bertillat.
Bartillat (M. de), colonel, fils du précédent, VIII, 306; XI, 106.
Barville, lieutenant-colonel, I, 277, 306 ; colonel réformé, X, 403.
Barzin, mestre de camp, III, 328 ; officier des gardes du corps, V, 372. *Voy.* Barsum.
Basinière, *Voy.* Bazinière.
Bassadona (Cardinal), I, 63.
Basset, capitaine de grenadiers, XI, 94.
Basset, chef des miquelets, XIV, 450 ; XV, 258.
Bassompierre (M. de), mestre de camp, X, 272.
Bastie (Abbé de la), IX, 467; XII, 381.
Bastie (La), major de Strasbourg, II, 208.
Bastie (La), fils, IX, 67.
Bastie-Vercel (La), maréchal de camp, XVIII, 5.
Basville (M. de), I, 113, 206; IV, 133; VI, 75, 154, 164, 230, 430; VIII, 57; IX, 124, 130, 244 ; X, 104, 294, 314, 455; XII, 123, 460; XIII, 217, 271; XIV, 336; XV, 179, 302; XVI, 494, 495; XVII, 31, 218, 219, 226, 324, 460.
Basville (Mlle de), XI, 179, 184.

Bateleur Amsterdam (Mot d'un), IV, 181.
BATH (Comte de), II, 230.
Bâtiments du roi (Retranchements sur les), XVII, 150.
BATIMONT (M. de), lieutenant des gardes du corps, I, 29, 402.
BATINE (M. de), X, 189.
Bâton des maréchaux de France, IV, 252.
BATTEVILLE, ambassadeur d'Espagne, I, 303.
BAU (Abbé du), XI, 397. *Voy.* DUBOS.
BAUCLAY. *Voy.* BUTKELEY.
BAUDÉAN (M. de), IV, 279.
BAUDIN, colonel, V, 304.
BAUDOUIN, brigadier, XII, 469 ; XIV, 459 ; XV, 5.
BAUDOUIN DE CHAMOU, I, 310.
BAUDRY (Abbé), XIV, 147.
BAUDRY (M. de), maître des requêtes, XVI, 195, 197, 260 ; XVIII, 201, 308, 310.
BAUDRY DE PLANCOURT (François-Placide de), évêque de Mende, XII, 31.
BAUDUMANN, brigadier d'infanterie, IV, 255 ; V, 24, 44.
BAUFFREMONT, colonel de dragons, XVII, 458.
BAUFFREMONT (M. de), XI, 25, 41 ; XII, 63, 64 ; XIII, 254, 258, 284, 349, 373 ; XV, 442 ; XVII, 66, 112, 281, 284, 286, 287, 298, 316 ; XVIII, 79.
BAUFFREMONT (Mme de), XVII, 117 ; XVIII, 136.
BAUFFREMONT (Mlle de), X, 308.
BAULE (Marquis de), IV, 460.
BAULE (Mlle de), IV, 54.
BAUME (Duc de la), VIII, 338, 354.
BAUME (M. de la), III, 165 ; IV, 197 ; brigadier, IX, 359 ; X, 112, 119.
BAUME (Mme de la), I, 269 ; IV, 174 ; XVII, 300.
BAUME (Marquis de la), VII, 228 ; IX, 352, 354, 457 ; X, 121, 131, 134.
BAUME (Marquise de la), XIII, 72.
BAUME (Le petit de la), VII, 220, 256.
BAUNE (Comte de), XVIII, 33.
BAUQUEMARE (Président de), VI, 64, 65 ; VII, 309.
BAUSSAN SAINT-AUBIN, maître des requêtes, XVIII, 130.
BAUTRU, capitaine de la porte, XVI, 341.
BAUX (Abbé de), XVI, 297.
BAUYN (Chevalier), V, 343 ; maréchal de camp, X, 165 ; XI, 466, XII, 15.
BAUYN (M.), I, 151, 152, 209 ; II, 436.
BAVIÈRE (Baron de), capitaine des gardes de M. le Prince, V, 282.
BAVIÈRE (Chevalier de), XIV, 328 ; XVI, 252 ; XVII, 16 ; XVIII, 32.
BAVIÈRE (Maximilien, Emmanuel électeur de), I, 13, 71, 141, 151, 160, 161, 178, 183, 187, 207, 210, 226, 239, 260, 356, 359 ; II, 26, 34, 127, 155, 161, 166, 170, 181, 189, 216, 234, 237, 288, 301, 325, 347, 351, 358, 403, 406, 411, 417, 427, 429, 430, 452, 472, 474 ; III, 8, 96, 105, 129, 132, 136, 146, 149, 153, 154, 155, 159, 168, 174, 179, 182, 186, 188, 192, 198, 199, 200, 201, 203, 227, 232, 247, 265, 285, 303, 343, 350, 355, 387, 417, 426, 434, 441, 443, 444, 446 ; IV, 13, 20, 55, 62, 129, 140, 160, 177, 191, 211, 213, 214, 215, 216, 218, 222, 225, 239, 241, 273, 362, 363, 366, 371, 379 ; V,

26, 74, 90, 117, 129, 140, 186, 192, 195, 212, 216, 221, 227, 229, 231, 234, 235, 252, 255, 257, 258, 261, 264, 274, 275, 276, 278, 291, 376, 396, 417, 424, 428, 435, 450; VI, 7, 43, 101, 107, 110, 113, 120, 123, 124, 127, 165, 166, 173, 176; 177, 187, 195, 196, 301, 368; VII, 22, 28, 126, 221, 413, 427, 428, 434, 443; VIII, 33, 36, 38, 49, 52, 62, 64, 69, 80, 186, 492, 498, 500, 502, 503, 508; IX, 5, 13, 24, 29, 34, 47, 68, 83, 90, 91, 106, 116, 117, 126, 128, 136, 139, 149, 152, 155, 158, 163, 164, 167, 173, 177, 188, 196, 204, 213, 223, 225, 228, 233, 234, 246, 249, 255, 275, 278, 279, 290, 294, 303, 305, 308, 316, 320, 327, 336, 346, 359, 365, 367, 368, 369, 380, 404, 413, 423, 435, 455; X, 5, 17, 20, 22, 29, 43, 48, 63, 78, 79, 102, 104, 107, 112, 114, 115, 121, 130, 146, 156, 171, 189, 338, 361, 371, 373, 383, 387, 407, 411, 426, 453, 455, 458, 460, 469, 492; XI, 11, 105, 113, 117, 125, 136, 140, 168, 232, 240, 251, 377, 459; XII, 125, 126, 129, 142, 145, 155, 159, 170, 181, 200, 212, 233, 243, 255, 260, 268, 269, 271, 272, 274, 326, 337, 478; XIII, 28, 32, 46, 47, 54, 56, 58, 60, 62-66, 86, 109, 111, 186, 339, 395, 397, 412, 414, 422, 427, 430, 433, 438, 449, 459, 487; XIV, 156, 206, 215, 218, 351, 353, 354, 357, 360, 368, 370, 375, 380, 388, 389, 396, 399, 401, 404, 406, 409, 411, 412, 415, 428, 429, 430, 468, 469, 473, 476, 477, 478, 481, 485; XV, 17, 42, 45, 47, 48, 52, 99, 122, 133, 145, 188, 198, 203, 240, 250, 251, 273, 277, 279, 285, 287, 290, 297, 314, 327, 330, 355, 358, 365, 367, 370, 372, 381, 383, 388, 389, 393, 394.

BAVIÈRE (Marie-Antoinette d'Autriche, électrice de), première femme de Maximilien-Emmanuel, II, 403, 462; IV, 195, 218.

BAVIÈRE (Thérèse-Cunégonde Sobieska, électrice de), seconde femme de Maximilien-Emmanuel, IV, 470; V, 26, 96, 135, 258, 260, 450; X, 173, 182, 339; XI, 178; XVI, 312.

BAVIÈRE (Joseph-Ferdinand-Léopold, prince électoral de), fils aîné de l'électeur Maximilien-Emmanuel, VI, 476; VII, 22.

BAVIÈRE (Charles-Albert, prince électoral de), second fils de l'électeur Maximilien-Emmanuel, VIII, 158; IX, 463; X, 365; XV, 16; XVI, 352.

BAVIÈRE (Prince Clément-Auguste de), évêque de Munster, troisième fils de l'électeur Maximilien-Emmanuel, XVIII, 26.

BAVIÈRE (Duc Maximilien-Philippe de), oncle de l'électeur Maximilien-Emmanuel, X, 296.

BAVIÈRE (Duchesse Max de), VIII, 461; XI, 450.

BAVIÈRE (Louise-Hollandine de), abbesse de Maubuisson, I, 195.

BAVIÈRE (Prince Clément de), *Voy.* COLOGNE.

BAVIÈRE (Princesse de). *Voy.* TOSCANE.

BAVILLE, *Voy.* BASVILLE.

BAY (Marquis de), XI, 185, 273, 389, 400, 416, 463, 479, 488; XII, 26, 159, 171, 181, 416, 460, 470; XIII, 219, 233, 236, 238, 239, 242, 245, 246, 268, 277, 281; XIV, 7, 120, 184, 243, 260, 265; XVI, 259. *Voy.* BAYE.

BAYARD (Abbé), IV, 57.

BAYARD, écuyer du duc de Bourgogne, V, 67; XIV, 118, 329.

BAYE (M. de), lieutenant général, IX, 157, 227, 346. *Voy.* BAY.

BAYERLÉ, écuyer du maréchal de Berwick, XIV, 262.

BAYERS, colonel, IV, 212; IX, 76.

Bayeux (Évêque de). *Voy.* NESMOND.

Bayonne (Évêque de). *Voy.* BEAUVAU, DRUILLET, LANE et ROQUE PRIELÉ.
BAYREUTH. *Voy.* BAREITH.
Bazas (Évêque de). *Voy.* GOURGUES.
BAZECQUE (La), aide de camp du maréchal de Boufflers, XII, 339 ; brigadier, XVIII, 12.
BAZINIÈRE (M. de la), II, 26, 203 ; XVI, 177.
BEAUCAIRE (M. de), capitaine de frégate, IX, 263 ; capitaine de vaisseau, X, 331 ; XI, 447 ; XII, 333.
BEAUCOUR (M. de), XVI, 266.
BEAUFORT, joueur de mail, XII, 447.
BEAUFORT' (Abbé de), VI, 453.
BEAUFORT (Duc de), II, 220 ; XIV, 69, 268.
BEAUFRANC (Abbé de), XI, 352. *Voy.* BOISFRANC.
BEAUGEAIS (M. de), capitaine de vaisseau, III, 166.
BEAUHARNOIS (Chevalier de), XII, 114.
BEAUHARNOIS (M. de), X, 188 ; XI, 96 ; XII, 100 ; XIII, 81 ; XVI, 330.
BEAUJEU (Abbé de), X, 299.
BEAUJEU (Chevalier de), capitaine de vaisseau, II, 105, 203 ; III, 13 ; V, 53.
BEAUJEU (Honoré de Quinquerand de), évêque de Castres, XIII, 462 ; XVI, 219.
BEAUJEU (M. de), III, 165, 195 ; V, 288, 342 ; VI, 45, 47 ; VIII, 496 ; IX, 114 ; XI, 376 ; XVIII, 5.
BEAUJEU (M. de), lieutenant des gendarmes d'Anjou, IX, 160 ; XVII, 97.
BEAUJEU (M. de), maréchal des logis de la cavalerie, IX, 20 ; brigadier de cavalerie ; XII, 319 ; XV, 5, 460.
BEAUJOLOIS (Philippe-Élisabeth d'Orléans, Mlle de), XI, 349 ; XVIII, 251.
BEAUMANOIR (Marquis de), lieutenant général de Bretagne, 9, 354 ; XIV, 337.
BEAUMANOIR (Marquise de), IX, 218 ; XI, 429 ; XVIII, 3.
BEAUMANOIR (Mlle de), XI, 292.
BEAUMONT, contre-amiral d'Angleterre, IX, 388.
BEAUMONT (Abbé de), IV, 345, 346 ; VI, 356 ; XVI, 174, 271, 294.
BEAUMONT (Léon de), évêque de Saintes, XVII, 316 ; XVIII, 250.
BEAUMONT (M. de), I, 199, III, 76 ; XII, 454.
BEAUMONT (Mme de), XII, 74, 76.
BEAUMONT-COGNÉE (Marquis de), V, 445.
BEAUNE (Vicomte de), lieutenant général, XV, 253 ; XVII, 482.
BEAUPRÉ (Marquis de), I, 140, 155, 238, 278, 349, 352.
BEAUREGARD (M. de), capitaine des grenadiers, II, 328 ; III, 313, 322 ; IV, 125, 138, 163.
BEAUREPAIRE, commis de Louvois, III, 394.
BEAUSSAN. *Voy.* BAUSSAN SAINT-AUBIN.
BEAUSSIER DE ZUIEZ, lieutenant de frégate, XII, 333.
Beauvais (Évêque de). *Voy.* BEAUVILLIERS et FORBIN.
BEAUVAIS (Baron de), I, 204 ; II, 219 ; IV, 404 ; VI, 169 ; XIII, 267.
BEAUVAIS (Baron de) fils, XII, 351 ; XIII, 264.
BEAUVAIS (Mme de), I, 255 ; III, 191.
BEAUVAIS (Mlle de), XVII, 228.

BEAUVAL (La), comédienne, I, 224.
BEAUVAU (M. de), II, 386; III, 129; IV, 290; XI, 72; XIII, 294, 399; XIV, 449; XVII, 263, 318; XVIII, 51.
BEAUVAU (M. de), brigadier de gendarmerie, IX, 72; XII, 361, 391, 418.
BEAUVAU (Marquis de), IX, 169, 176, 431; X, 176, 198; XIII, 399 ; envoyé extraordinaire du duc de Lorraine, 448; XVIII, 28, 66.
BEAUVAU (Mme de), XVI, 172; XVII, 156, 318; XVIII, 98.
BEAUVAU (Mlle de), XVII, 91, 100; XVIII, 259.
BEAUVAU (René-François de), évêque de Bayonne VII, 407 ; évêque de Tournay ; XI, 351; XII, 459; XIII, 6, 344, 369; XIV, 114, 384, archevêque de Toulouse, 450; XVI, 438, 511 ; archevêque de Narbonne, XVIII, 150.
BEAUVAU DU RIVAU (Gilles de), évêque de Nantes, VIII, 426; IX, 182; XVII, 161.
BEAUVAU DU RIVAU (Pierre-François de), évêque de Sarlat, IV, 187; VIII, 224.
BEAUVERNOIS, bâtard du chevalier de Lorraine, III, 170.
BEAUVILLIERS (Anne de), coadjutrice, puis abbesse de l'abbaye de la Joye, VIII, 131, 132.
BEAUVILLIERS (Duc de), I, 1, 255, 262, 273, 357; II, 49, 155, 172, 187, 192, 222, 240, 241, 285, 311, 363, 364, 448, 449, 460, 463; III 1, 27, 52, 119, 198, 205, 223, 245, 331, 370, 371, 439; IV, 58, 78, 234, 239, 259, 270, 319, 419, 435, 462, 464; V, 175, 185, 289, 321, 331, 347, 444; VI, 79, 124, 241, 258, 356, 377, 467 ; VII, 41, 97, 108, 148, 174, 295, 359, 387, 408, 419, 422, 426, 430, 431, 432, 438, 443, 450, 455, 458; VIII, 20, 21, 36, 46, 52, 87, 94, 155, 235, 237, 265, 272, 392, 405; IX, 73, 87, 358, 410, 435, X, 1, 273, 470, 503; XI, 41, 80, 225, 249, 260, 262, 322; XII, 28, 118, 127, 137, 268, 382, 409, 414, 420, 426, 432, 435, 441, 479; XIII, 18, 59, 105, 106, 107, 199, 201, 331, 349, 358, 359, 388, 426, 435; XIV, 107, 123 178, 253, 255; XV, 154, 165, 220; XVI, 138.
BEAUVILLIERS (Duchesse de), I, 154, 217, 335, 336; II, 17, 82, 95, 97, 103, 107, 114, 143, 173, 226, 233, 303, 305, 323, 325, 327, 363, 381, 385, 393, 402, 408, 423; III, 56, 119, 262, 339; IV, 75, 289, 432; V, 185, 194, 211, 233, 235; VI, 52; VII, 304, 351, 386, 426, 438; VIII, 21, 94, 140, 497; X, 375; XI, 41, 266, 290, 317; XIII, 445. 446; XIV, 255, 333; XV, 234; XVI, 419.
BEAUVILLIERS (François-Honoré de), évêque de Beauvais, XIV, 435, 480; XV, 17; XVII, 340, 344.
BEAUVILLIERS (Mlle de), IX, 358, 376, 378.
BEAUVILLIERS (Marquis de), X, 479; XIV, 94.
BEAUVOIR (De), brigadier d'infanterie, XVIII, 9.
BÉCHAMEL (M. de), I, 118, 237, 238, 255, 256, 257, 362; II, 89, 104, 159, 167; IV, 58, 312; VI, 127; IX, 183; 184; XII, 230.
BÉCHAMEL (Mme de), I, 319.
BÉCHAMEL (Mlle de), IV, 58, 60.
BEDFORD (Comte de), V, 13.
BEDMAR (Comte de), VI, 285.
BEDMAR (Marquis de), VI, 278; VII, 429, 433-437; VIII, 36, 69, 285, 366, 416, 488; IX, 230, 232, 243, 280, 294. 377, 407, 410, 416, 420, 423; X, 29, 32, 76, 83, 93, 115, 117, 146, 270, 273, 288; XI, 292, 379; XII, 410, 470; XIV, 272; XV, 374.

Bedmar (Marquise de), IX, 420.
Bédoyère (La), procureur général du parlement de Bretagne, XVIII, 268.
Bedrieu, colonel, XI, 404. *Voy.* Belrieux.
Bégatte, capitaine de vaisseau, III, 164.
Bégon (Abbé), XIV, 414.
Bégon, intendant de Rochefort, VIII, 100; X, 447; XIII, 129.
Beguin (Le P.), religieux de l'ordre de la Mercy, XVIII, 28.
Beitz, général Saxon, IX, 198.
Béjar (Duc de), I, 364; VIII, 20.
Bel (Le P. le), récollet , XV, 56.
Bélabre (Chevalier de), XVIII, 280.
Bélabre (M. de), X, 236; XIII, 290.
Belabre (M. de), fils, X, 245.
Belcombe, ingénieur, IV, 362.
Belesbat (Abbé de), II, 382; III, 296.
Bélesbat (M. de), I, 158; VIII, 109; XI, 38.
Belesbat (Mme de), XI, 331.
Belisani, I, 13; IX, 254.
Bellabre. *Voy.* Bélabre.
Bellassis (Milord), I, 358.
Bellay (Le bonhomme), médecin, I, 201.
Bellay (Marquis du), XII, 16, 51, 322.
Bellecroix, chevalier de Saint-Louis, IV, 285.
Bellefonds (Bernardine-Thérèse Gigault de), abbesse de Montmartre, XVII, 155.
Bellefonds (M. de), I, 175; II, 55, 123, 240, 308; XI, 52; XVI, 207.
Bellefonds (M. de), colonel du régiment d'Angoumois, I, 51.
Bellefonds (M. de), père, I, 204.
Bellefonds (M. de) fils I, 204.
Bellefonds (Mme de), I, 45, 345, 433; II, 25; III, 68, 71; VII, 234; XI, 314.
Bellefonds (Mlle de), I, 314, 317, 341, 368; II, 68, 79, 90; VI, 275, 446; VII, 216; XII, 98, 105.
Bellefonds (Maréchal de), I, 15, 21, 63, 205, 234, 297, 343; II, 17, 35, 58, 96, 223, 242, 285, 403, 414; III, 46, 114, 140, 144, 251, 338, 375; IV, 51, 59, 117, 169, 180, 182, 259, 270, 282, 288 ; V, 115.
Bellefonds (Maréchale de), IV, 182; VIII, 382; XIII, 230; XVI, 383.
Bellefonds (Marquis de), I, 34, 164, 207, 214, 220, 228, 232; II, 26, 52, 182; III, 114; IV, 137; X, 169, 193 ; XI, 23 ; XII, 320, XIII, 229.
Bellefonds (Marquise de), I, 330; II, 26, 422; XVIII, 224.
Bellefonds (Marquise de) la jeune, XI, 311; XII, 146, 149.
Bellefontaine (M. de), capitaine de vaisseau, III, 167 ; chef d'escadre, IX, 64; XI, 48, 49; commandeur, XIV, 236 ; XV, 162 ; bailli de Malte, 198; XVIII, 218.
Bellegarde, colonel, IV, 284, 385, 387, 393.
Bellegarde (Duc de), II, 55.
Bellegarde (M. de), XI, 413; XVI, 317, 505; XVII, 98, 359; XVIII, 167, 168.
Bellegarde (Mme de), XVIII, 131, 134, 137
Bellegarde, le vieux , XI, 15.

BELLE-ISLE (Chevalier de), XVII, 198.
BELLE-ISLE (M. de), III, 165; V, 304; X, 192; XI, 247; XII, 311, 423; XIII, 410; XVI, 200, 271, 291, 292, 297, 272, 470, 472; XVIII, 268, 386; XVIII, 23, 104, 111, 302.
BELLE-ISLE (M. de), brigadier, IX, 439, 441; XII, 262; XVI, 456.
BELLE-ISLE-FOUQUET (M. de), X, 228; colonel de dragons, XII, 359, 410; mestre de camp général des dragons, XIV, 279; XVII, 263.
Belle-Isle (Terre de), XVII, 386; son échange, 446.
BELLENAVE, brigadier d'infanterie, IV, 255, 408.
BELLEPORT, brigadier, II, 381; IX, 440. Voy. PELLEPORT.
BELLEVAISE, V, 61, 318. Voy. BELVÈZE.
Belley (Évêque de). Voy. LAURENT et MADOT.
BELLISLE-ÉRARD, chef d'escadre, IX, 64; X, 124; XI, 127.
BELLOC, poëte, X, 89, 90.
BELLOY (M. de), II, 395.
BELLOY (Mme de), II, 395; VI, 313.
BELLUGA, évêque de Carthagène, XVIII, 171, 178, 247.
BELMONT, capucin, I, 402.
BELMONT (Prince de), II, 138.
BELPORTE. Voy. BELLEPORT.
BELRIEUX, maréchal de camp, XVII, 263; XVIII, 170. Voy. BEDRIEU.
BELSUNCE (Abbé de), XI, 68; XII, 381.
BELSUNCE (Chevalier de), X, 126.
BELSUNCE (M. de), colonel d'infanterie, XIV, 194.
BELSUNCE (Marquis de), I, 279.
BELSUNCE (Mme de), XII, 78.
BELVÈZE, III, 216. Voy. BELLEVAISE.
BELZ (Palatin de), XII, 73, 158, 311.
BELZ (Palatine de), XII, 19.
BELZÉ (Abbé de), II, 412, 414, 415, 417, 478, 479.
BELZEN (M. de), colonel, III, 3.
BEMBOW (Amiral), VIII, 242; IX, 68, 135.
BENAC (Marquis de), XVII, 479, 480; XVIII, 13.
BENAVENTE (Comte de), VII, 414, 441; VIII, 54, 58, 427; XI, 170; XII, 322.
BENBOURG (M. de), aide de camp du prince de Hesse, X, 110.
BENEVENTE. Voy. BENAVENTE.
BENGT-OXENSTIERN, sénateur de Suède, VI, 111, 137.
BENITE (Don), X, 374.
BENOISE, capitaine d'une compagnie franche de la marine, V, 32; VIII, 502.
BENOISE (Sœur Céline), religieuse de Port-Royal, XIII, 60.
BENOIST (M.), conseiller d'honneur au parlement, VI, 17.
BENOIT, maître d'hôtel du roi, VI, 219; XIII, 267.
BÉNOUVILLE (Mlle de), XIV, 239.
BENSERADE, poëte, I, 302, III, 421.
BENSON, commissaire anglais, XIII, 241.
BENTERIDER (Baron), ministre de l'empereur, XVI, 359, 367, 412; XVIII, 151, 187, 191, 238, 273, 336.
BENTHEIM (Comte de), III, 402.

BENTINCK (M. de), XI, 345; III, 54.
BENTIVOGLIO (Abbé de), V, 2.
BENTIVOGLIO, nonce en France, XIV, 6, 188, 246, 247; XVIII, 171.
BÉON (M. de), colonel, IX, 91.
BÉON DU MASSEZ (Marquis de), XV, 400; XVIII, 73, 119.
BÉRAIN, décorateur, VI, 471.
BÉRANGE (La), cornette, III, 141, 195 ; gouverneur de Fougères, V, 116.
BÉRANGER (M.), XII, 87.
BERAYE. Voy. BERRAYE.
BERCENET, lieutenant de la vénerie, XII, 79.
BERCHÈRE (Charles le Goux de la), évêque de Lavaur, puis archevêque d'Aix, I, 249, 250; II, 8; archevêque d'Alby, III, 148; VI, 391; VIII, 145 ; archevêque de Narbonne, 269.
BERCHÈRE (M. de la), intendant de Montauban, I, 70; intendant de Rouen, III, 443.
BERCOURT (M. de), colonel, III, 80; IV, 285; V, 27; VI, 201 ; brigadier, 297.
BERCY, lieutenant aux gardes, XV, 150.
BERCY (M. de), intendant de Lyon, I, 43, 304, 408.
BERCY (M. de) le fils, X, 425; XIII, 14 ; intendant des finances, 249, 445; XV, 287; XVI, 174, 231.
BERCY (Mme de) la mère, XIV, 225.
BÉRENGER (M. de), colonel de Bugey, XIII, 254.
BERENZO (M. de), commandant à Cologne, XI, 206, 400.
BERESINI (Comte), général hongrois, IX, 413; XI, 21 ; XII, 59; XV, 152; XVII, 139.
BERETTI-LANDI (M. de), plénipotentiaire de l'empereur, XVIII, 336.
BERGER, (Le P.), II, 180.
BERGERET (Abbé), III, 241.
BERGERET, secrétaire du cabinet, I, 6, 7, 68, 77, 103, 105; III, 56; V, 90, XI, 454.
BERGEYCK (Baron, puis comte de), VI, 43; XI, 117, 255, 257; XII, 130, 131, 177, 178, 185, 187, 225, 321, 357, 419, 463; XIII, 53, 60, 72, 86, 89, 304, 344, 361, 417, 419, 450, 451, 474; XIV, 14, 20, 24, 68, 106, 107, 232, 275, 381; XV, 127, 186, 187, 289, 313.
BERGHES (Marquis de), IV, 40.
BERGHES (Prince de), gouverneur de Bruxelles, VII, 225; IX, 157; XIII, 186, 189; XIV, 427; XVIII, 266.
BERGHES (Princesse de), XIV, 427.
BERINGHEN (Abbé de), XIV, 147; XVII, 43.
BERINGHEN (Henri de), premier écuyer de la petite écurie du roi, nommé M. le Premier le père, I, 101 ; III, 122; IV, 50, 55.
BERINGHEN (Jacques-Louis de), fils du précédent, premier écuyer de la petite écurie du roi, nommé M. le Premier, I, 380, 390, 417 ; II, 42, 82, 222, 235, 242, 286, 289, 294, 306, 321, 348 ; III, 4, 77, 128, 230; IV, 253, 305, 339, 360, 409; V, 341, 461; VI, 34, 379; VII, 274, 417, 420; VIII, 27, 28, 99, IX, 190, 195; XI, 43, 231, 295, 326, 327, 330 ; XII, 360, 366, 432; XIII, 145, 478; XVI, 125, 178, 190, 195, 208, 215, 216, 272, 434; XVII, 120, 130, 172, 393; XVIII, 203.

TABLE GÉNÉRALE ALPHABÉTIQUE.

BERINGHEN (Jacques-Louis, marquis de), fils aîné du précédent, VII, 274; X, 166; XI, 324; XVII, 263.
BERINGHEN (Henri-Camille, chevalier de), frère cadet du précédent, XIV, 384; XVII, 43, 69; XVIII, 115.
BERINGHEN (Mme de), I, 188, 294; II, 403, 413, 422; III, 18, 49; IV, 432, 484; V, 11, 194, 202, 247, 268, 298, 302, 348, 457; VI, 141, 142, 402; XIV, 4.
BERINGHEN (Mlle de), XIV, 347, 350, 355, 360.
BERINSO. Voy. BERENZO.
BERKA (Comte de), envoyé de l'empereur en Hollande, III, 259.
BERLAU (Baron de), commandant à Liége, VIII, 245.
BERLO (M. de), III, 172.
BERMONT (M. de), conseiller au parlement, I, 371.
BERNAGE (M. de), IV, 440; VI, 46; IX, 46; XII, 131; XIV, 329; XVII, 145, 186, 198, 247, 446.
BERNAGE (M. de) le fils, XVII, 370.
BERNARD, capitaine, III, 224.
BERNARD (Mlle), III, 86; VII, 458.
BERNARD, négociant, XVIII, 335.
BERNARD (M.), maréchal des logis, IX, 334.
BERNARD (Samuel), banquier, VI, 136, 182, 198; XII, 80, 297, 396, 415; XIII, 353, 360; XVI, 212, 236, 497, 500; XVII, 198; XVIII, 327.
BERNARD le fils, colonel, XVIII, 114.
BERNARDI, gouverneur de Suze, X, 44.
BERNAVILLE, gouverneur de la Bastille, XII, 266, 301; XVI, 350; XVII, 426.
BERNÉ (Marquis de), officier des troupes de Savoie, IV, 339.
BERNÈJE (Mme), sage-femme, II, 168.
BERNIER, gentilhomme ordinaire du roi, VII, 401.
BERNIÈRES, brigadier, IX, 439, 441, 462; major des gardes, X, 297; major général de l'armée, XI, 112.
BERNIÈRES (M. de), IV, 59; VI, 401; IX, 103; X, 415, 419; XII, 156, 168.
BERNIÈRES (M. de), intendant de l'armée de Flandre, XII, 442, 443; XIII, 48, 49, 332, XVII, 217.
BERNIÈRES (Mme de), XII, 417; XVI, 510.
BERNIN (Le cavalier), I, 134, 230, 252.
BERNOU (Abbé), rédacteur de la *Gazette*, VIII, 182.
BERRAYE (Couessin de la), gentilhomme breton, XVIII, 260.
BERRIER (M.), XI, 476.
BERRIER (MM.), XI, 159.
BERRIER DE LA FERRIÈRE, VIII, 19.
BERRY (Charles de France, duc de), troisième fils du dauphin, I, 377, à XV, 139; XVIII, 85.
BERRY (Marie-Louise-Élisabeth d'Orléans, nommée *Mademoiselle*, duchesse de), femme du précédent, XIII, 201, à XVIII, 81.
BERTHE, recteur de l'Université, I, 223.
BERTHELOT, II, 36; III, 396; XVIII, 6.
BERTHELOT, brigadier d'infanterie, XIII, 131.
BERTHELOT l'aîné, I, 163.
BERTHELOT (M.) le fils, II, 358.

BERTHELOT (M.), VII, 167.

BERTHELOT (M.), colonnel du régiment d'infanterie de Bretagne, XI, 458.

BERTHELOT DE PLENEUF, V, 419.

BERTHET (Abbé), XVI, 295; XVII, 184.

BERTHIER (David-Nicolas de), évêque de Blois, XI, 240 ; XV, 10; XVII, 106, XVIII, 106.

BERTHIER (Jean-Louis de), évêque de Rieux, X, 470.

BERTIER (Abbé), IV, 176.

BERTIER (M.), IX, 288.

BERTIÈRE (La), I, 324; V, 283.

BERTIÈRE (M. de la), sous-gouverneur de M. de Chartres, IV, 138.

BERTILLAC, I, 323; III, 26, 237, 244, 416. *Voy.* BARTILLAT.

BERTILLAC, colonel de cavalerie, III, 163.

BERTILLAC, maréchal de camp, II, 355; III, 8, 88, 134. *Voy.* BARTILLAT.

BERTILLAT (M. de), I, 193; II, 397; III, 190, 228, 330; IV, 52, 477; IX, 110. *Voy.* BARTILLAT.

BERTIN, XIV, 39 ; XVIII, 130.

BERTIN, trésorier des parties casuelles, XVI, 198.

BERTIN (Le P.), XVI, 295.

Bertrand (Don), comédie, II, 113.

BÉRULLE, I, 191 ; IX, 110.

BÉRULLE, maréchal de camp, IX, 72 ; lieutenant général, X, 164.

BÉRULLE (Abbé de), X, 58.

BÉRULLE (M. de), I, 70.

BÉRULLE (M. de), intendant de Lyon, II, 41 ; V, 26, 28, 55.

BERVILLE, V, 308; X, 140 ; XVIII, 5.

BERVILLE, brigadier de dragons, XII, 320.

BERZINI. *Voy.* BERESINI.

BERWICK (Duc de), II, 220, 288, 290, 296, 309, 328, 331, 332, 456; III, 59, 231, 297, 442; IV, 34 ; lieutenant général, 254, 257, 334, 339, 345, 477; V, 100, 105, 172, 286, 364, 372, 373, 377, 390, 396 ; VI, 110, 278; VII, 21, 31, 295; VIII, 73, 93, 346, 479, 507; IX, 56, 108, 168, 190, 363, 365, 366, 391, 408, 427, 438, 472, 479 ; X, 6, 15, 26, 33, 36, 46, 57, 62, 127, 139, 155, 156, 163, 176, 192, 197, 213, 225, 288, 294, 314, 318, 332, 372, 412, 460, 470, 473, 475, 480, 482, 494, 500, 502 ; XI, 3, 9, 10, 20, 36 ; maréchal de France, 37, 46, 47, 59, 66, 71, 73, 77, 98, 102, 106, 108, 115, 119, 124, 128, 131, 132, 143, 145, 148, 154, 159, 168, 172, 176, 185, 191, 200, 203, 212, 220, 226, 230, 233, 234, 242, 245, 253, 259, 269, 300, 311, 314, 329, 333, 357, 361, 363, 371, 372, 375, 384, 393, 401, 405, 418, 434, 436, 444, 464, 469, 489; XII, 2, 16, 18, 26, 34, 40, 43, 66, 73, 79, 96, 98, 99, 119, 123, 125, 126, 132, 133, 142, 155, 159, 170, 181, 183-186, 188, 192, 195, 198, 201, 206-209, 211, 213, 228, 265, 266, 292, 294, 348, 391, 392, 417, 430, 431, 466, 473, 482; XIII, 5, 6, 19, 48-50, 61, 78, 119, 152, 157, 158, 174, 181, 182, 188, 199, 206, 209, 232, 238, 247, 260, 267, 270, 275, 297, 392, 401, 407, 413, 424, 448, 558, 461, 463, 478, 485 ; XIV, 3, 15, 17, 20, 130, 158, 180, 187, 223, 224, 225, 228, 243, 246, 263, 264, 267, 272, 278, 280, 281, 284, 315, 319, 322, 324, 326, 333, 336, 347, 409 ; XV, 83, 96, 118, 160, 163, 171, 187, 192, 197, 243, 248, 254, 257,

263, 278, 283, 284, 451; XVI, 178, 215, 251, 344, 362, 364, 388, 392, 395, 402, 404, 405, 407, 409, 439, 448; XVII, 353, 394, 396, 414, 417, 418, 420, 443, 461, 478; XVIII, 20, 35, 41, 43, 45, 46, 54, 56, 58, 60, 61, 64-66, 68, 70, 72, 75, 77, 79, 80, 92, 94, 96, 97, 103, 110-113, 116, 117, 127, 129, 132, 134, 136, 137, 142, 145, 147, 166, 169, 170, 180, 183, 191, 245, 246, 274.

BERWICK (Duchesse de), V, 286, 305, 325, 330, 353; VI, 55, 162, 282; X, 127, 226; XI, 372; XIII, 318, 322.

BERWICK (M. de), fils du maréchal, XIV, 261; XVII, 396; XVIII, 252, 254, 264, 266.

Besançon (Archevêque de), *Voy.* GRAMONT et MONTCHEVREUIL.

BESMEAUX (M. de), I, 33; II, 112, 188; III, 408; IV, 192, 407; V, 433; VI, 5, 249; XI, 267.

BESMEAUX (Mme de), VI, 48.

BESMAUX (Mlle de), XI, 266, 289.

BESSAC, capitaine de vaisseau, X, 331.

BESSAY (Du), mestre de camp, XIV, 455.

BESSIÈRE, chirurgien, I, 340; II, 7, 174; III, 82.

BESSIÈRE (La), colonel, III, 175, 177, 224, 225; brigadier, IV, 255; V, 177.

Bête (Jeu de la), II, 327.

BETEAU DE CULAN, I, 15.

Bethléem (Évêque de), VIII, 171; XV, 82.

BÉTHOMAS, II, 112; III, 130, 195, 327; IV, 65, 375; V, 287.

BÉTHOMAS (Commandeur de), V, 452; chef d'escadre des galères, VI, 99; VIII, 474.

BÉTHUNE (Abbé de), XVII, 184.

BÉTHUNE (Armand de), évêque du Puy, IX, 378.

BÉTHUNE (Chevalier de), X, 3.

BÉTHUNE (Comte de), II, 359, 361.

BÉTHUNE (Comtesse d'), II, 209.

BÉTHUNE (Duc de), V, 321; VII, 375; VIII, 11, 101; X, 199, 201; XI, 412; XIII, 41, 42, 46, 50, 473; XIV, 155, 285; XVII, 56.

BÉTHUNE (Duchesse de), II, 12; IV, 436; XVI, 362.

BÉTHUNE (Hippolyte de), évêque de Verdun, II, 44, 46; XV, 68; XVI, 243.

BÉTHUNE (M. de), I, 150, 311, 330; II, 360; III, 50, 165; IV, 6, 134; XII, 304; XIII, 37, 359, 363; XV, 140, 193; XVIII, 36, 184.

BÉTHUNE (Mme de), I, 80, 311; II, 162; IV, 189; V, 151, 152; VI, 44; XV, 70.

BÉTHUNE (Mlle de), III, 156.

BÉTHUNE (Marquis de), I, 68, 82, 189, 307, 310, 371; II, 334, 476; III, 246; ambassadeur en Pologne, 419, 434, 436; ambassadeur en Suède, IV, 21, 188, 191; IX, 146, 153; X, 101, 112; XI, 272; XII, 38, 70, 76, 95, 100, 236; XIII, 395, 435; XIV, 285, 394; XV, 191, 258, 274, 282, 340, 376, 404; XVI, 196; XVII, 424; XVIII, 10, 128.

BÉTHUNE (Marquise de), I, 253, 403; IV, 216; VI, 355; VII, 409; XIII, 63; XV, 206, 236; XVII, 108.

Béthune (Fonds de), I, 311 ; IV, 188.
BÉTHUNE-CHAROST (Duc de), II, 223.
BÉTHUNE-D'ORVAL (Marquis de), XII, 289; XIII, 426.
BÉTHUNE-D'ORVAL (Mme de), I, 371.
BETOU (M. de), gouverneur de Condé, VI, 6.
BEUIL (Comte de), chef d'escadre, VI, 257, 473.
BEUIL (M. de), maréchal de camp, XIV, 113, 330 ; XV, 331.
BEUIL (Marquis de), XI, 54. *Voy.* BUEIL.
BEUSVILLE (Marquise de), II, 161; XIV, 328.
BEUVRON (Abbé de), I, 57, 139; II, 450 ; III, 123, 425 ; IV, 117 ; XIV, 389.
BEUVRON (Comte de), I, 405, 406 ; II, 176, 255; VIII, 328 ; XVI, 331, 454, 455.
BEUVRON (Comtesse de), II, 193, 255 ; IV, 318 ; VIII, 140, 190, 328; XII, 239, 250.
BEUVRON (M. de), II, 98, 229, 351 ; III, 44, 46, 140 ; IV, 1, 272; V, 14, 398.
BEUVRON (Mme de), II, 98.
BEUVRON (Mlle de), XVII, 2, 153, 159.
BEUVRON (Marquis de), II, 41, 222, 242; V, 40, 46, 48, 49, 50 ; VI, 81, 337; VIII, 247 ; X, 311.
BEUZEVAL. *Voy.* BEZENVAL.
BÉVALON, lieutenant de vaisseau, XI, 247.
BEVOLAND, chevalier de Saint-Louis, XIV, 330.
BEY (Marquis de). *Voy.* BAY.
BEZEMEAUX. *Voy.* BESMEAUX.
BEZENVAL (Abbé de), IV, 416, 474.
BEZENVAL (M. de), II, 121, 163 ; III, 188 ; IV, 254, 474; VI, 378, 426 ; VIII, 89; IX, 441 ; X, 126, 134; XIII, 38, 43, 44 ; XVI, 351, 478 ; XVII, 133 ; XVIII, 295.
BEZENVAL fils, VII, 201 ; XIII, 44.
Béziers (Évêque de). *Voy.* BISCARAS et ROUSSET.
BEZONS (Armand Bazin de), abbé, I, 181 ; évêque d'Aire, 206, 332; V, 202; VI, 320; archevêque de Bordeaux, VIII, 155; X, 297, 392 ; XIII, 480 ; XV, 10 ; XVI, 184, 197, 426, 466, 505; XVII, 11, 40, 117, 120, 121, 388, 392, 399; archevêque de Rouen, XVIII, 37, 143, 156, 170.
BEZONS (Chevalier de), IV, 72, 469, 470, 477 ; V, 16, 113, 117, 157, 200 ; VII, 49, 389 ; VIII, 259, 285 ; IX, 114, 141, 242, 400 ; XI, 148, 212, 225, 227.
BEZONS (Comte de), XI, 391 ; XII, 32, 161, 267, 407; maréchal de France, 430, 434, 465, 467, 475; XIII, 4, 9, 19, 35, 43, 44, 47, 48, 64, 70, 71, 88, 133, 136, 140, 175, 226, 285, 294, 450, 459 ; XIV, 23, 141, 276, 389, 393, 400, 402, 422, 459 ; XV, 44; XVI, 176, 178, 180 ; XVII, 117, 151, 264 ; XVIII, 115, 199.
BEZONS (M. de), I, 109, 110, 224, 306, 308, 315 ; II, 164, 457 ; IV, 253, 284; VI, 286, 367; VII, 354, 372, 378; VIII, 33, 93, 129, 170, 304, 347, 469 ; IX, 109, 249, 258, 285, 315, 412; X, 30, 315; XI, 149, 235-237, 398, 421 ; XII, 85, 87, 88, 99, 100, 363.

Bezons (Mlle de), XVI, 268, 303; XVII, 151.
Bezons (Foire de), V, 290.
Bezzola (Mlle), I, 268, 325-335, 342, 344, 346, 348, 351 ; II, 64, 203 ; III, 103-105, 232, 430.
Bianchini, camérier du pape, XIV, 188-190.
Bibrac (Général), X, 332, 411.
Bichi (Cardinal), III, 16, 69, 286, 303 ; XVII, 421.
Bidache, enseigne de la marine, XII, 333.
Bidal (Abbé), II, 130; III, 242 ; V, 399'; VII, 466 ; XV, 144.
Bidault, capitaine de vaisseau, III, 165 ; VII, 315.
Bidault (Mme), VII, 324.
Bidaut, valet de chambre du roi, XVII, 481.
Bielinski, VI, 145, 146, 208.
Bielk (Comte de), Suédois, III, 324 ; VI, 33, 284, 326, 347 ; VII, 277 ; VIII, 141 ; XVIII, 67, 231.
Biez (Du), brigadier d'infanterie, X, 166 ; XVII, 263.
Bignon (Abbé), III, 344 ; IV, 204, 207, 208, 229, 286 ; VIII, 38, 39 ; X, 293 ; XIII, 218 ; XV, 192 ; XVII, 229, 240, 413, 418, 424 ; XVIII, 90.
Bignon, capitaine aux gardes, IV, 278, 407 ; V, 171.
Bignon, conseiller d'État, XVIII, 312.
Bignon, intendant des finances, VII, 265 ; XIII, 14.
Bignon, intendant de la généralité de Paris ; XIII, 445.
Bignon, intendant de Picardie, V, 80 ; VI, 57, 286 ; XII, 131.
Bignon, intendant de La Rochelle, XVIII, 312.
Bignon, premier président du grand conseil, VI, 59.
Bignon, prévôt des marchands, XII, 204 ; XIII, 464 ; XVI, 272.
Bignon (M.) I, 119, 315 ; II, 37, 158 ; III, 76, 120, 340, 403 ; IV, 440 ; XI, 195 ; XII, 81 ; XIII, 47, 218 ; XV, 210.
Bignon fils (M.), III, 248, 261.
Bignon de Blanzy (M.), maître des requêtes, VII, 150, 152.
Bigorre (Abbé), VI, 220.
Bigot (Mlle), VI, 188.
Billarderie (La), IX, 73, 225 ; X, 487 ; XI, 150 ; XII, 319 ; XIII, 131 ; XVI, 473, 477 ; XVII, 210, 471 ; XVIII, 5, 6, 95, 104, 192.
Billarderie (La), lieutenant des gardes du corps, XVII, 445, 446 ; XVIII, 199.
Billarderie (La) l'aîné, XIV, 235.
Billarderie (La) le cadet, XVII, 456 ; XVIII, 24, 42.
Billarderie (Chevalier de la), X, 323.
Billy, gentilhomme du comte de Charolois, XVII, 75, 76 ; XVIII, 326.
Binet (Abbé), IX, 270.
Binet fils, XIII, 441.
Bing (Amiral), XI, 99, 101 ; XVII, 330, 373, 375, 376, 380.
Bion (Abbé), XVII, 50.
Bioule (Comte de), XVII, 77.
Birkenfeld (Prince de), II, 163 ; III, 130 ; V, 398 ; VI, 144, 165, 172, 282 , VIII, 113 ; IX, 72, 108 ; X, 77, 164 ; XI, 46, 328 ; XII, 359, 362 ; XVII, 91.

BIRKENFELD (Prince de) le fils, XII, 359.
BIRON (M. de), I, 52, 368; II, 142, 188; III, 86; V, 119, 343, 372; VI, 344, 418; VII, 224, 277; VIII, 305, 347; IX, 17, 22, 24, 108; X, 23, 164, 374; XI, 46, 99, 149, 328; XII, 147, 183, 189, 428; XIII 406; XIV, 126, 130, 144, 411, 438, 444, 445, 468; XV, 87, 89; XVI, 178, 186, 209, 210; XVII, 120, 121, 177, 219, 224, 292, 394, 401, 474, 475; XVIII, 3, 17, 54, 59, 65, 199, 250, 327.
BIRON (Mme de), I 347, 373, 374; VII, 41; XIV, 439.
BIRON (Mlle de), 1, 67, 166, 194, 346, 348, 380; II, 96, 101, 129, 137, 142, 151; XVI, 244, 268; XVII, 73, 79; XVIII, 236, 248, 250.
BIRON ((Mme de), coadjutrice de Saintes, XVIII, 115.
BIRON (Le petit), I, 239, 368, 371.
BISACCIA (Prince de), XV, 188.
BIGAOUD (Duc de), VIII, 210, IX, 253, XVII, 175; XVIII, 129.
BISCARAS (Jean-Armand de Rotundis de), évêque de Béziers, VIII, 335.
BISE (M. de), commis du contrôleur général, I, 73.
BISSY (Abbé de), XIV, 393.
BISSY (Henri de Thiard de), évêque de Toul, II, 30; VI, 253, 284, 286, 453; VIII, 232; évêque de Meaux, X, 7, 8; XIII, 480; XIV, 34, 419; XV, 271, 277, 284, 316, 317, 370, 394, 422; cardinal, 431, 449, 452, 454, 461; XVI, 78, 98, 111, 128, 173, 466, 504; XVII, 11, 37, 39, 40, 42, 104, 106, 107, 123, 129, 130, 233, 241, 242, 333, 355, 358, 388, 424, 438, 469, 483; XVIII, 25, 248, 250, 287, 293, 320.
BISSY (Chevalier de), III, 350; XII, 392; XIV, 329.
BISSY (M. de), I, 274; II, 43, 222, 225, 243, 286, 320, 340; III, 94, 128, 230, 448; IV, 1, 254; VI, 287; VIII, 231, 304, 347; IX, 280, 431; X, 8, 119, 173, 374; XIII, 131; XIV, 139; XV, 382; XVI, 424.
BISSY (Mme de), I, 84.
BISSY (Marquis de), le jeune, VII, 125.
BIVILLE (M. de), III, 14, 18.
BIZOT (Abbé), I, 420.
BLAINCOURT, sous-lieutenant, VIII, 271.
BLAINVILLE (M. de), I, 52, 114, 157, 434; II, 188, 460, 464; III, 3, 108, 111, 170, 279; IV, 2, 138, 194, 254; V, 248, 324, 359; VI, 62; VII, 429; VIII, 61, 304, 306, 346, 392-439; IX, 43, 74, 108, 165, 174, 175, 182, 408, 413, 423; X, 102, 107.
BLAINVILLE (Mlle de), XI, 40.
BLAMONT (Président de), XVII, 373, 410, 467; XVIII, 47.
BLAMONT (Présidente de), XVII, 468.
BLANC (César le), évêque de d'Avranches, XVIII, 150, 158.
BLANC (M. le), II, 365, 372; X, 62, 63; XI, 281; XII, 156, 207; XIII, 231; XIV, 239; XV, 262; XVI, 178, 186, 206, 209, 211, 260, 391, 397, 413; XVII, 201, 393, 396, 404, 433, 434, 443, 476; XVIII, 3, 17, 25, 27, 34, 36, 56, 71, 93, 104, 183, 199, 281, 293, 295, 322.
BLANC (Mlle le), XVII, 91, 94.
BLANCHEFORT (M. de), I, 138, 148, 152, 153, 364, 366; II, 189; III, 136; IV, 254.
BLANCHEFORT (Mme de), X, 337, 462; XVIII, 289.

BLANCHEFORT (Marquis de), II, 147, 163; IV, 218; V, 40, 199, 341, 379.
BLANCMESNIL (M. de), XI, 356; XVII, 14, 121.
BLANCMESNIL (Mlle de), VII, 234.
BLANDINE (Sœur), religieuse de Port-Royal, XIII, 60.
BLANDINIÈRE (La), père de la Mercy, I, 189.
BLANDINIÈRE (Chevalier de la), aide-major de la marine, X, 124.
BLANSAC (M. de, II, 370; IV, 131, 132, 136, 154, 176, 255; VIII, 304, 347;
  IX, 109, 357; X, 101, 103, 164; XI, 157, 184; XII, 389; XIV, 130, 144;
  XVIII, 189.
BLANSAC (Mme de), IV, 132, 484; V, 239, 391; VI, 481; VII, 120; VIII, 154.
BLANSAC (Mlle de), XII, 280, 287, 290, 295; XVII, 415, 423.
BLÉCOURT, envoyé en Espagne, VII, 291, 347, 381, 382, 388, 390, 395, 396,
  403, 407, 410, 412, 451; VIII, 91, 98, 103, 147; IX, 200, 238; XII, 461,
  376; XIII, 305, 410; XVIII, 181.
BLEIN (Comtesse de), XI, 235.
BLÉNAC (Chevalier de), III, 164.
BLÉNAC (Comte de), II, 413; III, 166; IV, 309.
BLÉNAC (M. de), III, 166, 422; IV, 68; V, 444; XV, 50; XVI, 237.
BLÉNAC (Marquis de), III, 13, 17, 429.
BLET (Comte de), I, 359.
BLET, courrier du cabinet, IV, 377.
BLEZEL, gentilhomme du prince de Conty, I, 254.
BLEZY (M. de), colonel, III, 6.
BLIMONT (M. de), capitaine, XIII, 175.
BLINIÈRE (La), XVII, 194.
BLIGNY (M. de) I, 78; II, 188; V, 343; IX, 461; X, 223; XI, 315, 329; XII,
  363.
Blois (Évêque de). *Voy.* BERTHIER.
BLOIS (Françoise-Marie de Bourbon, Mlle de), duchesse de Chartres, puis
  d'Orléans, I, 56, à IV, 30. *Voy.* CHARTRES et ORLÉANS.
BLONDEL (Abbé), III, 384.
BLONDEL, intendant des bâtiments, VII, 49.
BLOSSAC (Président de), XVII, 226.
BLOUIN (Abbé), IX, 270.
BLOUIN, premier valet de chambre du roi, I, 243, 321; III, 65, 167; VII, 86;
  VIII, 15; IX, 248, 481; X, 35; XI, 82, 222, 438; XII, 352, 355, 441; XIII,
  374; XIV, 90, 271, 383, 450, 478; XVI, 125, 198; XVII, 96, 142; XVIII,
  306.
BOCHARD DE SARRON (Abbé), X, 170; XIII, 57; XIV, 97.
BOCHARD DE SARRON DE CHAMPIGNY, (François), évêque de Valence, puis de
  Clermont, II, 12, 44.
BODO, lieutenant-colonel, III, 351.
BOFFRAND, architecte, XVII, 423. *Voy.* BOISFRANC.
BOHAM, V, 28; maréchal de camp; IX, 458; X, 279.
BOHLEN, brigadier de cavalerie, III, 75; IV, 332.
BOILE, officier; II, 50.
BOILEAU (Abbé), I, 317, 320, 321; IV, 354, 387, 471; V, 53, 61, 157; VII,
  242; X, 4.

BOILEAU (M.), XI, 30 ; XV, 232.
BOILEAU-DESPRÉAUX, I, 32, 87, 312 ; II, 132 ; VII, 76, VIII, 76 ; XIII, 362.
BOISBAILLET (M. du), I, 70.
BOIS-CLAIR (De), capitaine de vaisseau, X, 331.
BOIS-DAUPHIN (Mme de), IX, 427.
BOIS-DAVID (M. de), III, 26 ; XVIII, 20, 22, 40, 63, 93, 144, 193.
BOIS-DE-LA-ROCHE (Chevalier du), colonel, X, 229.
BOISEMONT, II, 365 ; VII, 279.
BOISFERMÉ (M. de), colonel, X, 174.
BOISFERMÉ (M. de), colonel, frère du précédent, X, 194 ; XII, 76.
BOISFRANC, page de la vénerie, I, 223.
BOISFRANC (Abbé de), X, 293 ; XI, 436, 454 ; XIV, 146. *Voy.* BEAUFRANC.
BOISFRANC (M. de) ; I, 207, 255, 404, II, 54, 83, 85, 89, 103 ; III, 152 ; V, 148, 351 ; VIII, 377 ; XI, 216 ; XII, 79 ; XVII, 411, 417 ; XVIII, 124, 216.
BOISFRANC, (Mme de), I, 112.
BOISFRANC (M. de), le fils, maître des requêtes, I, 238.
BOISFRANC (Mlle de), III, 151.
BOISGIBAULT D'AUMALE (Abbé de), V, 126.
BOISGUILBERT, XIII, 248.
BOISMELÉE. *Voy.* BOSMELET.
BOISOT (Abbé), XII, 381. *Voy.* BOISSOT.
BOISOT, brigadier, XVIII, 11.
BOISOT, premier président de Besançon, IX, 107.
BOISPINEAU (Du), XI, 247.
BOISSEAU (M.), intendant de Mme de Louvois, V, 123.
BOISSELEAU (Abbé de), VII, 131.
BOISSELEAU, capitaine aux gardes ; II, 333, 396 ; III, 29, 45, 221, 231, 234, 274, 308, 420 ; IV, 191, 221, 306, 377 ; V, 234, 342, 350 ; VI, 442.
BOISSELEAU (Mme de), IV, 222.
BOISSELEAU (Mlle de), VII, 131.
BOISSET, I, 403, 405.
BOISSEUIL. *Voy.* BOYSSEULH.
BOISSIÈRE, III, 162.
BOISSIÈRE (La), capitaine de vaisseau, III, 164.
BOISSIÈRE (M. de), V, 166, 169, 185 ; VI, 341 ; VII, 371.
BOISSIÈRE (Marquis de), I, 285 ; VI, 361.
BOISSIÈRE-KERPEDRON, (La) XVIII, 260.
BOISSIEUX (Abbé de), X, 300.
BOISSIEUX, colonel d'infanterie, XIV, 484.
BOISSIEUX (M. de), XVI, 422.
BOISSIEUX (Marquis de), XVIII, 8.
BOISSOT (Abbé), VII, 180. *Voy.* BOISOT.
BOISSY, II, 459 ; III, 314 ; XIII, 131 ; XVI, 212 ; XVII, 370.
BOISSY-BECDELIÈVRE. *Voy.* BOUEXIC.
BOIVAU (Chevalier de), gouverneur des Invalides, X, 229 ; XVII, 328.
BOLHEN. *Voy.* BOHLEN.
BOLINGBROKE (Milord vicomte de), XIV, 207-215, 220, 288, 456 ; XV, 194, 243, 246, 401, 444 ; XVI, 287, 350 ; XVII, 419.

BOLINGBROKE (Milady), XVII, 419.
BOLTON (Duc de), XIV, 447; XV, 210; XVI, 2.
BOMBARDA, trésorier de l'électeur de Bavière, IX, 169.
BOMBELLES, I, 271, 276; IX, 142; XVII, 439; XVIII, 9.
BONAMOUR (Comte de), XVII, 221, 246, 350, 401; XVIII, 136.
BONAMOUR (Mme de), XVIII, 190.
BONDE (Comte de), VI, 93, 137; VIII, 190.
BONNAC (Marquis de), VII, 51, 212, 288; VIII, 196; IX, 44, 74, 373.
BONNAC (M. de), envoyé en Suède, X, 440; XI, 274; XIII, 227, 410; envoyé en Espagne, XIV, 469, 483; XVI, 223, 244, 268, 337, 364, 388; ambassadeur à Constantinople, 501; XVIII, 11, 101.
BONNAC (Mme de), XVI, 337.
BONNAS DE GONDRIN (Marquis de), maréchal de camp, XII, 319; XVII, 122; XVIII, 5, 60, 127, 136, 137, 142, 170, 205.
BONNELLES (Chevalier de), X, 474.
BONNELLES (Marquis de), X, 340; XI, 205.
BONNELLES (Mme de), VII, 417.
BONNET, major du régiment de la Reine, III, 320.
Bonnet (Affaire du), XV, 290, 363.
BONNETOT, premier président de la cour des comptes de Rouen, XV, 171.
BONNEUIL (Abbé de). XVII, 213.
BONNEUIL (M. de), I, 360; III, 423; VI, 91, 385.
BONNEVAL (Chevalier de), XI, 72, 79, 96, 305.
BONNEVAL (Marquis de), VI, 96; IX, 435, 443; XI, 209; XII, 271, 295; XVI, 404, 512; XVII, 13, 22, 72, 79, 104; XVIII, 117, 147, 148.
BONNEVAL (Mlle de), XVIII, 268, 276.
BONNIVET (M. de), XVII, 211, 213, 349, 382.
BONREPAUS (M. de), I, 254, 280, 353; II, 40, 176, 440, 444, 450; III, 172, 204, 248, 273; IV, 36, 170, 172, 179, 204, 211, 223, 241; V, 297, 406; VI, 28, 197, 212, 215, 224; VII, 46, 50, 53, 116, 170, 177, 225; XI, 259, 440; XV, 372; XVI, 178, 184, 209, 214, 268; XVII, 400; XVIII, 57, 100.
BONREPOS. *Voy.* BONREPAUS.
BONTEMPS, premier valet de chambre du roi, I, 392; II, 112, 337, 409; III, 86, 272, 353; IV, 227, 229, 319, 390; V, 383; VI, 296, 380; VII, 24, 36, 67, 163; VIII, 13, 15, 16.
BONTEMPS l'aîné, premier valet de chambre du roi, VIII, 15, 148; X, 19, 35, 80; XII, 10, 34, 386; XIII, 264, 267; XV, 299; XVI, 125, 201; XVIII, 306, 333.
BONTEMPS le cadet, VIII, 15, 148.
BONTEMPS le fils, IV, 122, 229; V, 66, 72; VII, 236, 237, 259, 260; VIII, 64, 142, 493; XII, 86.
BONTEMPS (Mme), XIII, 26.
BONTEMPS (Mlle), I, 322; X, 468.
BONVISI (Cardinal), I, 190; VII, 371.
BONZI (Cardinal de), I, 182, 228, 234, 394, 395; II, 222, 241, 285, 292, 355, 450, 452, 453, 454; III, 57, 65, 234, 284, 375, 422; V, 57, 416, 422, 476; VI, 119, 186, 351; VII, 36, 208, 451; IX, 154, 243, 244; XV, 312.

Bordage (Marquis du), I, 283, 285, 389, 428; II, 33, 163, 179, 195; VII, 464; IX, 33; XI, 169.
Bordage (M. du) fils, II, 195, 213; III, 223; IV, 348.
Bordage (Mlle du), VII, 205.
Bordeaux (Académie à), XIV, 241.
Bordeaux (Archevêque de). *Voy.* Argenson, Bezons et Bourlemont.
Borde (M. de la), IV, 40, 198.
Borde (Mlle de la), IV, 433.
Bordes (M. des), I, 20, 301, 357; II, 139, 200, 205; III, 136, 157, 182, 327; IV, 284; V, 84; VIII, 304, 346; IX, 15, 17, 19.
Bordes (Mme des), XVI, 453.
Boréel, plénipotentiaire de Hollande, V, 363; VI, 5, 56, 95.
Borgèse (Prince), VIII, 443.
Borgia, chanoine de Tolède, VII, 332.
Borgiati, I, 230.
Borgo (Marquis del), plénipotentiaire de Savoie; XIV, 47, 227.
Borgolo (Marquis de), XV, 86.
Borgomainero (Marquis de), ambassadeur d'Espagne auprès de l'empereur; V, 302.
Borromée (Cardinal), XVII, 56.
Borromée (Comte Charles), XIII, 263.
Bos (Du). *Voy.* Dubos.
Bosc (Du), IV, 267; XI, 52, 180.
Bose (M.), maître des requêtes, VII, 313; XIII, 122, 299, 302; XVII, 479.
Bosco, maréchal des logis, XIV, 330.
Boselli (Comte), VIII, 271; XI, 6.
Boselli (Scipion), brigadier, XVIII, 10.
Bosmelet (Mme de), VI, 367.
Bosmelet (Mlle de), V, 352, 365; VI, 364, 366.
Bosquet, capitaine d'artillerie, XI, 247.
Bossu (M. de), archevêque de Malines, XVIII, 171, 177.
Bossuet (Jacques-Bénigne), évêque de Meaux, I, 140, 236, 237, 289; II, 311, 393; III, 81, 100, 108, 109, 112, 114, 115, 126, 144, 231, 301, 331; IV, 356; V, 237, 260; VI, 89, 120, 143, 149, 207, 219, 238, 303, 332, 339, 350, 371, 373, 374; VII, 231, 322, 364; VIII, 143; IX, 56, 99, 124, 278, 479, 484.
Bossuet (Jacques-Bénigne), neveu du précédent, évêque de Lavaur, IV, 187.
Bossuet (Abbé), III, 148; VII, 322; IX, 484; XVI, 328.
Bossuet (M.), I, 142; IV, 439, 440; VII, 262.
Bossut (De), chevalier de la Toison d'or, II, 61.
Bottère (Prince de), I, 120.
Bouchardière (M. de), IX, 147.
Boucher, intendant de l'armée de France, II, 296.
Boucher (Président), XVII, 4; XVIII, 326.
Boucherat (M.), 88, 242, 244, 251, 258, 315; III, 371; V, 247; VII, 144.
Boucherat (Louis), I, 88, 242; chancelier de France, 244, 245, 251, 258, 273, 315; III, 54, 223, 371, 372, 439; IV, 2, 74, 239, 401, 419; V, 159,

228, 247, 249, 280, 331, 345; VI, 53, 181, 269, 363; VII, 56, 89, 108, 139, 140, 141, 144.
BOUCHERAT (Mme), VI, 76.
BOUCHET (Abbé du), XIII, 207.
BOUCHET (Du), généalogiste; I, 15.
BOUCHET (M. du), maître des requêtes, XII, 187.
BOUCHET (Mme du), I, 169.
BOUCHU (Abbé), IV, 474.
BOUCHU (M.), I, 308; IV, 348; V, 388; VII, 372; VIII, 50, 225, 284, 330, 489; IX, 62, 88, 254, 264; X, 158, 292; XVI, 225.
BOUCHU (Mme), XIV, 131; XVII, 243, 244 248.
BOUCHU (Mlle), X, 484; XI, 38, 72.
BOUCS (M. de), X, 107.
BOUDEVILLE, maréchal de camp; XVII, 263.
BOUDIN, médecin, VIII, 54; XI, 331; XIII, 301, 381, 387; XIV, 21, 82, 110; XV, 79; XVII, 280, 301.
BOUEXIC-BECDELIÈVRE (Du), gentilhomme breton, XVIII, 274.
BOUFFLERS (Comtesse de), XII, 300.
BOUFFLERS (Marquis de), I, 10, 161, 318, 323, 367; II, 36, 44, 45, 50, 61, 128, 174, 177, 187, 190, 191, 193, 202, 207, 222, 225, 227, 229, 242, 286, 339, 370, 460, 465; III, 25, 52, 77, 86, 129, 145, 148, 155, 157-159, 183, 189, 206, 237, 260, 263, 271, 273, 282, 299, 300, 305, 309, 312, 314, 322, 329, 342, 344-347, 352, 372, 397, 399, 407, 416, 423, 428; IV, 1, 16, 19, 52, 81, 82, 92, 100, 103, 109, 112, 113, 116, 122, 138, 161, 165, 172, 182-186, 214, 216, 218, 220, 233-235, 241, 252; maréchal de France, 257, 290, 291, 294, 295, 298, 300, 301, 303, 304, 356, 383, 391, 406, 411, 412, 431, 439-441, 449, 455, 456, 477; V, 33, 40, 58, 71, 80, 89, 91, 94, 99, 102, 103, 117, 118, 166, 167, 169, 187, 189, 192, 193, 218, 220, 221, 223, 229-232, 236-233, 242, 245, 246, 251, 252, 255, 257, 262, 265, 267, 270, 271; duc, 272-278, 280, 281, 288, 309, 310, 326, 366, 367, 382, 403, 413, 424, 426, 428, 429, 432, 434, 437, 443, 447-449, 459; VI, 5, 13, 15, 26, 41, 42, 46, 77, 98, 117, 120, 128, 129, 137, 141, 148, 154, 158, 161, 164, 167, 175, 188, 196, 215, 253, 307, 323, 351, 389, 403, 407, 409, 410, 418, 421, 424, 425, 434; VII, 142, 231, 309; VIII, 14, 28, 30, 32, 76, 83, 113, 162, 168, 169, 207, 225, 262, 390, 393, 395, 396, 400, 401, 403-407, 431, 435, 475, 500, 502, 504, 508; IX, 39, 45, 53, 54, 109, 129, 227, 230, 241, 272, 330, 328, 338, 348, 407, 434, 436, 450, 487; X, 115, 149, 197; XI, 3, 22, 70, 228, 456; XII, 184, 190-192, 197, 199, 203, 204, 209, 213, 217, 218, 221, 223, 225, 226, 229, 231, 236, 239, 240, 242, 244-246, 250-254, 271, 278, 280, 282-288, 292, 294, 299, 304, 305, 308, 311, 317, 320, 326, 334-337, 345, 347, 348, 360, 412, 413, 432, 433, 437; XIII, 16-18, 25, 26, 28, 30, 36, 37, 40, 46, 48, 63, 102, 139, 250, 366, 406, 464, 465, 467; XVII, 68.
BOUFFLERS (Maréchale de), IV, 415; XIV, 3, 41; XVII, 195, 249.
BOUFFLERS (M. de) fils, XII, 288; XIII, 365, 367; XV, 25; XVII, 195; XVIII, 129, 199, 222.
BOUFFLERS (Mme de), XIII, 89.
BOUFFLERS (Mlle de), XVI, 495; XVII, 20; XVIII, 19, 334.
Bougeoir (Usage du), VIII, 409.

Bouille (Mlle de), II, 405.
Bouillé (M.), II, 230.
Bouillon (Chevalier de), III, 203, 220, 264, 419; IV, 4, 209, 232, 241, 250, 415; V, 353; VIII, 340; XI, 40; XIII, 164; XVI, 235; XVII, 65, 242, 244. *Voy.* Auvergne (Prince d').
Bouillon (Cardinal de), I, 35, 60, 137, 143, 158, 175, 195, 196, 201, 202, 250, 295, 407; II, 112, 162, 183, 196, 452; III, 19, 48, 204, 222, 248, 253, 254, 266, 284, 287, 375, 409, 418, 430; IV, 28-30, 38, 57, 152, 250, 357, 435, 453, 460; V, 17, 24, 152, 161, 255, 279, 281, 324, 361; VI, 60, 79, 87, 97, 109, 185, 277, 338, 364, 382, 383, 391, 395, 435, 467; VII, 36, 50, 64, 97, 98, 210, 228, 230-232, 278, 281, 297, 306, 308, 315, 318, 323, 341, 348, 362-364, 370, 372-374, 376, 390, 405, 406, 409, 444; VIII, 13, 49, 50, 76, 79, 82, 86, 114, 116, 147; IX, 106; X, 343, 470; XI, 265, 267, 309, 346, 374, 491; XII, 31, 118, 187, 245, 460; XIII, 160, 162, 163, 189, 198, 210, 216, 282, 291, 314; XIV, 80, 473; XV, 56, 84, 116, 145, 378, 396; XVII, 3, 170; XVIII, 215.
Bouillon (M. de), I, 45, 73, 202, 205, 225, 261, 279, 353, 429; III, 47, 70, 172, 176, 179, 264, 274, 437, 447; V, 170, 173, 215, 353, 382; VI, 369, 379, 386; VII, 52, 62, 105, 107, 121, 348, 449; VIII, 453; XI, 74, 276, 309, 346; 360; XII, 7, 33, 359, 385, 409, 452; XIII, 67, 74, 164, 199, 211, 219, 229, 384; XIV, 444; XV, 95, 168, 327, 365, 397; XVI, 126, 172; XVII, 78, 143, 215, 288; XVIII, 75, 105.
Bouillon (Mme de), I, 202, 205; II, 167, 307, 331, 358, 436; III, 111, 204, 385; IV, 5, 232; V, 311; VII, 104, 108, 449; IX, 159; XIII, 43, 62, 112, 164; XIV, 477; XV, 168.
Bouillon (Mlle de), IV, 222; V, 46, 294, 296, 354; VI, 369; VIII, 53, 157; X, 257, 269; XI, 360; XII, 4, 452; XIII, 233, 378; XVII, 143, 215, 230.
Bouillon (Prince de), XVII, 64, 65; XVIII, 3.
Bouin (M.), financier, II, 167.
Boulay (M. du), I, 121; II, 122; III, 69; XI, 197; XII, 465.
Boulaye (M. de la), II, 429; X, 137; XI, 141, 261; XII, 203, 303, 319; XVII, 58, 210.
Boulaye (Mme de la), XII, 320.
Boulduc, apothicaire du roi, XVIII, 311.
Boulidière (Abbé de la), VI, 241; XII, 345.
Bouligneux (M. de), I, 211; II, 197; III, 221; IV, 200, 254; VII, 462; VIII, 304, 347, 368; IX, 75, 81, 110, 249, 339, 349, 431; X, 211.
Boulogne, chevalier de Saint-Louis, IV, 285.
Boulogne (Évêque de). *Voy.* Breteuil et Langle.
Bouls (Chevalier de), I, 320. *Voy.* Boux.
Boults (Abbé le), aumônier du roi, V, 126, 192.
Bourbitou, colonel, X, 285.
Bourbon (Louis de Bourbon, IIIe du nom, duc de), nommé le *duc de Bourbon*, puis *Monsieur le Duc*, I, 166, à XIII, 122.
Bourbon (Louise-Françoise de Bourbon, *Mademoiselle de Nantes*, duchesse de), femme de Louis III, nommée *Madame la Duchesse*, puis *Madame la Duchesse la mère*, I, 200, à XVIII, 257. *Voy.* Nantes (Mlle de).
Bourbon (Louise-Élisabeth de Bourbon-Condé, nommée *Mademoiselle de*

Charolois, puis Mlle de), fille de Louis III, depuis princesse de Conty, XII, 19, à XIV, 439. *Voy.* Conty (Princesse de).

Bourbon (Louis-Henri de), fils de Louis III, nommé le *duc d'Enghien*, puis *Monsieur le Duc*, II, 298; IV, 154, à XVIII, 293; sa requête au parlement, 407-424. *Voy.* Enghien.

Bourbon (Marie-Anne de Bourbon, *Mademoiselle de Conty*, duchesse de), femme de Louis-Henri, nommée *Madame la Duchesse la jeune*, XIV, 440, à XVIII, 254. *Voy.* Conty (Mlle de).

Bourbon (Marie-Anne-Gabrielle-Éléonore de Bourbon-Condé, Mlle de), fille de Louis III, III, 267; IX, 286; XII, 382; religieuse à Fontevrault, XVIII, 144, 184.

Bourbon (Marie-Thérèse de Bourbon-Condé, Mlle de), sœur de Louis III, depuis princesse de Conty, I, 67 à II, 150. *Voy.* Conty (Princesse de).

Bourceville (M. de), IV, 394; chef d'escadre, XIV, 328.

Bourck, maréchal de camp, XII, 361, 363, 442, 466; XIV, 20; XV, 160, 368.

Bourdaloue (Le P.), I, 76-80, 83, 233, 408, 423, 426, 429, 434, 436; II, 322; III, 16, 30, 42, 425, 442; IV, 387, 403, 416; V, 131; VI, 220.

Bourdelin, médecin, XII, 291, 292; XIII, 387.

Bourdelot, (Abbé), I, 34, 119.

Bourdelot, médecin, IV, 403; VI, 394; XII, 279, 291.

Bourdet (Chevalier de), IV, 178.

Bourdet (Du), III, 428; IV, 442; IX, 72.

Bourdonnaye (Jean Louis de la), évêque de Saint-Pol de Léon, VIII, 226; XII, 314.

Bourdonnaye (M. de la), VII, 355, 372; XI, 308, 312, 359; XIII, 10; XIV, 238; XVII, 102.

Bourg (Abbé du), V, 126.

Bourg (Chevalier du), IV, 285; X, 310.

Bourg (Comte du), IV, 171, 258; V, 113; VII, 351; VIII, 251, 304, 347; X, 386; XI, 48, 66, 163, 327, 328, 409; XII, 155, 159, 362; XIII, 24, 39; XIV, 23, 110, 230, 484.

Bourg (M. du), I, 278, 306, 323, 397; III, 167, 327, 329, 417; IV, 254, 478; V, 24, 44, 45, 164; VIII, 93, 347; IX, 109, 112, 163; X, 260, 389, 399; XI, 46, 50, 57, 412; XII, 7, 319; XIII, 21, 23, 27, 29, 96, 286, 291, 311, 313; XIV, 250; XV, 34; XVI, 371, 379.

Bourg (Marquis du), IX, 17, 19; XI, 45, 94, 277, 327; XIV, 232.

Bourg (M. du) fils, V, 21, 116, 122; IX, 15.

Bourgeauville (M. de), I, 74.

Bourgeois gentilhomme (Le), comédie, II, 74; III, 289; VI, 451, 457; XIV, 282, 323; XV, 72, 79.

Bourgeois, XVIII, 308.

Bourges (Archevêque de). *Voy.* Gesvres et Phélypeaux.

Bourgneuf, VIII, 151, 447; IX, 435, 443; X, 147; XI, 128; XVIII, 260. *Voy.* Trevelec.

Bourgogne (Louis de France, duc de), puis dauphin, I, 25 à XIV, 100.

Bourgogne (Marie-Adélaïde de Savoie, duchesse de), puis dauphine, V, 469, à XIV, 87; XVI, 70. *Voy.* Savoie.

Bourgogne (États de), I, 193.

Bourgogne (Vin de), V°, 294.
BOURGUISSON, lieutenant de vaisseau; XI, 249.
BOURLASQUE, capitaine de vaisseau, VIII, 502.
BOURLEMONT (Abbé de), I, 250; XII, 1.
BOURLEMONT (Louis d'Anglure de), archevêque de Bordeaux; VI, 225, 226.
BOURLEMONT (M. de), II, 201; VI, 226; XI, 123.
BOURLET, médecin, XVII, 54.
BOURLIE (Abbé de la), X, 85; XI, 58, 83, 186; XIII, 369. *Voy.* GUISCARD.
BOURLIE (M. de la), III, 274; IV, 413; VII, 125, 270, 277; X, 86; XIII, 375.
BOURLON (Charles), évêque de Soissons, I, 239.
BOURNONVILLE (Duc de), I, 15, 347, 360; III, 130, 199, 224; IV, 410.
BOURNONVILLE (M. de), II, 188, 209; IV, 60, 66, 429; VIII, 18, 89; X, 407; XVIII, 3, 19, 23, 92.
BOURNONVILLE (Mme de), VIII, 108.
BOURNONVILLE (Mlle de), VII, 228, 235, 242, 243, 251, 255, 352; VIII, 20; X, 502; XI, 4; XVIII, 246, 250.
BOURNONVILLE (M. de) frère, VIII, 324.
BOURNONVILLE (Prince de), I, 163; IV, 333; VIII, 305; IX, 43; X, 165.
BOURSAULT (Le P.), théatin, XVI, 505, 511; XVIII, 260.
BOURVALAIS, financier, XII, 263; XVI, 335, 344, 366, 367, 409, 459; XVII, 30, 42, 241, 474.
BOUTARD (Abbé), VII, 378; IX, 199.
BOUTEVILLE, I, 247; IV, 279; XI, 52, 281.
BOUTEVILLE (Mme de), V, 450.
BOUTHILLIER DE CHAVIGNY (Denis-François), évêque de Troyes; III, 400; VI, 102; XVI, 181, 194, 335, 353, 426, 466; XVII, 350, 377; XVIII, 316.
BOUTHILLIER DE CHAVIGNY (Denis-François), évêque de Troyes, neveu du précédent; VII, 322; IX, 269; XIII, 189; archevêque de Sens; XVI, 294.
BOUTLER, allemand, XV, 368.
BOUVILLE (M. de), II, 296, 459; IV, 440; VI, 11; XII, 444; XIII, 10, 131, 249, 445.
BOUVILLE (M. de) fils, IX, 90.
BOUX (M. le), I, 189, 197; II, 308. *Voy.* BOULS.
BOUZOLS (Chevalier de), VI, 94, 133; VII, 201; XI, 120; XII, 367.
BOUZOLS (Comte de), XVIII, 6.
BOUZOLS (M. de), III, 117; V, 473; VIII, 302, 305; IX, 459; X, 225, 499; XI, 320; XIII, 131, 139, 430, 435, 450; XV, 254.
BOUZOLS (Mme de), V, 472; VII, 161; XI, 235; XIV, 431; XV, 164.
BOUZOLS (Marquis de), V, 406, 410, 438, 472; VI, 352, 366; X, 169; XI, 328; XII, 164, 362.
BOYER (Abbé), V, 168; VI, 387.
BOZE (M. de), XV, 360, 366; XVIII, 91.
BOYSSEULH (M. de), II, 32, 193, 435; VII, 162; VIII, 227; X, 457; XII, 355; XIII, 221.
BOZELLI. *Voy.* BOSELLI.
BRAC (M. de), I, 253, 268; XI, 164; XII, 451.
BRACAMONTE (Don Feliciano), XIII, 310, 318, 324; XV, 14.
BRACCIANO (Duc de), II, 158, 169; VI, 337.

BRACCIANO (Duchesse de), II, 205; III, 49, 339; VI, 338; VIII, 142, 150. *Voy.* URSINS (Princesse des).
BRAGELONNE, II, 464; V, 48, 239, 263, 288; VI, 458; VIII, 485; IX, 355, 367; XV, 76.
BRAGELONNE (Abbé), XV, 144.
Brague ou Braga (Archevêque de), cardinal; I, 384.
BRAINE (Mlle de), XVIII, 275.
BRANCACIO (M. de), VIII, 498.
BRANCAS (Abbé de), IV, 158; XI, 68; XIII, 278, 382; XIV, 147; XV, 209; XVI, 473; XVII, 164, 184.
BRANCAS (Chevalier de), X, 407; XIII, 87.
BRANCAS (Comte de), V, 359; VIII, 360; XII, 130, 300, 468.
BRANCAS (Comtesse de) la mère, XV, 421; XVI, 270, 326, 343.
BRANCAS (Duc de), VII, 9; XIII, 72, 80; XVI, 222, 298, 323, 389, 451, 508; XVII, 127; XVIII, 184.
BRANCAS (Duchesse de), IX, 236, 248, 464; XII, 162, 210; XIV, 33, 235, 394, 431; XV, 156, 160, 163; XVI, 451; XVII, 424.
BRANCAS (M. de), II, 188; III, 111; VII, 94; X, 166; XIII, 275; XVIII, 140.
BRANCAS (Mme de), I, 211, 244; VIII, 199; IX, 119.
BRANCAS (Marquis de), III, 9; VIII, 397; IX, 120; X, 232, 236, 241, 503; XI, 114, 116, 291, 294, 296, 304, 309, 329, 453; XII, 363, 418, 466; XIII, 87, 130, 264, 336; XIV, 278, 284, 319, 323, 332, 347, 423, 460, 469, 483; XV, 19, 74, 77, 96, 118, 124, 125, 255; XVI, 178, 190, 195; XVII, 301, 322, 394; XVIII, 25-27, 33, 36, 139, 144, 156, 187.
BRANCAS (Marquise de), VIII, 144, 462; X, 503.
BRANCAS (Fils du marquis de), XVIII, 146.
BRANCAS-ROCHEFORT (Chevalier de), XIII, 290.
BRANDEBOURG (Frédéric-Guillaume Ier, électeur de), I, 335, 394; II, 42, 139.
BRANDEBOURG (Frédéric III, électeur de), II, 141, 176, 200, 226, 374, 417-422, 431, 433, 435, 438, 443, 446, 448, 449, 452, 453, 462, 465, 472; III, 2, 11, 27, 59, 150, 155, 183, 189, 222, 228, 285; IV, 136, 273; V, 243, 292; VI, 139, 154, 304, 451, 468, 480; VII, 17, 216, 228, 265, 370, 456. *Voy.* FRÉDÉRIC Ier, roi de Prusse.
BRANDEBOURG (Élisabeth Henriette de Hesse-Cassel, électrice de), première femme de Frédéric III, XIV, 357.
BRANDEBOURG (Sophie-Charlotte de Hanovre, électrice de), deuxième femme de Frédéric III, II, 162; X, 254; XIV, 357.
BRANDEBOURG (Sophie-Louise de Mecklembourg, électrice de), reine de Prusse, troisième femme de Frédéric III, XIV, 357.
BRANDEBOURG (Frédéric-Guillaume, prince électoral, puis électeur de), fils de Frédéric III, XI, 165; XIII, 52; XIV, 383. *Voy.* FRÉDÉRIC-GUILLAUME II, roi de Prusse.
BRANDEBOURG (Sophie-Dorothée de Hanovre, princesse électorale de), femme de Frédéric-Guillaume II; XII, 38.
BRANDEBOURG (Prince Charles de), V, 219, 270.
BRANDEBOURG (Princesse de), V, 458.
BRANDEBOURG-BAYREUTH (Marquis de), IV, 177. *Voy.* BAREITH.

BRANDON (Milord Gérard), I, 206.
BRANT (Général), VI, 468.
BRAQUE (Marquis de), III, 443.
BRASSAC (Chevalier de), XVII, 157; XVIII, 118.
BRASSAC (Comte de), XIII, 179, 180; XIV, 388; XV, 195, 199; XVII, 296.
BRASSAC (Mme de), XIII, 179, 180; XV, 195; XVI, 474, 475; XVII, 160, 315, 346; XVIII, 91.
BRÉ (De), mestre de camp, IV, 68.
BRÉAUTÉ, I, 52, XII, 230.
BRÉAUTÉ le fils, I, 230, 235.
BRÉAUTÉ (Marquis de), XII, 276; XIV, 144; XVI, 407.
BRÉAUTÉ (Mme de), XVIII, 189.
BREGET (Chevalier), V, 405; VI, 123.
BRÉGIS (M. de), I, 409; II, 419, 416; III, 19.
BRÉGIS (Mme de), II, 135; IV, 265.
BREINER (Comte de), V, 115; VI, 347; XIII, 24.
BRENDLÉ (M. de), VIII, 13, 306; XIII, 133, 197; XIV, 191.
BRENE (De), capitaine de vaisseau, II, 473.
BRENNER. *Voy.* BREINER.
BRÉSIL (Prince du), II, 192; XV, 285.
Breslau (Évêque de), prince de Neubourg, II, 75, 89, 93, 154.
BRESNE (Marquis de), capitaine, III, 408.
BRESSEY (Baron de), III, 304; IV, 43, 45, 55, 58, 81, 82, 107, 112, 258, 285, 305, 325, 365, 478; V, 272, 341, 389, 390, 403; IX, 432, 444.
BRESSIEU (Mme de), abbesse de Saint-Honoré de Tarascon; XV, 17.
BRET (M. le), I, 308; II, 37, 155; III, 202, 412; VII, 165; VIII, 72, 100; IX, 14, 478; XIII, 123.
BRET (M. le) fils, IX, 478; XIII, 129.
BRETAGNE (N. de France, duc de), fils aîné du duc de Bourgogne; X, 51, 301.
BRETAGNE (Louis de France, duc de), second fils du duc de Bourgogne; XI, 280; XII, 85, 89, 90, 98, 228; XIII, 329; dauphin, XIV, 101.
Bretagne (Parlement de), II, 468.
BRETAUCHE (M. de la), X, 361; XII, 319, 458, 459; XIII, 3.
Bretesche (Château de la), VII, 230.
BRETESCHE (M. de la), I, 264, 273; II, 152, 163, 174, 215, 347, 442, 444, 469, 471; III, 165; IV, 52, 254, 258, 478; V, 61, 118; VII, 178; IX, 46, 110; XII, 182.
BRETESCHE (Mme de la), XI, 241.
BRETEUIL (Abbé de), XVI, 437, 482, 483, 487.
BRETEUIL (Baron de), V, 345; VI, 80, 464; VII, 60, 77; VIII, 23, 68, 378; IX, 420; X, 41; XII, 174; XIV, 36, 337, 342, 415; XV, 105, 141, 154, 355, 371; XVI, 125, 206.
BRETEUIL (Chevalier de), I, 293; V, 287, 442; XVII, 168.
BRETEUIL (Claude le Tonnelier de), évêque de Boulogne, VI, 274, 472.
BRETEUIL (M. de), I, 35, 44, 80, 109, 110, 113, 114, 310, 311; II, 92; III, 67; V, 342; VI, 57; VII, 44, 57; VII, 380, 440; VIII, 136, 305; X, 165, 322; XIV, 224; XVI, 300; XVII, 261; XVIII, 274.

BRETEUIL (Mme de), XIII, 73; XVI, 362.
BRETEUIL fils, XIII, 73; XVI, 329.
BRETOCHE. *Voy.* BRETAUCHE.
BRETON (Le petit), paumier, I, 245.
BRETONCELLES (M. de), III, 7; V, 28, 433.
BRETONNIÈRE (M. de la), IV, 250; VIII, 368; IX, 442; XI, 205; XII, 361, 363.
Bretonvilliers (Hôtel), IX, 325, 401; XV, 56.
BRETONVILLIERS (M. de), VII, 234; XIV, 225, 233; XVI, 263, 390.
BRETONVILLIERS (Mlle de), I, 294.
BREUIL (Du), III, 7; XVII, 439. *Voy.* DUBREUIL.
BREUIL-FOUQUET (Abbé du), I, 408.
BRÉVAL (Mlle de), V, 157, 160.
BREZÉ (M. de), XVII, 268; XVIII, 298.
BRIAND ou BRIARD, I, 213, 429.
BRIAS (Jacques-Théodore de), archevêque de Cambrai, II, 416; V, 108.
BRIAS (Comte de), IX, 230.
BRICEY, *Voy.* BRISAY.
BRICHANTEAU (Le petit), III, 209. *Voy.* NANGIS.
BRIÇONNET, V, 310; VI, 90; IX, 384; XI, 297; XIII, 327.
BRIE (Mlle de), comédienne, I, 28.
BRIENNE (Charles François de Loménie de), évêque de Coutances, XVIII, 62, 269.
BRIENNE (M. de), VI, 335.
BRIFFE (M. de la), I, 357, 425; II, 362, 473; III, 2; VII, 379, 380; XIII, 10; XIV, 29.
BRIFFE (Mlle de la), VII, 262.
BRIGAUT (Abbé), V, 423, XVII, 430, 435; XVIII, 200.
BRIHUEGA (Comte de), XIII, 334. *Voy.* VALLEJO.
BRILLAC (M. de), V, 350; IX, 76; XI, 260, 272; XII, 164; XIII, 37; XVI, 373; XVII, 76, 105, 107, 187, 274, 279, 281, 316; XVIII, 4.
BRINON (Mme de), supérieure de Saint-Cyr, II, 224, 401.
BRINON-SENNETERRE (Mlle de), V, 366, 369.
BRION (M. de), II, 78.
BRION (Président de), II, 49, 78.
BRIONNE (Comte de), I, 39, 67, 70, 110, 130, 138, 148, 164, 185, 204, 301, 341; II, 68, 100, 116, 123, 166, 188, 222, 241, 285, 309, 311, 344, 379, 380, 400, 419, 420, 427; III, 29, 40, 41, 98, 124; IV, 15, 200, 305, 398, 405, 409, 437, 442, 456; V, 105, 177, 299, 354, 475, 476; VI, 10-14, 41, 56, 93, 107; VII, 20, 201, 226, 229, 237, 243; VIII, 302, 338; IX, 120; X, 47, 225; XI, 5, 314; XII, 383; XIII, 14, 466, 470; XIV, 118.
BRIONNE (Comtesse de), III, 48; IV, 432; VI, 466; XV, 300.
BRIORD (Comte de), III, 256; V, 28, 54; VI, 70, 73, 94, 114, 247, 373, 447; VII, 128, 165, 177, 190, 191, 220, 225, 269, 286, 349, 439; VIII, 9, 11, 21, 23, 24, 41, 44, 84, 97, 134, 142; IX, 359, 377, 382; XI, 24, 45; XIII, 38, 41, 44.
BRIOU (Mme de), II, 429, VI, 72. *Voy.* FORCE (Mlle de la).
BRIQUEMAUT (M. de), V, 55.

BRIQUEMAUT (Mme de), XVIII, 260.
BRIQUEMAUT fils, XVI, 227; XVIII, 34, 118, 127.
BRISACIER (M.), III, 82.
BRISAY. *Voy.* DÉNONVILLE.
BRISAY (Abbé), I, 420; II, 370.
BRISSAC, I, 253, 268; II, 163; III, 408; IV, 254, 398; IX, 439, 442; XI, 131.
BRISSAC le fils, III, 37.
BRISSAC (Abbé de), IV, 354; XVII, 184.
BRISSAC (Duc de), I, 35, 37, 38; IV, 58; VI, 482; VII, 2, 305; IX, 73, 472; XII, 459; XIII, 315, 316; XIV, 126; XVI, 221; XVII, 92; XVIII, 3.
BRISSAC (Duchesse de), XVIII, 134, 276.
BRISSAC (Fils aîné du duc), XII, 136.
BRISSAC (M. de), II, 254; XVII, 53, 103, 138.
BRISSAC (Mme de), II, 131; XII, 171.
BRISSAC, major des gardes du corps; I, 11, 258; II, 353; V, 235, 237; XII, 114, 354, 361, 453; XIV, 340.
BRISSAC DE GRILLET, XVIII, 11.
BRISSAC-VERTHAMON (Duchesse de), XVI, 305.
BRISARD ou BRISSART, officier des gardes, III, 314; IV, 102.
Bristol (Évêque de). *Voy.* ROBINSON.
Britannicus, tragédie, VI, 461.
BROC (Marquis de), V, 317.
BROCHAN (Abbé de), I, 207.
BROCHENU (Abbé), XV, 117.
BROGLIE (Abbé de), IV, 57; XIV, 192; XV, 149, 253, 435; XVIII, 145.
BROGLIE (Chevalier de), IV, 448, 451; VIII, 261; IX, 1; X, 165, 260; XI, 89, 329; XII, 182, 363, 473; XVI, 299; XVII, 171, 172, 174; XVIII, 336. *Voy.* REVEL.
BROGLIE (Comte de), IV, 430; VIII, 414; IX, 86, 107, 135, 169; XI, 215, 328; XII, 362; XIII, 50, 130, 233; XIV, 117, 191, 192, 198, 253; XVIII, 336.
BROGLIE (Marquis de), III, 441; IV, 362; X, 165, 166, 180, 404; XIII, 131; XIV, 245; XVI, 385; XVII, 172.
BROGLIE (M. de), II, 123, 163, 189, 286, 344; III, 94; IX, 73, 124, 130, 137, 159; X, 236, 245, 304, 394, 499; XI, 251, 377, 393, 405; XII, 7; XIII, 117, 394, 485; XIV, 16, 127, 182, 187, 194, 269; XV, 30, 34, 160, 245, 246, 288; XVI, 293; XVII, 263, 270, 458, XVIII, 51. *Voy.* BUHI.
BROGLIE (Mme de), III, 294; VIII, 254.
BROGLIE (MM. de), I, 123.
BROGLIE fils, II, 55; III, 279; VI, 467; VII, 49; XVI, 506; XVIII, 66, 71.
BROGLIO (Comte Carle), gouverneur d'Avesnes, VIII, 254, 414.
BROISSIA. *Voy.* BROSSIA.
BROON (Marquis de), premier écuyer de Madame, VIII, 34.
BROSLÉ (Chevalier de), III, 408.
BROSSAC (M. de), III, 9; VII, 76.
BROSSARD (Abbé), XIV, 463.
BROSSART, VI, 427.

Brosse (Abbé de), VIII, 100.
Brosse (M. de), XIV, 113.
Brosse (Marquis de), XV, 20.
Brosse (Chevalier de la), XI, 247.
Brosse (Mme de la), XIV, 442.
Brosse (Pierre le Neboux de la), évêque de Saint-Pol de Léon, VIII, 200.
Brossé (Marquis de), VI, 133.
Brossé (Mme de), VI, 136.
Brossia (Abbé de), XIII, 308.
Brossia (Chevalier de), XIII, 474.
Brostel (Du), lieutenant d'artillerie, XIV, 437.
Brou (Abbé de), I, 243, 261, 263, 266, 268, 269.
Brou (Henri Feydeau de), évêque d'Amiens, II, 44, 347, 384; XI, 132.
Brou (M. de), intendant d'Alençon, XVI, 206; intendant de Bretagne, XVII, 282, 289, 300.
Brou (Mme de), XVIII, 248.
Brou (Mlle de), V, 173, 204.
Broue (Comte de), V, 275, 308.
Broue (La), III, 212.
Broue (Pierre de la), évêque de Mirepoix, III, 102; X, 409; XVII, 3, 11, 36.
Brouilly (M. de), I, 232; III, 355.
Brouilly (Mlle de), I, 142.
Brouin (M. de), XVII, 356.
Broussin, gourmand célèbre, IV, 378.
Bruan, major du régiment de Feuquières, I, 424; II, 13; III, 297.
Bruant, commis des finances, I, 110, 111.
Bruant des Carrières, XVIII, 130.
Brueys (Abbé de), VII, 55.
Brulart (M.), IV, 161; V, 326; IX, 181, 353.
Brulart (Mme), VII, 75.
Brulart (Mlle), X, 199, 201.
Brulart de Sillery (Fabius), évêque de Soissons, IV, 387, 467; VIII, 155; X, 273; XIII, 227; XV, 10, 281.
Brumley, orateur anglais, XIV, 474.
Brun, empirique, XVI, 132-134.
Brun (La présidente le), II, 153.
Brun d'Inteville (Le), IX, 48; XIII, 376.
Brunet (M.), II, 397; IV, 137; V, 419; XVIII, 102, 104.
Brunet (Mlle), III, 340.
Brunet (Le petit), I, 109.
Brunswick (Duchesse de), XVIII, 145.
Brunswick (M. de), IV, 379.
Brunswick de Hanovre (Duc Georges-Louis de), VII, 23.
Brusac. *Voy.* Bruzac.
Bruslard, capitaine des grenadiers de Picardie, IV, 296, 297.
Brussac. *Voy.* Bruzac.
Brussy (Abbé de), XIII, 76.

BRUYÈRE (La), IV, 286; V, 408; IX, 236.
BRUZAC (M. de), VIII, 350; IX, 442; X, 253; XI, 118; XII, 115, 129, 306, 364; XIV, 128; XVI, 412; XVII, 397; XVIII, 198.
BUCELLINI (Comte de), chancelier d'Autriche, IX, 241.
BUCKLEY (M. de), brigadier, XVIII, 70. *Voy.* BUTKELLEY.
BUEIL (Chevalier de), XII, 400.
BUEIL (Comte de), brigadier d'infanterie; XII, 95.
BUEIL (M. de), IX, 441; XIII, 282, 283, 290; XIV, 179. *Voy.* BEUIL.
BUFFET, valet de chambre de M. de Vendôme, X, 82.
BUHI-BROGLIE (Comte de), XVI, 389; XVIII, 66, 337 *Voy.* BROGLIE.
BUISSON, brigadier suisse, XII, 463.
BUISSON (Du), II, 334; III, 67, 164; XI, 84; XII, 81; XIII, 62; XV, 193; XVI, 266.
BUKINGHAM (Duc de), XIII, 369; XV, 210.
BULGARINI, I, 151.
BULLION (Chevalier de), IX, 91; XVII, 268.
BULLION (M. de), I, 61, 176, 259; IV, 66; VI, 355, 356; VII, 32, 157; X, 354; XI, 166; XIII, 298; XVI, 205.
BULLION (Mme de), XII, 18, 423; XIII, 198; XV, 253.
BULLION (M. de) le fils, VIII, 343.
BULLION (Mlle de), XI, 47, 55; XII, 17, 20.
BULONDE, lieutenant général, I, 323, 355; II, 36, 163, 207, 218, 228, 342; III, 92, 329, 352, 354, 357, 358, 441, 449.
BULLY (Marquis de), X, 13; XI, 163.
BUONCOMPAGNO (Cardinal), V, 327.
BURENLURE (M. de), III, 339.
BURNET (Le docteur), II, 377.
BURNET, évêque de Salisbury, XV, 414.
BURY (Mme de), I, 166, 176, 254, 415; II, 42, 85, 94, 95, 114, 308, 423; III, 49; IV, 266; V, 63.
BUSCA (Abbé de), V, 176.
BUSCA (Chevalier de), IX, 375.
BUSCA (M. de), maréchal de camp, II, 163, 340; III, 408, 418; IV, 52; lieutenant général, 253, 258, 305, 477; V, 390; VI, 367, 381; VIII, 93, 346; IX, 108, 112, 328; X, 65; XV, 425, 426.
BUSCA (Mme de), I, 256.
BUSCA le fils, V, 323; X, 110.
BUSCA (Mlle de), X, 19.
BUSENVAL. *Voy.* BÉZENVAL.
BUSSEROLLE, lieutenant aux gardes, II, 424.
BUSSET (Marquis de), XVIII, 224.
BUSSI (Cardinal), IV, 243.
BUSSIÈRE (La), I, 72.
BUSSIÈRE (Mlle de la), VI, 219, 472.
BUSSY, II, 201.
BUSSY (De), maréchal de camp, XVIII, 4.
BUSSY (M. de), XVIII, 337. *Voy.* BUHI.
BUSSY-RABUTIN (Abbé de), XI, 273.

Bussy-Rabutin (Comte de), I, 26; II, 84; III, 418; IV, 265; V, 384; XIII, 372.
But (Abbé du), VIII, 391.
Buterne, musicien, X, 161.
Butkeley (M. de), XI, 10, 20, 166, 361, 363; XIV, 323; XVI, 365; XVIII, 98.
Butkeley (Mme de), II, 300, 301, 325, 327; III, 236; V, 46, 305; VI, 221; IX, 317.
Buys (M.), envoyé de Hollande, XIV, 15, 19, 21, 22, 24, 28, 47, 486; XV, 40, 76 78, 155, 261; XIV, 244.
Buzenval. *Voy.* Bezenval.

C.

Cabanac, écuyer de la petite écurie, XI, 322.
Cabanac le fils, IX, 410.
Cabinet des médailles, XIV, 66.
Cabrières (Prieur de), I, 27, 257.
Caccia (Cardinal), V, 327.
Cadaval (Duc de), IX, 176, 235, 278; XI, 276.
Caderousse (M. de), XIII, 153.
Caderousse (M. de) le fils, IV, 65; VI, 328; VII, 53.
Caderousse (Mme de), XI, 169; XIII, 143.
Caderousse (Mlle de), VII, 236; IX, 55, 84; XII, 300.
Cadets de Charlemont (Compagnie des), I, 191.
Cadmus, opéra, III, 336.
Cadogan (M. de), XI, 183, 186; XII, 31; XIII, 38, 311, 317; XIV, 348, 457; XV, 259, 271, 396, 410, 450; XVI, 324; XVII, 313, 355; XVIII, 46, 48.
Cadrieu (Chevalier de), IV, 251, 255, 285, 328, 407; IX, 439, 442; XIII, 131, 247; XIV, 187; XVIII, 169, 238, 260.
Caffaro, I, 104; X, 331.
Cagny (M. de), IV, 114; XII, 53, 80, 93, 116, 118, 119, 133, 138, 183, 219, 222, 223, 255, 260, 328, 435, 442. *Voy.* Cany.
Cagny (Mme de), XII, 120.
Cagny (Petit de), XVIII, 222.
Cahors (Évêque de). *Voy.* Jay et Luzerne.
Caillavel, capitaine aux gardes, II, 84, 128, 320.
Caille, XII, 180.
Caillemotte (La), I, 348; II, 374; III, 116, 186.
Cailles, enseigne de vaisseau, XI, 248.
Cailly, commissaire, XVIII, 50.
Cailly (Mme de), XVII, 153.
Caixon, brigadier d'infanterie, IV, 255.
Calender (Comte de), II, 447.
Calhéta (Comte de), V, 8.
Callières (Chevalier de), vice-roi de Canada, IX, 246.
Callières (M. de), II, 331; V, 105, 404, 422; VI, 4, 16, 26, 29, 40, 45,

80, 299; VII, 236, 310, 327, 400; VIII, 12, 141, 256; IX, 54, 66, 68; XII, 118, 296; XVII, 36, 37, 38.
Callières (M. de) frère, VII, 69, 70.
Calvière (Abbé de), VI, 318.
Calvisson (Chevalier de), II, 328.
Calvisson (Comte de), X, 466.
Calvisson (M. de), VII, 303, 305.
Calvisson (M. de) le cadet, VII, 303.
Calvisson (Mme de), II, 113, 137; XII, 482. *Voy.* Cauvisson.
Calvo (M. de), I, 15; II, 222, 243, 286, 320, 321, 340, 351, 372, 411, 421, 425, 445, 466; III, 3, 17, 25, 91, 139, 140; IV, 208, 236, 251; VIII, 462; IX, 72, 354.
Cambout (Abbé du), XII, 187; XIV, 147; XV, 72, 78; XVII, 130, 164.
Cambout (Marquis du), II, 301; V, 113.
Cambout (M. du), brigadier, IV, 254; VI, 340; VII, 464; VIII, 151, 152; XIV, 330.
Cambout (Mme du), I, 306.
Cambout (Mlle du), III, 49; IV, 286; V, 162, 172.
Cambout-Beçay (Anne-François-Guillaume du), évêque de Tarbes, XVIII, 165.
Cambray (Archevêché de), V, 141, 178.
Cambray (Archevêque de). *Voy.* Brias, Dubois, Estrées, Fénelon et Trémoille.
Cambray (M. de), chevalier de Saint-Louis, XIV, 330.
Cambray (M. de), maître d'hôtel du roi, XIII, 121.
Cambre (De la), exempt, III, 408.
Camille (Le prince). *Voy.* Lorraine.
Camilly (François Blouet de), grand-vicaire de Strasbourg, puis évêque de Toul, VII, 217, 284; XIII, 307; XVII, 96.
Camus (Étienne le), cardinal, évêque de Grenoble, I, 383-385, 397, 400, 405; II, 452; III, 284, 375, 409, 418; VII, 210, 365, 389, 445; VIII, 363; XI, 463, 464.
Camus (M. le), I, 51, 52; XI, 386, 465; XIII, 215; XIV, 128; XV, 86, 380, 393, 394; XVII, 333; XVIII, 185. *Voy.* Morton.
Camus (Le) petit-fils, XV, 381.
Camus (Mme le), XIV, 146; XVI, 472; XVIII, 62.
Camus (Mlle le), III, 139, 155, 158.
Camus de Beaulieu (Le), capitaine, V, 304.
Camus-Destouches, brigadier d'infanterie, X, 166.
Camus de la Grange (M. le), intendant à Pau; XIII, 123, 213, 215.
Campe (Abbé de), IV, 275, 298, 299.
Campe (M. de), III, 164.
Campferrant (De), brigadier, XVIII, 12.
Campistron, II, 69; IV, 255; VIII, 90.
Canales (Marquis de), VIII, 103; IX, 312, 498; X, 106.
Canapeville (Le P.), XIV, 76.
Canaples (M. de), II, 165; III, 355, 437, 442; IV, 304; VI, 71, 459, 460; VIII, 493; IX, 321, 322, 325. *Voy.* Lesdiguières.

CANAPLES (Mme de), I, 298.
CANDALE (M. de), III, 54; XI, 462.
CANDAU (Abbé de), VII, 407.
CANDAU (M. de), III, 205; VIII, 222; IX, 73; XIV, 360; XVIII, 10.
CANGE (M. du), II, 194.
CANILLAC (Abbé de), XII, 113.
CANILLAC (M. de), I, 65; II, 37; IV, 33; V, 160; VI, 69, 417; VII, 121; VIII, 109, 305; IX, 295, 360; X, 165, 321; XI, 39, 114, 331; XIII, 130; XV, 190; XVI, 165, 178, 190, 209, 219, 223, 337, 373, 397, 440; XVII, 50, 53, 121, 395, 399, 402; XVIII, 30, 33, 36, 114, 282, 336.
CANILLAC (Mme de), VII, 112.
CANILLAC-PONTCHATEAU, capitaine au régiment des gardes, IV, 238.
CANISY (Abbé de), III, 148.
CANISY (François de Carbonel de), évêque de Limoges, V, 274; VII, 130, 131; XI, 17, 66, 68, 180.
CANISY (M. de), I, 79, 150, 423; XI, 55; XVIII, 10.
CANON (Colonel), III, 13.
Canons à trois coups; X, 60.
CANTELMI (Cardinal), III, 69; VIII, 430; IX, 78.
CANTIN, XIII, 225. Voy. QUENTIN.
CANTIN fils, XII, 30; XIII, 253.
CANTIN (La), nourrice de la reine d'Espagne, I, 203, 206, 208.
CANTIN (Mme), XIV, 36, 55, 63, 110.
Cantorbéry (Archevêque de), II, 149, 383; III, 337, 343; V, 210; XV, 210.
CANY (M. de), grand-maréchal des logis de la maison du roi, XVI, 415.
CANY (M. de), XV, 450, 451; XVI, 314, 377, 415, 418. Voy. CHAMILLART.
CANY (M. de), fils, XVI, 420. Voy. CAGNY.
CANY (Mme de), XIII, 52; XVI, 419.
CAPANA, colonel, V, 312.
Capitation (Affaires de la), V, 102, 104, 105, 106, 110, 116, 121, 136, 137, 151; VI, 251; VIII, 34, 57, 97, 131.
CAPISUCCHI (Cardinal), III, 333.
CAPLIERS, I, 401.
CAPRARA (Cardinal), XII, 434.
CAPRARA (Comte de), I, 212, 213, 252; III, 372, 410; IV, 153, 173, 376; V, 20, 293, 472, 477; VI, 11; VIII, 43; XI, 113.
CAPRARA (Mlle de), XVII, 440.
CAPRES-BOURNONVILLE (Baron de), lieutenant général des troupes d'Espagne, XII, 281, 301; XV, 158, 188; XVI, 223.
CAPY (M. de), VIII, 495; XI, 55, 89; XII, 188; XVII, 263, 439.
CAQUERÉ (Abbé), XV, 149.
CARACCIOLI (Cardinal), I, 129; XVI, 292,
CARACCIOLI, maréchal de camp, XII, 363; lieutenant général, XVII, 263.
CARACÈNE (Marquis de), XIV, 67.
CARAFFA (Cardinal), I, 385; VI, 70.
CARAFFA (Comte), II, 61, 232; IV, 196, 227, 244; VIII, 102, 234.
CARAFFE (Grégoire), grand-maître de Malt, III, 201.

4.

CARAIL (Marquis de), gouverneur de Nice, X, 305, 475 ; XI, 9.
CARAMAN (M. de), III, 327, 420; IV, 191, 221, 376, 377, 378; V, 80, 113, 171, 343; VIII, 93, 346; IX, 72, 108, 134, 137, 459 ; X , 328, 376, 385, 469; XI, 44, 47, 123, 160, 163, 174, 175, 186; XIII, 79, 96.
CARAMAN (M. de), le neveu, XVII, 270.
CARAVA (Comte de), XIII, 399.
CARBON (Jean de Montpezat de), archevêque de Sens , 1, 246.
Carcassonne (Évêque de). *Voy.* GRIGNAN.
CARCAVY, bibliothécaire du roi, I, 59.
CARDON (Dom), abbé, XI, 436.
CARDONE, député catalan, XIV, 3.
CARELIÈRE, médecin, XIII, 310.
CARETTE, médecin, I, 152; II, 119 ; III, 81, 83, 85 ; V, 129, 131; VI, 363; XV, 353.
CARGUERANE, capitaine de vaisseau, VIII, 502.
CARIGNAN (Prince de), I, 71, 76, 80; III, 76 ; IV, 236, 239; VI, 205, 247, 369, 459, 460, 465; VII, 219; VIII, 159, 195; XI, 152 ; XII, 410, 412, 424; XIII, 488; XIV, 3; XV, 3; XVII, 335, 339, 423; XVIII, 25, 26, 35, 43, 228, 316, 319.
CARIGNAN (Princesse de), I, 71, 72, 73, 179, 257; II, 151, 425; III, 77; IV, 96, 101 ; VII, 220; XII, 422; XVIII, 284, 315.
CARIGNAN (Prince de), fils, VI, 54.
CARIGNAN (Mlle de), VI, 205, 301, 316, 340.
CARLINGFORD (Milord), VI, 380, 428; VII, 188, 193, 202 ; VIII, 334 ; X, 93.
CARLISLE (Comte de), XV, 210.
CARLOS (Don), infant d'Espagne, XVI, 310, 421.
CARMAIN(M. de), IV, 391; VII, 98; VIII, 357; IX, 116, 161; XI, 24.
CARMAIN, (Mme de), IX, 117.
Carmes (Le général des), VII, 195.
Carnaval de Venise (*Le*), opéra, VII, 12.
CARNAVALET, gouverneur de Brouage, I, 221, 261.
CAROL, colonel, IV, 376.
CAROLI (Comte), X, 361 ; XI, 5; XIV, 456.
CAROLL (M. de), lieutenant-colonel du régiment de Berwick, X, 378, 399, 407.
CAROUGES (Comte de), II, 73.
CARPEGNA (Cardinal), I, 233.
CARPEGNA (M. de), I, 127.
CARPEGNA (Prince), I, 233.
CARPENTER (Milord), XIII, 224, 303; XIV, 199; XVI, 251.
CARPINEL (Abbé), XIII, 461.
CARPIO (Marquis del), vice-roi de Naples, II, 77.
CARPIO (Marquis del), XIII, 413.
CARPIO (Marquise del), XIII, 344.
Carrosses à six chevaux (Usage des), XIII, 351.
Carrousel à Versailles, I, 129, 194, 186, 340, 341.
CARTE (M. de la), I, 302, IV, 238 ; V, 350, 353, 412, 437; VI, 346, 353, 385; XV, 59; XVII, 86; XVIII, 150, 251.

CARTIGNY, commissaire ordonnateur de la marine, XVI, 260.
Casal (Évêque de), V, 161.
CASANATE (Cardinal), VII, 285.
CASAUX. *Voy.* CAZAUX.
CASCAES (Marquis de), ambassadeur de Portugal, V, 312; VII, 137, 191.
CASERTE (Prince de), VIII, 234; IX, 323.
CASIMIR (Le roi). *Voy.* JEAN-CASIMIR V.
CASINI (Le P.), XIV, 153, 225; cardinal, XVIII, 13.
CASONI (Cardinal), XI, 111, 113.
CASSINI, astronome, XIV, 225.
CASSINI le fils, astronome, XI, 100; XII, 21; XV, 411.
CASSAGNE (Martin de la), évêque de Lescar, XVIII, 96.
CASSART, armateur, XIV, 205, 336.
CASTAGNÈRES. *Voy.* CASTANIÈRE.
CASTAIGNET, chef des fanatiques, X, 288, 294.
CASTAJA. *Voy.* CASTÉJA.
CASTAJAS (Mlle de), VI, 4.
CASTALDI (Cardinal), I, 159.
CASTAN, exempt des gardes, I, 1; III, 319; VIII, 288, 289, 291, 294; XI, 52.
CASTAN (Mlle), XIII, 360.
CASTANAGA (Marquis de), gouverneur des Pays-Bas, II, 156, 441, 466, 467, 470, 471; III 3, 11, 12, 41, 44, 140, 150, 189, 228, 273, 302, 323, 359; 378, 384, 423, 446; IV, 55, 63, 403; V, 103, 250, 264, 277; VIII, 20, 69; IX, 45; XV, 303.
CASTANIÈRE (M. de), V, 13; VII, 60, 96.
CASTÉJA (Abbé de), XIV, 147.
CASTÉJA (M. de), IV, 284; XII, 392; XIV, 358, 366; XVI, 486; XVII, 245; XVIII, 7.
CASTELAS (M. de), IV, 343; VIII, 306, 440, 441; XII, 182; XIII, 130.
CASTEL-BARCO (Comte de), VIII, 220; IX, 268.
CASTELBLANC (Mme de), XIV, 287.
CASTEL DOS RIOS (Marquis de), VI, 304; VII, 152, 158, 461; VIII, 103, 152, 393, 432; IX, 148, 352; X, 85; XII, 388, 405.
Castelfollit (Relation de l'affaire de), V, 333.
CASTELLANE (Abbé de), XV, 341.
CASTELLANE (Chevalier de), XIV, 329.
CASTELLANE (Marquis de), XIV, 329.
CASTELNAU (Maréchal de), IV, 443; V, 440.
CASTELNAU (Maréchale de), V, 439.
CASTELMÈNE (Comte de), I, 256, 303.
CASTELMORE, gouverneur de Navarreins, IX, 238.
CASTELMORON (Chevalier de), XIV, 252.
CASTELMORON (M. de), X, 126, 380; XII, 319; XIV, 194, 252; XV, 395; XVIII, 10. *Voy.* BELSUNCE.
CASTELMORON (Mme de), I, 35.
CASTEL-RODRIGO (Marquis de), VIII, 138, 159; X, 441.
CASTIGLIONE (Abbé de), XII, 395; XIII, 482; XIV, 269, 390; XV, 361; XVI, 474.

CASTIGLIONE (Prince de), VIII, 233, 444.
CASTILLE. *Voy.* JEANNIN DE CASTILLE.
CASTILLE, officier du régiment des gardes, I, 404.
Castille (Charge de président de), XV, 35.
Castille (Connétable de), VIII, 5, 12, 25, 54, 72; IX 359; XIV, 347.
Castille (Conseil de), XV, 452.
CASTILLE (M. de), commandant à Charleroi, IV, 378, 462; XIII, 118. *Voy.* VILLADARIAS.
CASTILLY, major, III, 408.
Castres (Évêque de). *Voy.* BEAUJEU et MAUPEOU.
CASTRIES (Abbé de), I, 234; VI, 186, 238, 241, 287; VII, 8; IX, 31, 154; XII, 465; XIV, 366, 431; XVI, 294, 296; XVII, 13, 17; XVIII, 91, 133, 146.
CASTRIES (Armand-Pierre de la Croix de), archevêque de Tours, XVII, 171; XVIII, 80, 134, 150.
CASTRIES (M. de), II, 355, 357, 474; III, 180; IV, 254, 258, 288, 290, 477; VI, 322; IX, 260; X, 317; XIV, 431; XV, 461; XVI, 225, 269, 303, 426, 457, 459; XVII, 302, 398; XVIII, 51, 204.
CASTRIES (Mme de), IV, 316; V, 465; VI, 15; VII, 162; X, 337; XIV, 22; XVI, 303, 414, 423, 425, 426; XVII, 302.
CASTROMONTE (Marquis de), X, 441.
CATELAN (Abbé de), IV, 345; VIII, 66; X, 392.
CATELAN (M. de), VI, 170, 276; IX, 154; X, 448; XI, 163; XV, 299; XVIII, 104.
CATHERINE, impératrice de Russie, femme de Pierre Ier, XVI, 510; XVII, 12, 52, 92; XVIII, 264.
CATHERINE DE PORTUGAL, reine douairière d'Angleterre, veuve de Charles II, II, 345, 368; IV, 11, 53, 58, 75, 84, 195, 198; VII, 225; 295, 297; X, 242, 248; XI, 17, 38; XIII, 366.
CATINAT, chef des fanatiques des Cévennes, X, 17, 210, 226, 314.
CATINAT (Abbé), XV, 189.
CATINAT (M. de), lieutenant général, puis maréchal de France, I, 170, 278, 304; II, 50, 145, 163, 179, 227, 340; III, 25, 69, 78, 79, 92, 118, 120, 133, 146, 150, 153, 174, 198, 200, 202, 211, 239, 245, 249, 251, 297, 312, 320, 329, 345, 347, 348, 387, 395, 399, 413, 417, 420, 426, 433, 440, 441, 443; IV, 52, 126, 129, 131, 140, 151, 153, 162, 179, 186, 208, 214, 227, 251, 258, 326, 333, 337, 344, 346-348, 361-398, 408, 409, 434, 439, 454, 477; V, 36, 52, 59, 73, 185, 319, 322, 348, 354, 394, 400, 410, 413, 415, 418, 424, 433, 450, 452, 466; VI, 43, 69, 98, 110, 117, 119, 121, 130, 131, 143, 148, 169, 176, 177, 186, 210, 254; VIII, 40, 43, 57, 63, 104, 116, 117, 123, 132, 134, 138, 141, 143, 144, 147, 156, 160, 164, 165, 168, 170-173, 180, 189, 190, 242, 244, 287, 306, 348, 354, 356, 390, 408, 422, 441, 447, 449, 452, 461, 463, 466, 471, 474, 480-504; IX, 27, 40, 44, 57; X, 219, 221, 222; XI, 489, 494; XII, 13, 194; XIV, 102, 166
CATULAN (M.^{r} de), IV, 68.
CAUBONS (M. de), brigadier de cavalerie, XII, 319; XVIII, 5.
CAUDELET. *Voy.* COADELET.
CAUMARTIN (Abbé de), IV, 468; V, 11, 119; VII, 322; XVII, 125, 163; XVIII, 114.

TABLE GÉNÉRALE ALPHABÉTIQUE.

CAUMARTIN (Jean-François-Paul le Fèvre de), évêque de Vannes, XVII, 440 ; XVIII, 27.
CAUMARTIN (M. de), I, 110, 136 ; II, 32, 158 ; III, 67 ; VI, 57, 81, 114 ; VII, 144 ; IX, 61 ; XII, 81, 311 ; XIV, 408 ; XV, 362, 378 ; XVI, 174, 212, 260 ; XVII, 197, 269, 370 ; XVIII, 27.
CAUMARTIN (Mme de), XII, 420, 427.
CAUMONT (M. de), I, 59 ; II, 6 ; VII, 31, 44, 71.
CAUMONT (Mlle de), I, 401.
CAUSSADE, brigadier d'infanterie, XVIII, 9.
CAUVISSON (M. de), I, 268 ; II, 137 ; IX, 159 ; X, 1 ; XI, 274. *Voy.* CALVISSON.
CAUVISSON (Mme de), II, 140 ; VI, 351 ; XIII, 55, 71 ; XVIII, 29.
CAUX (De), chevalier de Saint-Louis, XIV, 330.
CAUX (Mme de), XVIII, 98.
CAVALIER, chef des fanatiques du Languedoc, IX, 426 ; X, 16, 18, 20, 32, 61, 65, 139, 141 ; XI, 187.
CAVALIERI (Cardinal), I, 384 ; III, 222.
CAVALLERINI, nonce du pape, III, 446 ; IV, 133, 139, 154, 200 ; V, 327, 329, 359, 366, 369, 378 ; VI, 234 ; VII, 44, 235.
CAVALLERINI, frère du nonce, V, 147.
CAVELIER, II, 190.
CAVOIE (Abbé de), III, 343.
CAVOIE (M. de), I, 10, 48, 380, 390, 406 ; II, 304, 433 ; III, 275 ; IV, 311 ; V, 351, 354, 355, 362, 364, 430 ; VI, 2, 351, 393 ; VII, 143, 239, 319, 462 ; VIII, 14, 173, 347, 500 ; IX, 93, 395 ; X, 157 ; XI, 30, 489 ; XII, 435 ; XIII, 76 ; XIV, 207 ; XV, 57, 128, 170 ; XVI, 113, 215, 314, 315.
CAVOIE (Mme de), II, 114 ; V, 450 ; VI, 63 ; VIII, 505 ; XI, 490 ; XV, 57 ; XVI, 314.
CAYAC, gouverneur de Nancy, I, 59, 60.
CAYEUX (M. de), III, 75 ; V, 159, 160, 342 ; VIII, 155, 156, 351, 507 ; IX, 71 ; X, 180, 200 ; XIII, 408 ; XV, 427 ; XVIII, 3, 11. *Voy.* GAMACHES.
CAYLA (Marquis du), XVIII, 335.
CAYLUS (Abbé de), V, 399 ; VI, 123 ; X, 7, 13.
CAYLUS (Charles-Daniel-Gabriel de Pestel de Lévis de Tubières de), évêque d'Auxerre, XI, 343 ; XV, 68 ; XVI, 224 ; XVII, 40.
CAYLUS (Chevalier de), V, 354, 388 ; VI, 59 ; XIII, 47 ; XV, 257 ; XVI, 259, 261.
CAYLUS (M. de), I, 307, 310, 312 ; II, 123, 170, 172, 185, 214, 215 ; IV, 41, 255 ; V, 118, 252, 284, 354, 387, 476 ; VIII, 346 ; IX, 71, 108, 435, 440, 443, 459 ; X, 96, 179 ; XII, 361, 363, 417 ; XIII, 70, 354, 421 ; XVII, 8, 107, 122, 260, 314, 397 ; XVIII, 169.
CAYLUS (Mme de), I, 353 ; II, 53, 98, 114, 171, 214, 226, 324, 327, 372, 381, 385 ; III, 49, 262, 324 ; IV, 33, 252, 320, 476 ; X, 224 ; XI, 299, 356, 451 ; XII, 250, 391, 395, 444, 464, 470 ; XIII, 19, 67, 118, 182, 186, 196, 255, 379, 416, 427, 449 ; XIV, 60, 72, 87, 126, 140, 149, 154, 157, 163, 164, 174, 188, 228, 431 ; XV, 47, 96, 164, 174 ; XVI, 98, 236 ; XVII, 153, 381.
CAYLUS (Mlle de), VII, 132.
CAYLUS-FONTANGES (M. de), III, 176.
CAZAUX (M. de), II, 101 ; XII, 359, 442 ; XIII, 383, 405 ; XIV, 246 ; XV, 202,

CAZE (M. de la), II, 412 ; VIII, 285 ; XV, 76.
CEBERET (M. de), I, 412 ; IX, 222, 419 ; XI, 209, 212, 214, 236 ; XV, 67 ; XVI, 385 ; XVII, 263.
CÉCILE (M. de), IX, 346.
CELETTE, lieutenant de vaisseau, XI, 247.
CELLAMARE (Prince de), VI, 290 ; XIV, 199 ; XV, 126, 129, 187, 188, 345, 378, 407, 438, 441, 443, 448, 461 ; XVI, 207, 232 ; XVII, 20, 55, 76, 150, 178, 292, 307, 333, 347, 380, 414, 416, 427, 434, 435, 436, 438, 444, 450 ; XVIII, 1, 49, 335.
CÉLY (M. de), VI, 113, 194, 196, 197, 203, 220, 445 ; VIII, 389 ; XIII, 445 ; XIV, 234 ; XV, 43 ; XVI, 206 ; XVII, 133, 144.
CENCI (Cardinal), VI, 234 ; XII, 462.
CENTURIONE (Marquis), I, 182 ; VII, 140.
CÉRESTE (M. de), XVIII, 122. *Voy.* BRANCAS.
CEREZEDA (De), colonel de cavalerie espagnole, XI, 336.
CERISY (M. de), III, 95, 328 ; IV, 396, 448, 451 ; V, 200 ; XIII, 408. *Voy.* SERISY.
CERNAY (M. de), IX, 577, 410 ; XVI, 486 ; XVII, 187 ; XVIII, 135.
CERNAY (Mlle de), XIII, 459.
CÉRON ou SÉRON, médecin, III, 366 ; IV, 403.
CERRI (Cardinal), III, 145.
CERTES (M. de), gentilhomme du cardinal de Bouillon, XIII, 189.
CÉRY. *Voy.* SÉRY.
CÉSANGE, page du roi, IX, 367.
CESSA (Duc de), XII, 322.
CHABANNES (Abbé de), XIV, 389.
CHABANNES (M. de), XIV, 329 ; XVI, 401.
CHABANNOIS (M. de), X, 104 ; XI, 235 ; XVI, 303 ; XVII, 65 ; XVIII, 4, 156.
CHABANNOIS (Mme de), XVII, 65.
CHABERT, II, 304 ; III, 166 ; XI, 473 ; XII, 422, 453 ; XIII, 428.
CHABLAIS (Duc de), XI, 14.
CHABOT (Mlle de), I, 318 ; III, 344, 346.
CHAFFAULT (Joseph-Ignace Maurel du), évêque de Saint-Paul-Trois-Châteaux, XV, 117 ; XVII, 50.
CHAILLY (M. de), VII, 457.
CHAISE (Chevalier de la), I, 387 ; III, 407.
CHAISE (M. de la), II, 32, 51, 60, 71 ; III, 172, 425, 447 ; IV, 178, 402, 406, 466 ; V, 195, 271, 272, 285 ; VI, 169, 170, 173 ; VII, 56, 76 ; XII, 245, XIV, 431 ; XVI, 125 ; XVII, 279.
CHAISE (Mme de la), XI, 242.
CHAISE (Le P. de la), confesseur du roi, I, 65, à XII, 312, 337 ; XVI, 76.
CHALAIS (M. de), III, 166 ; VIII, 390 ; XIII, 41, 471 ; XIV, 135, 139, 142, 233, 248, 357, 381 ; XV, 132, 142, 157, 162, 174, 263, 344, 380 ; XVII, 65, 150, 163, 221, 380.
CHALANCEY (Mme de), I, 264, 359.
CHALART (M. du), III, 165 ; V, 162, 414.
CHALAS (M. du), cornette des chevau-légers, XVII, 465.
CHALMAZEL (M. de), VI, 470 ; XVI, 409 ; XVII, 153 ; XVIII, 7, 268, 276.

CHALMAZEL (Mme de), XVII, 327.
CHALONS, mestre de camp de cavalerie, IV, 223.
CHALONS (Abbé de), XIV, 389.
Châlons (Évêque de). *Voy.* NOAILLES (Louis-Antoine et Jean-Baptiste-Louis-Gaston de).
Châlons-sur-Saône (Évêque de). *Voy.* FÉLIX DE TASSY.
CHALUCET (Armand-Louis Bonnin de), évêque de Toulon, I, 20; XIV, 186.
CHAMARANDE (M. de), I, 51, 189, 197; II, 178; III, 199, 246; IV, 236, 247, 254; V, 113; VI, 458; VII, 14, 164, 275; VIII, 304, 322, 325, 345, 346, 451; IX, 15, 17, 19, 109, 112, 186, 200, 204, 208, 459; X, 104; XI, 13, 111, 126, 133, 135, 146, 158, 161, 162, 272, 329, 367, 425; XII, 159, 363, 417; XVI, 452, 453; XVII, 85.
CHAMARANDE (Mme de), II, 308, 309; VII, 359.
CHAMBON, médecin, VI, 276.
CHAMBONAS (Antoine de la Garde de), évêque de Lodève, puis de Viviers, III, 221; V, 249.
CHAMBONAS (Charles-Antoine de la Garde), évêque de Lodève, puis de Viviers, II, 144; III, 114; XIV, 353.
CHAMBONAS (M. de), II, 27, 171, 174; V, 114; XI, 242; XV, 213; XVI, 303; XVIII, 199.
CHAMBONAS (Mme de), VIII, 309; XVII, 447, 449.
CHAMBONNEAU (M. de), VI, 61.
CHAMBONNEAU (Mlle de), VI, 59.
CHAMBRE (De), lieutenant de vaisseau, XI, 248.
CHAMBRE (Abbé de la), IV, 267.
CHAMELIN, capitaine de vaisseau, III, 167.
CHAMILLART (Abbé), II, 30; IV, 57.
CHAMILLART (Chevalier de), V, 15; VIII, 340, 374; IX, 73; X, 166.
CHAMILLART (Comte de), X, 166; XI, 19, 254; XII, 362.
CHAMILLART (Jean-François de), évêque de Dôle, VIII, 252; de Senlis, 374, 391, 495; IX, 46, 350, 484, 492; X, 82, 95; XIV, 100; XV, 125.
CHAMILLART (M. de), I, 88, 219, 240, 292, 402; II, 17, 40, 41, 53, 134, 213, 296, 311, 458; III, 67, 480; VI, 333, 481; VII, 19, 21, 142; à XII, 446; XIII, 43, 52, 54, 58; XIV, 271, 273; XV, 28, 31, 32, 125, 178; XVI, 33, 418, 420, 508; XVII, 214, 257.
CHAMILLART (Mme de), VII, 282, 345, 346; VIII, 148; IX, 150; XI, 276; XII, 74, 83; XIII, 52; XVI, 377.
CHAMILLART (M. de) le fils, XI, 102, 276, 277, 327, 377, 403, 412, 436; XII, 7. *Voy.* CAGNY.
CHAMILLART (Mlle de), VIII, 237, 244; IX, 45, 62, 437.
CHAMILLY (Abbé de), III, 399; V, 125; X, 277, 484, 488.
CHAMILLY (Chevalier de), III, 29, 148; VIII, 305; IX, 39.
CHAMILLY (M. de), II, 184, 241, 340, 366, 460; III, 94, 131, 213, 217, 255, 378; IV, 52, 156, 228, 255, 258, 295, 478; V, 35, 113, 192, 436; VI, 39, 247, 271, 329, 352; VII, 61, 148, 150, 228, 362, 410; VIII, 129; IX, 62, 72, 181; X, 164; XV, 120; XVIII, 44.
CHAMILLY (M. de), maréchal de France, IX, 90, 92, 242; X, 197, 219, 221, 245; XI, 22, 330; XIII, 137, 313; XV, 120, 317, 330.

CHAMILLY (Mme de), IX, 92, 237; XVIII, 263.
CHAMILLY (Mlle de), XVIII, 221.
CHAMILLY le neveu, III, 213; IX, 63.
CHAMLAY (M. de), I, 9, 124, 366; II, 167, 198, 344; III, 150, 192, 214, 224, 228, 229, 365, 368, 370, 386, 394, 406, 412, 447; IV, 39, 43, 49, 58, 59, 85, 88, 104, 172, 210, 222, 246, 249, 261, 281, 282, 283, 286, 306, 318, 339, 376, 391; V, 112, 115, 167, 169, 229; VI, 41, 221; VII, 131; VIII, 158, 405, 408; IX, 130, 193; X, 57; XI, 336; XII, 112, 254, 433, 436; XIII, 121; XV, 436; XVIII, 68.
CHAMLAY (Mme de), III, 286.
CHAMLAY (Mlle de), II, 95; VII, 131.
CHAMLIN, brigadier, V, 97; IX, 442; X, 374.
CHAMOIS, envoyé de France à la diète de Ratisbonne, VIII, 454.
Champagne (Vin de), V, 294.
CHAMPAGNÉ (De), lieutenant des galères, XIV, 329.
CHAMPCENETZ, premier valet de chambre du roi, XIII, 225.
CHAMPERON (Abbé), XV, 149.
CHAMPFLOUR, brigadier, II, 283.
CHAMPFLOUR (Étienne de), évêque de La Rochelle, IX, 79; XIII, 408, 480, 483.
CHAMPIGNELLES (M. de), IX, 468; XIII, 307, 309, 402; XV, 140, 193.
CHAMPIGNELLES (Mme de), XIV, 442, 443; XV, 394.
CHAMPIGNY (Abbé de), VII, 69; XI, 352; XIV, 361; XVIII, 289. *Voy.* BOCHARD.
CHAMPIGNY (M. de), I, 121; II, 35; III, 166; VI, 299, 378; IX, 87; X, 126; XI, 37; XII, 38, 381; XVI, 214, 260, 492; XVIII, 218, 272.
CHAMPIGNY-NOROY (M. de), I, 312; VIII, 110.
CHAMPIGNY-SARRON. *Voy.* BOCHARD DE SARRON.
CHAMPLATREUX (M. de), II, 458; XI, 342; XIII, 419.
CHAMPREMONT, guidon des gendarmes, I, 321.
CHAMPROND (M. de), VIII, 71; IX, 181.
CHAMPS (Abbé des), aumônier de Mme la Princesse, XIV, 147.
CHAMPVALLON (M. de), IV, 56, 61, 333. *Voy.* HARLAY.
Chancelier (Le). *Voy.* ARGENSON, BOUCHERAT, DAGUESSEAU, PONTCHARTRAIN, TELLIER et VOISIN.
Chancelière (Mme la). *Voy.* BOUCHERAT et PONTCHARTRAIN.
Chandelles de l'Opéra, XVIII, 189.
CHANDENIER (Abbé), X, 393.
CHANDENIER (M. de), V, 453.
CHANLAY. *Voy.* CHAMLAY.
CHANLIN. *Voy.* CHAMLIN.
CHANRENAULT, maître d'hôtel, XI, 403.
CHANSANT, capitaine de vaisseau, III, 166.
CHANTELUS, brigadier de gendarmerie, XVIII, 135.
CHANTEPIE, XVIII, 50.
CHANTEREINE (De), lieutenant-colonel, II, 132.
Chantilly (Bâtiments de), XVII, 441.
CHANTRAN, colonel de dragons, V, 29.

CHANTRES (Sœur Madeleine-Cécile), religieuse de Port-Royal, XIII, 60.
CHAPE (Chevalier), IX, 320.
CHAPELLE (Abbé de la), XIII, 207.
CHAPELLE (M. de la), II, 151; VII, 431; XV, 173, 377; XVI, 194, 200; XVIII, 143, 156.
CHAPELLE-BALON (M. de la), III, 69; IV, 108.
CHAPELLE-COQUERIE (M. de la), gouverneur de Guérande, IV, 159.
Chapelle de Versailles, XIII, 175.
CHAPIZEAUX (M.), V, 21, 22; VIII, 295; XII, 475.
CHAPPE (Mlle), de la musique du roi, XII, 234.
CHAPPES (M. de), II, 342; III, 78, 111, 119, 122, 123, 129.
CHARCE (Mlle Philis de la), IV, 158; V, 56.
CHARDON, capitaine aux gardes, VI, 134.
CHARDON (Mme), X. 127.
CHARLAN (Abbé), II, 130.
CHARLES (Archiduc). *Voy.* CHARLES-FRANÇOIS-JOSEPH.
CHARLES (Infant). *Voy.* CARLOS (Don).
CHARLES (Le prince). *Voy.* LORRAINE.
CHARLES II, roi d'Angleterre, I, 123, 33; II, 297.
CHARLES II, roi d'Espagne, I, 37, 160, 256; II, 78, 335, 383, 404, 420, 435; III, 444; IV, 9, 59, 274, 392, 441; V, 389, 476; VI, 12, 31, 34, 55, 65, 73, 83, 89, 143, 145, 236, 243, 251, 312, 324, 325, 325, 328, 337, 343, 349, 354, 362, 368, 376, 377, 379, 386, 394, 396, 401, 403, 418, 424, 434, 447, 466, 476; VII, 84, 85, 112, 126, 130, 135, 138, 147, 161, 163, 183, 207, 209, 213, 230, 233, 234, 238, 266, 268, 269, 277, 279, 286, 309, 314, 347, 353, 363, 369, 375, 381, 386-403, 407-412, 452.
CHARLES III, roi d'Espagne. *Voy.* CHARLES-FRANÇOIS-JOSEPH, archiduc d'Autriche.
CHARLES VI, empereur d'Allemagne, XIV, 331, 335; XV, 98, 119, 239, 274, 280, 330, 343, 370, 371; XVI, 297, 332, 359, 370, 376, 385; XVII, 11, 101, 168, 242, 347, 357, 406, 413; XVIII, 21, 270, 273. *Voy.* CHARLES-FRANÇOIS-JOSEPH, archiduc.
CHARLES XI, roi de Suède, I, 317; II, 121; III, 85, 331; IV, 134, 244; VI, 93, 106, 108, 111, 134.
CHARLES XII, roi de Suède, VI, 134, 242, 326, 347; VII, 101, 168, 185, 228, 324, 356, 385, 403, 409, 466; VIII, 3, 86, 205, 212, 220, 302, 326, 335, 344, 380, 410, 421, 428, 437, 461, 463, 470, 479, 482, 493, 506; IX, 26, 31, 45, 105, 120, 198, 221, 293, 304, 341, 348, 405, 419, 425, 453, 478; X, 87, 134, 143, 182, 257, 482, 488; XI, 28, 50, 53, 57, 66, 69, 71, 200, 211, 222, 255-258, 262, 264, 267, 272, 277, 284, 291, 321, 337, 345, 346, 353, 377, 391, 399, 411, 423, 431, 440, 449, 460, 463, 467, 481, 485; XII, 3, 11, 19, 35, 72, 74, 209, 237, 255, 269, 335; XIII, 5, 20, 29, 41, 69, 73, 85, 118, 220, 230, 240, 241, 243, 252, 258, 309, 315, 326, 350, 363, 373, 407, 475, 479, 480; XIV, 8, 27, 43, 132, 182, 186, 318, 321, 374, 391, 395, 405, 406, 413, 454, 472, 485; XV, 1, 6, 19, 58, 241, 260, 274, 275, 280, 287, 288, 290, 303, 317, 328, 349, 382, 399, 426, 442, 453; XVI, 252, 265, 270, 271, 273, 297, 308, 321, 356, 361, 414; XVII, 98, 200, 212, 291, 340, 379, 383, 401, 454.

CHARLES-FRANÇOIS-JOSEPH, archiduc d'Autriche, VI, 394; VIII, 228, 230; IX; 270, 309, 321, 323, 329, 334, 347, 363, 364, 367, 372, 401, 408, 418, 428, 432, 433, 436, 438, 446, 448, 467, 471 ; X, 138, 156, 158, 359, 388, 390, 394, 449, 472, 493; XI, 64 , 70, 75, 91, 98, 132, 148, 155, 159, 177, 185, 230, 231, 239, 240, 273, 283, 297, 333, 352, 423, 466, 490; XII, 159, 240, 386, 482; XIII, 64, 67, 256, 260, 268, 272, 277, 278, 280, 283, 285, 288, 289, 292, 296, 299, 322, 351, 399, 412, 461, 474, 486; XIV, 3, 8, 9, 13, 15, 26, 29, 36, 38, 42, 44, 47, 71, 137, 163, 246, 261, 350, 383, 388, 449, 454, 455, 456, 462, 464, 466, 474, 477; XV, 78. *Voy.* CHARLES VI, empereur.

CHARLET, maître-d'hôtel, I, 279.

CHARLEVAL, II, 125.

CHARLOTTE-AMÉLIE DE HESSE-CASSEL, reine de Danemark, femme de Christiern V, 1, 386; VI, 198; XV, 121, 123.

CHARLUS (M. de), I, 345; III, 46; XII, 135; XVII, 457; XVIII, 37, 199.

CHARLUS (Mme de), X, 170; XVII, 409.

CHARLUS (Mlle de), X, 397.

CHARMASEM (M. de), commandant de Toulon, XIII, 47.

CHARMEL (M. du), I, 28, 30, 388; II, 23, 42, 61, 62, 65, 137; VI, 121; VIII, 46; XI, 29; XV, 87, 90.

CHARMOND (M. de), VIII, 474; IX, 473; X, 77, 154, 156, 490; XII, 118, 303. *Voy.* HENNEQUIN.

CHARMOND-HENNEQUIN (M. de), VIII, 19.

CHARNACÉ (M. de), II, 404; VI, 372.

CHARNISAY (Mme de), XIV, 463.

CHARNY (Abbé de), VII, 415.

CHARNY (Comte de), IV, 156.

CHAROLOIS (Anne-Louise-Bénédicte de Bourbon-Condé, Mlle de), IV, 22. *Voy.* MAINE (Duchesse du).

CHAROLOIS (Charles de Bourbon-Condé, comte de), VII, 327; XIII, 201; XIV, 25, 107, 129, 132, 144, 347, 440; XVI, 308, 383; XVII, 75, 96, 151, 160, 163, 210, 351, 384, 449; XVIII, 140, 277, 281, 303, 304, 326.

CHAROLOIS (Louise-Anne de Bourbon-Condé, nommée *Mlle de Sens*, puis Mlle de), XIV, 439, 440, 464, 471, 480; XV, 156; XVI, 319, 368; XVII, 199, 386, 399. *Voy.* SENS (Mlle de).

CHAROLOIS (Louise-Élisabeth de Bourbon-Condé, Mlle de), IV, 400; VI, 426; VII, 177; VIII, 24; IX, 120; X, 157, 227, 263; XI, 2, 314; XII, 27, 29, 382; XIII, 164, 192, 201, 214, 232, 316, 405; XIV, 142, 144, 150, 155, 184, 193 224, 236, 347, 428. *Voy.* CONTY (Princesse de).

CHAROSBERI. *Voy.* SHWRESBURY.

CHAROST (Abbé de), VII, 149.

CHAROST (Duc de), I, 3, 52; II, 32, 174, 242, 285, 313, 321, 361; III, 46, 51, 204; IV, 247; V, 312, 341, 400; VI, 81; VII, 308; VIII, 93; IX, 72, 108, 459; X, 201, 322; XI, 46, 370; XII, 365; XIII, 449, 472; XIV, 12, 62, 128, 155, 285, 350, 354, 377, 431, 466; XVI, 124, 235, 362; XVII, 56; XVIII, 54. *Voy.* BÉTHUNE.

CHAROST (Duchesse de), IV, 435; VII, 308; XIV, 264.

CHAROST (M. de), III, 176, 184, 199, 268; IV, 54, 254, 370, 460; V, 312;

VIII, 313, 346; IX, 212, 417; X, 199, 201; XII, 164; XIII, 37, 39, 41, 448; XVII, 394.

CHARPE. *Voy.* SHARP.

CHARPENTIER, commis de la guerre, VI, 296; IX, 141; XVI, 495.

CHARPENTIER, de l'Académie française, VIII, 396.

CHARPENTIER, musicien, IV, 409.

CHARPENTIER (Mme), nourrice du duc de Bretagne, X, 97.

CHARSSE. *Voy.* CHARCE.

CHARTOGNE (M. de), IV, 255; V, 100, 113; VI, 172; VIII, 63, 305, 347, 482, 488; IX, 110; X, 164, 223, 229.

CHARTON (Le président), I, 29.

Chartres (Évêque de). *Voy.* MARAIS, MÉRINVILLE et VILLEROY.

CHARTRES (Élisabeth-Charlotte d'Orléans, nommée Mlle de), puis *Mademoiselle*, depuis duchesse de Lorraine, I, 172. *Voy.* LORRAINE (Duchesse de) et ORLÉANS.

CHARTRES (Françoise-Marie de Bourbon, *Mlle de Blois*, duchesse de) et depuis d'Orléans, IV, 32 à VIII, 124. *Voy.* BLOIS et ORLÉANS.

CHARTRES (Louis d'Orléans, duc de), IX, 260 à XVIII, 326.

CHARTRES (Louise-Adélaïde d'Orléans, Mlle de), depuis abbesse de Chelles, VI, 397, 404; XIII, 88, 180, 201; XV, 204; XVI, 211, 212, 269, 300, 326, 331, 407. *Voy.* ORLÉANS.

CHARTRES (Louise-Diane d'Orléans, Mlle de), XVI, 407; XVII, 476.

CHARTRES (Marie-Louise-Élisabeth d'Orléans, nommée Mlle de), puis *Mademoiselle*, depuis duchesse de Berry, V, 263, 444; VI, 397. *Voy.* BERRY et ORLÉANS.

CHARTRES (Philippe d'Orléans, duc de), puis duc d'Orléans et régent du royaume, I, 84 à VIII, 124. *Voy.* ORLÉANS.

CHARTRIER (De), capitaine de frégate, XII, 333.

CHARUEL (M.), intendant de Lorraine, III, 412.

CHASEAUX. *Voy.* CHAZEAUX.

CHASSAGNE (Abbé de la), XVI, 329.

CHASSAGNE (La), brigadier d'infanterie, IV, 255; VIII, 63, 161, 190.

CHASSERON, colonel, XI, 36.

CHASSINET (Baron de), VIII, 210, 212, 382.

CHASSONVILLE, colonel, VIII, 62.

CHASTE. *Voy.* CLERMONT-CHASTE.

CHASTELET. *Voy.* CHATELET.

CHASTELIER (Du), major des galères, XIV, 328.

CHASTELUS (M. de), VIII, 190; XI, 337.

CHASTENET (M. de), IV, 333; XIII, 131.

CHAT (Le), conseiller, XVII, 226.

CHATAIGNERAYE (Abbé de la), XI, 180.

CHATEAU-ARNOUX (M. du), XII, 419.

CHATEAU D'ASSY (M. de), IV, 290; VII, 229.

CHATEAUBOURG (De), brigadier, XVIII, 9.

CHATEAUBRIANT (Mlle de), IV, 307, 434; V, 211, 367, 373, 374.

CHATEAUFORT (M. de), commandant les dragons, XV, 249.

CHATEAUGAY (De), exempt des gardes, XI, 37; 336; XV, 51.

CHATEAUGONTIER (M. de), I, 156; II, 378; III, 2; XV, 126, 134.
CHATEAUGONTIER (Mme de), II, 170.
CHATEAUMORAND (Abbé de), 9, 467; XII, 417.
CHATEAUMORAND (M. de), III, 166, 193; V, 350; V, 502; IX, 362, 443; X, 378; XIII, 131, 175, 234; XIV, 237; XVII, 413; XVIII, 169, 260.
CHATEAUMORAND (Mme de), XI, 180; XII, 462.
CHATEAUNEUF (Abbé de), VI, 83, 109, 145, 150, 155, 160, 204, 223, 229, 236, 284, 301, 320, 325; XI, 270; XII, 289.
CHATEAUNEUF (M. de), I, 251, 261; II, 221, 320, 387; III, 122; V, 299, 407; VII, 152, 219, 298, 300; IX, 128, 246, 276, 474, 495; X, 26, 28, 48, 83, 114; XI, 248; XIV, 330, 419, 457, 486; XV, 40, 343; XVI, 496; XVII, 227, 247, 447; XVIII, 8, 95, 130, 137, 276, 309, 317, 333.
CHATEAUNEUF (Mme de), III, 49; XII, 409; XIII, 379.
CHATEAUNEUF (Mlle de), II, 212, IV, 67, 72, 98.
CHATEAURENARD (M. de), VIII, 144; XI, 58.
CHATEAURENAUD (Abbé de), VIII, 226; XIV, 146.
CHATEAURENAUD (Maréchal de), IX, 113, 448, 486, 493; X, 14, 245, 473; XI, 330; XII, 25; XIV, 337; XVI, 258, 394, 402, 489, 490.
CHATEAURENAUD (M. de), I, 52, 170; II, 55, 104, 147, 153, 188, 301, 315, 377, 378, 392, 396, 398, 399, 428; III, 41, 155, 157, 165, 199, 203, 246, 276, 359, 392, 393, 411, 433, 435, 436, 437, 439; IV, 25, 77, 80, 84, 281, 370, 372, 386, 393, 405; V, 21, 22, 163, 325, 392, 397, 413, 414, 418, 428; VI, 31, 183, 461, 463; VIII, 53, 77, 112, 202, 204, 209, 221, 234, 263, 360, 374, 382, 390, 408, 418, 453, 472, 502, 511; IX, 4, 8, 9, 11, 14, 21, 35, 37, 76, 90, 93, 113; X, 97, 124, 130, 219; XI, 473; XIV, 144, 335, 337, 347; XV, 198.
CHATEAURENAUD (Mme de), IV, 474; XVI, 490, 494.
CHATEAURENAUD (Mlle de), XIII, 151.
CHATEAUTHIERS (Mme de), II, 422, 423; III, 49; IV, 410; V, 184, 295, 350; VIII, 238; XI, 257; XII, 84; XIV, 431; XV, 164; XVIII, 166, 323.
CHATEAUTHIERS (Mlle de), II, 103, 208, 393, 394, 403.
CHATEAU-THIERRY (Mlle de), VI, 53, 327, 369; XVII, 230.
CHATEAUVILLAIN (M. de), III, 304; IV, 92, 172, 178.
CHATEAUVILLAIN-MORSTEIN (M. de), IV, 253. *Voy.* MORSTEIN.
CHATELAIN, financier, XVI, 486.
CHATELALION, colonel, V, 402.
CHATELET (M. du), II, 79, 90, 351; V, 442, 399, 462; VI, 381, 389, 467; VII, 138; IX, 72, 109, 112, 186; X, 76, 164, 310, 475; XI, 46; XII, 144; XIII, 137, 230; XV, 128.
CHATELET (Mme du), V, 462, 476; VI, 389; VII, 135; X, 63, 309; XIII, 196, 229; XV, 128.
CHATILLON (Chevalier de), I, 128, 142, 346; V, 349.
CHATILLON (M. de), I, 128, 334; II, 153, 221, 223, 242, 285, 289; III, 244; IV, 106, 209, 287, 288, 294, 401, 430, 431; VI, 107, 229; VII, 251, 265, 432; VIII, 288; IX, 65, 319, 439, 443; XI, 209, 264, 288, 290, 334; XII, 173; XIII, 38, 131, 187, 295, 310, 324, 326; XIV, 236, 237, 267, 384, 427, 428, 436; XV, 26, 30, 81, 90, 91, 149; XVI, 306, 310, 312, 372, 376, 401, 405, 461; XVII, 66, 88, 112, 130, 131, 168, 443; XVIII, 6, 9, 44, 157, 258, 260.

CHATILLON (Mme de), II, 68, 394, 423; III, 27, 49; IV, 327, 400, 432; V, 295, 354, 370; VI, 244; VII, 20, 221, 226, 236, 238, 243; VII, 259; VIII, 238, 288; IX, 158; X, 127; XI, 254, 255, 257; XII, 113, 173; XIII, 337, 446, 461; XIV, 31, 267, 431; XV, 266, 394, 396; XVI, 337; XVII, 131, XVIII, 91, 101.

CHATILLON (Mlle de), XV, 171, 172, 290, 299, 306, 316.

CHATRE (Abbé de la), I, 158; III, 148, 167; VI, 331; VII, 88; XVII, 185.

CHATRE (M. de la), I, 15, 342, 388; II, 123, 460; III, 383; IV, 210, 232, 254, 456, 470, 485; V, 8, 126, 248, 373; VII, 20, 237; VIII, 302, 304, 310, 338, 346; IX, 108, 120; X, 164, 355; XI, 46, 328; XII, 192, 224, 309, 362; XIV, 125, 226; XVII, 174, 206; XVIII, 191.

CHATTE (M. de), XIII, 129.

CHAULIEU (Abbé de), I, 59, 142, 146; III, 254; V, 78; VII, 56, 68; XIV, 172; XVIII, 313.

CHAULIEU (M. de), IV, 290, 375, 377; V, 310; VI, 299.

CHAULNES (Abbé de), VIII, 226.

CHAULNES (Chevalier de), XI, 248.

CHAULNES (Duc de), I, 75, 163, 179, 238, 332, 344, 432, 434, 335; II, 88, 102, 257, 347, 350, 443, 450, 451, 453, 465, 470, 471, 479; III, 7, 9, 10, 15, 40, 47, 68, 264, 278, 284, 375, 392, 394, 409, 413, 418, 431, 442; IV, 179, 267, 276, 309, 315, 404, 405; V, 164, 169, 188, 282, 321; VI, 317, 348, 396, 412, 413; VII, 3, 8; XIV, 129; XV, 142, 177; XVI, 124, 349; XVII, 30, 31, 58, 263, 299, 311, 312, 315, 331, 333, 341, 478; XVIII, 199, 222.

CHAULNES (Duchesse de), I, 164; III, 345; VI, 480.

CHAULNES (Mme de), abbesse, XII, 170, 331.

CHAULNES (Mlle de), XVIII, 73.

Chaulnes (Terre de), XIV, 5.

CHAUMONT (Chevalier de), I, 69, 86, 115, 354, 387.

CHAUMONT (M. de), VI, 257; IX, 417; X, 166, 399; XIV, 329, 330.

CHAUMONT (Mme de), IX, 119; X, 225; XII, 64; XIV, 76.

CHAUMONT (Mlle de), V, 106.

·CHAUMONT (Paul-Philippe de), évêque d'Acqs, V, 146; VI, 93.

CHAUPI (Abbé), X, 300.

CHAUSSERAYE (Mme de), II, 58.

CHAUSSERAYE (Mlle de), II, 139, 166; XIII, 82, 484; XIV, 319; XVI, 412, 491; XVII, 177, 411; XVIII, 141, 164.

CHAUVEL, enseigne des gendarmes d'Orléans, VI, 250.

CHAUVELIN (M. de), III, 374, 375; IV, 439, 440; IX, 475; X, 208; XII, 129, 142, 154, 204, 311; XIII, 55, 71; XIV, 146; XV, 31, 33, 41, 196, 378; XVI, 1, 10; XVII, 14, 134, 165, 228, 229, 261, 415; XVIII, 95, 137.

CHAUVELIN (Mlle de), XIV, 139.

CHAUVET, général des troupes de Hanovre, III, 193, 214; IV, 267.

CHAUVIGNY (Abbé de), XVI, 295.

CHAUVIN, médecin, XII, 336.

CHAUVRY, généalogiste, II, 239.

CHAVAGNAC, capitaine de vaisseau, XI, 104.

CHAVAGNE (Mme de), IX, 47.

CHAVAILLAC, commandant des gardes de la marine, X, 352. *Voy.* CHAVAGNAC.
CHAVANGES, colonel, III, 160.
CHAVANNES, brigadier d'infanterie, IX, 15, 19.
CHAVIGNY (Abbé de), VI, 102; IX, 163.
CHAVIGNY (Denis-François Bouthillier de), évêque de Troyes, puis de Sens, XIV, 349; XVII, 316; XVIII, 16.
CHAVIGNY (Chevalier de), V, 135.
CHAVIGNY (M. de), I, 78, 102; III, 165, 320; IV, 277; VI, 104; VIII, 305, 504; IX, 153; X, 68; XIII, 96, 100, 276; XVII, 276, 407.
CHAVIGNY (Mme de), IV, 430, 474.
Chaville (Château de), XIV, 112.
CHAYLAR. *Voy.* CHEYLAR.
CHAZAN, capitaine de frégate, XI, 247.
CHAZEAUX (M. de), président à Metz, XVI, 414; XVIII, 147, 216.
CHAZEL (M. de), X, 363, 466; XI, 75, 457; XIV, 277.
CHAZERON (M. de), II, 154, 222, 225, 243, 286, 320, 338, 458; III, 79, 94, 195, 267, 268, 330, 349, 407, 427, 428; IV, 258, 274, 275, 307, 478; V, 21, 342; VI, 230; VII, 430, 431; X, 165; XIII, 130; XIV, 121; XVII, 100; XVIII, 47, 191.
CHELADET. *Voy.* CHEYLADET.
CHELBERG. *Voy.* CHERBERT.
CHELDON. *Voy.* SHELTON.
Chelles (Abbesse de), II, 127; XI, 415; XVIII, 95, 101, 115, 276, 309, 328.
CHELZEY (Mlle), I, 158, 304.
CHEMERAULT (M. de), I, 52, 283; II, 55, 123, 188; III, 33, 39, 332; IV, 248, 317; V, 208, 308, 311, 343; VI, 56, 65, 171, 174, 175, 327; VII, 56; VIII, 96, 223, 266, 347; IX, 69, 72, 109, 340; X, 315, 382; XI, 38, 49, 166, 174, 328, 382; XII, 100, 147, 176, 177, 184, 224, 362; XIII, 36.
CHEMERAULT (Mme de), XIII, 39.
CHEMEROLLES (M. de), IX, 73; XVII, 273.
CHENAY (Du), médecin de Monsieur, VIII, 145.
CHENAYE. *Voy.* CHESNAYE.
CHENEDÉ, valet de garde robe, IX, 345, 346; XII, 30.
CHENOISE (M. de), guidon des gendarmes, XIII, 70.
CHEPY (Abbé de), XI, 270.
CHÉPY (M. de), IX, 72; XVIII, 12.
CHERBERT, colonel suisse, VI, 316, 469; IX, 131, 225; XI, 327, 333.
CHERISEY (De), brigadier, XVIII, 10.
CHERMONT, ingénieur, XVIII, 9.
CHESNAYE (Abbé de la), I, 111.
CHESNAYE (M. de la), I, 75, 123, 157, 298, 321, 412; II, 110, 130, 188; III, 76, 129, 304, 305; IV, 299; XV, 144.
CHESNAYE (Mme de la), VII, 319; XV, 209.
CHESNE (Abbé du), XI, 66; XV, 314.
CHESNE (M. du), III, 85; IV, 345, 346, 403; V, 1; VII, 172; VIII, 148; XI, 320; XII, 28; XIV, 98, 112.
CHESNELAYE (M. de la), XI, 319.
CHESNELAYE (Mlle de la), II, 158; IX, 101, 103, 107.

TABLE GÉNÉRALE ALPHABÉTIQUE.

Chétardie (La), I, 278; II, 44; III, 64; VIII, 113, 287, 391; X, 355; XVI, 77.
Chétardie (Mme de la), XII, 72, 76, 104, 119.
Cheusse (M. de), VII, 18.
Chevalier (Abbé), XVIII, 151.
Chevalier, chevalier de Saint-Louis, IV, 285.
Chevalerie (La), valet de garde-robe, III, 213.
Cheverny. *Voy.* Chiverny.
Chevigny (M. de), III, 296; VII, 17.
Chevigny (Le P. de), VI, 277.
Chevilly (M. de), II, 170, 185; IV, 285; VIII, 304; IX, 43; X, 164; XI, 23, 125; XIII, 183, 231, 249; XIV, 412.
Chéviré (M. de), III, 121; IV, 285; V, 118.
Chevreuse (M. de), I, 74; II, 240, 241, 254, 257, 285, 343, 389, 456, 463; III, 9, 27, 51, 241, 245, 324, 435; V, 152, 164, 169, 185, 282, 365, 394; VI, 252, 317, 377; VII, 135, 136, 271, 365, 460; VIII, 46, 270, 306, 313; X, 427; XI, 67; XII, 435, 441; XIII, 59, 97, 433; XIV, 5, 94, 252, 253, 254; XV, 64, 221.
Chevreuse (Mme de), I, 4, 217, 220, 239, 277, 335, 339, 340, 341, 348, 351, 353, 355, 380, 390, 398, 435; II, 10, 42, 53, 58, 63, 73, 80, 82, 85, 86, 95, 103, 107, 114, 155, 213, 214, 215, 216, 222, 226, 233, 238, 287, 303, 305, 311, 323, 325, 327, 363, 381, 385, 391, 393, 402, 408, 423, 456, 463; III, 27, 339, 341; IV, 75, 241, 273, 289, 324; V, 185, 194, 233, 404, 413; VI, 29, 52, 141, 294; VII, 304, 376, 396; XIII, 357; XIV, 254, 268.
Chevreuse (M. de), le fils, II, 161; IX, 406.
Chevreuse (Mlle de), I, 247, 375; IV, 253; VI, 33, 39, 89, 108, 215, 281, 282, 284; VII, 275.
Chevron (Du), lieutenant de la prévôté, XVIII, 23, 37.
Chevry (Mme de), XVIII, 279.
Cheyladet (M. de), III, 175; V, 28; VI, 46, 257, 381; VIII, 295, 304, 308, 333, 346; IX, 109, 305, 306, 442, 459; X, 164; XI, 46, 254, 328; XII, 188, 193, 196, 259, 265, 273, 281, 306, 361, 362; XIV, 330; XV, 34, 447; XVII 397, 477.
Cheylar (M. du), X, 288; XI, 210, 215; XV, 442; XVIII, 11.
Chiens (M. de la Cour des), XIII, 86, 107.
Chiens (M. des), VI, 131; VII, 316.
Chieti (Archevêque de), VII, 206.
Chigi (Cardinal), II, 91; III, 10, 19, 358; IV, 370.
Chigi (Prince Augustin), VI, 390.
Chimay (Prince de), I, 24, 347; VII, 18, 52, 433; IX, 230; XI, 46, 117; XII, 122; XVII, 423.
Chimay (Princesse de), XV, 341; XVI, 452.
Chine (Empereur de la), VI, 106; VII, 252.
Chirac, médecin, XV, 73, 135, 329; XVI, 223; XVII, 200, 279; XVIII, 89.
Chiverny (M. de), I, 9, 106, 108; II, 185, 308, 416; III, 124, 128; IV, 461; VII, 174, 175, 176; VIII, 15, 155, 344; X, 327, 467; XV, 279; XVI, 178, 189, 209, 336, 466; XVII, 31, 50, 53, 128, 130, 335, 343, 401, 403; XVIII, 23, 26.
Chiverny (Mme de), VII, 107, 282, 426; XIII, 182; XVI, 466; XVII, 27.

T. XIX. 5

CHOIN (Mlle). *Voy.* CHOUIN.
CHOISEUL (Abbé de), VII, 14; XIII, 429; XV, 117; XVI, 125, 375.
CHOISEUL (Gilbert de), évêque de Tournay, I, 389; II, 416; III, 44.
CHOISEUL (M. de), I, 18, 21, 40, 64, 182, 201, 349; II, 222, 241, 242, 285, 339, 342, 344, 414, 416, 461; III, 88, 90, 134, 152, 190, 192, 194, 198, 228, 244, 299, 329, 350; IV, 51, 77, 117, 171, 251, 252; V, 198, 458, 459, 467; VI, 44; VII, 75; VIII, 216; IX, 14, 16, 19, 22, 72; X, 300; XI, 201; XII, 319, 350, 363; XIII, 90, 399; XIV, 244; XV, 134.
CHOISEUL (Maréchal de), IV, 252, 258, 464, 477, 485; V, 13, 46, 50, 51, 157, 170, 385, 389, 403, 413, 421, 428, 432, 436, 451, 458, 470, 477; VI, 8, 98, 115, 139, 143, 147, 155, 175, 186, 193, 210, 217, 314; X, 194, 452; XI, 214; XII, 302; XIII, 17, 352, 362.
CHOISEUL (Mme de), I, 32, 49, 67, 69, 111, 320, 334, 335, 339, 341, 345, 349, 351, 352, 356, 360, 364; II, 81; III, 96, 119, 154, 202, IV, 30, 34, 75, 271, 294; VI, 403, 456; X, 201; XIII, 265.
CHOISEUL (Mlle de), XI, 249; XIII, 158; XVIII, 228.
CHOISEUL-BEAUPRÉ (Abbé de), XI, 271.
CHOISEUL-BEAUPRÉ (Gabriel-Florent de), évêque de Saint-Papoul, XVII, 377.
CHOISEUL-BEAUPRÉ (M. de), IV, 178; V, 228; X, 166, 194, 331; XI, 329; XVII, 263.
CHOISINET, brigadier d'infanterie, X, 166.
CHOISY (Abbé de), I, 86, 354; II, 382; III, 296; VI, 109; X, 272; XIII, 251; XVI, 297.
CHOISY (M. de), II, 169, 347; IV, 211, 217; VIII, 474; X, 164, 201, 345; XIII, 104, 109, 130.
CHOISY (Mme de), VI, 315; IX, 418; XVIII, 305.
Choisy (Château de), IV, 260, 263, 273; V, 213; XVI, 354.
CHOPPIN (M.), lieutenant criminel, I, 397.
CHOUIN (Mlle), II, 95; V, 62, 63, 91, 179, 316; IX, 96; XI, 354; XII, 152, 437, 438, 479; XIII, 169, 218, 383, 385; XIV, 85, 97; XVIII, 77.
CHRISTIERN V, roi de Danemark, I, 378, 386, 394; II, 411, 425, 431, 472; III, 85, 331; IV, 316, 329, 351, 433; V, 133, 150, 282, 361, 379; VI, 28, 139, 197, 198, 212, 235, 305; VII, 127, 148, 150.
CHRISTINE, reine de Suède, I, 119; II, 111, 352, 359, 388.
CHRISTINE-EBERHARDINE DE BRANDEBOURG-BAREITH, reine de Pologne, femme de Frédéric-Auguste 1er, XI, 212.
CHURCHILL (Baronne de), I, 343.
CHURCHILL (Milord), I, 210; II, 228, 231, 333; IV, 25; X, 68, 171. *Voy.* MARLBOROUGH.
CIBO (Cardinal), III, 19; VI, 467; VII, 228, 230, 232, 316, 319, 341, 348.
CICERI, évêque de Côme, I, 384; cardinal, V, 42.
CIFUENTES (Marquis de), VI, 348; X, 182, 184; XI, 75, 96.
CILLY (Abbé de), XIV, 115.
CILLY (M. de), X, 165, 180, 473; XI, 26, 329, 361, 366, 369, 388, 457, 459; XII, 348, 363, 473; XIII, 421; XIV, 20, 187, 267, 324; XV, 160, 249, 259; XVII, 45, 58, 463; XVIII, 34, 39, 40, 53, 67, 69, 75, 94, 96, 117, 169. *Voy.* SILLY.
Circé, opéra, V, 104.

TABLE GÉNÉRALE ALPHABÉTIQUE.

Cirié (Marquis de), envoyé de M. de Savoie, VI, 255.
Cisterne (Prince de la), VI, 442.
Cisterne (Princesse de la), VI, 8.
Citardie (Chevalier de la), IV, 71. *Voy.* Chétardie.
Citeaux (Abbé de), VII, 62.
Clagny (Château de), XVI, 48.
Clairambault (Abbé de), XV, 49.
Clairambault (M. de), généalogiste, II, 255; VII, 204.
Claire (Comte de), colonel, XVIII, 135. *Voy.* Clère.
Clairmont (M. de), IV, 442.
Clairvaux (Abbé de), XVII, 265.
Clancarthy (Milord), V, 103; VI, 283.
Clare (Milord), V, 387; IX, 195; X, 269; XI, 46, 117.
Clare (Mme), X, 225, 226; XIV, 158; XVIII, 274.
Clarefontaine (De), colonel, XIV, 290.
Clarendon (Comte de), II, 14; III, 279.
Clario, chef de camisards, X, 373.
Claude (M.), ministre protestant, I, 347.
Clausure (La), envoyé du roi à Genève, VI, 248.
Clavier, capitaine de vaisseau, III, 167.
Clavier, chirurgien, XVII, 311.
Clefmont du Chatelet, brigadier de cavalerie, XVIII, 11, *Voy.* Chatelet.
Clément XI (Jean-François Albano), pape, VII, 444, 455, 457; VIII, 16, 43, 74, 93, 96, 143, 162, 212, 217, 219, 234, 255, 349, 407, 421; IX, 113, 144, 376, 383; X, 146, 444; XI, 28, 113, 198, 288, 360, 407; XII, 114, 171, 194, 249, 260, 270, 271, 280, 294, 309, 335, 476; XIII, 67, 98, 266, 284, 344; XIV, 45, 98, 314, 324, 327, 340, 355, 413, 414, 434, 435, 480, 485; XV, 47, 94, 109, 390; XVI, 263, 299, 380, 403, 454; XVII, 60, 61, 170, 171, 310, 330, 340, 384, 416, 484; XVIII, 239, 247, 249, 268, 303.
Clément de Bavière (Le prince). *Voy.* Cologne (Électeur de).
Clément (Abbé), VIII, 426; XIII, 57.
Clément (Chevalier), capitaine des galères, I, 271, 276.
Clément, chirurgien, I, 230, 375, 377; II, 359; III, 103; VI, 387; VII, 138; IX, 67, 69, 187; X, 51, 63, 163, 333; XI, 193, 278, 319, 367; XII, 120, 336; XVI, 369.
Clerc (Le), de l'Académie française, III, 440.
Clère (M. de), IX, 377; XI, 50; XVIII, 12, 221.
Clère (Mlle de), XVI, 252, 405.
Clérembault (Abbé de), V, 208; X, 39; XV, 210.
Clérembault (M. de), I, 201; II, 188; III, 62, 75, 147, 150, 356; IV, 373, 375, 376, 377, 382, 478; V, 135, 348, 359; VI, 3, 96, 281; VIII, 96, 148, 347; IX, 71, 109, 112, 163, 165, 174, 186, 292, 453; X, 102; XIII, 38, 44, 74; XIV, 376.
Clérembault (Mme de), I, 23, 182; III, 49; IV, 318; VIII, 166, 326, 327; XI, 257; XIII, 74, 75; XIV, 376, 431; XV, 29, 164; XVI, 345.
Clérembault (Mlle de), V, 313, 320, 321, 323, 352, 359, 365, 366.
Clergé, paumier, II, 57.
Clermont (Abbé de), V, 125, 156.

Clermont (Évêque de). *Voy.* MASSILLON ET SAINT-GEORGES.

CLERMONT (Louis de Bourbon-Condé, comte de), XII, 445; XVII, 130, 195, 210, 228, 258; XVIII, 28, 54.

CLERMONT (Marie-Anne de Bourbon-Condé, Mlle de), XIV, 75, 440; XVI, 323; XVII, 290; XVIII, 124, 255, 326.

CLERMONT (M. de), I, 79; II, 55; III, 407, 430; IV, 11, 56, 66, 461, 462; V, 63, 178, 200; VIII, 262, 304, 306, 308, 347, 368, 377, 385; XI, 61, 182, 459, 465; XII, 63, 64, 130, 200, 287; XIII, 24, 297, 440, 474; XV, 13, 144, 408; XVI, 312, 313, 315; XVII, 66, 111, 112, 318, XVIII, 76, 79, 114, 199.

CLERMONT (Mme de), I, 313; VI, 402; IX, 335; XIII, 259, 269; XIV, 165; XV, 202, 394, 421; XVI, 315; XVII, 50, 156, 296, 318, 319, 426; XVII, 111.

CLERMONT D'AMBOISE (M. de), I, 285; V, 342; XVIII, 11.

CLERMONT-CHATTE DE ROUSSILLON (Louis-Anne de), évêque de Laon; V, 179, 327, 328; VII, 39; VIII, 65; XI, 358; XV, 68, 80, 102; XVI, 263; XVII, 30, 40, 412.

CLERMONT-CREUSY (M. de), XVI, 310.

CLERMONT-GALLERANDE (M. de), II, 322; XI, 42.

CLERMONT-LODÈVE (Comte de), IV, 202.

CLERMONT-SAINT-AIGNAN (M. de), I, 304; XVI, 396; XVII, 157.

CLERMONT-TONNERRE (François de), évêque de Noyon, I, 42; III, 288; V, 107, 119, 124, 144, 190, 247, 260, 317, 320, 328, 339, 423; VI, 349, VII, 1, 33, 136, 316; VIII, 29, 37; XI, 358.

CLERMONT-TONNERRE (François-Louis de), évêque de Langres, VIII, 130; XI, 83, 180, 465; XII, 295; XVI, 320; XVII, 30, 220.

CLERMONT-TONNERRE (M. de), IV, 61.

CLERMONT-TONNERRE (Mlle de), I, 247.

CLERVILLE (M. de), VII, 136.

CLESKI (Prince), grand-maréchal de Lithuanie, III, 156.

CLESMONT (M. de), XV, 127, 132.

CLÉVELAND (Duchesse de), I, 256.

CLIN (M.), conseiller de la grand'chambre, V, 428.

CLISSON (M. de), IX, 452; XI, 120; XIV, 216; XVII, 7; XVIII, 102, 114.

CLISSON (Mlle de), III, 49; V, 323, 405, 408.

CLOCHE (Le Père), général des Dominicains, XVIII, 251.

CLODORÉ (M. de), IV, 123; IX, 73; X, 283; XI, 160, 330; XVIII, 4.

CLOS (Du), officier d'infanterie, X, 200.

CLOS (M. des), IX, 412, 417, 435, 442; X, 143; XI, 222.

CLOUET. *Voy.* CLOYS.

CLOYS (M. de), VIII, 289, 307; X, 166; XVII, 263.

CLUSEAUX (Des), intendant de la marine à Brest, VI, 437; VIII, 99, 308.

CLUSELLES (Des), brigadier de cavalerie, XVIII, 10.

COADE. *Voy.* QUADT.

COARARGAN. *Voy.* KEROURGAN.

COCFONTAINE, mestre de camp, VIII, 258.

Cocu imaginaire (Le), comédie, XV, 355.

COEDIC. *Voy.* COUÉDIC.

COETANFAO (Abbé de), VII, 69.
COETENFAO (Roland-François de Kerboen de), évêque d'Avranches, XVIII, 132.
COETENFAO (M. de), IV, 407; V, 187, 193, 342, 429; X, 65, 141, 165; XI, 55, 94, 337; XII, 236; XIII, 130, 132, 258, 259, 486; XIV, 130, 144; XV, 135, 166; XVII, 312; XVIII, 53, 141.
COETENFAO (Mme de), XIII, 370; XV, 410, 421, 442.
COETANFAO DE VAILLAC (Marquis de), brigadier de cavalerie, IX, 43.
COETANSCOURT (M. de), colonel d'infanterie, XV, 79, 259.
COETJANVAL (Mlle de), IV, 228.
COETLOGON (François de), évêque de Quimper, VII, 153; XI, 250.
COETLOGON (Louis-Marcel de), évêque de Saint-Brieuc, puis de Tournay, VII, 153; X, 299; XI, 347.
COETLOGON (M. de), II, 101, 398; III, 13, 164, 165, 394, 439; IV, 190, 329, 339; V, 135; VI, 354; VII, 284, 453; VIII, 204, 247, 263, 323; IX, 131, 209, 212, 216, 451; X, 167, 276, 303, 348, 352, 365, 438; XIII, 415; XIV, 237; XVI, 8, 184, 490, 492; XVII, 82, 206.
COETLOGON (Mlle de), V, 355.
COETLOGON-MÉJUSSAUME (M. de), syndic des états de Bretagne. XVII, 357.
COETMADEU (M. de), II, 141; IX, 48. *Voy.* GUEMADEUC.
COETMEN (M. de), XIII, 357, 441.
COETQUEN (M. de), VII, 256; IX, 15, 19; X, 166, 225; XII, 221, 252, 260, 264, 282, 317; XIII, 32, 36, 38, 39, 40, 42, 49, 64; XVI, 489, 494; XVII, 96, 263.
COETQUEN (Mme de), II, 53, 86, 232, 287, 305, 363; III, 49, 255, 346; VI, 29, 33; VII, 134; XVIII, 277, 304.
COETQUEN-COMBOURG (Mlle de), I, 214, 215.
COEURDECHESNE (M.), IV, 415; X, 151.
COEURLI (M. de), IV, 231; VII, 121; VIII, 447.
COEUVRES (Maréchal de), IX, 150, 193, 362, 367, 448, 476; X, 118, 185, 205, 219, 233, 245, 292, 377, 381, 432, 446, 455, 472; XI, 20, 26, 113, 357, 372, 376. *Voy.* ESTRÉES (Comte et maréchal d').
COEUVRES (Maréchale de), IX, 168, 296, 330, 420; X, 63; XI, 311.
COEUVRES (Marquise de), I, 54, 55.
COGALLUDO (Marquis de), I, 424.
COGNÈS (Abbé de), II, 30.
COGNEY, colonel, I, 306.
COGNIÉ (M. de), I, 199.
COGOLIN, chef d'escadre, III, 165; IV, 209, 284; VII, 453.
COHORN (M. de), IV, 115; V, 237, 245, 277, 382; VIII, 403, 414, 435, 481; IX, 192, 221, 223, 227, 232, 250, 477.
Coiffures des dames, II, 395; VII, 156; XV, 457.
COIFOND, médecin de Lyon, XVIII, 267.
COIGNÉE (M. de), III, 210.
COIGNÉE (Mlle de), V, 397; XV, 47.
COIGNET DE MARMIESSE (Abbé), V, 126.
COIGNEUX (Président le), I, 53, 325, 339.
COIGNY (M. de), I, 278, 323; III, 75, 76, 88, 123, 135, 228, 273, 304, 314, 330, 340; IV, 52, 113, 114, 134, 186, 210, 254, 258, 299, 307, 478; V,

113; VI, 157, 172; VII, 203, 205, 390, 414; VIII, 33, 48, 93, 218, 305, 316, 419; IX, 61, 88, 108, 345, 359; X, 2, 14, 17, 20, 25, 61, 116, 117, 133, 148, 165, 169, 174, 198, 235; XI, 281, 328; XII, 126, 224, 228, 362, 451; XIII, 139, 352, 425, 441, 471 ; XIV, 160, 161, 162, 189, 380, 444; XV, 391, 461; XVI, 187, 291, 292, 433; XVII, 246, 292, 394 ; XVIII, 3, 17, 61, 143, 199.

COIGNY (Mme de), XVIII, 138.
COIGNY (Mlle de), V, 380.
COISLIN (Abbé de), I, 58; V, 324; VI, 85, 123, 124, 163.
COISLIN (Henri-Charles du Cambout de), évêque de Metz, VI, 234, 238, 251, 253; VII, 274, 363, 373; VIII, 91, 92, 101, 147, 308; IX, 200; X, 337, 496; XI, 13, 60, 390 ; XII, 418; XIII, 147, 175, 200, 228, 251, 313, 367, 382; XIV, 129, 130, 132, 164, 335, 347, 362; XVI, 243, 289, 334, 339, 375; XVII, 288.
COISLIN (Pierre du Cambout de), évêque d'Orléans, I, 59, 438; II, 9, 222, 241, 285, 402; IV, 17; V, 255, 256, 324; VI, 68, 83, 84, 124, 162; cardinal, 163, 185, 238, 239, 437, 439; VII, 84, 210, 229, 233, 364, 370, 373, 375, 376, 380, 384, 445; VIII, 2, 65, 79, 80, 147, 494, 501, 507; IX, 1; X, 52, 302, 303, 496; XI, 23, 24.
COISLIN (M. de), I, 53, 61, 122, 154, 432, 435; II, 133, 222, 241, 285, 348; IV, 231, 232, 233, 405; V, 146; VI, 81, 437; VII, 14, 24, 25, 26, 32 ; VIII, 291, 396, 494, 501; IX, 1, 30, 62; XIII, 113, 147.
COISLIN (Mme de), IV, 163 ; X, 415.
COISLIN (Mlle de), I, 111; II, 132, 133, 324, 348, 375, 376.
COLAS (Le Père), abbé de Saint-Léger, XIII, 218.
COLASSE, musicien, II, 69, 296, 332; III, 435; VI, 471.
COLBERT, I, 167, 259, 280, 387, 388, 422; II, 163, 180, 452, 456, 463, 476 ; IV, 156, 459; V, 446; VII, 292 ; IX, 296, 324 ; XVI, 15; XVII, 465; XVIII, 126. *Voy.* CROISSY, SEIGNELAY, TERON et VILLACERF.
COLBERT (Mme), I, 110, 247; II, 36; IX, 437.
COLBERT (Abbé), III, 280; IV, 223; VIII, 369; XIV, 46; XVI, 419.
COLBERT (André), évêque d'Auxerre, X, 77.
COLBERT (Jacques-Nicolas), archevêque de Rouen, III, 396; V, 365; VIII, 411; IX, 211; X, 65; XI, 491; XII, 24, 28, 31.
COLBERT DE CROISSY (Charles-Joachim), évêque de Montpellier, VI, 87, 472; XV, 245; XVII, 36 ; XVIII, 270, 272.
COLBERT DE VILLACERF (Jean-Baptiste-Michel), évêque de Montauban, I, 371.
COLCHESTER (Milord), II, 217.
COLDORÉ. *Voy.* CLODORÉ.
COLIAR, général des troupes hollandaises, XIV, 437.
COLIGNY (Abbé de), I, 421; II, 2.
COLIGNY (M. de), I, 323; II, 362; III, 73, 199, 257; IV, 448; V, 12.
COLIGNY (Mme de), I, 428; XIII, 73, 76; XV, 367.
COLIGNY (Mlle de), I, 421; II, 72.
COLIN (M.), premier maître d'hôtel de Madame, VI, 363.
COLINCRY, chef des faux-sauniers, XVII, 412, 424, 450.
COLINS, lieutenant de roi à Bayonne, XVII, 439.

COLLANDRE (M. de), VIII, 322, 324, 325, 345, 373; X, 140, 318; XIII, 131; XV, 437; XVIII, 6, 199, 200.
COLLIN DE BLAMONT, musicien, XVII, 482.
COLLOT, chirurgien, II, 166; XIV, 7.
COLMA. *Voy.* CANALES.
COLMENERO (M. de), VII, 462, 463; VIII, 194, 425; XI, 214, 228, 244, 385.
COLO. *Voy.* COLLOT.
COLOGNE (Joseph-Clément de Bavière, électeur de), II, 89, 154, 189, 206; III, 105, 482; V, 119; VIII, 52, 62, 80, 95, 253, 284, 325, 333, 393, 462; IX, 21, 34, 70, 169, 226, 286, 436; X, 5, 146, 469; XI, 105, 178, 183, 204, 217, 220, 223, 225, 228, 230, 231, 240; XIII, 78, 313, 315, 334, 335, 339; XIV, 354, 357, 359, 385, 389, 398; XV, 269, 273, 276, 287, 330, 370; XVI, 253, 271.
COLOGNE (Maximilien-Henri, électeur de), I, 64; II, 72, 144.
COLOMA, ambassadeur d'Angleterre en Espagne, VII, 172.
COLONITZ (Cardinal), I, 384; II, 353; XI, 297.
Colonnade (Bosquet de la), à Versailles, I, 28.
COLONNE (Cardinal), III, 19, 413, 424; XI, 113.
COLONNE (Connétable), II, 77, 384; VIII, 152; X, 415; XII, 6; XVI, 319.
COLONNE (Mme la connétable), III, 52, 414; IV, 196.
COLOREDO (Cardinal), I, 384; II, 121, 450; VII, 428; XII, 334.
COLOREDO (Comte), XVII, 471.
COLSTERS (M.), ambassadeur des États Généraux en Espagne, XVIII, 20.
COMADEUX. *Voy.* COETMADEU.
COMBALET (Mme de), X, 207.
COMBAULT (M. de), capitaine de galères, V, 321.
COMBES (M. de), capitaine de vaisseau, II, 457.
COMBE (Le Père la), VI, 339, 374.
COMBE (M. de la), X, 166; XIV, 330; XVII, 263; XVIII, 8.
CÔME (Dom). *Voy.* ROGER.
Côme (Évêque de), VIII, 194.
Comédie-Française (Nouvelle salle de la), V, 362.
Comédiens Italiens, VI, 117; XVI, 381.
COMMERCY (Prince de), I, 12, 52, 213, 364, 383, 409; II, 116, 170, 407, 451; III, 98, 141; IV, 153, 155, 266, 376, 380, 433; V, 419; VIII, 56, 259, 315, 317, 485, 489.
COMMERCY (Mlle de), III, 380, 384.
Comminges (Évêque de). *Voy.* DÉNONVILLE.
COMMINGES (M. de), I, 8, 10, 204; II, 396; III, 304, 309; IV, 70, 76; V, 422; VII, 86; IX, 362; X, 124, 381; XI, 34; XIV, 149; XVI, 465.
COMMINGES (Mlle de), III, 367; VI, 401.
COMMINGES-VERVINS (M. de), I, 420.
Commissaires de l'ordre du Saint-Esprit, XVI, 289.
Compiègne (Camp de), VI, 416.
COMTE (Le Père le), jésuite, VI, 1; VII, 334, 335, 345, 399.
Comtesse d'Escarbagnas (La), comédie, XV, 443.
CONCHES (M. de), aide de camp du duc de Vendôme, XI, 88; brigadier de cavalerie, XVIII, 12.

CONDÉ (Louis de Bourbon, II° du nom, prince de), nommé *Monsieur le Prince* et surnommé *le grand Condé*, I, 3, 435; II, 150, 297; VII, 35.
CONDÉ (Claire-Clémence de Maillé, princesse de), femme du précédent, IV, 478, 479.
CONDÉ (Henri-Jules de Bourbon, prince de), nommé *Monsieur le Duc*, puis *Monsieur le Prince*, fils du grand Condé, I, 12, à XII, 371.
CONDÉ (Anne de Bavière, princesse de), nommée *Madame la Duchesse*, puis *Madame la Princesse*, femme de Henri-Jules de Bourbon, I, 172, à XVIII, 331.
CONDÉ (Anne-Marie-Victoire de Bourbon, Mlle de), IV, 47, 432; V, 202, 203, 210; VI, 243, 401, 405, 426; VII, 177, 276, 326, 379, 395, 400; XII, 372.
Condom (Évêque de). *Voy.* MATIGNON et MILON.
CONFLANS (Abbé de), XIII, 178.
CONFLANS (M. de), III, 284; V, 37; VI, 125; VIII, 305; IX, 19; X, 165, 397; XI, 46, 55, 198, 328, 459, 492; XII, 362, 463; XIII, 130, 357; XIV, 76; XVI, 165; XVII, 59, 248; XVIII, 8, 167, 168, 199 — 298.
CONFLANS (Mme de), XVI, 225.
CONGES (M. de), mestre de camp de dragons, XVII, 439.
CONGIS (M. de), II, 163; III, 305, 308, 312, 319; IV, 89, 103, 109, 114, 119, 162, 238; X, 164; XI, 162.
CONGOLIN. *Voy.* COGOLIN.
CONNELAYE (M. de la), II, 328, 330; IX, 72; X, 166; XI, 134; XII, 316; XVI, 409.
CONNOCK, lieutenant-colonel irlandais, VIII, 319.
Conseils du Roi, I, 273.
Conserans (Évêque de). *Voy.* SAINT-ESTÈVE et VERTHAMON.
CONSOLINS, commandant des bâtiments du canal de Versailles, I, 162.
CONSTANCE (M.), ministre du roi de Siam, I, 396; II, 346; III, 18.
CONSTANTIN (Prince). *Voy.* SOBIESKI.
Constitution Unigenitus (Affaire de la), XIII, 355, 409; XVI, 78.
CONTADES (M. de), II, 439; III, 155, 314; VI, 48; XI, 120, 357; XII, 164; XIII, 139, 464; XIV, 128, 410; XV, 11, 15, 20, 21, 30, 80, 81, 82, 83, 89, 91, 97, 132, 150, 458; XVI, 10, 231; XVII, 105, 107, 174, 274, 279, 281, 366; XVIII, 188, 260.
CONTE (M. le) lieutenant criminel, VIII, 19.
CONTI (Cardinal), VI, 298; XI, 142.
Contrôleur général (M. le). *Voy.* PELETIER et PONTCHARTRAIN.
CONTY (Louis-Armand de Bourbon, prince de), I, 80-252.
CONTY (Anne-Marie de Bourbon, princesse de), fille de Louis XIV, femme du précédent, I, 7, à XVII, 471.
CONTY (François-Louis de Bourbon, prince de), d'abord prince de la Roche-sur-Yon, I, 83, à XII, 343. *Voy.* ROCHE-SUR-YON.
CONTY (Marie-Thérèse de Bourbon-Condé, Mlle de Bourbon, princesse de), femme du précédent, II, 150, à XVIII, 206. *Voy.* BOURBON.
CONTY (Louis-Armand de Bourbon, IIe du nom, prince de), d'abord comte de la Marche, XII, 343, à XVIII, 316; sa requête au parlement, 407-424. *Voy.* MARCHE.

CONTY (Louise-Élisabeth de Bourbon-Condé, Mlle de Bourbon, princesse de), femme du précédent, XIV, 440, à XVIII, 316. *Voy.* BOURBON.
CONTY (Marie-Anne de Bourbon, Mlle de), depuis duchesse de Bourbon, XII, 64, 337, 339; XIII, 201; XIV, 23, 100, 102, 178, 231, 347, 419, 439. *Voy.* BOURBON.
COPOS, gentilhomme béarnais, X, 198.
CÓPROGLI, grand-vizir, II, 83; XIII, 258, 308.
Coquette (La), comédie, II, 2, 204.
COQUINEAU, garde meuble de la couronne, I, 226.
CORBEILLON, député catalan, XIV, 3.
CORBET (Dom Pedro), IV, 192.
CORBEVILLE (Le Cocq de), sous-lieutenant aux gardes, II, 178.
CORBON (Chevalier de), III, 164.
CORBON (Joseph de Montpezat de), archevêque de Toulouse, I, 206.
CORDEMOY (M. de), de l'Académie française, I, 60.
CORDIÈRE (La), valet de chambre, XV, 401.
CORDOUE (Cardinal de), VII, 163.
CORDOVA (Don Louis de), XVIII, 137.
CORMAILLON (M. de), II, 445, 475; III, 25, 74, 314; IV, 99, 103.
CORNARO, général vénitien, II, 63; III, 247; VI, 163.
CÔRNBURY (Milord), II, 220, 224.
CORNEBERG (Baron de), IV, 181, 330, 397, 439.
CORNEILLE (Pierre), I, 59.
CORNEILLE (Thomas), I, 103, 105; IV, 409; XIII, 73.
CORNÉLIUS, chevalier de Saint-Louis, IV, 285.
CORNEVILLERS, conseiller du parlement de Rennes, XVII, 226.
CORNUEL (Mme), I, 200; IV, 448, 449.
Coronis, opéra, III, 327.
CORRAC, chevalier de Saint-Louis, XIV, 330.
CORRADINI (Cardinal), XIV, 243.
CORSANA (Comte de la), VI, 175, 201, 210, 211; X, 129, 136; XIV, 373.
CORSI (Cardinal), I, 384; VI, 234.
CORSINI (Cardinal), XI, 113.
COSME (Dom). *Voy.* ROGER.
COSNAC (Abbé de), VII, 213, VIII, 266.
COSNAC (Daniel de), évêque de Valence, I, 201; archevêque d'Aix, II, 8, 159; VI, 87, 208; VIII, 81, 101, 132; X, 8, 56, 337; XI, 110, 413; XII, 37, 39, 68.
COSNAC (Mlle de), VI, 87, 91.
COSSÉ (M. de), I, 70, 204; IV, 58, 60, 334, 335, 442; V, 126; VII, 2, 5, 153, 280.
COSSON, notaire, XVI, 454.
COSTAGUTI (Cardinal), III, 69; IX, 477.
COSTE (Mlle de la), I, 39.
COSTE (Marquis de la), VII, 284.
COTENTIN (M. de), colonel, XI, 89.
COTERON, officier des gardes de M. de Vendôme, V, 422; VI, 28; VIII, 503; XI, 91, 236.

COTTE (Abbé de), XIII, 217.
COTTE (Robert de), architecte, XII, 134, 136, 143, 146; XIII, 210; XVII, 442.
COUC (Mlle), XIII, 269. *Voy.* COURCK.
COUCY (M. de), XVIII, 8, 69.
COUDRAY (M. du), VIII, 268; XII, 295, 333.
COUDRAYE (La), commissaire, I, 276.
COUÉDIC (Du), capitaine de dragons, XVIII, 260.
COULANGES (M. de), XI, 52; XIII, 47; XV, 58; XVI, 311.
COULANGES ((Mme de), II, 88; XIII, 47.
COULOMBE, capitaine de vaisseau, II, 32; X, 352.
COULON (Mme), II, 14.
COUPIGNY (Mlle de), VII, 352.
COUR (M. de), I, 16, II, 171. *Voy.* COURT.
COUR (M. de la), XII, 84; XIII, 51. *Voy.* CHIENS (Des).
COUR (Mme de la), XIV, 327.
COUR (M. de la), fils, XVIII, 275.
COUR DES BOIS (M. de la), XVII, 289.
COURCHAMP (M. de), II, 236, 433, III, 293.
COURCELLES (Abbé de), VI, 378.
COURCELLES (M. de), I, 264, 323; III, 328, 428; IV, 393, 467; V, 21, 40, 342; VI, 129, 470; VII, 142; VIII; 225, 229, 261, 304, 307, 346, 417; IX, 43, 108, 164; XI, 108; XVIII, 199.
COURCELLES (Mad. de), I, 269, 387; II, 153.
COURCILLON (Marquis de), VIII, 237, 241, 486; XI, 112, 251, 363; XII, 140, 149, 152, 155, 160, 161; XIII, 37, 39, 41, 42, 49, 51, 52, 53, 61, 98, 104, 110, 131, 146, 212, 241, 258; XIV, 82, 87, 130, 223, 243, 409; XV, 410, 424; XVI, 378; XVII, 381; XVIII, 125, 126, 127, 128, 128, 130.
COURCILLON (Marquise de), XII, 352, 421, 442, 444; XIII, 13, 212, 213, 269, 316; XIV, 154, 155, 195, 331, 351, 457; XV, 157, 279; XVI, 4; XVII, 104, 153, 434.
COURCK (M.), officier suisse, XII, 460.
COURLANDE (Duc de); VI, 298; XIII, 357.
COURLANDE (Duchesse de), XIII, 357.
COURLANDON (M. de), VIII, 305, 318; IX, 435; XI, 83, 107.
Couronnes (Fontaines des), à Versailles, I, 187.
COURSELLE. *Voy.* COURCELLES.
Course de chevaux, IV, 197.
COURSIC (Le capitaine), 4, 38.
COURSON (M. de), X, 173, XII, 461; XIII, 10; XV, 188; XVI, 245, 494, 495, 496; XVII, 165; XVIII, 308.
COURT (Abbé de), XVII, 176.
COURT (M. de), III, 71; V, 61; X, 128; XII, 124; XVI, 9, 336; XVIII, 2.
COURTADE (M. de), XI, 52; XVI, 263.
COURTEBONNE (Abbé de), VI, 480.
COURTEBONNE (M. de), I, 311; II, 2, 5, 313; III, 328; IV, 394; V, 113, 200, 280, 343, 437; VI, 370; VIII, 33, 93, 346; IX, 71, 108, 326, 345; X, 104, 107, 259; XI, 46; XIV, 330.
COURTEBONNE (Mlle de), I, 69, 80.

COURTEIL (M. de), XVI, 329; XVIII, 206.
COURTEN, colonel suisse, V, 343; IX, 439, 442; maréchal de camp, X, 165; XI, 172; XVII, 266.
COURTENAY (Prince de), II, 153, III, 314, 415, 416, 417; IV, 17, 18, 130; XV, 34; XVI, 201, XVIII, 193, 229.
COURTENAY (Princesse de), XV, 34.
COURTENVAUX (M. de), I, 63, 237, 371; II, 117, 132, 139, 199, 424; III, 201, 394, 399, 404, 427, 430, 435; IV, 157, 246, 247; IX, 76; X, 442; XIV, 81, 272; XV, 448; XVI, 125, 327; XVII, 116, 130, 153.
COURTENVAUX (Mme de), IV, 234, 241, 289, 432; V, 46, 325, 391; VI, 142, 226; X, 248, 253; XV, 146; XVI, 273.
COURTIN (Abbé), VIII, 160.
COURTIN (M.) I, 110, 163, 395; II, 195, 197; III, 382; IV, 400; V, 45, 265, 436; VI, 26, 37, 44, 74, 75, 76, 292; VII, 141, 152; VIII, 137, 211; IX, 385.
COURTIN (Mlle), I, 66.
COURTOMER (M. de) I, 111, 294; II, 59; XVI, 10, 224, 376, 492; XVII, 157; XVIII, 31, 34, 41.
COURTOMER (Mme de), I, 359; XVI, 384.
COURVILLE (M. de), IX, 230, 442; XI, 389.
COUSIN (Le président), VI, 110; XI, 345.
COUSSANT, lieutenant-colonel, XI, 52.
COUSSIÈRE (Le P. de la), XVI, 295.
Coutances (Évêque de). *Voy.* BRIENNE.
COUTURIER (Abbé), XVI, 481.
COUTURIER, commis des finances; XVI, 198; XVII, 187; XVIII, 142.
COUTURIER (Sœur Amédée de Sainte-Marie le), religieuse de Port-Royal; XIII, 60.
COUVONGES (M. de), III, 130; VI, 235, 251, 254, 255, 257, 270, 277, 366, 369, 418, 427, 443; VII, 192; VIII, 133, 176; X, 93, 191.
COUVONGES (Mme de), VI, 443.
COUVREUR (Le), XVIII, 50.
COWARRUVIAS (M. de), lieutenant général, IX, 157; XI, 134.
COWPER (Lord), XV, 210.
COYEUX (Chevalier des), X, 331, 465.
COYPEL, peintre, XIII, 84; XV, 366; XVII, 63; XVIII, 82.
COYZEVOX, sculpteur, VIII, 466; IX, 84.
CRALEY. *Voy.* CROLY.
CRAON (M. de), X, 334; XV, 108, 109, 119; XVI, 228.
CRAON (Mme de), XVII, 233, 264.
CRAON-BEAUVAU (Marquis de), IX, 425.
CRASSAU, général des troupes du roi de Suède, XIII, 373.
CRAVEN (Milord), VI, 72.
CRAY (De), maréchal de camp, VIII, 305; lieutenant général, IX, 32.
CRÉCY (M. de), I, 355; II, 324, 460; IV, 455; V, 116, 132; VI, 45, 77, 298, 299, 300; IX, 83; X, 126; XII, 91; XIII, 73, 74; 131; XV, 147; XVII, 186, 187; XVIII, 6, 11.
CREIL (M. de), I, 45; II, 381; III, 250; IV, 88, 439; IX, 56; XIV, 229; XVI, 330; XVIII, 8, 326.

CREIL-BOURNISSEAU (M. de), I, 338.
CRENAN (M. de), I, 277; II, 50, 139, 163; III, 432; IV, 254; V, 97, 98, 161, 189, 242, 286, 295, 299, 302, 389, 390, 403; VI, 55, 367; 381, 419; VII, 30, 70, 462; VIII, 316, 322, 324.
CRENON (Mlle de), I, 253; VI, 474; VII, 227.
CRÉPY, chevalier de Saint-Louis, IV, 285.
CRÉQUY (Maréchal de), I, 9, 10, 12, 22, 62, 81, 259, 338, 390, 437; II, 16, 17, 45; IV, 208; IX, 324.
CRÉQUY (M. de), I, 8, 50, 63, 81, 118, 136, 161, 204, 227, 261, 263, 283, 338, 344, 428, 437; II, 2, 11, 16, 21, 130, 174, 407, 460; III, 18, 75, 141, 244, 310, 318, 319, 327, 329, 416, 417; IV, 52, 197, 236, 258, 305, 362, 477; V, 156, 322, 328, 341, 346, 390; VI, 121, 367, 443; VII, 63; VIII, 93, 120, 170, 318, 300, 301, 308, 347, 361, 415, 410, 440, 457, 469, 488; XVII, 198, 258.
CRÉQUY (Mme de), I, 118, 338; III, 428, 437; V, 317, 379; VI, 380; IX, 485; XI, 433; XII, 429; XIII, 7, 8, 106; XVI, 265.
CRÉQUY (Mlle de), VI, 160.
CRÉQUY (Famille de), II, 21. *Voy.* BLANCHEFORT.
CRESCENTIO, cardinal, II, 141.
CRESSY (M. de), premier écuyer du duc du Maine, IV, 455. *Voy.* CRÉCY.
CREUILLY (M. de), XI, 182; XII, 19; XV, 171, 172; XVIII, 10.
CREUTZNACH (Bailli de), II, 469.
CRÈVECOEUR (M. de), III, 96; IV, 266; XIV, 443; XV, 214; XVI, 364, 370; XVII, 260.
CRÈVECOEUR (Mme de), XIV, 190, 438; XV, 303; XVI, 364, 370, 421; XVIII, 206.
CRÈVECOEUR (Président de), VIII, 228.
CRÈVECOEUR-MENNEVILETTE (M. de), III, 98.
CREVILLY. *Voy.* CREUILLY.
CRÉVY (Abbé de), XIV, 125.
CRICUBAUME (M. de), colonel des troupes de l'empereur, X, 137.
CRIEL. *Voy.* CREIL.
CRILLON (Abbé de), VI, 123; XIV, 389.
CRILLON (François de Bertons de), évêque de Vence, VIII, 226; XIII, 461; archevêque de Vienne, XV, 117.
CRILLON (Jean-Louis de Bertons de), évêque de Saint-Pons, XVIII, 336.
CRILLON (M. de), II, 163, 340; III, 94; VII, 86.
Crispin musicien, comédie, XV, 314, 351.
CROESQUER. *Voy.* GROESQUER.
CROISAT. *Voy.* CROZAT.
CROISSY (Abbé de), II, 453; III, 60, 177, 212; VI, 18. *Voy.* COLBERT.
CROISSY (M. de), I, 46, 76, 88, 126, 160, 172, 208, 357, 381, 383; II, 78, 84, 98, 110, 111, 112, 143, 160, 288, 302, 369, 410, 415, 450, 454, 470, 473, 475; III, 1, 31, 247, 254, 303, 341, 352, 390, 429; IV, 58, 78, 178, 228, 259, 419, 462, 464; V, 194, 331, 420, 441, 443; VI, 375; VIII, 306, 422; IX, 43, 355, 356, 425; X, 101, 165, 232, 306, 309, 437; XI, 157, 184, 242, 328; XII, 224, 245, 251, 253, 329, 477; XIII, 130, 237; XIV, 39, 42, 128; XV, 11, 51, 289, 400, 403; XVI, 377, 396, 501; XVII, 485; XVIII, 199.

Croissy (Mme de), I, 140, 217; II, 17, 42, 73, 95, 114, 138, 232, 305, 308, 327, 363, 385; III, 49, 233, 234, 339; IV, 75, 432; V, 302, 472; VII, 161; VIII, 154; XVIII, 99, 101, 117, 126.
Croissy (Mlle de), II, 469; III, 296; IV, 75, 432; V, 406, 410; VII, 467; VIII, 153, 165; X, 350.
Croissy (Mme de), abbesse du Lys, XVIII, 266.
Croissy (M. de), frère de Catinat, VIII, 61.
Croix (Abbé de la), X, 8; XIV, 337; XV, 210.
Croix (M. de la), IX, 175, 381; X, 24; XIII, 249, 470; XVII, 26.
Croly (M. de), II, 356; III, 75, 155, 339; IV, 54, 65.
Cromwell, I, 123.
Cromwell (Le cocher de), III, 55.
Cronembourg (M. de), envoyé de Hollande, IX, 405.
Cronstrom (M. de), envoyé du roi de Suède, IX, 203, 492; XI, 39, 69, 271, 273; XII, 31, 85; XIII, 20; XIV, 483; XV, 13; XVIII, 35, 38, 121.
Crosco (Chevalier du), gentilhomme breton, XVIII, 260.
Crouy (Comte de), XII, 183; XVII, 397.
Croy (Abbé de), IV, 474.
Croy (M. de), II, 232; III, 240, 250, 435; IV, 272, 352, 369, 370; V, 20, 387; VI, 368, 458; VIII, 3, 318, 383; IX, 435, 442; XII, 164, 361, 362; XIII, 37, 41; XIV, 7; XVI, 420; XVII, 215.
Crozat (Abbé de), VIII, 391.
Crozat (M.), VII, 56, 75; XI, 307, 334, 336; XIII, 288, 455; XIV, 158, 172, 183, 331, 454; XV, 84, 199; XVI, 177, 390, 394, 397, 428, 497, 504; XVII, 168, 188, 320; XVIII, 58, 327.
Crozat (Mlle), XI, 286, 307; XIII, 218.
Crussol (M. de), I, 65, 80, 173; II, 94, 172, 472; IV, 123; XVII, 268; XVIII, 131, 199.
Cruzel (De), enseigne des mousquetaires, XVII, 100.
Cujavie (Évêque de), VI, 150, 151, 152.
Culmbach (Prince de), VI, 160.
Culant-Barbezieux (Mlle de), XVI, 477; XVII, 116, 124, 125, 134, 153, 215, 243, 327, 334, 335.
Cumont, exempt des gardes, XI, 77.
Cunningham (M. de), lieutenant général anglais, XI, 33.
Curlandon. Voy. Courlandon.
Curton (Marquis de), VIII, 393; IX, 485; XVIII, 10.
Curton (Mme de), V, 172.
Curty (M. de), brigadier d'infanterie, XIII, 131; maréchal de camp, XVIII, 6.
Cusani, nonce du pape, XI, 174; XII, 250; XIV, 6, 29, 153.
Czar (Le). Voy. Pierre Ier.
Czarine (La). Voy. Catherine.
Czarowitz (Le). Voy. Alexis Petrowitch.
Czartoriski, VI, 208.
Czatki (Comte de), archevêque de Colocza, XVII, 174.

D.

DABON (M.), trésorier du marc d'or, II, 323.
DABON (Mme), I, 150.
DABON (Mlle), I, 150.
DACIER (M.), I, 295; V, 330; VIII, 342; XV, 22; XVII, 200, 300; XVIII, 90, 217, 249.
DACIER (Mme), XVII, 200, 215.
DADDA, nonce du pape, puis cardinal, II, 309; III, 69; XVII, 480.
DADONCOURT, brigadier, XVIII, 9.
DAGOUMER (M.), recteur de l'Université; XIV, 424.
DAGUESSEAU (Abbé), XVII, 29.
DAGUESSEAU (M.), I, 206; II, 41, 134, 296; III, 261, 272, 378; IV, 199, 239, 351; V, 77, 263, 265, 312, 331, 345, 393; VI, 258, 277, 312, 406, 467; VII, 2, 108, 141, 144, 145, 155, 208, 321, 325, 342, 363, 364, 380, 384, 404, 411; VIII, 272, 498; IX, 212; X, 503; XI, 398; XII, 129, 142; XIII, 407; XIV, 427; XV, 102, 378, 418, 435; XVI, 12, 252, 293, 368, 426, 433, 491; XVII, 14, 159, 225, 226; XVIII, 299.
DAGUESSEAU (Le chancelier), XVII, 44, 47, 96, 100, 117, 121, 123, 124, 129, 170, 221, 225, 233, 234, 236.
DAILLÉ, maître de la chambre aux deniers, II, 159.
DALBERG (Comte de), gouverneur de Livonie, VII, 377.
DALLON. *Voy.* DALON.
DALLONNE, lieutenant de vaisseau, XI, 248.
DALMAN (M.), XVIII, 96.
DALON, premier président de Pau, puis de Bordeaux, VIII, 90; IX, 221; XV, 27.
DALOU, brigadier, III, 167, 212.
DALZAU, capitaine de cavalerie, XI, 261.
DAMAS (Abbé de), XIII, 375.
DAMAS (M. de), V, 300; IX, 441, 442; XI, 198, 248; XV, 160; XVII, 263; XVIII, 169, 260.
DAMBOIL, colonel, III, 242.
DAMBY (Milord), II, 228, 326; IV, 350; V, 13.
Dames d'honneur des princesses du sang, II, 129.
DAMEZAGA (M.), maréchal de camp, XI, 73.
DAMIGNY, brigadier d'infanterie, VIII, 306, 448; IX, 91.
DAMPIERRE (M. de), IV, 251; VIII, 87; X, 250; XV, 86; XVI, 170; XVIII, 8, 11.
DAMPIERRE (Mme de), XVIII, 195.
DANVILLE (Mlle de), XII, 96.
DANCOURT, comédien, I, 287, 297.
DANDENNE. *Voy.* ANDENNE.
DANDIGNY. *Voy.* ANDIGNÉ.
DANDIN (Abbé), II, 30; VIII, 171.
DANEMARK (Anne, princesse de), fille de Jacques II, roi d'Angleterre, femme

du prince Georges de Danemark, I, 343; II, 156, 213, 228, 340, 343; IV, 42, 44; V, 211; VIII, 366. *Voy.* ANNE, reine d'Angleterre.

DANEMARK (Le prince Charles de), frère du roi Frédéric IV, X, 488; XI, 11.

DANEMARK (Christiern, prince royal de), fils de Frédéric IV, XVIII, 76.

DANEMARK (Frédéric, prince royal de), fils de Christiern V, IV, 224, 225, 226, 227, 229, 230, 231, 233, 234, 235, 237, 238, 239; V, 282, 329. *Voy.* FRÉDÉRIC IV.

DANEMARK (Georges, prince de), fils de Frédéric III, II, 156, 228, 233, 340; IV, 133, 223; V, 211; VIII, 372, 433; IX, 51; X, 47, XI, 71; XII, 266.

DANEMARK (Le prince Christian de), second fils de Christiern V, V, 249.

DANEMARK (Le prince Christian de), fils de Frédéric, prince royal de Danemark, VI, 461.

Danemark (Reine de). *Voy.* CHARLOTTE-AMÉLIE DE HESSE-CASSEL.

Danemark (Reine mère de). *Voy.* SOPHIE-AMÉLIE DE BRUNSWICK.

Danemark (Roi de). *Voy.* CHRISTIERN V, FRÉDÉRIC III et FRÉDÉRIC IV.

DANET (M.), intendant et contrôleur général de l'argenterie et menus-plaisirs du roi, VI, 460.

DANIEL (Le Père), jésuite, XIV, 423.

DANJONI, mestre de camp, IX, 235; XV, 51.

DANKELMAN, premier ministre de l'électeur de Brandebourg, VI, 277, 304.

DANOIS (Marquis de), brigadier d'infanterie, XVIII, 8.

DANTREMAUX, brigadier d'infanterie, XVIII, 9.

DANGEAU (Abbé de), I, 177, 201, 254; IV, 36; VI, 234; IX, 62; XIII, 214; XVI, 174, 205; XVII, 300.

DANGEAU (Marquis de), notice sur sa vie et sur sa famille, I, XIII-XCVI, 6, 7, 10, 20, 23, 29, 31, 38, 40, 54, 55, 56, 57, 58, 59, 79, 84, 126, 129, 133, 163, 171, 174, 175, 177, 185, 186, 194, 196, 197, 198, 204, 205, 212, 215, 221, 223, 255, 301, 316, 355, 381, 382, 399, 413, 427; II, 25, 28, 34, 53, 64, 66, 82, 137, 140, 146, 161, 166, 220, 240, 242, 258, 285, 286, 297, 306, 311, 337, 346, 348, 433; III, 4, 17, 24, 27, 107, 111, 113, 114, 123, 128, 219, 230, 232, 268, 304, 331, 361, 384; IV, 166, 176, 231, 234, 253, 289, 290, 306, 313, 315, 330, 333, 360, 379, 382, 383, 390, 398, 403, 408, 409, 417, 437, 442, 456, 480; V, 5, 7, 16, 25, 26, 27, 28, 31, 33, 34, 38, 41, 42, 43, 81, 99, 100, 105, 110, 175, 177, 192, 208, 250, 265, 289, 298, 299, 302, 314, 319, 321, 322, 323, 341, 345, 355, 415, 435, 439, 456, 461, 462, 471, 476; VI, 8, 22, 34, 39, 41, 47, 48, 51, 60, 77, 81, 126, 143, 159, 179, 181, 239, 242, 253, 286, 302, 306, 314, 332, 385, 403, 433, 454, 466; VII, 26, 53, 104, 114, 136, 162, 183, 203, 212, 237, 239, 295, 296, 300, 380, 386, 403; VIII, 90, 101, 175, 193, 237, 253, 370, 421; IX, 264, 286, 293, 309, 391, 416, 488, 495; X, 3, 49, 50, 51, 115, 219, 250, 304; XI, 54, 251, 265, 267, 268; XII, 55, 152, 153, 433; XIII, 61, 105, 146, 371, 392, 395, 478; XIV, 41, 73, 84, 88, 102, 105, 113, 129, 153, 204, 223, 230, 241, 281, 283, 285, 318, 342, 366, 409, 431; XV, 35, 42, 44, 45, 147, 306, 355, 389, 410; XVI, 117, 124, 198, 287, 293, 296, 323, 452, 478, 484, 497, 507; XVII, 12, 71, 113, 116, 117, 132, 213, 335, 341, 342, 457; XVIII, 63, 80, 138, 139, 140, 157, 164, 166, 168, 225, 236, 237, 252, 267, 337; supplément à la notice sur sa vie, 425-474.

DANGEAU (Marquise de), I, 335, 341, 348, 351, 352, 354, 380, 381, 390; II, 10, 66, 68, 73, 78, 80, 85, 94, 95, 96, 103, 106, 112, 114, 210, 211, 214, 215, 216, 222, 287, 305, 327, 329, 363, 381, 382, 385, 392, 393, 408, 420, 421, 422, 423; III, 49, 112, 119, 245, 262, 270, 339, 342; IV, 34, 75, 222, 432, 484; V, 1, 26, 185, 194, 202, 247, 302, 319, 348, 354, 391, 404, 457, 462; VI, 25, 36, 40, 65, 159, 206, 243, 285, 338, 385, 446, 462, 481; VII, 12, 20, 21, 49, 58, 83, 90, 150, 229, 241, 268, 396; VIII, 24, 139, 154, 158, 199, 203, 232, 285, 370, 504, 506; IX, 16, 75, 296, 416, 437, 481; X, 24, 36, 153, 240, 252, 375, 428; XI, 204, 210, 262, 265, 356, 366, 369, 429, 487, 493; XII, 105, 106, 107, 119, 153, 191, 197, 210, 269, 316, 395, 405, 444, 464, 470; XIII, 19, 37, 61, 182, 186, 196, 212, 255, 276, 339, 379, 415, 427, 449, 485; XIV, 60, 72, 87, 126, 140, 154, 155, 157, 163, 164, 174, 188, 223, 228, 230, 283, 344, 431; XV, 21, 164, 174, 203, 302, 420, 431; XVI, 4, 90, 101, 210, 412, 451; XVII, 152, 153, 381; XVIII, 139, 140, 221. *Voy.* LOEWENSTEIN (Mlle de).

DANGEAU (Mlle de), IV, 452.

Dangeau (Hôtel de), II, 308.

DANNEVILLE, envoyé à Gênes, XV, 319.

DAQUIN (Abbé), II, 2, 130; IV, 390; V, 218; VI, 52, 450, 452.

DAQUIN (Louis), évêque de Séez, VII, 406.

DAQUIN (Luc), évêque de Fréjus, VI, 52, 300.

DAQUIN (M.), I, 53, 63, 229, 380, 390; II, 48, 130, 459; III, 85, 451; IV, 60, 202, 361, 388, 390, 394, 439, 440, 441, 442; V, 415; VI, 300. *Voy.* CHATEAURENARD.

DARBON, commandeur de l'ordre de Saint-Louis, IV, 284. *Voy.* ARBON.

DARGELOS. *Voy.* ARGELOS.

DARIFAT. *Voy.* ARIFAX.

DARIGNY, capitaine de vaisseau, III, 165.

DARMANVILLE (M.), maître d'hôtel, XIII, 121.

DARMOUTH (Milord), I, 126; II, 307; XIV, 288, 474; XV, 210. *Voy.* YARMOUTH.

DARMSTADT (Prince de), I, 333; V, 422; VI, 175, 236, 250, 418; VIII, 26, 454, 478, 512; IX, 439, 443; X, 31, 36, 40, 129, 136, 256, 359, 395, 406, 430, 472; XI, 343, 463; XII, 8, 141, 159, 391.

DARNOSON. *Voy.* ARNOTON.

DARSE (Comte de), capitaine de frégate, XI, 247.

DAUBANTON (Le Père), confesseur du roi d'Espagne, VII, 440; IX, 279; XV, 384, 413, 438.

DAUBARÈDE, gouverneur de l'île de Rhé, V, 439; IX, 360.

DAUGER (M.), II, 163; III, 90, 299, 319, 329, 405, 406, 407, 424; VIII, 343; X, 244, 323; XII, 195, 319; XV, 298; XVI, 231, 436, 437; XVII, 211; XVIII, 5, 11.

DAUGICOUR, chevalier de Saint-Louis, IV, 285. *Voy.* AUGICOURT.

DAUGNON (Du), colonel d'infanterie, XII, 469.

DAUNAI, écuyer du duc du Maine, IV, 229, 393.

Dauphin (Le). *Voy.* ANJOU (Louis de France, duc d'), BOURGOGNE (Louis de France, duc de), BRETAGNE (Louis de France, duc de) et LOUIS DE FRANCE, dauphin.

Dauphine (La). *Voy.* BOURGOGNE (Marie-Adélaïde de Savoie, duchesse de) et MARIE-ANNE-CHRISTINE-VICTOIRE DE BAVIÈRE.

DAURIAC (M.), III, 284; IX, 19, 111, 353, 371.

DAUZEVILLE, commandant à Bayonne, XVIII, 170.

DAUVET, II, 459; XVIII, 10. *Voy.* MARESTS.

DAUVET DES MARESTS (M.), VII, 98; IX, 181.

DAVÉJÉAN. *Voy.* AVÉJAN.

DAVÈZE (Mlle), femme de chambre de la duchesse de Berry, XVIII, 92.

DAVIA (M.), II, 300; VI, 152; X, 2, 200; XIV, 153.

DAVIGNON (M.), III, 259, 407; IV, 388; VIII, 305, 350, 456; X, 112, 165; XII, 300, 389; XIII, 126, 130, 139, 222; XV, 331; XVI, 412, 413.

DAVISART, avocat général du parlement de Toulouse, XVI, 490; XVII, 430, 445; XVIII, 48, 143.

DAVOU, trésorier de Madame, XIII, 110.

Dax (Évêque de). *Voy.* ARBOUCAVE.

DAY, gentilhomme ordinaire du roi, VIII, 351.

Débauché (Le), comédie, III, 38.

Débordement de la Seine, III, 62.

DEFFANT DE LA LANDE (Marquis du), XVIII, 11.

DEFFITA, lieutenant criminel, VII, 439.

DEGENFELDT (Mme de), XVIII, 92.

DELDEREN (Jean-Louis), évêque de Liége, II, 160, 189; IV, 446.

DELFIAN (Marquis), VI, 340; X, 26.

DELFINI, III, 19; V, 367, 378, 453; VI, 468; VII, 127, 195, 213, 235, 246, 267, 349; X, 106.

DELIGNERAC (La), I, 207.

DELISAN, banquier de Paris, VI, 149.

DELRIEU, maître d'hôtel du roi, II, 159.

DELVAL. *Voy.* ELVAL.

DEMBY (Comte de), I, 292.

DEMUIN, capitaine de vaisseau, IX, 161.

Denain (Affaire de), XIV, 296-314.

DENHOFF (Cardinal), I, 384.

DENISE (Abbé), III, 241.

DÉNONVILLE (Abbé de), IV, 298; VI, 254.

DÉNONVILLE (Jean-François de Brisay de), évêque de Cominges, VII, 125, 180; X, 482; XIII, 141.

DÉNONVILLE (M. de), I, 86; II, 200, 390, 448; III, 52, 53, 76, 205, 206; V, 308; VI, 87, 375; VII, 176; VIII, 111, 155, 222, 237, 307, 393, 434, 435, 436, 441; IX, 288, 293, 298, 355, 440; X, 101, 103, 202, 212; XI, 336, 436; XIII, 251, 253; XVII, 331, 333. *Voy.* BRISAY.

Départ du roi de l'armée, en 1693 (Note sur le), XVI, 274.

DERVAL (M.), VII, 79.

DESALLEURS (M.), II, 180; IV, 163, 255, 284; V, 374, 395; VI, 247; VIII, 9, 81, 154, 409, 478, 496; IX, 72, 85, 127; X, 243, 325, 335; XI, 5, 86, 113, 332; XII, 59; XIII, 58, 315, 350; XIV, 277; XVI, 501; XVII, 14, XVIII, 66.

DESAYDES. *Voy.* AIDES.

DESBONETS, lieutenant de roi de Saint-Omer, VII, 31.
DESBORDES. *Voy.* BORDES.
DESCOTEAUX, musicien, V, 112; IX, 332; X, 161, 428.
DESCOTS, brigadier d'infanterie, II, 163.
DESCOYEUX (M.), XII, 332.
DESCROCHETS, lieutenant de roi de Verdun, XI, 25.
Déserteurs (Ordonnance sur les), I, 78.
DESEUILLE. *Voy.* SEUIL.
DESFORGES (Mlle), femme de chambre de la duchesse du Maine, XVII, 457.
DESFORTS (M.), VIII, 136; XII, 81. *Voy.* FORTS.
DESFOURNEAUX, IX, 112. *Voy.* FOURNEAUX.
DESFRANCS (M.), II, 304; III, 166, 393; XI, 473.
DESGOTS, capitaine de vaisseau, X, 331.
DESGRAIS, exempt, II, 301; IV, 199, 212.
DESGRANGES, maître des cérémonies, V, 324; VIII, 122, 126, 193; IX, 53, 74; XI, 457; XII, 346, 384; XIII, 397, 429; XIV, 144; XV, 262, 454; XVI, 125. *Voy.* GRANGES.
DESGRÉS. *Voy.* DESGRAIS.
DESHALLES (Abbé), XVII, 185.
DESHAYES (M.), IX, 188; X, 48, 76, 79, 93.
DESIDERY, chevalier de Saint-Louis, XIV, 330.
DESIMIEUX (M. de), XI, 148.
DESLANDES, lieutenant-colonel de Piémont, II, 297.
DESLANDES-MANGON, XIII, 237.
DESMADRITS, intendant de Dunkerque et d'Ypres, IV, 463; VI, 132; VII, 7.
DESMARÉS, lieutenant, II, 458.
DESMARETZ (Abbé), I, 181, 206; VI, 472; XIII, 214; XV, 340.
DESMARETZ (Jacques), évêque de Riez, puis archevêque d'Auch, XIV, 449.
DESMARETZ (Vincent-François), évêque de Saint-Malo, XI, 277; XIII, 271.
DESMARETZ, I, 35; V, 104; VII, 292; IX, 76, 143, 292, 296, 319, 328, 496; X, 192, 425, 504; XI, 180, 223; XII, 64, 80-142, 155-219, 226, 240, 259, 266, 268, 289, 291, 330, 354, 385, 389, 395, 396, 408, 413, 415, 420, 421, 442, 447, 455, 473, 474, 477, 482; XIII, 9, 14, 18, 27, 29, 45, 58, 68, 71-100, 126-137, 147, 153, 191, 203-368, 375, 391-488; XIV, 2-48, 55, 61, 67, 71, 110-411, 427, 441-485; XV, 2-299, 330-461; XVI, 5, 11, 34; 95, 98, 121, 172, 187, 193, 195, 232, 235, 243, 266, 268, 270, 379, 400, XVII, 36, 253.
DESMARETZ (Mme), XII, 385, 391; XIII, 67, 333; XIV, 156; XV, 130; XVI, 498.
DESMARETZ (Mme), abbesse d'Hyères, XVI, 353.
DESMARETZ (Mlle), XII, 304.
DESMARETZ DE VAUBOURG, intendant d'Auvergne, II, 41.
DESMOULINS, danseur, VII, 236.
DESNOZ, chef d'escadre, III, 165; IV, 445; VII, 414, 453; VIII, 252; XVI, 9.
DESORMES, I, 410; V, 360; VI, 149; VIII, 437; X, 205; XIII, 90.
DESPORTES, peintre, XVIII.
DESPRÉAUX. *Voy.* BOILEAU.
DESRÉAULT (M.), I, 201.

DESROCHES, gouverneur des Invalides, V, 369 ; X, 228.
DESROSEAUX, mestre de camp, V, 288.
DESSEVILLE, lieutenant général, XIII, 130.
DESTANCHAULT (M.), maître d'hôtel, XIII, 121. *Voy.* ESTANCHAUX.
DESTOUCHES (M.), VI, 443, 448, 456 ; VII, 54, 157, 166, 392, 403, 404, 408 ; IX, 157, 320, 439, 442, 459 ; XI, 14, 303 ; XII, 136 ; XIII, 333 ; XV, 372 ; XVI, 303 ; XVII, 251, 263 ; XVIII, 120, 188.
Deuils de cour, J, 430.
DEUX-PONTS (Élisabeth, princesse palatine des), VII, 314.
DEUX-PONTS (Prince des), XVII, 464.
DEVÈZE (M. de la), V, 36 ; VIII, 394 ; IX, 29 ; XI, 25 ; XIII, 131 ; XVIII, 6, 8.
DEVÈZE (Mlle de la), XIII, 184.
DEVIENNE, lieutenant-colonel, IV, 396.
DEVILLE, inventeur de la machine de Marly, I, 25, 54, 124, 357 ; II, 11 ; VIII, 403 ; IX, 402.
DEVONSHIRE (Duc de), II, 377 ; V, 210 ; XV, 210.
DEZ (Le Père), confesseur du Dauphin, III, 132.
DHONA (Comte de), gouverneur de Mons, XIV, 193, 194. *Voy.* DONNA.
DIACH (Paul), colonel, IX, 489.
DIANE, cantatrice italienne, XVI, 428.
Dictionnaire de l'Académie française, V, 67.
Didon, opéra, IV, 359.
Die (Évêque de). *Voy.* PAJOT.
DIEPHOLD (Comte de), I, 292.
DIESBACH (M. de), 15, 350 ; XVII, 356.
DIETRISCHSTEIN (Prince de), VIII, 341.
Digne (Évêque de). *Voy.* TELLIER.
DIGNY (M.), colonel, IX, 115, 143.
DIGULVILLE, major du régiment de Normandie, VI, 476 ; VIII, 183.
DICKVELT, ministre du prince d'Orange, V, 102, 105, 106, 274, 442, 443 ; VI, 5, 56, 205.
DILLON (M. de), IX, 147, 268, 349 ; X, 166 ; XI, 92, 210, 214, 329, 443 ; XII, 99, 262, 363 ; XIII, 25, 28 ; XIV, 20, 434 ; XV, 160, 249 ; XVII, 439 ; XVIII, 16, 28.
Dîme royale, XIII, 254, 265 ; XVII, 229, 312, 424 ; XVIII, 96.
Dîner à la clochette (Usage du), VIII, 297.
DIONIS, chirurgien, I, 214 ; III, 106, 451 ; XIV, 110, 370, 402 ; XV, 167.
DIPY, interprète, XV, 357.
DIXEFELD. *Voy.* DIKVELT.
DOBIAYE (Marquis de la), IV, 469 ; VII, 207.
DOBIAYE (Mme de la), I, 199, 231, 296.
DODART, médecin, IV, 403 ; VIII, 145 ; XI, 280 ; XII, 69 ; XIV, 112 ; XV, 79 ; XVII, 280, 281, 301.
DODUN (M.), XVI, 177, 195, 197, 260 ; XVII, 330, 381 ; XVIII, 201, 309, 328.
Dol (Évêque de). *Voy.* ARGENSON, CHAMILLART, SOURCHES ET THOREAU.
DOLET, maréchal de camp, XII, 469 ; lieutenant de roi de Tournay, XIII, 7.
DOLGOROUKI (Prince), XVI, 478.
DOMBES (Louis-Auguste de Bourbon, prince de), VII, 267, 310 ; XIII, 126, 143,

6.

201; XIV, 111, 132, 145, 368, 375, 440; XV, 415; XVI, 346, 383; XVII, 41, 101, 154, 163, 292, 445, 450; XVIII, 191, 199, 234, 243, 317.

DOMBES (Louis-Constant de Bourbon, prince de), V, 313; VI, 428.

DOMINIQUE BIANCOLELLI, comédien italien, appelé *Arlequin*, II, 60, 156; XI, 341.

DONDEL, président au présidial de Vannes, XVIII, 37.

DONGOIS, greffier du parlement, VII, 139; XVI, 350; XVII, 136.

DONNA (Comte de), III, 250. *Voy.* DHONA.

DONNEBAUT (Mlle), comédienne, I, 28.

DONNEGAL, officier général anglais, XI, 90.

DONZY (Duc de), V, 161; VI, 17; XII, 327, 430.

DOPFF, commandant de Maëstricht, VIII, 395.

DORCHESTER (Comtesse de), I, 303.

DORÉE (Mlle de), I, 194, 359, 422; II, 95, 308, 413; XIV, 150.

DORÉMIUS, intendant, XII, 42; XVI, 315.

DORGNON-TERRAS, enseigne des galères, XIV, 329.

DORIAC. *Voy.* DAURIAC.

DORINGTON, V, 28; IX, 72, 109; X, 164; XI, 46; XII, 362.

DORMOY, major du régiment du Roi-cavalerie, VIII, 352; IX, 64, 443; X, 110.

DOROTHÉE (Sœur), I, 105.

DOROZ (Abbé), IX, 163.

DORSET (Comte de), V, 210.

DORTIÈRE, commissaire de la marine, I, 336.

DOTANE, colonel, X, 134.

DOUBLET (MM.), conseillers au parlement, II, 153; XI, 340.

DOUCH, brigadier, XII, 94.

DOULIN (Le P.), jésuite, XVI, 242.

DOUGLAS, II, 369; XVI, 238; XVII, 163, 294.

DOUJAT (M.), II, 218; X, 343; XII, 155; XVIII, 205, 207.

DOURCHES, brigadier de cavalerie, VIII, 305.

DOURLACH (Marquis de), VII, 382. *Voy.* BADE.

DOUSSET (Abbé du), XIV, 115.

DOUTET, médecin, XIII, 310.

DOUVRE (Milord), I, 358; II, 311, 331, 366, 444, 446, 449, 469; III, 30, 170.

DOYEN (M.), VI, 231.

DRAN (Le), chirurgien, XIII, 49; XIV, 142; XVI, 429; XVII, 71.

Draps étrangers (Prohibition des), II, 67.

DRESSENAY (M. du), capitaine de vaisseau, XIV, 342.

DREUX (Abbé de), XIII, 264.

DREUX (M. de), VI, 329, 333; VIII, 61, 190, 306, 375; IX, 340, 371; X, 58, 137, 144, 165, 187, 404, 429, 430, 444; XI, 328; XII, 130, 362; XIII, 133, 192, 194, 197, 382; XIV, 144, 191, 362; XV, 140, 167; XVI, 125, 221; XVII, 52, 289; XVIII, 286.

DREUX (Mme de), VIII, 97; XI, 62, 392; XIII, 52.

DROLIVAUX, X, 405; XI, 213.

DROMESNIL (Abbé de), VIII, 171; IX, 460; XI, 240; XIII, 207, 278.

Dromesnil (Charles-François d'Hallencourt de), évêque d'Autun, XV, 382; XVI, 260; XVII, 172, 185.
Dromesnil (M. de), IV, 272, 279; IX, 114, 181.
Dronero (Marquis de), VI, 8, 10.
Drot (Abbé du), XIV, 389.
Drouard (M.), X, 439; XII, 332.
Drubec (Abbé), VIII, 65.
Druillet (Abbé de), XI, 351.
Druillet (André), évêque de Bayonne, XV, 68; XVII, 3, 96, 172.
Druy (Abbé de), V, 327; IX, 467.
Druy (M. de), II, 6, 30; III, 195, 310, 319; IV, 314, 375, 405; V, 21, 44, 343; VIII, 93, 291, 346; IX, 72, 109, 118, 126, 143, 163, 235; X, 120, 176; XI, 46, 55, 254; XII, 175; XIII, 137; XIV, 105; XVIII, 10.
Dubarail. *Voy.* Barrail.
Dubié. *Voy.* Biez.
Dubois (Guillaume), abbé puis archevêque de Cambrai et cardinal, I, 236, 350; II, 255; III, 265; IV, 8, 354; VII, 36; IX, 88; XII, 77; XVI, 287, 339, 421, 423, 450, 496; XVII, 7, 20, 46, 50, 52, 57, 160, 162, 163, 166, 168, 171, 183, 204, 206, 211, 219, 224, 225, 234, 261, 336, 359, 365, 370, 393, 404, 427, 434, 443; XVIII, 1, 17, 36, 56, 61, 122, 133, 143, 151, 159, 204, 209, 229, 240, 242, 247, 249, 258, 262, 283, 289, 290, 292, 297, 299, 300, 308, 320.
Dubois (Goibaud), de l'Académie française, IV, 395; V, 37.
Dubois, capitaine de cavalerie, IX, 484; X, 102, 104.
Dubois, officier d'infanterie, IV, 180.
Dubois, prévôt des marchands, IV, 154; V, 60; VII, 246, 372; VIII, 18; IX, 7; XV, 419.
Dubois (Mme), V, 35.
Dubois (Mlle), III, 155.
Dubois de la Roche. *Voy.* Roche.
Dubos (Abbé), XVIII, 38, 189. *Voy.* Bau.
Duboulay. *Voy.* Boulay.
Dubourg. *Voy.* Bourg.
Dubreuil, V, 342; VI, 171, 175. *Voy.* Breuil.
Duc (Le chevalier), I, 278; II, 163; III, 24.
Duc (M. le), origine de ce nom, I, 430. *Voy.* Bourbon (Louis et Louis-Henri de) et Condé (Henri-Jules de Bourbon, prince de).
Duc (M. le grand). *Voy.* Toscane.
Ducange. *Voy.* Cange.
Ducasse, chef d'escadre, V, 139; VI, 181; VIII, 153, 158, 390; IX, 63, 68, 167, 184, 371; X, 124, 310, 491; XI, 15, 253, 284, 495; XII, 26, 38, 121, 214, 217, 257, 456; XIII, 31, 311, 341, 415, 417; XIV, 18, 21, 28, 38, 39, 49, 108, 110, 120, 121, 216, 237, 270; XV, 28, 41, 84, 95, 106, 121, 132, 162, 443.
Ducasse (Mlle), IX, 397, 405.
Duché, poëte, VIII, 270, 343.
Duché, trésorier de l'argenterie, III, 283.
Duchesne. *Voy.* Chesne.

Duchesse (Mme la). *Voy.* Bourbon (Louise-Françoise et Marie-Anne, duchesses de) et Condé (Anne de Bavière, princesse de).

Duchesse (Mme la grande). *Voy.* Toscane.

Duchesse douairière (Mme la). *Voy.* Bourbon (Louise-Françoise de Bourbon, duchesse de).

Duchesse la jeune (Mme la). *Voy.* Bourbon (Marie-Anne, duchesse de).

Duchesse royale (Mme la). *Voy.* Anne-Marie d'Orléans.

Duchon (Chevalier), chef d'escadre des galères, XI, 198.

Duchy, financier, XVI, 207.

Duclos (Mlle), comédienne, XIII, 148.

Ducs (Lettre en réponse au libelle contre les), XVIII, 393-405.

Dufaux, armateur de Dunkerque, XIII, 483.

Dufay, gouverneur de Fribourg, IV, 294, 303, 309.

Dufey, lieutenant de vaisseau, IX, 11.

Dufey, capitaine aux gardes, XIIII, 98.

Dufort (M.), IV, 285 ; XI, 36 ; XIII, 265.

Dufort (Mlle), danseuse, VII, 260.

Dufresne, écuyer du maréchal de Villeroy, X, 81.

Dufrenoy. *Voy.* Fresnoy.

Dugast. *Voy.* Gast.

Duguay-Trouin. *Voy.* Guay-Trouin.

Dugué. *Voy.* Gué.

Dujardin, aide-major, III, 314.

Dulefeld (Comtesse), II, 89.

Dulefeld (M.), Danois, II, 89.

Dumada (M. de), maréchal de camp espagnol, XI, 234.

Dumas, enseigne de vaisseau, XI, 248.

Dumay. *Voy.* Metz.

Dumbarton (Milord), I, 346 ; II, 311, 323, 337, 341 ; III, 251 ; IV, 50.

Dumené (M.), capitaine de vaisseau, II, 457.

Duménil. *Voy.* Mesnil.

Dumont, colonel de cavalerie, III, 214 ; V, 402 ; IX, 235.

Dumont, écrivain français réfugié en Hollande, XIV, 403.

Dumont, écuyer du dauphin, I, 130 ; II, 55, 57, 123 ; IV, 154, 364 ; V, 67 ; VI, 471 ; XI, 81 ; XIII, 382, 405, 438 ; XIV, 63 ; XVII, 411 ; XVIII, 93.

Dumont, maître de la chapelle du roi, I, 13.

Dumont de Gaudens, brigadier d'infanterie, XVIII, 6.

Dumoulin, homme d'affaires, XVI, 432.

Dumoulin, médecin, XVI, 99.

Dumoulin, partisan, XI, 380.

Dundée (Milord), II, 406, 407, 410, 438, 440, 441, 447, 450, 455, 456 ; III, 13.

Duneval (M. de), feld-maréchal, II, 52, 226 ; III, 410.

Dungan (Milord), II, 358.

Dungois. *Voy.* Dongois.

Dupil, fournisseur des armées, VII, 86.

Dupin, docteur de Sorbonne, XVIII, 59.

Dupin (Mlle), comédienne, I, 28.

Duplanty. *Voy.* Planty.
Duplessis, major, XII, 182. *Voy.* Plessis.
Dupont, capitaine de grenadiers, V, 420 ; major, IX , 495 ; XI, 151; brigadier d'infanterie, XIII, 101, 237, 351 ; XVI, 409.
Dupré (Abbé), XIII, 57.
Dupré (M.), I, 397 ; II, 141,144, 206, 231; IV, 372 ; V, 53.
Dupuy, brigadier, XIII, 330. *Voy.* Puy.
Dupuy, poëte, II, 96.
Dupuy-Vauban. *Voy.* Puy-Vauban.
Duquesne. *Voy.* Quesne.
Duras (M. de), I, 20, 195, 224, 252, 261, 267, 268, 340, 380, 390, 433 ; II, 143, 186, 213, 287, 288, 343, 344, 347, 348, 350, 390, 394, 424, 434, 436, 444, 446, 448, 452, 461, 463, 464, 469, 471 ; III, 8, 27, 46, 182 ; VI, 183 ; V, 115, 123, 197, 235, 306, 342, 349, 409; VI, 126, 190, 347 ; VIII, 11, 145, 456 ; IX, 395, 439, 443 ; X, 148, 150, 308, 342, 370; XI, 4; XII, 346; XIII, 101, 131, 172, 343, 401, 424 ; XIV, 341, 431 ; XV, 391 ; XVII, 122, 159 ; XVIII, 169, 184, 189, 260, 282.
Duras (Maréchal de), II, 162, 172, 179, 182, 223, 242, 285, 362, 467 ; III, 299; IV, 282; V, 72, 128, 230; VII, 365 ; VIII, 170.
Duras (Mme de), I, 261; II, 16 ; IV, 11; VIII, 158 ; X, 308; XI, 33, 51, 314, 414, 493; XII, 39, 64, 316; XIV, 207, 431 ; XVII, 57, 64, 159 ; XVIII, 123, 254.
Duras (Mlle de), V, 321, 331, 346, 348, 349; XII, 405, 420 ; XVII, 64, 173, 175, 201; XVIII, 252, 264, 266.
Duras (Milord), I, 188, 343, 346. *Voy.* Feversham.
Durasfort (Mme de), I, 162, 217, 256, 261; II, 73, 77, 95, 96, 115, 176, 358, 382, 386, 391-394.
Durazzo, nonce en Espagne, I, 174, 384; cardinal, VII, 402; XI, 114 ; XIII, 165.
Durepaire, lieutenant des gardes du corps, II, 9 ; X, 471.
Duret (Le président), XII, 118 ; XV, 437 ; XVII, 164.
Duretal (M. de), XII, 333 ; XIV, 110, 203, 227, 290, 355 ; XV, 75, 195.
Durfort-Boissière (Marquis de), brigadier d'infanterie, XVIII, 7.
Dusaussay. *Voy.* Saussay.
Duvivier. *Voy.* Vivier.

E.

Eau (De l'), capitaine de frégate, II, 417.
Échelle (M. de l'), gentilhomme de la manche du duc de Bourgogne, II, 449 ; VI, 356.
Eck, général des troupes de l'empereur, XVII, 356.
Éclipse de soleil, XI, 100.
École des amants (L'), comédie, XVII, 409.
École des maris (L'), comédie, XV, 260, 440.
Écosse (Cordon bleu d'), IV, 50.
Écossois (L'), lieutenant-colonel de Normandie, IV, 127, 205.

ECQUEVILLIERS (M. d'), X, 490.
ECQUEVILLY (Abbé d'), XIV, 46.
ECQUEVILLY (M. d'), I, 57 ; III, 5 ; VI, 122 ; VII, 267 ; XI, 285, 311, 314 ; XIII, 430 ; XV, 81, 372 ; XVIII, 10.
ECQUEVILLY (Mlle d'), XI, 23 ; XVII, 13.
ÉCURES (M. d'), maréchal des logis de l'armée de Flandre, III, 188.
ÉCUSSANT (M. de l'), brigadier de cavalerie, XII, 319 ; XIV, 76, 111 ; XVII, 348, 349, 382.
Édit de Nantes (Révocation de l'), I, 134.
Édit en faveur des princes légitimés, XV, 320.
EFFIAT (Abbé d'), VI, 88, 421, 444, 446.
EFFIAT (Marquis d'), I, 29, 406 ; II, 105, 221, 222, 242, 285, 442, 476 ; VI, 88, 446 ; VII, 95, 167 ; VIII, 328, 348 ; IX, 60 ; X, 246 ; XIV, 150, 450 ; XV, 430 ; XVI, 170, 178, 187, 191, 194, 195, 289, 303, 375, 422, 426, 450, 453, 454, 462, 466 ; XVII, 1, 3, 11, 37, 63, 117, 129, 157, 186, 241, 350 ; XVIII, 51, 52, 53, 55, 56, 57.
EGGEMBERG (Prince d'), VI, 347.
EGMONT (Comte d'), II, 61 ; IV, 371, 380, 417 ; V, 451 ; VI, 87, 91, 208, 389 ; IX, 377, 387 ; XI, 46, 70, 117, 475 ; XVII, 64, 65, 173, 175, 201.
EGMONT (Comtesse d'), VIII, 70 ; XII, 101 ; XV, 188 ; XVI, 223, 391 ; XVII, 64, 65.
EGRIGNY (D'), brigadier d'infanterie, XVIII, 7.
EGUARAS (D'), envoyé d'Espagne, VIII, 210.
ELBEUF (Chevalier d'), XII, 317.
ELBEUF (Duc d'), I, 46, 47 ; IV, 64, 68, 258, 288, 299, 301, 305, 457, 461, 477 ; V, 49, 50, 105, 175, 341, 390, 397, 403, 407 ; VI, 37, 184, 352, 369, 380, 427, 439, 440, 474, 476 ; VII, 55, 91, 223, 272, 273 ; VIII, 494 ; XI, 223, 496 ; X, 252, 469 ; XIII, 300 ; XIV, 337 ; XV, 205 ; XVI, 324 ; XVII, 79, 186, 195 ; XVIII, 277.
ELBEUF (M. d'), I, 66, 257 ; II, 254 ; III, 82 ; IV, 26 ; VI, 469 ; VIII, 18, 320.
ELBEUF (Mme d'), IV, 69 ; V, 96 ; VI, 163, 222, 226, 279 ; VIII, 148, 209, 286, 506 ; IX, 36 ; X, 151, 371 ; XII, 123, 149, 153, 161, 174, 212, 318 ; XIII, 13 ; XIV, 88, 221, 331 ; XV, 98, 156, 157 ; XVI, 404, 425, 429, 435 ; XVII, 102, 104.
ELBEUF (Mlle d'), VI, 243, 279 ; VII, 359 ; VIII, 19, 20, 42, 209, 263, 285, 302, 338 ; IX, 119 ; X, 64, 100, 496 ; XII, 221 ; XVII, 259.
ELBEUF (Prince d'), I, 332 ; II, 144, 146, 229 ; III, 4, 26, 131, 154, 230, 288, 303, 304, 308, 318, 320, 327, 328, 329, 332, 417 ; IV, 51, 52, 59, 68, 70, 76, 83, 102, 123, 178, 281, 456 ; VII, 186 ; VIII, 485 ; IX, 487 ; X, 79, 88, 166, 273, 356.
Électeur (L'). *Voy.* BAVIÈRE, COLOGNE et PALATIN.
Électre, tragédie, VIII, 298, 312, 321 ; XVII, 482.
Électrice (L'). *Voy.* BAVIÈRE et PALATINE.
ÉLÉONORE DE GONZAGUE, impératrice douairière d'Allemagne, I, 433.
ELÉONORE-MADELEINE DE NEUBOURG, impératrice d'Allemagne, troisième femme de Léopold, I, 50 ; II, 462 ; III, 64 ; VI, 457 ; X, 328, 358 ; XI, 466 ; XIII, 399, 410, 423, 453, 474 ; XVI, 367 ; XVIII, 216, 217, 218, 222, 238.

ÉLISABETH-CHRISTINE DE BRUNSWICK-WOLFENBUTTEL, archiduchesse d'Autriche, puis impératrice d'Allemagne, femme de Charles VI, XII, 186, 210, 351, 461, 486; XIV, 8, 350, 369, 378, 383 ; XV, 165; XVI, 367, 408; XVII, 96, 201, 225, 234, 393 ; XVIII, 281, 291.

ÉLISABETH FARNÈSE, reine d'Espagne, deuxième femme de Philippe V, XV, 261, 310; XVI, 483; XVII, 36 ; XVIII, 186, 188, 246, 259.

ELS. *Voy.* ELTZ.

ELTRUK (Baron d'), X, 329.

ELTZ (Baron d'), IX, 190, 204 ; XVIII, 7.

ELVAL (Baron d'), I, 51, 207, 397 ; II, 141, 376.

Embrun (Archevêque d'). *Voy.* ARGENSON et GENLIS.

ÉMÉRIC (Le P.), évêque de Vienne, I, 136.

EMMANUEL (Prince), *Voy.* LORRAINE.

EMO, sage grand de Venise, XIII, 454, 469, 472; XIV, 196.

Empereur (L'). *Voy.* CHARLES VI, JOSEPH Ier et LÉOPOLD.

Endymion, opéra, I, 298, 300.

ENGHIEN (Louis-Henri de Bourbon-Condé, duc d'), puis de Bourbon, IV, 154 ; VI, 426 ; VII, 190; VIII, 202, 203, 211, 215; XI, 4, 22, 291, 314; XII, 64, 299, 344, 346; XIII, 112, 117. *Voy.* BOURBON.

ENGHIEN (Marie-Anne de Bourbon-Condé, Mlle d'), depuis duchesse de Vendôme, I, 200 ; IV, 47 ; VI, 405, 426 ; VIII , 53, 125, 134, 197, 336 ; XI, 218; XIII, 115, 143, 153, 154. *Voy.* VENDÔME (Duchesse de).

ENOFF (Cardinal d'), VI, 149.

ENRICHEMONT. *Voy.* HENRICHEMONT.

ENTRAGUES (Abbé d'), IV, 465; VIII, 478; XI, 274; XVI, 294, 363; XVII, 176; XVIII, 195, 199, 204, 289.

ENTRAGUES (M. d'), VII, 81, 95, 344; VIII, 23, 94, 109, 306, 317, 343; X, 196, 464 ; XI, 40 ; XII, 354, 359, 442 ; XVI, 324 ; XVIII, 7, 147.

ENTRAGUES (Mme d'), VIII, 23 ; XVI, 324.

ENTRAGUES (Mlle d'), XII, 368, 380.

Entrées de la chambre, I, 258, 350.

ENTREMONT (M. d'), lieutenant de roi de Bresse, IV, 415.

ENTREMONT (Marquis d'), ambassadeur de Sardaigne, XVI, 392; XVIII, 41.

ÉON (Le P.), jésuite, XV, 39.

ÉPERNON (Duc d'), I, 149.

ÉPERNON (Duché d'), XIII, 319.

ÉPERNON (Mme d'), II, 303 ; III, 285; IV, 473; VIII, 176.

ÉPERNON-ROUILLAC (Mme d'), VI, 256.

ÉPINAY (D'), écuyer du roi, II, 30.

ÉPINAY (M. d'), VII, 104, 287; X, 475; XII, 130, 164, 354; XIII, [146 ; XIV, 336 ; XV, 391 ; XVIII, 11.

ÉPINAY (Mme d'), XIII, 376; XIV, 431 ; XVI, 225, 439, 451, 476; XVII, 303, 309 ; XVIII, 52.

ÉPINAY DE BROON (Mlle d'), II, 379 ; III, 27, 40, 41.

ÉPINE (Chevalier d'), XI, 134.

ÉPINE (Abbé de l'), XIV, 46.

ÉPINOY (Prince d'), III, 283, 380, 384, 411; IV, 165, 171, 174, 321 ; V, 119, 343; VI, 37, 219; VIII, 305, 346, 373 ; IX, 43, 108, 231 ; X, 131, 134,

135, 136; XIV, 3, 230, 250, 323, 463; XV, 265, 267, 301, 306; XVI, 319, 323, 325.

Épinoy (Mme d'), I, 140; II, 325; III, 49, 346; IV, 34, 75, 165, 289, 318, 322, 432, 484; V, 1, 11, 105, 112, 190, 194, 247, 268, 293, 295, 298, 319, 346, 348, 456; VI, 62, 226, 243, 273, 279, 399, 402; VII, 149, 164, 243, 259, 325, 357; VIII, 140, 148, 485; IX, 123; X, 487; XI, 139, 382, 401, 412; XII, 85, 451; XIII, 77, 219, 378, 385, 423; XIV, 154, 230; XV, 151, 205, 206, 240, 254, 265, 401; XVI, 323; XVII, 274, 278, 402.

Épinoy (Mlle d'), IV, 432; VI, 466; XIII, 295; XV, 204; XVII, 423.

Épinoy-Mailly (Prince d'), IV, 462.

Eppeville (D'), brigadier d'infanterie, XVIII, 8.

Éragny. *Voy.* Ragny.

Erbas, cardinal, XIV, 355. *Voy.* Odescalchi.

Erce (Abbé d'), X, 393.

Érille (Comte d'), X, 184.

Erizzo (Chevalier), ambassadeur de Venise à Rome, VII, 236, 308.

Erlach (M. d'), I, 225; II, 163; VII, 349; XVIII, 6.

Erpach (Comte d'), XIII, 486.

Errol (Comtesse d'), III, 335.

Erval. *Voy.* Herval.

Esazaux (D'), négociant, XVIII, 327.

Escalone (Duc d'), II, 61; V, 103; VIII, 114, 399; XI, 140, 413, 467, 468, 493; XIII, 304, 411; XIV, 199, 347; XV, 447. *Voy.* Villena.

Escalopier (M. de l'), XII, 154; XIII, 346; XIV, 163; XVI, 212.

Escars (Comte d'), IV, 163.

Eschurenne (L'), lieutenant général, XVIII, 269.

Esclainvilliers (M. d'), III, 334; V, 284, 342; IX, 433, 458; X, 303; XI, 306; XVIII, 10.

Esclainvilliers (Mme d'), XV, 348.

Esco (M. d'), brigadier d'infanterie, II, 395, 408; III, 12; IV, 161; VII, 74.

Escorailles (M. d'), VI, 467; IX, 440, 442; X, 478; XI, 317; XIV, 81, 272.

Escos. *Voy.* Esco.

Escourouez (Mme d'), IX, 467.

Escussan (L'), enseigne dans les mousquetaires, VI, 245.

Esgrigny (D'), intendant dans Crémone, VIII, 319, 496.

Esneval (Vidame d'), III, 447; IV, 243, 248.

Esope, comédie, III, 62.

Espagne (D'), commandant à Trèves, II, 192.

Espagne (Ordre de succession à la couronne d'), XVII, 165.

Espagne (Reine d'). *Voy.* Élisabeth Farnèse, Marie-Anne de Neubourg, Marie-Louise-Gabrielle de Savoie et Marie-Louise d'Orléans.

Espagne (Reine douairière d'). *Voy.* Marie-Anne de Neubourg.

Espagne (Reine-mère d'). *Voy.* Marie-Anne d'Autriche.

Espagne (Roi d'). *Voy.* Charles II et Philippe V.

Espagny (Mme d'), I, 108.

Espanet (D'), enseigne des galères, XIV, 329.

Espennes (M. d'), IX, 491, XIV, 329.

Espérou. *Voy.* Lespérou.
Espesses (Mlle d'), III, 292.
Espinac (M. d'), III, 195; VIII, 71, 305; IX, 161, 458; XII, 371.
Espinay (L'), capitaine lieutenant des galères; XIV, 329.
Espinchal (M. d'), VIII, 270; IX, 223.
Espinets (M. des), VI, 24; IX, 51.
Espinosa (Don Diego d'), I, 298.
Espinouze (Abbé d'), XIII, 218.
Esprit, ingénieur, VI, 165; X, 322.
Essarts (M. des), IV, 123; V, 349; X, 34.
Essarts (Mlle des), II, 102.
Esserteaux (Mlle d'), I, 7.
Esseville (M. d'), brigadier de cavalerie, VIII, 291, 305; maréchal de camp, X, 165.
Essy, colonel, III, 71.
Estagnol (M. d'), X, 126; XII, 319.
Estaing (Abbé d'), IV, 354.
Estaing (M. d'), II, 170; IV, 65; V, 28; VIII, 304, 314, 347; IX, 102, 109, 206, 249, 407, 466; X, 336, 362, 368; XI, 127, 144, 149, 152, 161, 304, 315, 329; XII, 131, 235, 363, 413, 454; XIII, 139, 142, 251, 294, 446, 471; XIV, 163, 379, 382; XV, 407; XVI, 511, 512, 513; XVII, 385; XVIII, 65, 66.
Estaing (Mme d'), XVII, 385.
Estampes (M. d'), I, 8, 160, 221, 223, 242, 256, 285; V, 412; X, 246; XI, 145, 306; XII, 383; XIV, 144; XVI, 500, 501; XVII, 73; XVIII, 8, 98.
Estampes (Mme d'), III, 114; XVII, 296.
Estampes (M. d'), le fils, X, 132; XI, 334; XII, 415, 424.
Estanchaux (M. d'), secrétaire des commandements de Monseigneur, III, 284; XII, 117 *Voy.* Destanchault.
Estang (L'), officier du régiment du Roi, I, 309, 348.
Este (Cardinal d'), III, 19; V, 84.
Este (César d'), I, 71.
Este (Le prince Renaud d'), I, 384.
Esterhazy (Comte Antoine), X, 46.
Esterhazy (Prince), général hongrois, XV, 152, 275.
Esterre (Comte d'), VIII, 190, 308; IX, 435, 442; XIV, 327, 331.
Esteville (M. d'), gouverneur de Pignerol, VI, 2.
Esther, tragédie, II, 160, 291, 310, 322, 323, 331, 333; III, 48, 51, 55, 57, 61; VI, 56, 65; VII, 301; XV, 428.
Estoublon (D'), maître d'hôtel de la reine Anne d'Autriche, II, 134; IV, 265.
Estourmel (M. d'), XII, 333; XV, 107.
Estouteville (Mlle d'), XIII, 466.
Estrade (L'), officier du roi Jacques II, VIII, 145; XIII, 139. *Voy.* Lestrades.
Estrades (Abbé d'), XV, 414; XVIII, 134.
Estrades (Maréchal d'), I, 84, 86, 302.
Estrades (Maréchale d'), I, 125.
Estrades (M. d'), I, 30, 175, 303; II, 188, 320, 341, 446; III, 259, 314, 322, 330, 389, 404; IV, 120, 138, 152, 171, 255; VI, 301; VIII, 223; IX, 1,

108, 147, 464; X, 165; XI, 328, 492; XII, 220, 281, 362 ; XIII, 139, 140, 255, 290, 340, 356 ; XVII, 10, 54, 61, 73, 153, 156.

ESTRADES (Mme d'), XVII, 56, 355; XVIII, 335.

ESTRADES (M. d') le fils, XVII, 156.

ESTRADES (Mlle d'), XVII, 211.

ESTRÉES (Abbé d'), IV, 21, 474; V, 125 ; VI, 113 ; VIII, 66 ; IX, 10, 148, 273, 342, 374, 395, 456, 473, 475, 476; X, 8, 67, 95, 102, 197, 219, 245, 250 ; XI, 1, 275 ; XIII, 178, 393 ; XIV, 272, 315, 414 ; XV, 55, 146, 314, 325, 351, 389; XVI, 189, 209, 251, 294.

ESTRÉES (Cardinal d'), I, 119, 125, 239, 297, 349, 367, 377 ; II, 74, 91, 176, 222, 225, 241, 287, 319, 382, 428, 466, 468 ; III, 7, 9, 51, 57, 60, 66, 69, 78, 122, 247, 284, 288, 375 ; IV, 12, 13, 39, 213, 394, 411, 473 ; V, 8, 280, 339 ; VI, 2, 87, 280, 284, 383, 417, 421 ; VII, 210, 233, 236, 256, 308, 428, 446, 450 ; VIII, 210, 220, 301, IX, 10, 48, 49, 66, 111, 119, 131, 134, 135, 148, 150, 162, 164, 201, 221, 233, 273, 310, 320, 342, 363, 367, 368, 395, 481, 496; X, 87, 250 ; XI, 358, 372, 440 ; XII, 369 ; XIII, 63 ; XIV, 204, 241, 324, 327, 334, 424 ; XV, 156, 194, 198, 280, 306, 313.

ESTRÉES (Comte d'), I, 79, 80, 301 ; II, 147, 188, 200, 348 ; III, 47, 165, 193, 216, 271, 357, 382, 436; IV, 16, 57, 59, 68, 75, 76, 80, 135, 154, 181, 184, 187, 190, 192, 196, 241, 247, 249, 264, 271, 287, 291, 294, 308, 309, 311, 313, 322, 328, 339, 453, 460, 462, 470, 473 ; V, 156, 163, 221, 389; VI, 127, 167, 175, 177, 258, 280, 282, 284, 370 ; VII, 20, 255, 270 ; VIII, 53, 115, 117, 204, 208, 211, 258, 299, 310, 314, 315, 322, 323, 330, 370, 385, 394, 395, 402, 413, 416, 430 ; IX, 43, 48, 90, 93 ; X, 228, 286 ; XIII, 131, 339. *Voy.* COEUVRES.

ESTRÉES (Comtesse d'), VI, 285, 323, 410 ; VII, 83, 106, 119, 150, 164, 251, 255, 384, 385, 394 ; VIII, 143, 204, 402, 416, 422, 506.

ESTRÉES (Duc d'), I, 349, 383 ; II, 19, 26, 161, 222, 240, 241, 285, 361, 363, 364, 371, 461 ; VI, 81, 407, 417, 419, 421 ; VII, 264, 375 ; VIII, 65, 338 ; IX, 15, 135 ; X, 286 ; XI, 358, 412, 417, 440 ; XII, 369 ; XIII, 127 ; XIV, 155, 429, 432, 437, 438, 445, 447 ; XVII, 28, 30 ; XVIII, 128.

ESTRÉES (Duchesse d'), I, 257 ; II, 20 ; XV, 341 ; XVI, 452, 453 ; XVIII, 199.

ESTRÉES (Jean), évêque de Laon, IV, 167 ; V, 114 ; archevêque de Cambrai, XVII, 1, 50, 53, 256, 257, 258.

ESTRÉES (Mme d'), VII, 21 ; VIII, 42, 199 ; XII, 464.

ESTRÉES (Mlle d'), I, 69 ; II, 81, 100 ; III, 296, 427, 430, 435 ; V, 294, 296 ; VI, 244 ; VII, 20.

ESTRÉES (Maréchal d'), I, 79, 201, 222, 238, 239, 264, 301, 305, 310, 314, 361 ; II, 3, 94, 103, 130, 154, 157, 223, 242, 285, 314, 347, 349, 428, 460; III, 69, 87, 259, 442 ; IV, 105, 169, 183, 259, 276, 394 ; V, 106, 157, 163, 306, 387, 402, 438 ; VI, 26, 98, 108, 109, 232, 269, 370, 482 ; VII, 361 ; VIII, 11, 129, 288, 345 ; IX, 172, 215, 329, 332, 334, 487 ; X, 370 ; XI, 367, 372, 376 ; XIII, 127 ; XIV, 210, 266, 270, 411, 421, 431 ; XV, 146, 389; XVI, 172, 178, 194, 200, 202, 219, 227, 228, 293, 436, 476, 510; XVII, 91, 102, 108, 141, 206, 260, 275, 289, 300, 473, 475 ; XVIII, 128, 286, 287, 295, 319, 328. *Voy.* COEUVRES.

ESTRÉES (Maréchale d'), II, 86, 294 ; III, 49, 169, 247 ; IV, 432 ; V, 275 ;

VI, 142; X, 252; XI, 487, 493; XII, 39, 162, 395, 470; XIII, 196, 197, 204, 259, 484; XIV, 6; XV, 18, 21, 142, 146, 272; XVI, 439, 459, 476; XVII, 77, 229, 230, 232; XVIII, 319.

ESTREHAN (M. d'), lieutenant des chevau-légers de la reine, XI, 337.

ESTRILLE (M. de L'), capitaine de vaisseau, III, 297.

ÉTAMPES. *Voy*. ESTAMPES.

ÉTANG (L'), brigadier de cavalerie, V, 274, 276; VIII, 289, 307; X, 166.

Étourdi (*L'*), comédie, XV, 254.

Eu (Louis-Charles de Bourbon, Comte d'), VIII, 215; XII, 452; XIII, 143, 201; XIV, 286, 371, 440; XV, 244, 260; XVI, 346, 393; XVII, 155, 450; XVIII, 199, 234, 243.

EUGÈNE DE SAVOIE (Prince), I, 73, 331, 333; II, 61, 170, 447, 450; III, 153, 261, 357; IV, 153, 155, 205, 244, 272; V, 20, 103, 115, 326, 438; VI, 176, 196, 203, 205, 210, 227; VII, 445; VIII, 56, 117, 143, 151, 155, 163, 164, 172, 173, 183, 189, 211, 220, 226, 230, 239, 259, 262-269, 288, 315-334, 398-507; IX, 12, 23, 25, 29, 32, 44, 47, 51, 57, 77, 82, 89, 106, 116, 126, 241, 347, 390, 401, 423, 427; X, 41, 60, 78, 80, 84, 98, 116, 117, 131, 134, 192, 195, 203, 290, 303, 315, 317, 319, 322, 329-342, 360-364, 372, 382, 387, 388, 399, 403, 410, 411, 425, 426, 438, 448, 457-460, 468, 472, 475, 481-501; XI, 9-18, 71, 79, 92, 97, 149-245, 262-289, 309-323, 343-358, 370, 385, 403, 413, 441, 446, 466, 471, 478; XII, 42, 117-139, 150-227, 236, 251, 259, 272-345, 380-434, 452-458, 473; XIII, 6-8, 32-73, 141, 236, 276-307, 325, 368, 393-450; XIV 38-81, 117-232, 273, 388, 401-413, 444; XV, 2, 7, 30-57, 78-99, 142, 238, 240, 371; XVI, 263, 305, 400, 412, 420, 423, 427, 430, 435, 436, 460; XVII, 99, 123, 132, 145, 151, 154, 156, 159, 151, 168, 173, 177, 194, 347, 356, 483; XVIII, 149, 191.

Eure (Travaux de la rivière d'), I, 61, 124, 188, 216, 217.

Europe galante (*L'*), opéra, VI, 217.

ÈVE BARTHÉLEMY (Mlle d'), II, 130.

ÉVREUX (Comte d'), IV, 4, 168; V, 328, 353, 369; VIII, 26, 305; IX, 105, 164, 256, 376, 492; X, 165, 252, 254; XI, 54, 70, 286, 307, 328, 334; XII, 29, 60, 126, 164, 358, 360, 387; XIII, 164, 376; XVI, 187, 256, 372, 391, 427, 431; XVII, 78, 164, 198, 247, 350, 360, 373, 394; XVIII, 3, 17, 128, 129.

ÉVREUX (Évêque d'). *Voy*. HEUDICOURT et NOVION.

ÉVRIEUX (M. d'), maître d'hôtel ordinaire du roi, IV, 183.

EVRY (D'), maître des requêtes, XVIII, 130, 325.

F.

FABERT (Maréchal), VIII, 92.

FABRONI (Cardinal), XI, 113; XV, 357.

FACCIATI (Marquise), IV, 71.

Fâcheux (*Les*), comédie, XV, 242.

Façons du Temps (*Les*), comédie, I, 267.

FAGEL, colonel hollandais, III, 321; X, 37; général, 59; XI, 133; XII, 116, 219, 220; XIII, 212.

FAGEL, pensionnaire de Hollande, I, 291; II, 232.
FAGON (Abbé), II, 30; VI, 397; X, 337; XIII, 374.
FAGON (Antoine), évêque de Lombès, puis de Vannes, XVII, 266; XVIII, 157, 158.
FAGON (Guy-Crescent), premier médecin du roi, I, 417; II, 48; III, 85, 451; IV, 388, 390; V, 77, 128, 131, 294, 412; VI, 328, 383; VII, 111; VIII, 2, 4, 13, 46, 52, 54, 56, 59, 63, 78, 124, 167, 171, 184, 185, 226, 246, 247, 249, 263, 416, 487; IX, 115, 280; X, 90, 311; XI, 24, 101, 194, 278, 330; XII, 9, 134, 152, 153, 318, 339, 433, 441; XIII, 49, 70, 301, 374, 381; XIV, 34, 35, 38, 74, 341; XV, 73, 90, 135, 153, 228, 407; XVI, 12, 97, 98, 377; XVII, 265.
FAGON (Mme), XVII, 60.
FAGON fils, maître des requêtes, VIII, 247; XII, 292; XV, 193; XVI, 174, 194, 197, 215, conseiller d'État, 260, 451, XVII, 200, 209, 274, 349, 381, 404, 411; XVIII, 201, 295, 296.
FAÏ (Du), gouverneur de Fribourg, III, 227.
FAIRBORN, amiral anglais, VIII, 462.
FAIRFAX (Milord), II, 228.
FALCONET, médecin, XI, 375; XVI, 99.
FALKENSTEIN (Comte de), XI, 88.
FALON (Comte de), II, 170. *Voy.* GRAMONT.
FALUÈRE (M. de la), premier président de Bretagne, II, 38, 39; VI, 271; IX, 67, 76.
FAMECHON (M. de), brigadier d'infanterie, II, 164; V, 342; VI, 4, 79.
FANTI (Abbé), XII, 381.
FARE (Abbé de la), XVII, 176.
FARE (M. de la), I, 39, 68, 74; II, 163, 332; III, 323; IV, 16, 254; V, 219, 283; VI, 2, 91, 129; VII, 139, 168, 170; VIII, 144, 289; IX, 86, 327; X, 7, 18, 226, 485; XI, 47, 145, 209, 454; XII, 383; XIII, 131; XIV, 149, 153, 329, 378; XVI, 292, 363, 392, 470, 472; XVII, 198, 199, 263, 378; XVIII, 94, 204; 267.
FARE (Mme de la), I, 75; III, 445; XIII, 77, 411.
FARE (Mlle de la), XVII, 466.
FARE-LOPIS (Abbé de la), XIV, 114; XVIII, 52, 259.
FARE-MONTBOISSIER (La), XVII, 311, 318, 330.
FARE-TOURNAC (La), XVIII, 34, 35, 164.
FARGE (Abbé de la), XIII, 308.
FARGES (Abbé des), III, 247.
FARGES (Des), lieutenant de roi de Brisach, I, 424; II, 7, 13; III, 297.
FARGÉS, munitionnaire, XVII, 162; XVIII, 100, 229.
FARGIS (M. de), XIII, 90; XVI, 478.
FARIOL. *Voy.* FÉRIOL.
FAURE (François), évêque d'Amiens, II, 42.
FAURE, musicien, I, 70.
FAUTRIER (Abbé), VI, 123.
FAUTRIER (M.), intendant en Hainaut, I, 397.
FAUTRIER, maître de la garde-robe de la dauphine, XVII, 205.
FAUTRIÈRES (M. de), lieutenant de roi, XVIII, 333.

TABLE GÉNÉRALE ALPHABÉTIQUE. 95

FAUVEL, mestre de camp, XI, 77 ; XVI, 477 ; XVIII, 12.
FAUVIER (Abbé), I, 215.
FAVART, ingénieur, XVIII, 6.
FAVIER (Abbé), XVI, 388.
FAVIER, danseur, I, 62, 63, 70 ; II, 68.
FAY (Du), lieutenant aux gardes, XI, 416.
FAYE (M. de la), IV, 285 ; IX, 367 ; XII, 176 ; XIII, 109 ; XIV, 102 ; XV, 319 ; XVII, 292 ; XVIII, 144.
FAYET (Abbé), XIV, 115.
FAYETTE (Abbé de la), XVIII, 269.
FAYETTE (M. de la), II, 188, 471 ; IV, 255 ; V, 57.
FAYETTE (Mme de la), III, 52 ; IV, 295, 297 ; XIV, 224.
FAYETTE (Mlle de la), XI, 64, 72.
Fées (Les), comédie, VII, 157, 161.
FÉLIX, premier chirurgien du roi, I, 40, 282, 340, 417 ; II, 48 ; 151 ; III, 231 ; V, 458 ; VI, 149, 203, 380, 449 ; VII, 91, 113 ; VIII, 59, 92, 455 ; IX, 199.
FÉLIX (Mme), IX, 218.
FÉLIX fils, contrôleur général de la maison du roi, VIII, 437 ; XI, 171.
FÉLIX (Mlle), I, 60.
FÉLIX DE TASSY (Henri), évêque de Châlons sur Saône, II, 130, 303, 311 ; XIV, 28.
Femmes savantes (Les), comédie, XI, 281, 292.
FÉNÉLON (François de Salignac de la Mothe-), évêque de Sarlat, II, 138.
FÉNELON (François de Salignac de la Mothe-), abbé, précepteur du duc de Bourgogne, II, 448, 460 ; III, 63, 205 ; IV, 243, 255, 435 ; V, 125, archevêque de Cambrai, 150, 188, 237 ; VI, 76, 79, 89, 137, 156, 164, 303, 332, 350, 356, 371, 373, 374, 402 ; VII, 8, 17, 50, 51, 52, 58, 60, 63, 74, 90, 134, 322, 323 ; VIII, 405 ; XII, 73, 140, 312, 413, 479 ; XIII, 45, 280 ; XIV, 94, 203, 220, 256 ; XV, 224, 329, 331 ; XVIII, 321.
FÉNELON, exempt des gardes, frère de l'archevêque de Cambrai, VI, 356.
FÉNELON (Marquis de), neveu de l'archevêque de Cambrai, XII, 369 ; XV, 329 ; XVIII, 2.
FENIS, enseigne de vaisseau, XII, 333.
FENOUIL (M. de), premier président de Pau, XIII, 217.
FENWICK (Chevalier), VI, 37.
FERDINAND (Comte). *Voy.* FURSTEMBERG.
FERDINAND (Don), infant d'Espagne, XV, 2 ; XVI, 421.
FÉRIOL (M. de), ambassadeur à Constantinople, VI, 94 ; VII, 60, 96, 273, 367 ; XII, 268 ; XIII, 58, 448 ; XVII, 322.
FÉRIOL (Mme de), X, 393 ; XIII, 218.
FÉRIOL (M. de) fils, XVIII, 265.
FERLET, payeur des Cent-Suisses, XVI, 486.
FÉRON. *Voy.* SÉRON.
FÉRON (Le), lieutenant aux gardes, V, 260 ; XIV, 223, 225.
FÉRON (Mlle Le), XVI, 256.
FERRAND (M.), II, 396 ; III, 274 ; IV, 440 ; V, 27 ; VI, 475 ; VII, 62 ; X, 341, 346 ; XIV, 330 ; XVI, 195, 206, 214, 234, 260, 293, 355, 381 ; XVII, 206, 330, 482 ; XVIII, 98, 158.

96 JOURNAL DE DANGEAU.

Ferrand (Mme), XVII, 396.
Ferrand (Mlle), XV, 190.
Ferrant d'Escossay, brigadier d'infanterie, VIII, 306.
Ferrare (Hôtel de), à Fontainebleau, III, 409.
Ferrari (Cardinal), V, 327; XVI, 451.
Ferrero (Marquis de), ambassadeur de Savoie, VI, 98, 366, 431.
Ferret, intendant du cardinal de Bouillon, II, 162, 183.
Ferrier (Du), chevalier de Saint-Louis, IV, 285.
Ferrière, capitaine de vaisseau, X, 105.
Ferrière (La), brigadier de cavalerie, XVIII, 10.
Ferrière (M. de la), commandant à Belle-Isle, IV, 268; V, 32, 413.
Ferronaye (M. de la), V, 350; IX, 110; XVIII, 12.
Ferté (Chevalier de la), II, 159; VI, 385, 426; VIII, 482.
Ferté (Duc de la), I, 6, 190, 207, 221; II, 174, 264, 007, 431; III, 278, 312, 323; IV, 66, 258, 478; V, 57, 343; IX, 247, 256.
Ferté (Duchesse de la), II, 73, 379; III, 187, 230; IV, 265, 432; VI, 273, 284, 353; VII, 162; IX, 274; XI, 340; XIV, 109; XVI, 438, 482.
Ferté (La), colonel d'infanterie, XVIII, 2.
Ferté (Le P. de la), jésuite, VII, 89; XVI, 480, 482, 486.
Ferté (M. de la), IV, 279; VI, 339.
Ferté (Mme de la), III, 49, 114.
Ferté (Mlle de la), II, 162, 204, 295, 303; IV, 317.
Ferté (Maréchale de la), I, 290; XIV, 205; XV, 100, 166.
Ferté (Marquis de la), IV, 209; VI, 453, 465; VII, 138; IX, 247.
Ferté (Marquise de la), VII, 226; XIII, 209.
Ferté la Carte (Marquis de la), VI, 434.
Fervaques (M. de), VI, 355; XII, 98, 105; XIII, 131, 297, 299; XVI, 205, 504, 512; XVIII, 6.
Ferville, capitaine de vaisseau, III, 166.
Fesne (M. de), écuyer cavalcadour, IV, 433; VII, 177; XII, 357; XIII, 221.
Fêtes d'été (Les), opéra, XVI, 395.
Feugerais (Des), lieutenant aux gardes, XIV, 234.
Feuillade (Duc de la), II, 240, 285; IV, 67, 71; V, 113; VIII, 94, 302, 305, 347; IX, 108, 342; X, 225, 268; XI, 41; XII, 432, XV, 164; XVI, 264, 389, 398, 419; XVII, 13, 129, 162.
Feuillade (Duchesse de la), IV, 432; VI, 97, 162, 183; XIII, 52; XVI, 437, 439, 438.
Feuillade (Georges d'Aubusson de la), évêque de Metz, II, 68, 73, 102; III, 50, 120, 122, 221, 288, 343; IV, 71; V, 385; VI, 118.
Feuillade (M. de la), I, 13, 21, 58, 83, 84, 87, 113, 207, 279, 307, 315, 328, 353, 369, 370, 380; II, 15, 16, 304, 328, 330, 341, 343, 395, 405, 424, 434; III, 46, 146, 152, 211, 228, 245, 252, 305, 322, 398, 400, 410, 436; IV, 16, 19, 72, 173, 301; V, 135, 192, 210, 419; VI, 467; VII, 28, 44, 86, 263; VIII, 237, 240, 244, 332, 505; IX, 7, 76, 361, 385, 399, 419, 421, 453, 456, 461, 494; X, 25, 32, 39, 44, 61, 63, 85, 88, 128, 139, 141, 147, 205, 237, 252, 278, 281, 284, 289, 293, 297, 298, 300, 305, 362, 363, 368, 377, 383, 385, 389, 391, 404, 406, 413, 417, 420, 424, 429, 437, 449, 462, 463,

469, 474; XI, 15, 101, 106, 111, 115, 121, 126, 131, 133, 134, 139, 144, 146, 149, 152, 156, 158, 160, 164, 167, 170, 184, 187, 196, 206, 221, 225, 253, 266, 271, 314; XII, 64, 70, 364, 385, 437; XV, 108; XVI, 266, 307, 308, 439, 444, 496; XVII, 171; XVIII, 114.
FEUILLADE (Mme de la), IV, 369, 459; V, 253; XI, 429.
FEUILLADE (Mlle de la), IV, 15.
FEUILLADE (Maréchal de la), II, 155, 222, 242; III, 299.
FEUILLÉE (Abbé de la), VII, 148.
FEUILLÉE (M. de la), II, 201, 370; III, 88, 135, 139, 142, 330; IV, 52, 258, 281, 478, 483.
FEUQUIÈRES (Abbé de), III, 148, 317, 326; VIII, 391.
FEUQUIÈRES (Philibert-Charles de Pas de), évêque d'Agde, XI, 433; XII, 1.
FEUQUIÈRES (Chevalier de), II, 7, 335.
FEUQUIÈRES (Comte de), IV, 109; V, 396; VII, 287.
FEUQUIÈRES (Comtesse de), V, 476.
FEUQUIÈRES (M. de), I, 128, 160, 337, 355; II, 116, 163, 180, 214, 340; III, 43, 78, 92, 131, 133, 167, 201, 261, 265, 277, 281, 329, 348, 352, 359, 417; IV, 52, 165, 254, 257, 448, 477; V, 390.
FEUQUIÈRES (Mme de), XIII, 330.
FEUQUIÈRES (Mlle de), XVIII, 216.
FEUQUIÈRES (Marquis de), I, 404; II, 230, 291, 306, 309; III, 329; V, 137, 148; VIII, 319; XII, 271; XIII, 330.
FEUQUIÈRES (Marquise de), XIII, 329; XVII, 155.
FEVERSHAM DE DURAS (Milord), I, 199, 208, 210, 261; II, 208, 288, 294, 302, 326, 368; IV, 12; V, 376. *Voy.* DURAS.
FÈVRE (Abbé le), VI, 360.
FÈVRE (M. le), I, 50; V, 137; VI, 333; V'I, 192; XVII, 175, 215.
FÈVRE (Mlle le), I, 295.
FEYDEAU (M.), IV, 61; XVII, 419; XVIII, 333.
FEYDEAU DE BROU, I, 425; II, 296.
FEYDEAU DE CALENDES, XVII, 373.
FEYDEAU DU PLESSIS, II, 41.
FIEF (M. du), mestre de camp, XII, 88.
FIENNES (Abbé de), XVII, 184.
FIENNES (M. de), VIII, 305; X, 165, 483; XI, 155, 265, 268, 329; XII, 363, 417; XIII, 264; XIV, 43, 248, 263, 324, 437, 454, 463, 470; XVI, 369; XVII, 308.
FIESCHI, nonce du pape, VIII, 255; IX, 46; X, 299, 334.
FIESQUE (Cardinal), XI, 113.
FIESQUE (Comte de), I, 67, 68, 121, 165; IV, 70, 76, 101, 135, 299; VII, 261; IX, 184; XII, 161, 228, 230; XIII, 113.
FIESQUE (Comtesse de), I, 6; II, 65, 101; IV, 262, 266, 418, 429; VII, 169.
FIEUBET (M. de), I, 119, 168, 197, 215; 256; II, 37, 158, 330, 359; III, 381; IV, 413; V, 76, 179, 181; XV, 378; XVI, 195, 260; XVII, 256.
FIEUBET (Mme de), I, 280.
FIFER. *Voy.* PFIFER.
FIGUEROA, sous-gouverneur du prince des Asturies, XV, 383.
FILBERT, musicien, V, 112; VII, 12.

FILET (Baron de), envoyé du roi de Prusse, XVII, 72.
FILLEY, ingénieur, V, 276, 291; IX, 316, 360, 370; X, 289.
FIMARCON (Abbé de), VII, 400.
FIMARCON (M. de), II, 84 ; III, 75; IV, 20, 138, 139 ; VIII, 317, 318, 356, 364; X, 165, 222, 306, 463; XI, 26, 128, 315, 329 ; XII, 363, 456, 457; XIV, 369 ; XVII, 262 ; XVIII, 3, 14, 127, 169.
FIMARCON (Mme de), XIII, 108.
Fine mouche (*La*), comédie, XI, 51.
FINOT, médecin, XII, 375.
FITTE (La), maréchal de camp, II, 163, 358 ; III, 87, 249, 353, 406, 407.
FITZ, commandant les hussards du roi, X, 250.
FITZ-GÉRALD, maréchal de camp, XII, 120, 183.
FITZ-JAMES (Milord), I, 364.
FITZ-JAMES (Milord Henri), II, 209.
FLACOURT (Chevalier de), chef d'escadre, II, 147 ; III, 19, 165, 271, 331, 394; IV, 159.
FLAMANVILLE (Abbé de), V, 274 ; VIII, 241.
FLAMANVILLE (M. de), III, 99, 293; IV, 255, 375 ; VIII, 304, 314, 347; IX, 109, 280; X, 164.
FLAMARENS (M. de), I, 112, 113, 114, 278; II, 374; VIII, 96, 489, 492; IX, 356; XIII, 39, 41, 261, 294; XVII, 91, 100 ; XVIII, 12.
FLAMARENS (Mme de), XVII, 305.
FLAMICOURT, capitaine de vaisseau, III, 164.
FLANGEMBOURG, général hollandais , X, 435.
FLAVACOURT (M. de) , II, 457 ; IX,113 ; X, 150, 211 ; XI, 65, 69, 251 ; XIII, 255, 292.
FLÈCHE (M. de), III, 9 ; X, 156 ; XII, 319; XV, 342, 343.
FLÉCHIER (Esprit), abbé, puis évêque de Nîmes, I, 65, 250, 297, 300, 313, 316 ; III, 102, 120 ; XIII, 104, 136.
FLEIX (Comte de), II, 140.
FLEIX (Comtesse de), XV, 88.
FLEMMING, général allemand , III, 398, 399, 407 ; IV, 88, 172 ; V, 34 ; VII, 274, 292; VIII, 471 ; XI, 45 ; XVI, 216; XVIII, 125.
FLEURIAU, ancien secrétaire du roi, IV, 454. *Voy.* ARMENONVILLE.
FLEURIAU D'ARMENONVILLE (Louis-Gaston), abbé, puis évêque d'Aire, II, 8 ; VI, 320; XI, 180.
FLEURY (André-Hercule de), évêque de Fréjus, précepteur de Louis XV, III, 64, 445; VI, 452, 453; VII, 134; X, 111; XI, 420, 426 ; XII, 368; 385, 389; XIII, 163, 319; XIV, 251; XV, 341, 437; XVI, 166, 343, 365, 482; XVII, 37, 65, 86, 170, 300, 368, 440 ; XVIII, 49, 148, 286.
FLEURY (Claude), abbé, précepteur des princes de Conty et du comte de Vermandois , puis sous-précepteur du duc de Bourgogne et du duc d'Anjou et confesseur de Louis XV, I, 50; II, 470; III, 205; V, 423; XI, 68; XVI, 487; XVII, 319; XVIII, 29, 147, 190, 260.
FLEURY (M. de), lieutenant civil, XIII, 216. *Voy.* ARGOUGES.
FLEURY (Mlle de), XV, 425, 426, 431; XVII, 69. *Voy.* JOLY DE FLEURY.
FLEXELLES (Sœur Sophie), religieuse de Port-Royal, XIII, 60.
FLODORF (M. de), général hollandais, III, 3, 172.

TABLE GÉNÉRALE ALPHABÉTIQUE.

Flore, opéra, II, 122.
Florence (Archevêque de), VII, 10.
Florence, comédienne, XII, 32, 148.
Florensac (M. de), I, 360; II, 82, 94, 96, 97, 123, 164; III, 123, 128, 260; IV, 253, 391, 456; XV, 299, 301.
Florensac (Mme de), II, 137, 212; IV, 271, 281, 289, 369, 432; VIII, 78; X, 359.
Florensac (Mlle de), XVII, 201, 355, 357, 361.
Floride (Marquis de la), XI, 227, 321, 368; XII, 66.
Floriot. *Voy.* Fleuriau.
Flotte (M. de), XII, 407, 467, 478, 480, 483; XIII, 12, 247; XIV, 329; XV, 417, 419; XVI, 140.
Froissard (Abbé), XV, 403.
Foissin, officier général, XI, 102.
Foix (Duc de), I, 215; II, 13, 222, 241, 285, 405; V, 458, 459, 467; VI, 44; VIII, 101; IX, 391; XI, 130; XII, 192, 276, 320; XIII, 109; XIV, 347; XV, 81, 82, 84, 85, 87, 89.
Foix (Duchesse de), I, 355; II, 10, 77, 106, 407; III, 49, 187; IV, 432; V, 295; VI, 186; VII, 126, 162; X, 141; XIII, 93.
Foix (Mlle de), XI, 130.
Foligny-Saint-Malo (Chevalier de), XII, 333.
Folleville (M. de), I, 51; II, 341; IV, 314; VII, 98.
Fomboisard. *Voy.* Fontbeausart.
Fond (La). *Voy.* Fons.
Fondelin, capitaine de frégate, XI, 247.
Foncis (Des), capitaine de vaisseau, X, 331.
Fons (M. de la), IV, 267; VI, 279; VII, 459; IX, 41; XIV, 238; XVII, 370; XVIII, 38. *Voy.* Lafont.
Fonseca, négociant d'Anvers, IX, 36.
Font (La). *Voy.* Lafont.
Fontaine (Charles-Nicolas Taffoureau de), évêque d'Alet, VIII, 484.
Fontaine (M. de), I, 223; V 397; X, 126, XII, 364; XIII, 24, 27, 30.
Fontaine (Mme de), XVI, 508, XVII, 127, 482; XVIII, 5, 55, 104.
Fontaine (La), commis de Desmaretz, XVI, 499.
Fontaine (Mme la), femme du précédent, XVII, 36.
Fontaine (Mlle de la), II, 108. *Voy.* La Fontaine.
Fontaine-Martel (M. de), IV, 9; XI, 87.
Fontaine-Martel (Mme de), IV, 280, 432; V, 329, 376; VII, 162, 452; XVI, 140, 511; XVIII, 199.
Fontaine-Martel (Mlle de), XVI, 511, 512, 513.
Fontaines des Montées (Charles), évêques de Nevers, XVIII, 165.
Fontaine-Péan (Abbé de), XII, 256.
Fontainebleau (Routes de la forêt de), I, 60; logements de ce château, VII, 372; VIII, 173.
Fontaineper (Les frères), XVIII, 274.
Fontanges (Abbé de), IV, 56.
Fontanges (M. de), I, 334.
Fontanges (Mme de), I, 42; II, 127; XII, 401; XV, 61.

7.

FONTANGES (Mlle de), XVI, 51.
FONTANIEU (M. de), garde des meubles de la couronne, XV, 395; XVI, 504; XVII, 142, 366.
FONTBEAUSART (M. de), IV, 35; VI, 129; VIII, 305; IX, 265, 459; X, 165, 228; XI, 315, 329.
Fontes d'argenterie et de vaisselle, III, 33, 38, 58; XII, 432.
FONTEBON, lieutenant, II, 459.
FONTENAY (M. de), I, 276; III, 74; V, 37; IX, 375; X, 331; XII, 109.
FONTENELLE, II, 227, 296; III, 325.
FONTET, colonel, III, 24.
FONTETTE (Chevalier de), XIV, 328, 329.
Fontevrault (Abbesse de), VII, 443; IX, 286; X, 98; XVI, 51.
FONTMARTIN, aide d'artillerie, XII, 333.
FONTPERTUIS, gentilhomme du duc de Chartres, XII, 83.
FORAN, chef d'escadre, III, 291, 293, 297, 357; IV, 162.
FORBIN (M. de), I, 9-11; II, 404, 413; III, 51, 166, 284; IV, 167; VIII, 395, 399, 416, 443, 474, 492, 507; IX, 6, 10, 378, 399, 405, 468; XI, 368, 371, 452, 464, 476, 495, 497; XII, 1, 3, 6, 96, 97, 98, 100, 109, 114, 116; XII, 138, 246, 254.
FORBIN-JANSON (Toussaint de), évêque de Beauvais, I, 13, 383; II, 223, 311, 357, 402, 403; III, 27, 41, 46, 60, 68; cardinal, 69, 86, 87, 96, 107, 145, 199, 264, 375. *Voy.* JANSON.
FORBIN SAINTE-CROIX, lieutenant de la Réale, I, 85.
FORCADEL (Mlle de), XIV, 262, 270, 280.
FORCE (Duc de la), I, 159, 195, 283, 322, 339, 359; II, 78, 96, 117, 254, 429; III, 337, 351; V, 7, 20, 310; VI, 254, 364, 366; VII, 70, 71, 313, 323, 351; VIII, 283; X, 19; XI, 436; XIV, 241; XV, 117, 329; XVI, 144, 164, 320, 374, 501, 503; XVII, 30, 62, 117, 142, 202, 203, 205, 211, 212, 240, 241, 243, 251, 361, 404, 439, 440; XVIII, 107, 200, 283, 286, 290, 291, 296.
FORCE (Duchesse de la), II, 429.
FORCE (Mlle de la), I, 358, 362, 368, 377, 380; II, 47, 49, 68, 78, 96, 98, 100, 101, 103, 117; VI, 72; VII, 400; XIV, 324.
FORCE (Marquis de la), VIII, 489; XIV, 442.
FORCEVILLE, officier de la marine, IX, 68.
FORCROY, musicien, X, 161, 428.
FOREST (M. de la), IV, 285; V, 270; VII, 13, 18, 112, 251; VIII, 70; XVII, 145, 148.
FORESTA-COLONGUES (Abbé de), V, 274.
FORGATSCH (Comte de), général hongrois, IX, 498; X, 46, 58, 325, 495; XI, 5; XV, 152.
FORGET, capitaine du vol du cabinet, IV, 262; X, 72.
FORNARO (Duc), I, 104; II, 33; V, 253, 270; XIII, 149.
FORS (M. des), VI, 221; XI, 179, 184; XII, 442; XIII, 445; XV, 162; XVI, 174, 194, 197, 260, 451, 485, 489, 494; XVII, 62, 194, 403, 405, 411; XVIII, 201, 296, 299, 300.
FORSAT (M. de), III, 80; V, 28; IX, 72, 73, 109; X, 164; XII, 319.
FORTECUYÈRE (Abbé de), XI, 89.
FORTS (Des). *Voy.* FORS.

Forval, envoyé en Pologne, VI, 61, 180.
Forville (M. de), IV, 394; VI, 63, 177; VIII, 434; X, 254; XIII, 415.
Forville de Pile (De), I, 108.
Foscarini, procurateur de Venise, XIII, 62.
Fosse (La), mestre de camp, V, 288.
Foucauld (Abbé de), XVII, 184.
Foucault (Maréchale de), V, 401.
Foucault (M.), I, 70, 206; II, 296, 442; IX, 475; XI, 179; XIV, 242; XVI, 495; XVII, 257, 437; XVIII, 61.
Foucault, le fils, XIII, 10. *Voy.* Magny.
Foucault, président au parlement de Toulouse, XVIII, 332.
Fouchardière (La), commandeur de l'ordre de Saint-Louis, IV, 284.
Foucher (M.), II, 231, 324; V, 53; VI, 449.
Fougger. *Voy.* Fugger.
Foullé-Martangis (M. de), XII, 129, 142, 155.
Fougerolles, sous-lieutenant de la capitainerie des chasses, XI, 237.
Fouquet (Abbé), I, 420.
Fouquet (Louis), évêque d'Agde, VIII, 326, 328.
Fouquet (M.), I, 259; III, 184.
Fouquet (Mme), XVI, 506.
Fouqueux, sous-lieutenant, II, 459.
Fourbin. *Voy.* Forbin.
Fourcy (Abbé de), III, 55.
Fourcy (M. de), I, 43, 209, 251, 315; II, 13; III, 170, 296; IV, 154; VI, 446; VII, 141; IX, 386; XII, 91.
Fourcy (Mme de), VI, 446.
Fourcy (Mlle de), II, 359.
Fourille (Abbé de), XI, 7; XVII, 184.
Fourille (M. de), IV, 255, 282, 333; V, 47, 350; XVIII, 67, 244.
Fourneaux (M. des), VI, 362; IX, 157, 320, 439, 442; XII, 364; XVI, 415; XVII, 400; XVIII, 4.
Fourqueux (M. de), XIII, 227; XVI, 333, 410, 451, 466, 470; XVII, 132; XVIII, 201.
Fourquevaux (M. de), brigadier, X, 170, 179.
Fourquevaux (Mme de), X, 207.
Fourville (M. de), II, 371; IV, 284; V, 320. *Voy.* Forville.
Fouyot (M.), I, 404.
Foy. *Voy.* Foix.
Fraguier (Abbé), XII, 89.
Fraguier (Chevalier), XVIII, 165.
Franc (De), I, 9.
Francavilla (Marquis de), VIII, 454.
France (Abbé de), XI, 436.
France (M. de), IV, 285.
Francheville (Abbé de), IV, 354.
Francheville (Daniel de), évêque de Périgueux, VII, 180; VIII, 424.
Franchine, lieutenant de vaisseau, IX, 34.
Franchine, prévôt de Lille, XVII, 416.

FRANCINE, I, 7; II, 69, 236, 347; IV, 162; VI, 471.
FRANCINI, II, 189.
FRANCISET, chef de fanatiques, X, 318.
FRANÇOIS (Don), infant d'Espagne, XVII, 76, 82.
FRANQUIÈRES (M. de), exempt des gardes du corps, VIII, 293.
FRANZONI (Cardinal), VI, 3, 28, 277.
FRÉAUVILLE (Mlle de), V, 429.
FRÉDÉRIC III, roi de Danemark, IV, 227.
FRÉDÉRIC IV, roi de Danemark, VII, 160, 168, 181, 217, 228, 293, 302, 324, 349, 360, 369, 382, 389, 398; VIII, 137; IX, 45, 472, 486; X, 488; XI, 11, 66, 71; XII, 270, 302; XIII, 67, 69, 73, 475; XIV, 16, 211, 224, 274, 315, 319, 346, 395, 410; XV, 453; XVI, 321, 361, 397, 460, 470; XVII, 469; XVIII, 75, 99, 115, 147, 324. *Voy.* DANEMARK.
FRÉDÉRIC-AUGUSTE Ier, électeur de Saxe, roi de Pologne, VI, 070, 422, 400, 400, VII, 2, 17, 112, 140, 157, 170, 228, 251, 265, 287, 292, 319, 325, 355, 377, 385, 393, 395, 403, 409; VIII, 56, 68, 220, 326, 335, 380, 428, 437, 463, 470, 507; IX, 32, 44, 54, 120, 150, 221, 418, 425, 438, 446, 453, 489; X, 134, 182, 230, 414, 453, 479, 484; XI, 40, 45, 249, 252, 255-262, 264, 267, 271, 277, 278, 291, 321, 346, 449; XII, 72, 199, 209, 226, 302, XIII, 324, 363, 475; XIV, 16, 46, 132, 142, 147, 319, 475; XV, 19, 57, 342, 347, 409, 431; XVI, 216, 335, 364, 401, 427, 432, 478; XVII, 101, 117, 146, 177, 200, 379, 449, 468; XVIII, 21, 252, 334.
FRÉDÉRIC Ier, roi de Prusse (Frédéric III, électeur de Brandebourg), VIII, 39, 56, 184, 373, 382, 395, 413, 420, 461, 472; IX, 33, 162, 303, 348, 351, 384, 419, 428; X, 482, 498; XI, 77, 262, 287, 321, 359, 481; XII, 4, 58, 142, 249; XIII, 52, 427, 433, 446, 453, 472; XIV, 197, 267, 270, 351, 353, 357. *Voy.* BRANDEBOURG.
FRÉDÉRIC-GUILLAUME II, roi de Prusse, électeur de Brandebourg, XIV, 383, 385; XV, 14, 382, 399, 403, 453; XVII, 72, 102, 449, 468; XVIII, 111, 126, 303, 306, 307, 308. *Voy.* BRANDEBOURG.
FRÉDÉRIC Ier, roi de Suède, XVIII, 298. *Voy.* HESSE-CASSEL (prince de).
FRÉDÉRIC (le prince). *Voy.* AUVERGNE et BRANDEBOURG.
FREISCHMANN, envoyé extraordinaire à Munster, puis à Cologne, VI, 248; XV, 319.
Fréjus (évêque de). *Voy.* DAQUIN et FLEURY.
FRÉMONT (M. de), II, 310, 397; IV, 207; V, 175, 204, 468; VIII, 347.
FRÉMONT (Mme de), V, 175, IX, 274.
FRENOY (Le bailli de), grand prieur de Champagne, II, 166. *Voy.* FRESNOY.
FRESINGUE, lieutenant-colonel, X, 305.
FRESNE (Comte de), XIV, 214.
FRESNO (Marquis del), conseiller d'État en Espagne, VII, 216.
FRESNOY (M. du), I, 15, 137; II, 332; IV, 213, 279, 391; V, 31, 34; VI, 81, 296, 338; VII, 98; XV, 270.
FRESNOY (Mme du), VII, 77.
FRESNOY (Mlle du), VII, 236.
FRESSIÈRE, chef de fanatiques, X, 314.
FRETTE (Marquis de la), I, 278; VII, 3; XII, 137.
FRETTE (Mme de la), X, 170.

FRETTEVILLE (M. de), IX, 319, 320; XII, 95, 178; XVIII, 9.
FREULY (Baron de), gouverneur de Riga, VII, 377.
FREVILLE, maréchal de camp, XVIII, 5.
FREYBERG (M.), envoyé du roi d'Angleterre, VII, 278.
FREYG (Le P.), confesseur de la dauphine, II, 59.
FRÉZELIÈRE (Charles-Madeleine Frezeau de la), évêque de la Rochelle, IX, 38.
FRÉZELIÈRE (M. de la), I, 220; II, 163, 179; III, 70, 76, 139, 188, 201, 203, 209; IV, 415; VIII, 101, 306, 410; X, 165; XII, 136, 191, 199, 300, 311, 455, 474; XIV, 12.
FRIAS (Duc de), VI, 32.
FRIAS (Duchesse de), VII, 465; VIII, 2, 40.
FRIGILLANA (Comte de), X, 441; XII, 470 ; XIV, 45 ; XV, 374.
FRISCHMAN. *Voy.* FREISCHMAN.
FRISE (Comte de), IX, 291, 355; X, 175; XI, 97, 204. *Voy.* AGUILAR.
FRISE (Prince de), IX, 173.
FRISON (Abbé), XIV, 463.
FRIZEN. *Voy.* FRISE.
FROMENTIÈRES (Jean-Louis de), évêque d'Aire, I, 65, 83.
FRONSAC (Duc de), VIII, 349, 353; IX, 243 ; XIII, 315, 316, 322, 343, 394; XIV, 177, 197, 463 ; XV, 11, 30, 31, 143, 264, 387, 418. *Voy.* RICHELIEU.
FRONTENAC (M. de), I, 205; II, 390; III, 277; VII, 69.
FRONTENAC (Mme de), XI, 295, 296.
FRONTENAY, colonel, VI, 467.
FRONTERA (Marquis de la), XI, 106.
FROSASQUE. *Voy.* PIOSASQUE.
FROULAY (Abbé de), VI, 332; XV, 451 ; XVI, 125.
FROULAY (M. de), I, 189 ; III, 357 ; IV, 40, 56 ; VII, 211 ; XIII, 351, 352 ; XIV, 330 ; XVIII, 7. *Voy.* TESSÉ.
FROULAY (Mlle de), VI, 80.
FUENSALIDA (Comte de), I, 284 ; II, 398 ; III, 133, 284 ; V, 416 ; VII, 216.
FUENTE (Marquis de la), I, 187.
FUGGER (Comte), XVIII, 16, 163.
FUMERON, commissaire des guerres, V, 254 ; X, 312.
FURETIÈRE (Abbé de), II, 138 ; XVII, 303.
FURSTEMBERG (Guillaume-Egon de), cardinal, évêque de Strasbourg , 1, 282, 293, 297, 319, 383, 384, 397, 437 ; II, 1, 2, 29, 89, 91, 93, 154, 161, 176, 182, 189, 205, 207, 316, 360, 370, 375, 388, 393, 404, 405, 420, 421, 424, 443, 452, 453, 455 ; III, 32, 37, 40, 41, 51, 107, 233, 234, 284, 298, 300, 396; IV, 176, 224, 346, 417, 429, 445 ; V, 23, 55, 65, 255, 278, 280, 281, 324, 339, 406, 435, 439; VI, 16, 77, 125, 214 , 226, 238 , 283, 354, 368 ; VII, 42 , 208 , 229 , 234, 281 , 283, 313, 341 ; VIII, 101, 137, 199, 268 , 449, 470, 479-482.
FURSTEMBERG (Comte de), III, 24 ; IV, 405 ; V, 384.
FURSTEMBERG (Comtesse de), III, 49; VI, 368; VII, 283; IX, 483, 485.
FURSTEMBERG (Comte Emmanuel de), II, 170.
FURSTEMBERG (Comte Félix de), abbé de Murbach, I, 181, 308.
FRSTEMBERG (Comte Ferdinand de), I, 374, 375; II, 45, 93, 100, 118, 183, 195,

405; III, 28, 79; IV, 224, 375; V, 115, 405.

FURSTEMBERG (M. de), II, 68.

FURSTEMBERG (Mme de), VII, 288; XVII, 233.

FURSTEMBERG (Mlle de), II, 30; VI, 243; XII, 41, 53, 54.

FURSTEMBERG (Prince de), I, 185, 239; II, 38; III, 393; VI, 156, 160, 384; VIII, 160; XIII, 447, 463; XIV, 46, 421; XVI, 477, 479; XVII, 264.

FURSTEMBERG (Princesse de), II, 29; III, 49; IV, 432; V, 65, 298, 325, 405, 434; VI, 142, 156, 249; VII, 290; XI, 11; XII, 55; XIII, 447, 463.

FURSTEMBERG DE MOESKIRCH (Comte de), III, 383; IV, 73.

FURSTEMBERG-STILING (Comte de), IX, 19.

FUSSEY (Mme de), XIII, 209.

G.

GABARET (M. de), II, 152, 209, 365, 366, 368, 424; III, 13, 17, 19, 271, 165; IV, 25, 328; V, 163, 378; VI, 94; IX, 226; X, 123, 331.

GABEL (M.), ministre du roi de Danemark, XVIII, 76.

Gabinie, tragédie, VII, 55.

GABRIEL, architecte, I, 335; XII, 433.

GABRIELI (Cardinal), VII, 195; XIV, 6.

GACÉ (Abbé de), X, 7; XI, 68.

GACÉ (M. de), I, 137; II, 62, 351, 408; III, 14, 79, 89, 94, 120, 158, 299, 329, 316; IV, 52, 81, 104, 110, 115, 120, 134, 185, 254, 258, 383, 477; V, 390, 400, 403; VI, 371; VII, 320; VIII, 93, 97, 218, 309, 346, 471, 475; IX, 43, 108, 301, 358, 459; X, 66, 173, 338, 387, 389, 460; XI, 46, 117, 123, 125, 214, 243, 292, 304, 328, 382, 492; XII, 19, 90, 94, 96, 98, 114, 175, 319; XIII, 151; XIV, 62; XVI, 322, 323, 324, 326, 328, 331, 332, 335, 347, 381, 395, 396, 397, 398, 412, 424, 428, 432, 496, 498, 500; XVII, 70; XVIII, 5, 275.

GACÉ (Mme de), VIII, 444; XI, 151; XVIII, 299.

GADAGNE (M. de), II, 98, 313.

GADAGNE (Mme de), XVIII, 135.

GAETANO (Duc de), VIII, 212; XII, 160.

GAFFART, lieutenant-colonel, VII, 31; IX, 147, 443.

GAIGNIÈRES (Cabinet de M. de), VIII, 378.

GAILLAC DE CAUMONT, sous-lieutenant des galères, XIV, 329.

GAILLARD (Jean de), évêque d'Apt, V, 152.

GAILLARD (Le P.), prédicateur, I, 116, 134, 158; II, 16, 201, 220, 224, 229, 232; III, 61, 66, 67; IV, 152, 446, 457, 459; VI, 91, 288, 319, 403; VII, 65; VIII, 308, 342, 391; X, 269, 298; XII, 221; XIII, 22, 96, 148, 300; XIV, 32, 143; XV, 76, 84; XVI, 313, 431.

GALAND (MM.), I, 118.

GALAND (Mlle), II, 358.

GALLARDE, colonel, V, 308.

Galatée, opéra, I, 422; II, 5, 407; V, 224.

GALERAN, secrétaire de l'abbé de Polignac, VI, 151, 153.

Galerie ou Salle des Antiques (La), bosquet de Versailles, X, 70; XI, 40.

Galériens de Flandre, IV, 242.
GALIBERT, cornette des mousquetaires, IV, 231.
GALIFET, lieutenant de roi de Saint-Domingue, VI, 174, 217.
GALISSONNIÈRE (Abbé de la), XII, 293.
GALISSONNIÈRE (M. de la), III, 165; IX, 64.
GALITZIN (Le knez), III, 37.
GALLATSCH (Comte de), envoyé de l'empereur, XIV, 25, 27; XVII, 220, 232, 292; XVIII, 76, 100.
GALLES (Prince de), II, 290, 395; IV, 62; V, 31, 225, 448, 476; VI, 63, 217, 257, 336, 361, 460; VII, 88, 431; VIII, 129, 185, 192; XV, 298, 315; XVI, 384; XVII, 204, 214, 215, 219, 225, 246; XVIII, 283, 286.
GALLES (Princesse de), XV, 276, 298, 315; XVI, 384, 498; XVII, 214, 215, 257.
GALMOY (Milord), IV, 34, 61; V, 28, 172; IX, 72, 110; XII, 134, 363.
GALLOIS (Abbé), XI, 348.
GALLOWAY (Milord), V, 157, 438; VI, 1, 58; VIII, 178; X, 75, 395, 457; XI, 85, 106, 196, 361, 364, 388; XII, 22, 133, 417; XIII, 404; XIV, 337, 401.
GAMACHES (Abbé de), XI, 240; XV, 108; XVII, 421; XVIII, 261.
GAMACHES (M. de), II, 88, 102, 321, 403, 478; III, 2; X, 200; XI, 435; XIII, 435; XIV, 102; XVII, 31. *Voy.* CAYEUX.
GAMACHES (Mme de), I, 418; X, 196.
GAND (Vicomte de), IX, 98.
GANDELUS (M. de), II, 164, 366, 375, 378; XV, 198.
GANGES (M. de), II, 216, 361; V, 117, 342; VI, 467; XIII, 290.
GANGES (Mme de), IX, 245.
Gap (Évêque de). *Voy.* HERVÉ ET MALISSOL.
GARAGNOLS (M. de), IX, 157; XVIII, 5.
GARDANNE (De), sous-lieutenant des galères, XIV, 329.
GARDE (La), chevalier de Saint-Louis, XIV, 330.
GARDE (La), lieutenant aux gardes, XI, 120.
GARDE (Marquis de la), gouverneur de Furnes, IX, 390; XIII, 35; XIV, 138, 467.
GARDE (La), payeur des rentes, XVI, 235, 243.
Garde des sceaux. *Voy.* ARGENSON.
GARDIEN, commis du bureau des passe-ports, IX, 141.
GARENNIE (La), sous-lieutenant de la Réale, XIV, 329.
GARGAN (Mlle), I, 328.
GARIBALDI, sénateur de Gênes, I, 174.
GARSAULT (M. de), écuyer du roi, VI, 831; VII, 88, 213, 227.
GARUS, médecin, XVIII, 80, 89.
GAS (M. du), colonel, V, 304, 343. *Voy.* GAST, GUA et GUAST.
GASQUET (M. du), V, 343; VIII, 422; X, 30, 165; XI, 328.
GASSÉ. *Voy.* GACÉ.
GASSENDI-CAMPAGNE, lieutenant des galères, XIV, 329.
GASSION (M. de), I, 151; II, 9, 84, 164, 320; III, 318, 328, 409; IV, 61, 65, 117, 185, 203, 257, 271, 332, 387, 477; V, 49, 94, 135, 297, 341, 390, 397; VI, 367; VII, 459; VIII, 71, 87, 91, 93, 113, 218, 346; IX, 43, 108,

227, 440, 442, 459; X, 41, 107, 110, 119, 277, 284; XI, 46, 54, 328, 382, 459; XII, 115, 317, 362; XIII, 131, 140, 441; XV, 28, 33; XVIII, 5.

GAST (M. du), I, 306, 335; V, 304. *Voy.* GAS, GUA et GUAST.

GAST-BELLE-AFFAIRE (Du), brigadier d'infanterie, X, 166.

GASTON. *Voy.* ORLÉANS et TOSCANE.

GAUCOUR (M. de), lieutenant de roi de Berry, I, 277.

GAUJAC, capitaine aux gardes, IV, 333.

GAUMONT (M. de), maître des requêtes, XVI, 195, 197, 260; XVII, 381; XVIII, 201, 300.

GAUTIER (Abbé), XIV, 65, 115, 131, 207, 211, 288, 389, 390, 391; XV, 144, 173; XVIII, 293.

GAUTIER, musicien, I, 119.

GAVAUDAN, lieutenant général, X, 164; XII, 300.

CAYET (Abbé), X, 170.

GÉDOUIN, capitaine de vaisseau, IX, 336.

GÉDOYN (Abbé), XVIII, 37.

GÉLI (M.), médecin, XVI, 99.

GENCIEN, capitaine de vaisseau, X, 468.

GENDRE (M. le), VII, 179, 387; XI, 237, 323, 387; XII, 454; XIV, 8; XV, 25, 43; XVI, 235, 243, 329, 396; XVII, 261, 479.

GENDRON, médecin, IV, 322; XVI, 344, 349, 350, 363.

Généalogie de la maison de Bouillon, XIII, 198.

Gênes (Doge de), I, 46, 60, 118, 120, 151, 170, 171, 174, 177, 179, 180, 181; IX, 58. *Voy.* LERCARO.

GENEST (Abbé), I, 78, 200; II, 201, 212; VI, 133, 403; X, 162; XVI, 297.

GENETINES. *Voy.* GENNETINES.

GENLIS (Charles Brulart de), archevêque d'Embrun, IV, 155; XV, 277.

GENLIS (M. de), II, 164, 342, 347; III, 91, 166; IV, 254, 256, 258, 478; V, 43, 45, 91, 92, 99, 113, 217, 307; VI, 42, 44; VII, 69.

GENLIS (Mme de), VI, 100.

GENNES (M. de), V, 320, 326; VIII, 306.

GENNETINES (Antoine Charpin de), évêque de Limoges, X, 300, 337; XI, 68; XIII, 461; XV, 287; XVII, 262, 466.

GENONVILLE, brigadier d'infanterie, X, 166.

GENSAC (De), brigadier d'infanterie, XVIII, 7.

GENTILE (Comte), envoyé de Gênes, XII, 231.

GENTILE (Comtesse), X, 438; XII, 424.

GEOFFREVILLE. *Voy.* JEOFFREVILLE.

GEOFFROY, capitaine de vaisseau, III, 166.

GEORGES Ier, roi d'Angleterre, XV, 276, 352; XVI, 235, 338, 384, 397, 416, 421, 425; XVII, 16, 19, 41, 97, 114, 204, 214, 215, 219, 246; XVIII, 18, 21, 39, 45, 46, 48, 53, 55, 104, 243, 283, 286, 303, 307, 309, 318, 324.

GEORGES (Prince). *Voy* Danemark.

GEORGES, capitaine de hussards, III, 95.

Georges Dandin, comédie, XIV, 339; XV, 419.

GERBEVILLIERS (M. de), III, 129.

GERGY (M. de), VI, 248; IX, 445; XV, 318; XVI, 364. *Voy.* LANGUET.

GERINIÈRE (La), brigadier d'infanterie, VIII, 306.

GERMINON, brigadier de cavalerie, XVIII, 11.
GERVAIS, chirurgien, II, 174; VIII, 78; IX, 180.
GERVAISAIS (La), IX, 435; brigadier d'infanterie, XVIII, 7.
GESVRES (Abbé de), V, 18.
GESVRES (Chevalier de), I, 229; II, 7, 379; V, 346, 376.
GESVRES (Duc de), I, 50, 214, 416; II, 20, 48, 222, 241, 285, 360, 361, 363, 364, 371, 375; III, 151, 281, 282; V, 214; VII, 130, 193, 197, 429; VIII, 24, 239; IX, 101, 102, 103, 107, 236, 237, 239; X, 2, 196.
GESVRES (Duchesse de), III, 151; IX, 25, 115, 236, 239; XVII, 12.
GESVRES (Léon Potier de), archevêque de Bourges, puis cardinal, V, 247, 347; XI, 407, 409; XIV, 46; XV, 342, 347; XVII, 11, 27, 40, 129; XVIII, 171, 180, 224, 250, 289, 293.
GESVRES (Marquis de), I, 16, 86, 106, 360, 390; II, 77, 123, 210; III, 75, 139, 151, 155, 161, 281, 282, 291, 447; V, 215, 351; VI, 122, 388, 428; VII, 40, 289, 369; VIII, 54, 120, 377; IX, 25, 82, 226, 236, 237, 239; XII, 423, 427; XIII, 70; XIV, 159, 204, 378, 408, 456; XV, 194, 199, 239; XVI, 494; XVII, 32, 373, 457; XVIII, 129.
GESVRES (Marquise de), VIII, 377; XIV, 108, 142, 204; XV, 239, 286; XVII, 124, 126.
GESVRES (Mlle de), VII, 221.
Géta, tragédie, II, 19, 21.
GÉVAUDAN (M. de), III, 7; IX, 72, 109, 134, 201, 315, 361; X, 70, 225, 268; XI, 107, 244, 253, 308. *Voy.* GIVAUDAN.
GÉVAUDAN (Mlle de), II, 361.
GÈVRES. *Voy.* GESVRES.
GEX (Élisabeth-Alexandrine de Bourbon-Condé, Mlle de), X, 420. *Voy.* SENS.
GIBAUDIÈRE (La), lieutenant de roi de Bayonne, XII, 465; XVI, 207.
GIÉ. *Voy.* GYÉ.
GILBERT (M.), X, 228; XV, 397; XVI, 197; XVII, 136; XVIII, 119.
GILBERT DE VOISINS, maître des requêtes, XVI, 195, 260; XVII, 381.
GILDEMERSHEIM (M. de), député de Hollande, IX, 38.
GILLIER, conseiller au parlement, I, 286.
GINESTE (Abbé), I, 420; IV, 57.
GINESTET (De), sous-lieutenant des galères, XIV, 329.
GINESTOUS DE LA TOURETTE (Mlle de), VII, 65.
GINETTI (Cardinal), III, 413.
GINKLE (M.), III, 426, 433; IV, 14, 201,'335; XIII, 250. *Voy.* ATHLONE.
GIOVENAZZO (Duc de), VI, 289; XVII, 307.
GIRARD (Abbé), VI, 216, 253, 286, 330.
GIRARD (M.), I, 38, 356, 359.
GIRARD DE LA BOURNAT (Antoine), évêque de Poitiers, VIII, 351.
GIRARDIN (M. de), I, 51, 183, 191, 314; II, 71, 82, 99, 361; V, 341; XIII, 325; XVI, 234, 355.
GIRARDIN (Mme de), VI, 69.
GIRARDON, sculpteur, VII, 130; XI, 193; XII, 433.
GIRAULT, brigadier de cavalerie, XII, 319.
GIRAULT, sous-introducteur des ambassadeurs, I, 199; VI, 91; VII, 190.
GISARS (De), brigadier d'infanterie, XVIII, 9.

GIUDICE (Cardinal del), III, 69; VII, 216; VIII, 264; XIII, 346; XV, 119, 123, 124, 126, 129, 132, 133, 140, 142, 144, 155, 157, 160, 170, 174, 187, 189, 190, 220, 237, 240, 254, 278, 298, 353, 373, 383, 384, 391, 399; XVII, 9, 112, 117; XVIII, 121, 287.

GIUDICE (M. del), neveu du cardinal, XV, 423.

GIUSTINIANI, doge de Venise, II, 130.

GIVAUDAN (M. de), V, 344; VI, 340; VIII, 152. *Voy.* GÉVAUDAN.

GIVRY (M. de), VI, 173; IX, 81; X, 406; XI, 59, 161; XVIII, 5, 113, 170.

Glandève (Évêque de). *Voy.* BACOUE et VILLENEUVE DE VENCE.

GLANDÈVES (Chevalier de), XI, 247.

GLASSON, chevalier de Saint-Louis, XIV, 330.

GLISY, colonel, IV, 451.

GLOCESTER (Duc de), VII, 357.

GLUD, directeur des manufactures des Gobelins, XVII, 414.

GOAS (M. de), III, 7; VIII, 305; IX, 272, 435; X, 306, 474; XVIII, 11.

GOAZANVOT (Abbé de), XIII, 227.

Gobelins (Tapisseries des), I, 179; ouvriers des Gobelins, V, 12.

GOBERT, colonel de dragons, III, 356; VII, 220, 228.

GOBERT, intendant des bâtiments, I, 74.

GOBERT, peintre, VI, 408.

GOBERT, sculpteur, I, 212.

GOBILLON (Sœur), abbesse de Saint-Étienne de Reims, XI, 352.

GOBLIN (Abbé), supérieur de la maison de Saint-Cyr, I, 347.

GODET. *Voy.* MARAIS.

GODOLPHIN (Milord), II, 232; V, 210; VI, 37; VIII, 250, 433; X, 256; XIII, 235, 439; XIV, 237.

GOELLO (Mlle de), II, 301.

GOES (Comte de), plénipotentiaire de l'empereur, XV, 148.

GOESBRIANT (M. de), I, 51, 187; II, 188; IV, 129; V, 28, 154; IX, 72, 76, 110, 143, 179, 412, 435; X, 164; XI, 181, 330, 423; XII, 130, 362; XIII, 36, 132, 246, 253, 259, 265, 269, 273, 275, 276, 279, 281, 282, 285, 286, 287, 288, 291, 292, 311, 313, 330; XIV, 16, 32, 41, 114, 254; XV, 91, 192, 290, 299, 306, 316; XVI, 165; XVII, 354.

GOESBRIANT (Mme de), VI, 244; XIII, 273.

GOEZ (Cardinal de), I, 384; VI, 28.

GOFFIN (Mathias), général de l'ordre de Sainte-Croix de la Bretonnerie, XVI, 96.

GOGNÉE (Abbé de la), XIV, 251.

GOISLART, conseiller du parlement, XVI, 195; XVII, 330.

GOMBAULT, gentilhomme ordinaire du roi, I, 44; II, 217.

GOMBAULT (M.), capitaine de galiote, III, 165.

GOMICOURT (M. de), XII, 111; XVII, 215.

GONDRAS (De), enseigne des gardes du corps, III, 408; X, 244.

GONDREVILLE, gouverneur de Schélestadt, VII, 139.

GONDRIN (M. de), XI, 114, 291; XII, 2, 19, 64, 333, 351; XIII, 37, 131, 386, 402; XIV, 73, 80; XVIII, 199, 230.

GONDRIN (Mme de), XI, 311, 322; XII, 27, 395; XIII, 182, 196; XIV, 80, 87; XV, 164.

GONOR (Chevalier de), lieutenant de la Réale, I, 85.

Gontaut (Abbé de), XVI, 295; XVII, 10, 176, 388.
Gontaut (M. de), I, 329; XIV, 123; XVI, 259, 264, 272; XVIII, 11, 128.
Gontaut (Mlle de), I, 39, 55.
Gonzague (Chevalier de), VII, 75, 76; XIII, 131.
Gonzague (Mme de), XI, 360.
Gonzague de Castiglione. *Voy.* Castiglione.
Goor, général hollandais, IX, 381; X, 66.
Gordes (Louis-Marie-Armand de Simiane de), évêque de Langres, I, 162; II, 193; V, 208, 309, 310.
Gordes (M. de), II, 193.
Gordes (Mlle de), XVIII, 288, 289, 294.
Gorge, financier, II, 332.
Gormas (San-Istevan de). *Voy.* San-Istevan.
Gortz (Baron de), Suédois, XVII, 455; XVIII, 21.
Goslinga (M.), ambassadeur de Hollande, XIV, 457; XV, 40, 76, 153.
Gottorp. *Voy.* Holstein.
Goubilière. *Voy.* Goupillière.
Gouffier (M. de), IV, 223; VI, 387, 389; VIII, 305; X, 165; XI, 118.
Gouin (Mlle), comédienne, I, 168.
Goujon (M.), intendant de Rouen, XVI, 207.
Gould (Abbé), XV, 17.
Goulet de Montlibert, brigadier d'infanterie, XVIII, 10.
Goulons, ingénieur, I, 348.
Goupillière (M. de la), intendant de la Sarre, I, 323; V, 457.
Gourdon (Duc de), II, 341, 376, 388, 406, 419, 423; III, 145; XVI, 251.
Gourgues (Jacques-Joseph de), évêque de Bazas, I, 20; XVII, 40.
Gourgues (M. de), I, 308; II, 296; VII, 307.
Gournay (Abbé de), VIII, 66.
Gournay (M. de), II, 138, 163, 342, 374, 377, 410; III, 90, 136, 160; IV, 44, 336; V, 308.
Gourville (M. de), I, 29, 141, 161, 429; II, 45, 167, 371; III, 67; IV, 13; VI, 144; IX, 146, 213; XVII, 259.
Goussainville (M. de), XIV, 146; XVII, 70; XVIII, 62.
Gouttes (M. des), II, 234; III, 166.
Gouvernet (Marquis de), III, 358; VII, 170; IX, 73; XV, 208.
Gouvernet (Mme de), VII, 170.
Gouvernet (Mlle de), I, 24; III, 43, 47.
Goux de la Berchère (Charles le), archevêque de Narbonne, X, 105; XI, 436; XII, 451; XV, 252, 412, 420, 445, 455; XVII, 480; XVIII, 59. *Voy.* Berchère.
Gouyon (M. de), XI, 301; XIII, 221.
Goyon (M. de), envoyé de Savoie, VI, 3, 20, 40, 98, 115.
Goyon (Mme de), XVIII, 244.
Gozzadini (Cardinal), XII, 414.
Grafton (Milord), I, 37, 296; II, 228, 307; III, 176; XI, 275.
Gramont (Abbé de), I, 352; VIII, 171.
Gramont (Antoine-Pierre de), archevêque de Besançon, VI, 342, 345.
Gramont (Chevalier de), IV, 161.

GRAMONT (Comte de), I, 106, 131, 156, 263; II, 5, 42, 79, 95, 141, 154, 193, 222, 242, 285; III, 75, 222, 223, 228, 268, 407, 424; IV, 206, 274; V, 319, 341, 376, 400; VI, 350, 433; VII, 55, 106, 277, 369; VIII, 347, 494, 496; IX, 71, 109, 129, 184; X, 284; XI, 292, 293; XIII, 18, 234; XVII, 331; XVIII, 250.

GRAMONT (Comtesse de), I, 205, 217, 228, 229, 348, 354, 365, 372, 380, 390, 400; II, 5, 42, 53, 63, 73, 95, 96, 103, 114, 215, 308; III, 49, 68, 71, 119, 129, 132, 339, 340, 347; IV, 34, 75, 289, 432; VII, 104; 106, 120, 341, 363, 454; VIII, 117, 463; IX, 202, 294; X, 396; XII, 146, 150, 152; XVII, 217; XVIII, 276.

GRAMONT (Duc de), I, 7, 10, 88, 130, 133, 154, 185, 204, 227; II, 25, 34, 222, 241, 285, 311, 329, 348; III, 66, 253, 272, 332; IV, 198, 232, 386, 398, 455; V, 128, 299, 397, 428; VI, 162, 289, 418; VII, 16, 239, 322; VIII, 496; IX, 473, 474, 479, 496, 499; X, 7, 21, 47, 49, 109, 117, 129, 249, 259, 285, 340, 345, 349, 362, 364, 367; XI, 64, 72, 222, 230, 348; XII, 139, 243, 267, 274, 309, 432; XIII, 100, 234; XIV, 164, 215; XV, 425; XVI, 410, 495.

GRAMONT (Duchesse de), II, 327; III, 49; IV, 207, 430, 443; IX, 497; XII, 275, 309; XIII, 54, 58.

GRAMONT (François-Joseph de), archevêque de Besançon, VI, 397; XVII, 151.

GRAMONT (Maréchal de), VII, 361.

GRAMONT (Maréchale de), II, 386.

GRAMONT (Marquis de), IV, 254, 402; V, 246, 259, 284, 297; VII, 53; VIII, 346; IX, 34, 43, 105, 109, 118, 292, 459; X, 284; XVIII, 141.

GRAMONT (M. de), I, 186; II, 165, 227, 305; III, 79; VIII, 154; IX, 201; X, 270; XI, 210; XVII, 331. *Voy.* **FALON**.

GRAMONT (Mme de), I, 39, 196, 266, 339, 382; II, 7, 10, 53, 68, 80, 101, 216, 226, 232, 233, 303, 305, 323, 325, 385, 390, 420, 421, 422, 423; III, 262, 341; V, 185, 413; VI, 141; VIII, 66, 158.

GRAMONT (Mlle de), I, 166, 332, 341, 348, 356; II, 10, 129, 193; IV, 234, 411, 412, 432; 470, 471; V, 54, 140, 158; XVI, 259, 264, 272.

GRAMONT DE LANTA (Abbé de), XVII, 184.

GRAMONT DE LANTA (François-Barthélemy de), évêque de Saint-Papoul, VI, 173; XVI, 333.

GRAMONT-SAILLY (Comte de), V, 348.

GRANA (Marquis de), I, 15, 36, 50, 51, 195.

GRANCEY (Abbé de), II, 137; III, 326; V, 48, 97, 444; VIII, 125; IX, 69; X, 7; XI, 209.

GRANCEY (Maréchale de), IV, 350; V, 5.

GRANCEY (M. de), III, 199; IV, 478; IX, 72; X, 23, 321, 399; XI, 209, 214, 319, 329, 367; XII, 363; XV, 84, 86; XVII, 263.

GRANCEY (Mme de), I, 84, 217, 256; III, 49; IV, 127, 199, 212; V, 97; X, 7; XIV, 29, 30, 31, 33; XVI, 306.

GRANCEY (Mlle de), VII, 30; X, 211; XV, 84.

Grand (M. le). *Voy.* ARMAGNAC.

GRANDCHAMP, exempt des gardes du corps, XII, 420.

GRANDCLOS, lieutenant-colonel, VIII, 453.

Grand-duc (M. le). *Voy.* TOSCANE.

Grande-duchesse (Mme la). *Voy.* TOSCANE.
Grande princesse (Mme la). *Voy.* TOSCANE.
GRANDPRÉ (Abbé de), I, 50; X, 114, 170 ; XIII, 109.
GRANDPRÉ (Comte de), I, 200.
GRANDPRÉ (Comtesse de), I, 42 ; II, 143.
GRANDPRÉ (Marquis de), VI, 363.
Grand prévôt (M. le). *Voy.* MONSORREAU et SOURCHES.
Grand prieur (M. le). *Voy.* VENDÔME.
Grand Seigneur (Le). *Voy.* ACHMET III, MAHOMET IV, MUSTAPHA II et SOLIMAN III.
GRANDVAL (M. de), V, 288; IX, 493; X, 166.
GRANDVILLE (M. de la), maître des requêtes, XVIII, 163.
GRANDVILLE (Mlle de), XVI, 293.
GRANGE (M. de la), I, 313; II, 6 ; III, 131, 183, 220 ; IV, 267, 283; VI, 279 ; XI, 336 ; XII, 306, 418.
GRANGE D'ESPOISSES (Mme de la), IX, 467.
GRANGES (M. des), III, 423 ; V, 359, 467, 476; VI, 41, 442, 452 ; VII, 449; VIII, 164; XII, 238 ; XIII, 22. *Voy.* DESGRANGES.
GRANGES (Mlle des), VII, 28.
GRANVILLE (M. de), XVI, 297, 422. *Voy.* GRANDVILLE.
GRASSE (De), lieutenant de vaisseau, XI, 247.
GRATIEN, capitaine des galères, VI, 257.
GRATOT D'ARGOUGES (Marquis de), IV, 280.
GRATTE-LARDON, voleur, XIII, 70.
GRATZ, général allemand, IX, 446.
GRAVÉ (Le P.), confesseur de la duchesse de Bourgogne, VII, 356, 359; X, 289 ;
GRAVELLE (M. de), I, 35, 38 ; II, 288.
GRAVELLE-MARLY (M. de), envoyé extraordinaire auprès de l'électeur de Cologne, II, 120.
GRAVES (M. de), V, 152; XII, 182; XVII, 465 ; XVIII, 9.
GRAVEZON, brigadier d'infanterie, IV, 254.
GRAVEZON (Mme de), XII, 381.
GRAVILLE (Chevalier de), envoyé à Coire, IX, 131.
GRAVILLE (Président de), XIV, 108.
GRAVINA (Cardinal de), VIII, 234.
GREDER (M.), I, 374; II, 163, 362; III, 71, 180, 327; V, 343; VIII, 93, 126, 347; IX, 439, 442; X, 164 ; XI, 140; XIII, 412; XV, 302; XVI, 413.
GREFFIN (Milord), V, 17 ; XII, 112, 123, 166 ; XIII, 291.
GREIFFENCLAU (Baron de), évêque de Wurtzbourg, VII, 31.
GREMONVILLE (Commandeur de), I, 421, 422; XI, 473.
GRENARD (Milord), lieutenant général de l'armée d'Irlande, II, 352.
Grenoble (Évêque de). *Voy.* CAMUS ET MONTMARTIN.
GRESOLLES (Mme de), XI, 436.
GREY (Milord), I, 177, 199.
GRIEU (De), brigadier de cavalerie, XVIII, 12.
GRIFFIN. *Voy.* GREFFIN.
GRIGNAN (François-Adhémar de Monteil de), archevêque d'Arles, I, 281; II, 356.

GRIGNAN (Louis-Joseph Adhémar de Monteil de), évêque de Carcassonne, II, 167; VI, 230; XVII, 273.

GRIGNAN (Jean-Baptiste Adhémar de Monteil de), archevêque d'Arles, IV, 418; VI, 225, 228, 230.

GRIGNAN (Chevalier de), maréchal de camp, II, 163, 340; III, 9, 25; X, 291; XV, 31.

GRIGNAN (Comte de), lieutenant général en Provence, II, 50, 222, 225, 243, 286, 320, 370, 373; III, 239, 431, 448; IV, 1, 187, 192, 406; V, 390; VI, 371; VIII, 315; IX, 53, 162, 318; X, 273; XI, 22, 496; XII, 24, 39, 302; XIII, 40; XIV, 20, 278, 413; XV, 329, 330, 343.

GRIGNAN (Comtesse de), I, 76; X, 273, 397.

GRIGNAN (Mlle de), I, 283; V, 316.

GRIGNAN (Marquis de), II, 188, 210; III, 26, 147; VII, 28; VIII, 305; IX, 120; X, 154.

GRIGNY (Marquis de), VIII, 58, 218, 264.

GRILLET, exempt des gardes, XI, 77; XIV, 121. *Voy.* BRISSAC.

GRILLO (Marquis de), VIII, 58; XIV, 289; XV, 318, 325.

GRILLON. *Voy.* CRILLON.

GRIMALDI (Abbé de), X, 393.

GRIMALDI (Cardinal), I, 246; XVII, 203.

GRIMALDI (M. de), IX, 231; X, 166; XI, 46, 113; XII, 196; XIII, 245, 290.

GRIMALDO, ministre espagnol, XVIII, 201.

GRIMANI (Cardinal), VI, 163; VIII, 179, 421, 452; IX, 85; XI, 288; XII, 159, 249, 476; XIII, 4, 263.

GRISENOY (M. de), maître des requêtes, XV, 429; XVI, 98.

GRIZE (M. de la), colonel, XI, 64.

GROESQUER (Abbé du), XVIII, 260.

GROESQUER (Du) l'aîné, XVIII, 260.

Grondeur (Le), comédie, XIV, 455, 460; XV, 245.

GRONOFELD, général allemand, XIII, 402.

GROOT (M.), ambassadeur de Hanovre à Vienne, IV, 208, 216.

GROSBOIS (De), capitaine de vaisseau, III, 167.

GROSTEK (Comte de), envoyé de Liége, II, 398.

GROUIN (M.), maître de la chambre aux deniers, II, 159. *Voy.* GRUYN.

GRUCHY, intendant du duc de Saint-Simon, XVI, 2.

GRUYN (M.), garde du trésor royal, VI, 326, 329. *Voy.* GROUIN.

GUA (M. du), III, 55; VIII, 195. *Voy.* GAS, GAST et GUAST.

GUALTERIO, nonce du pape, puis cardinal, VII, 267, 272, 352, 353; VIII, 255, 373, 377, 378; IX, 76; XI, 35, 113, 171; XIII, 208, 321; XIV, 413, 426, 437, 443, 449, 452; XV, 6, 145; XVI, 295; XVII, 103; XVIII, 173.

GUASQUET (M. de), X, 204, 335.

GUAST (M. du), III, 75, 94; VIII, 437; X, 411; XI, 201; XIII, 255. *Voy.* GAS, GAST et GUA.

GUASTALLA (Duc de), XVI, 149; XVII, 397.

GUASTALLA (Duchesse de), IV, 205.

GUASTALLA (Marquis de), III, 8.

GUASTALLA (Princesse de), VII, 402; XIII, 141.

TABLE GÉNÉRALE ALPHABÉTIQUE.

Guay-Trouin (Du), X, 97, 198, 331; XI, 495, 497; XII, 1, 418, 456; XIII, 417, 421, 425; XIV, 39, 40, 83; XVI, 9.

Gubernatis (Comte), ministre de Savoie à Rome, XIII, 371.

Gué (Chevalier du), I, 7, 75.

Gué (M. du), I, 7, 263; II, 185; VIII, 46; X, 189; XI, 368; XII, 101; XV, 232; XVII, 129.

Gué (Mlle du), IV, 406.

Guech, joueur de biribi, XVIII, 15.

Guémadeuc (M. de), IV, 222, 267; XIII, 92; XVII, 415, 475. *Voy.* Coetmadeu.

Guémadeuc (Sébastien de), évêque de Saint-Malo, VIII, 335.

Guémené (Prince de), II, 256; V, 359, VI, 327; VII, 233, 346, 460; XVI, 322; XVII, 21, 245, 352.

Guémené (Princesse de), I, 135; XVI, 322; XVIII, 189.

Guémené (Mlle de), II, 140; XVI, 322; XVII, 21; XVIII, 189.

Guénégaud (M. de), I, 36, 427; III, 14; XIII, 371; XV, 42, 44; XVIII, 292.

Guerchies. *Voy.* Guerchy.

Guerchois (M. de), VIII, 396; IX, 67, 439, 441; X, 293, 399, 404; XI, 14, 92, 428; XII, 131, 361, 363; XIII, 430; XVI, 491, 496; XVII, 138, 165, 263; XVIII, 151, 169.

Guerchy (M. de), I, 199; IV, 178; VIII, 305, 488; X, 165, 318; XI, 181, 328; XII, 123, 230, 363; XIII, 13, 264; XV, 249; XVII, 482; XVIII, 98.

Guerra (M.), ministre espagnol, XIV, 14.

Guerre (Jeu de la), II, 97.

Guertans (Chevalier de), aide-major de la marine, XII, 333.

Guéry (M. de), III, 408; XIII, 437.

Guéry (Mlle de), II, 236, 433.

Guesclairs (M. du), XVII, 221, 246, 350.

Guesclin (Mme du), XVII, 221.

Guestein, colonel des troupes de Hollande, XI, 325, 326.

Guet. *Voy.* Gué.

Guette (La), lieutenant des gendarmes anglais, II, 356.

Guibourgère (M. de la), syndic des États de Bretagne, XVIII, 138.

Guichard (Chevalier), II, 189.

Guiche (Comte de), II, 24, 33, 172; III, 85, 344; IV, 125, 415; V, 34, 128.

Guiche (Comtesse de), I, 214; II, 98, IV, 436.

Guiche (Duc de), V, 373, 382, 389; VI, 167; VII, 226, 229, 237, 242, 243, 251, 255, 351; VIII, 305, 346; IX, 50, 108, 144, 145, 153, 230, 290; X, 88, 149, 155, 164, 197; XI, 112, 120, 123, 281, 288, 328; XII, 362, 392, 425, 430; XIII, 36, 42, 49, 53, 54, 56, 62, 105, 137; XIV, 62, 114, 128, 143; XV, 150, 365, 395; XVI, 124, 178, 185, 209, 210, 334, 505; XVII, 299, 353, 361, 363, 429.

Guiche (Duchesse de), II, 327; V, 150; VI, 141, 378, 401, 402, 443 VII, 49, 92, 96, 106, 110, 135, 149, 164, 189, 211, 269, 340, 368; VIII, 135, 173, 287; IX, 165, 309, 343; X, 71; XI, 62, 70, 469; XII, 470; XIII, 36; XVI, 486.

Guiche (Marquis de), IX, 343.

GUICHE (M. de), V, 105; VIII, 434 ; XI, 46, 246.
GUICHE (Mme de), II, 305; XII, 464.
GUICHE (Mlle de), XVIII, 3, 19, 23.
GUICHE (M. de la), capitaine de vaisseau, III, 167.
GUIET Voy. GUYET.
GUILLAUME III, roi d'Angleterre, VI, 228, 255, 312, 313, 330, 394, 442, 466, 473, 475, 476 ; VII, 11, 17, 39, 62, 79, 87, 98, 101, 161, 172, 209, 237, 238, 269, 299, 302, 344, 378, 400, 404, 407; VIII, 30, 45, 52, 53, 76, 83, 90, 93, 107, 113, 139, 142, 147, 152, 162, 174, 178, 180, 183, 189, 201, 204, 210, 219, 221, 225, 229, 232, 238, 241, 246, 248, 251, 257, 261, 294, 297, 301, 333, 341, 345, 349, 358, 361, 366, 413. Voy. ORANGE.
GUILLAUME (Le landgrave). Voy. HESSE-RHEINFELS.
GUILLELMINE-AMÉLIE DE HANOVRE, impératrice d'Allemagne, femme de Joseph Ier, X, 358; XIII, 183; XIV, 383, 466 ; XVI, 367; XVIII, 21.
GUILLEMBERG (M. de), envoyé de Suède, XVII, 23.
GUILLERAGUES (M. de), I, 41, 165; II, 30.
GUILLERAGUES (Mme de), I, 165; XIV, 242.
GUILLERVILLE (M. de), IV, 284; X, 132.
GUIMONT DU COUDRAY, capitaine de vaisseau, X, 331.
GUINET. Voy. GUYET.
GUINES (Comte de), XVI, 485.
GUIRY (M. de), III, 85.
GUIRY (Mlle de), I, 138.
GUISCARD (M. de), II, 330, 454; III, 237, 261, 274, 352, 385, 386, 392, 440; IV, 42, 82, 97, 118, 185, 201, 214, 254, 307, 317, 325, 365, 413, 447; V, 80, 94, 232, 236, 239, 245, 252, 257, 259, 272, 273, 275, 276, 285, 292, 297, 300, 307, 309, 317, 321, 339, 378, 390, 434 ; VI, 30, 43, 365, 390, 402, 446; VII, 136, 224 ; VIII, 144, 183, 196, 286, 347, 471; IX, 12, 14, 87, 250, 253, 263, 459; XI, 46, 137, 174, 179, 186, 196, 277 ; XII, 87 ; XIII, 369. Voy. BOURLIE.
GUISCARD (Mme de), XII, 88.
GUISCARD (Mlle de), IX, 84, 101 ; XI, 21 ; XII, 85, 88, 120, 173.
GUISE (Cardinal de), II, 97.
GUISE (Comte de), XVII, 467 ; XVIII, 165.
GUISE (Élisabeth d'Orléans, duchesse de), I, 87, 167, 169, 172 ; II, 14, 65, 66, 116 ; III, 250, 249, 295, 390, 391; III, 26, 29, 39, 55, 70, 81, 105, 108, 109, 256 ; IV, 32, 35, 396, 484 ; V, 9, 109, 124, 378, 379, 387.
GUISE (Mlle de), I, 11, 36, 87; II, 113, 114, 115, 116; III, 81, 98.
Guise (Hôtel de), VII, 264, 277.
GUITAUT (M. de), I, 270 ; II, 424; VIII, 252; XI, 288 ; XIII, 131 ; XIV, 346 ; XVI, 385 ; XVIII, 6.
GUITAUT (Mlle de), XI, 261.
GULDENLEW (Comte de), I, 387; V, 100, 150, 330 ; VI, 198 ; VIII, 196.
GUDENSTEIN (Comte de), X, 403.
GULDENSTIERN, sénateur de Suède, VI, 111.
GULDENSTOLPE, sénateur de Suède, VI, 111.
GUYET (Abbé), XII, 256 ; XIII, 308.
GUYET (M.), VII, 179; VIII, 72; X, 97 ; XII, 81 ; XIV, 29 ; XVI, 174.

Guyet (Mlle), VIII, 374.
Guylehem, II, 288.
Guyon, lieutenant aux gardes, II, 458.
Guyon (Mme), II, 460; III, 63; IV, 434; V, 351; VI, 61, 361, 373, 377; IX, 153; XIV, 257; XV, 232; XVII, 106.
Guyon (Mlle), II, 459, 460.
Guzman (Don Alexo de), VIII, 58.
Gyé (Mme de), X, 259; XII, 418; XIII, 316.

H.

Haber (Milord), XII, 110.
Habillement des princesses du sang, XIII, 134.
Hagen (Baron de), XV, 426.
Hairen (Van), plénipotentiaire de Hollande, VI, 56.
Halifax (Milord), I, 24, 246, 262; II, 232, 326, 345; V, 156, 193, 196; VIII, 90; XII, 30, 415; XIV, 163; XV, 210. *Voy.* Montaigu.
Haliot, premier médecin du duc de Lorraine, IX, 320.
Hallencourt de Dromesnil. *Voy.* Dromesnil.
Halles (Abbé des), XIII, 217.
Hambourg (Comte de), I, 132.
Hamel (Mme du), VII, 464.
Hamel (Mlle de), XI, 26.
Hamelin (Mme), X, 494.
Hamilton (Duc d'), II, 368, 376; III, 42; VIII, 464; IX, 429; XI, 261; XIV, 64, 70, 213, 241, 268, 276; XV, 94, 153.
Hamilton (M. d'), I, 131, 136, 146, 151; II, 324, 332, 399; III, 118, 423; XVI, 316.
Hamilton (Mlle d'), I, 30, 33, 69, 166, 228, 287.
Hamilton (Richard), III, 431; IV, 61, 72; XII, 94, 434; XIV, 349; XVII, 216.
Hamquemen (Comte de), VIII, 391.
Hanau (Comte de), III, 130; VI, 32; XVI, 502.
Hanmer (M.), XIV, 137, 141, 251, 267, 269, 274, 441, 474; XV, 96.
Hanovre (Duc de), II, 464; III, 17; IV, 3, 127, 195, 208, 210, 216, 244; VI, 224, 298; VII, 228, 324, 360, 369; VIII, 201, 381; XI, 412, 490; XII, 159, 170; XIII, 243.
Hanovre (Duchesse de), I, 209; II, 224; IV, 4, 13, 217, 381; VII, 264; VIII, 86; XIII, 261; XV, 168; XVII, 214.
Hanovre (Électeur de), VIII, 184; XIII, 52; XV, 143, 210, 245.
Hanovre (M. de), II, 200; III, 189, 298; VI, 225; XI, 421, 467; XII, 142, 200, 266; XIII, 3, 14, 21, 27, 133, 375.
Hanovre (Mme de), II, 333; IV, 9, 14; VI, 153; XI, 97; XIII, 240.
Hanovre (Prince de), III, 77; V, 154; IX, 275, 358; X, 235, 440; XII, 63.
Hanovre (Princesse de), V, 154, 319; VI, 313, 468; VIII, 70.
Hanyvel (D'), capitaine aux gardes, III, 274.
Haraucourt (Chevalier d'), XIV, 329.

8.

HARAUCOURT (M. d'), III, 129.

HARBORD (Milord), ambassadeur du prince d'Orange à Constantinople, IV, 168.

HARCOURT (Abbé d'), I, 208, 257, 377; VI, 253, 254 ; X, 316, 358 ; XIII, 57; XVI, 458.

HARCOURT (Chevalier d'), II, 407, 409; VI, 278; X, 397; XVI, 458.

HARCOURT (Comte d'), I, 102; IV, 277 ; V, 36; X, 359; XIV, 429, 432, 437, 438, 445, 447; XV, 400 ; XVII, 268.

HARCOURT (Comtesse d'), V, 258; XII, 2, 64 ; XVII, 268.

HARCOURT (Duc d'), VII, 426, 443, 461, 467; VIII, 19, 20, 21, 24, 25, 26, 47, 89, 91, 94, 98, 102, 103, 104, 110, 114, 124, 128, 134, 140, 146, 149, 150, 157, 159, 162, 191, 209, 218, 220, 224, 231, 247, 248, 249, 260, 290, 298, 385; IX, 59, 115, 116, 263, 379 ; X, 221, 273; XVII, 463 ; XVIII, 303.

HARCOURT (Duchesse d'), VIII, 162, 315 ; XII, 100; XVII, 414.

HARCOURT (Maréchal d'), IX, 90, 97, 129; X, 245, 475; XII, 152, 308, 344, 345, 349, 365, 411, 413, 414, 422, 441, 455; XIII, 3, 14, 21, 39, 40, 41, 68, 69, 70, 71, 76, 78, 94, 134, 136, 175, 187, 190, 193, 208, 209, 223, 242, 245, 260, 268, 287, 405, 428, 459; XIV, 9, 27, 123, 141, 244, 264, 272, 388, 393, 397, 398, 399, 402 ; XV, 46, 226, 401; XVI, 4, 126, 165, 234, 241, 272, 273, 299, 391, 397, 398, 455; XVII, 72, 153, 173, 354, 403, 405.

HARCOURT (Maréchale d'), XI, 484 ; XIV, 141, 397.

HARCOURT (Marquis d'), I, 51, 277, 372 ; II, 163, 176, 179, 195, 214, 230, 339; III, 92, 97, 162, 283, 308, 416 ; IV, 52, 168, 170, 185, 217, 224, 234, 259, 301, 325, 334, 336, 363, 383, 478 ; V, 51, 58, 94, 192, 223, 231, 234, 263, 265, 297, 318, 372, 388, 389, 390, 391, 403, 424, 434, 443, 452, 458, 468; VI, 13, 202, 217, 223, 231, 253, 311, 312, 321, 324, 326, 337, 349, 379, 466, 476; VII, 268, 279, 291, 302, 310, 315, 321, 390, 396, 397, 398, 399, 411, 417, 424; IX, 88, 89, 235, 375; XVI, 234, 235, 259, 263, 273, 299, 391; XVII, 71, 72, 97, 98, 173, 331, 350, 397.

HARCOURT (Marquise d'), VII, 126; XVI, 386, 391.

HARCOURT (Prince d'), I, 10, 11, 36, 61, 333 ; II, 28, 142, 198, 229, 313 ; VII, 340 ; VIII, 494; IX, 2, 27, 31, 176, 189, 328, 329, 494 ; X, 117; XIV, 135 ; XVII, 467.

HARCOURT (Princesse d'), I, 55, 167, 176, 205, 206, 217, 244, 333, 346, 351, 354, 390, 397; II, 10, 42, 68, 85, 86, 95, 103, 114, 115, 145, 155, 214, 215, 305, 327, 381, 382, 442, 449; III, 6, 68, 71, 72, 73, 98, 119, 253, 254, 262, 342; IV, 34, 42, 74, 265, 289, 432; V, 185, 194, 258, 293, 302 ; VI, 60, 63, 125, 139, 141 ; VII, 3, 4, 5, 234, 238 ; VIII, 199, 352, 454 ; IX, 2, 328, 392; X, 24, 359, 391; XV, 400.

HARCOURT (M. d'), III, 242; IV, 442, 462; V, 232 ; VI, 396; VII, 160, 286; VIII, 299 ; IX, 157; X, 219; XII, 437, 438 ; XIII, 27, 135, 283, 401, 436 ; XIV, 248; XV, 296; XVI, 180.

HARCOURT (Mme d'), II, 226, 233, 385, 393, 402, 423; IV, 241; VI, 366.

HARCOURT (Mlle d'), XII, 95, 100; XVIII, 316.

HARCOURT (Simon), garde du grand sceau en Angleterre, XIII, 276; XIV, 374.

HARDOUIN (Abbé), XIV, 384.

TABLE GÉNÉRALE ALPHABÉTIQUE.

HARDOUIN (M.), contrôleur général des bâtiments, II, 41.
HAREN (Van), ambassadeur de Hollande, VI, 205.
HARLAY (Abbé de), XII, 293; XV, 83.
HARLAY DE CHAMPVALLON (François de), archevêque de Paris, I, 88, 180, 187, 223, 243, 273, 343, 415, 419; II, 183, 221, 284, 338, 416, 418; III, 75, 147, 185, 199, 204, 439, 448; IV, 10, 136, 199, 245, 412, 419; V, 124, 133, 208, 214, 249, 255, 279; VII, 34, 67; XVI, 306.
HARLAY (M. de), premier président au parlement de Paris, II, 156, 361, 363, 364, 371; IV, 261, 264, 444, 456; V, 25, 388; VI, 59, 70, 231, 280, 318, 360, 470; VII, 10, 37, 62, 141, 168, 379, 409; VIII, 154; X, 27; XI, 347; XV, 85; XVII, 134.
HARLAY (M. de), I, 41, 242, 251, 315; II, 152, 204, 474, 475; III, 2, 24, 147, 248, 272; IV, 133, 199, 228, 239, 351; V, 97, 105, 106, 116, 126, 264; 346; VI, 26, 45, 75, 77, 79, 86, 235, 242, 244, 299, 414; VII, 141, 372, VIII, 389; IX, 475; XI, 339, 342, 343; XII, 118, 311; XIII, 47, 475; XIV, 189; XVII, 133, 134, 137.
HARLAY (Mme de), VI, 181; VII, 139; XVII, 135.
HARLAY (Mlle de), III, 96, 98; XIII, 475; XIV, 33, 36.
HARLAY (Mme de), abbesse de l'Abbaye-aux-Bois, XV, 432.
HARLAY (Marguerite de), abbesse de Port-Royal de Paris, V, 130.
HARLAY DE BONNEUIL, conseiller d'État, VII, 213, 378.
HARLAY DE CÉLY (M. de), XV, 349; XVIII, 41, 308, 309, 326.
HARLEY, orateur anglais, VIII, 297; X, 47; XII, 94; XIII, 241, 369, 430; XIV, 123; XV, 207. *Voy.* OXFORD.
HARLING (M. d'), VIII, 313; X, 444, 453; XVI, 224; XVII, 93, 94, 263.
HARLUS (M. de), III, 75, 223; V, 341, 403.
HAROUIS (M. d'), II, 38, 62, 88, 167, 314, 362; VIII, 189, 279, 355; IX, 46; XIII, 346.
HARRACH (Comte d'), ambassadeur de l'empereur à Madrid, VI, 337; VII, 82, 390, 392, 410, 416, 441, 443; X, 182.
HARRAM. *Voy.* ARRAN.
HARTELOIRE (M. de la), III, 165; V, 309; VI, 98; IX, 285, 329; X, 439; XII, 418; XIII, 316, 415; XIV, 237; XVI, 8, 492.
HARTINGTON (Marquis de). *Voy.* CAVENDISH.
HARVILLE (Comte d'), XVIII, 73; V, 13. *Voy.* HERVILLE.
HARVILLE-PALAISEAU (Marquis de), XIII, 126.
HARVILLE-PALAISEAU (Mlle d'), VI, 88; VII, 26, 309.
HASFELT. *Voy.* ASFELT.
HAUCOURT. *Voy.* AUCOURT.
HAUMONT (M. de), sénéchal d'Armagnac, IX, 456.
HAUN (Rhingrave d'), III, 178.
HAUTEFEUILLE (M. de), IV, 162; V, 58, 240; VI, 82; VII, 30; IX, 72, 116, 121, 153, 178, 182, 418; X, 101, 165; XII, 410; XVII, 397.
HAUTEFEUILLE (Mme de), XVIII, 282.
HAUTEFORT (M. de), I, 52; II, 27, 32, 380, 381, 382, 384, 420, 427; III, 29, 271, 314; IV, 178, 210, 239; V, 241, 244, 353, 354, 400, 406; VI, 54; VII, 114; VIII, 93, 323, 346, 374, 382; IX, 71, 72, 73, 109, 360; X, 76, 178, 198, 355, 386; XI, 46, 215, 328, 353; XII, 156, 272-274, 276, 344,

346, 361, 362, 400; XIII, 121, 297, 398, 402, 441; XIV, 76, 144, 237, 270, 411; XV, 405; XVII, 56, 155, 263; XVIII, 93.
HAUTEFORT (Mme de), VIII, 233; XVIII, 229.
HAUTEFORT (Mlle de), I, 263; II, 47, 95, 308, 380, 410; VII, 103.
HAUTEFORT-DE-BOZEIN, maréchal de camp, XVII, 263.
HAUTEFORT SAINT-CHAMANT (Mlle de), I, 266.
HAUTERIVE (M. de), II, 2, 425; VII, 286.
HAUTERIVE (Mme de), VIII, 98.
HAUTEVAL (De), secrétaire du maréchal de Villars, XV, 121, 123.
HAUTONIÈRE (Marquis de la), gouverneur de Rennes, VI, 296.
HAVERSHAM (Milord), X, 207; XII, 30, 65.
HAVRÉ (Duc d'), IV, 441, V, 60; VII, 440; VIII, 140, 224; IX; 65; X, 441; XI, 116, 125; XIII, 233, 457; XVI, 473, 481; XVIII, 266.
HAVRÉ (Duchesse d'), XIV, 190; XV, 202; XVI, 477; XVIII, 266.
HAVRINCOURT (M. d'), gouverneur de Hesdin, X, 266.
HAYE (M. de la), 1, 62; II, 132; IV, 285; V, 184; VIII, 77, 413; XIII, 257, 321; XIV, 144; XVI, 365; XVIII, 85.
HÉBERT (François), évêque d'Agen, 9, 415; XVII, 40, 412.
HÉBERT (M.), IX, 381; XIII, 87; XVIII, 130.
HEDGES (Chevalier), ministre anglais, VIII, 297; IX, 262.
HEDWIGE-ÉLÉONORE DE HOLSTEIN-GOTTORP, reine de Suède, veuve de Charles-Gustave, II, 29; XV, 107; XVI, 297.
HEIDERSDORF, gouverneur d'Heidelberg, IV, 295.
HEIDERSHEIM (Comte de), V, 420, 472, 477.
HEILLY (M. d'), IV, 439, 440. *Voy.* GOUFFIER.
HEINSIUS, pensionnaire de Hollande, VIII, 229; XII, 477; XIII, 68, 96, 223, 306, 444; XIV, 17, 59, 352.
HEISTER, général allemand, III, 217; IX, 446, 460, 486; X, 58, 176, 192, 210, 230, 234, 236, 262, 288, 289; XI, 260, 261; XII, 257; XIII, 236.
HEL (Chevalier), II, 289.
HELVÉTIUS, médecin, III, 241; VIII, 46, 204; XV, 72, 77, 87, 90, 229.
HEMSKERKE (M. d'), ambassadeur de Hollande, VI, 271, 329, 432, 467; VIII, 31.
HEMSKERKE (Mme), ambassadrice de Hollande, VI, 437.
HÉNAULT (Abbé de), XVII, 185.
HÉNAULT (M.), XVI, 469, 501.
HÉNAULT (Mlle), XIV, 368.
HENGTS (M. de), ambassadeur de Danemark, V, 150.
HENNEQUIN (M.), III, 393, 442; X, 465, 468.
HENNEQUIN DE CHARMOND, secrétaire du cabinet, VIII, 11, 77.
HENRICHEMONT (Prince d'), II, 132, 133, 324, 342, 348, 375, 376, 415; III, 5; IV, 161, 333, 334.
HENRICHEMONT (Princesse d'), IV, 432.
HENRIETTE (Mme). *Voy.* ORLÉANS.
HENRIETTE-MARIE DE FRANCE, reine d'Angleterre, veuve de Charles Ier, II, 295.
Héraclius, tragédie, XVII, 147.
HÉRAULT (M.), procureur général du grand conseil, XVII, 231, 410.
HERBAULT (Abbé d'), II, 112; VI, 254; VIII, 266.

HERBAULT (M. de), V, 199, 348; VI, 275; VIII, 101; X, 123, 130, 167.
HERBERSTEIN, général allemand, VI, 243.
HERBERT, amiral anglais, II, 190, 307, 353, 378, 392, 394, 398, 400, 403, 451; III, 433.
HERBEVILLE (D'), général allemand, IX, 374, 411; X, 172, 361, 440, XI, 5.
HERBIERS (M. des), III, 166; X, 295.
HERBIGNY (M. d'), II, 158; III, 443; V, 55; VIII, 72; X, 58; XVI, 260.
HERBOUVILLE (M. d'), I, 271, 276; IV, 255.
Hercule, opéra, IV, 255, 267.
HÉRICOURT, enseigne de vaisseau, XI, 248.
HERLEVILLE (M. d'), III, 221, 345; VI, 384; IX, 430; XV, 29.
HERLEVILLE (Mme d'), IX, 294.
HERMAND (M.), XVII, 481, XVIII, 82.
HERMANN (Prince). *Voy.* BADE.
HERMITE (Dom l'), X, 170.
HÉRON (Abbé), X, 170.
HÉRON (M. du), II, 120, 157; III, 6, 7, 284; VI, 248; VII, 276, 288, 319, 385, 386, 395; VIII, 324, 335; IX, 54, 55, 59, 72, 83, 265, 266, 274, 279; XI, 52, 88.
HÉROUVILLE (M. d'), III, 184; IX, 441; XI, 9; XVII, 263; XVIII, 7.
HERSAN, huissier du roi, III, 198.
HERSE-VIALLART (Chevalier d'), II, 383.
HERTEAUX. *Voy.* ESSERTEAUX.
HERVAL (M. d'), I, 73; XIV, 233.
HERVAL (Mme d'), XIV, 225, 233.
HERVART (M. d'), I, 294; VII, 134.
HERVAUT (Abbé d'), II, 159; IV, 356, 387.
HERVAUT (Matthieu Isoré d'), archevêque de Tours, XV, 68, 124; XVI, 410; XVII, 82, 412.
HERVAUT (M. d'), III, 166.
HERVÉ (Abbé), I, 20.
HERVÉ (Charles-Bénigne), évêque de Gap, IV, 187; VIII, 352, 353; XI, 68.
HERVÉ (M.), doyen du parlement, III, 96.
HERVILLE (M. d'), II, 144; VI, 116. *Voy.* HARRVILLE.
HERY (L'), capitaine de vaisseau, III, 164.
HESSE (Comte de), II, 196.
HESSE (Élisabeth de), abbesse d'Herwod, II, 134.
HESSE (Landgrave de), II, 199, 417; III, 17, 398, 399, 407; IV, 125, 127, 130, 169, 178, 231; V, 265.
HESSE (Prince de), IX, 352, 354, 358; X, 196; XI, 160, 202, 209, 213; XII, 150, 241, 266; XIII, 179; XV, 74, 308, 328; XVI, 356, 361; XVII, 355, 454, 473; XVIII, 264, 270, 276.
HESSE (Princesse Lisette de), V, 290.
HESSE-CASSEL (Landgrave de), IV, 180; VI, 220, 304, 313, 328, 342, 350, 476; VII, 382; VIII, 187.
HESSE-CASSEL (Prince de), XII, 351; XIII, 359; XV, 165.
HESSE-CASSEL (Ulrique-Éléonore de Suède, princesse de). *Voy.* ULRIQUE-ÉLÉONORE, reine de Suède.

HESSE-DARMSTADT (Prince de), I, 281; VI, 136; XVI, 502.
HESSE-RHEINFELS (Landgrave de), VI, 220, 342, 475; XVIII, 129.
HESSE-RHEINFELS (Princesse landgravine de), II, 207.
HESSE-RHEINFELS (Prince Charles de), VII, 162.
HESSY (M. de), IV, 255; IX, 43, 72, 108; X, 164; XI, 46, 230, 234, 329; XVII, 405.
HEUCHE (De), brigadier, III, 328.
HEUCHIN (M. d'), guidon des gendarmes anglais, III, 155.
HEUDICOURT (Abbé d'), V, 327; XIII, 57.
HEUDICOURT (Gaston-Armand Sublet d'), évêque d'Évreux, XIII, 101.
HEUDICOURT (M. d'), I, 223, 294; II, 123, 139, 172; III, 76, 262; IV, 442, 456; V, 105; VII, 140, 162, 459; IX, 73; XII, 315, 319, 385; XIII, 249, 250, 252, 394; XV, 391, 404, 410; XVII, 44, 272, 446; XVIII, 5.
HEUDICOURT (Mme d'), I, 316; II, 109, 110, 303, 327, 363, 381, 385, 392, 393, 420; III, 49, 262, 394; IV, 34, 75, 125, 241, 281, 289, 432; V, 185, 194, 201, 267; VI, 141, 322, 443, 455; VII, 12, 49, 51, 92, 211; VIII, 139, 154, 158, 199, 250, 287, 504; IX, 3, 296, 437, 454; X, 36, 77, 428; XI, 204, 210, 356, 366, 369, 487, 493; XII, 149, 191, 210, 314, 315; XIII, 182.
HEUDICOURT (Mlle d'), I, 380; II, 125; XVII, 272.
HEUREUX (D'), chevalier de Saint-Louis, XIV, 330.
HEUSLER (Colonel), I, 58, 336; IV, 313; V, 420, *Voy.* HEIDERSHEIM.
HEYDEN (Baron de), IV, 115.
HEYS, intendant de Bonn, III, 10.
HIDGE. *Voy.* HEDGES.
HIJAR (Duc de), II, 61; X, 16.
HILL (M.), XIII, 316.
HILLIÈRE (La), III, 275; VI, 112, 145.
HIRE (M. de la), XI, 100; XVII, 292.
HOCQUINCOURT (Abbé d'), IV, 161; V, 148; X, 336.
HOCQUINCOURT (M. d'), I, 309; II, 152, 222, 242, 258, 285, 408; III, 42, 180, 187, 380; IV, 122, 161; XIII, 330.
HOCQUINCOURT (Mlle d'), V, 137, 148.
HOGUETTE (Hardouin Fortin de la), archevêque de Sens, I, 435; II, 64; IV, 39; VI, 208, 350; VIII, 81, 91, 92; IX, 484; X, 175, 228; XVI, 253.
HOGUETTE (M. de la), I, 10, 54, 249; II, 163, 286; III, 30, 118, 235, 237, 245, 329, 351, 353, 380, 417; IV, 52, 183, 227, 253, 258, 375.
HOGUETTE (Mme de la), XVIII, 248.
HOGUETTE (Mlle de la), X, 175, 228.
HOHENLOHE (Comte de), IX, 19.
HOHENZOLLERN (Comte de), chanoine de Cologne, II, 393.
HOLSTEIN (Duc de), V, 308.
HOLSTEIN (Duchesse douairière de), XII, 307.
HOLSTEIN (Prince de), XI, 58, 71, 346; XVII, 356.
HOSLTEIN-BECK (Prince de), XII, 262; XIV, 41, 410.
HOLSTEIN-BECK (Princesse de), XIV, 196.
HOLSTEIN-GOTTORP (Duc de), II, 411, 416, 431; V, 132, 361, 379; VI, 139, 344; VII, 168, 217, 228, 237, 293, 299, 360; VIII, 479; XVII, 454.

Holstein-Gottorp (Prince de), X, 488.
Holstein-Ploen (Duc de), V, 80, 96, 277.
Homadei (Cardinal), I, 175.
Homme à bonnes fortunes (L'), comédie, I, 293; II, 101.
Hompesch (Comte de), gouverneur de Douai, XIII, 212; XIV, 198.
Hongrie (Roi de). *Voy.* Joseph.
Hongrie (Couronne royale de), IX, 382.
Honywood (Mme), XVIII, 255.
Hop (M.), ambassadeur de Hollande, XVII, 349, 406; XVIII, 20, 91.
Hopital (M. de l'), I, 189; II, 79; III, 62; VIII, 402; IX, 426; XVI, 296, 408; XVIII, 127, 158. *Voy.* Sainte-Mesme.
Hopital (Maréchale de l'), XIV, 37.
Hopital (Mme l'), maitresse de poste, XVI, 238.
Hoquette. *Voy.* Hoguette.
Hoquinçant (Mme d'), femme de chambre, IX, 469.
Horn (Comte de), IV, 75, 422; V, 272, 278, 288; VI, 352; IX, 72, 108, 157, 366; X, 164, 373, 374, 431; XI, 46, 121; XVIII, 255, 256, 257.
Horn (Prince de), XVIII, 268.
Hortense, comédienne, VII, 385.
Hôte de Lemnos (L'), comédie, XII, 93; XIV, 349.
Hotel (Comte d'), I, 154; II, 139.
Houart (M.), VII, 334.
Houbb (M.), suisse, XVII, 323.
Houdancourt (M. d'), XII, 266; XIII, 275, 276.
Houdard de la Motte, poëte, XIII, 91, 99; XV, 67; XVIII, 90.
Houdetot (M. d'), I, 186; III, 75; IV, 34; XI, 22; XV, 245; XVIII, 2, 7.
Houel (M.), capitaine aux gardes, IV, 447; IX, 182; XVIII, 187.
Houel (Mme), XVIII, 187.
Houque (M.), pair d'Irlande, XII, 112, 116.
Hours (Abbé le), XII, 381.
Houssaye (M. de la), IV, 443; VI, 271; VII, 179, 459; X, 18, 322; XII, 91, 92, 168; XV, 98, 107, 109; XVI, 9, 206, 260; XVII, 211, 269, 407, 411, 447; XVIII, 20, 200, 260, 295, 296, 299.
Housset (M. du), I, 223, 237.
Houssi, petit turc, I, 301.
Howard (Milord), I, 16; II, 151, 337; V, 40; VII, 262.
Howart (Abbé), camérier d'honneur du pape, XIV, 415.
Hozier (D'), I, 347; II, 255.
Huchon (Claude), curé de la paroisse de Versailles, IX, 414; XVI, 119.
Huet (Abbé), I, 250; III, 52.
Huet (Pierre-Daniel), évêque d'Avranches, VII, 69; XVIII, 132.
Huet (M.), XV, 282.
Huguet de Semonville (Mlle), XV, 215.
Hulot (M.), XV, 144.
Hulot (Mme), XIII, 65.
Humières (Chevalier d'), I, 54, 56.
Humières (Duc d'), V, 105, 315, 372; VIII, 302, 347; IX, 109, 461; X, 164, 270; XII, 233; XIII, 374; XVII, 59.

HUMIÈRES (Duchesse d'), IV, 241, 271 ; VII, 41 ; VIII, 20, 23, 157 ; XIII, 374.
HUMIÈRES (Maréchal d'), I, 20, 63, 82, 135, 153, 170, 202, 207, 221, 222, 254, 258, 390 ; II, 18, 110, 120, 160, 174, 192, 202, 207, 223, 227, 242, 285, 342, 372, 381, 401, 403, 421, 424, 425, 426, 432, 436, 441, 445, 455, 457, 458, 461, 464, 466, 467, 468, 471, 475 ; III, 3, 12, 16, 17, 41, 44, 63, 66, 69, 78, 85, 87, 95, 119, 122, 150, 260, 267, 268, 296, 298, 312, 316, 318, 322, 423 ; IV, 19, 21, 82, 88, 104, 107, 122, 191, 274, 276, 293, 337, 341, 383, 445, 466, 471, 483, 485 ; V, 68, 69.
HUMIÈRES (Maréchale d'), I, 11, 86, 294 ; III, 49, 99 ; V, 71.
HUMIÈRES (M. d'), I, 14, 65, 175 ; II, 225, 452 ; III, 232 ; VIII, 305.
HUMIÈRES (Mme d'), VII, 137.
HUMIÈRES (Mlle d'), I, 119, 433 ; II, 68, 81, 100, 107 ; III, 78, 111, 119, 122, 123 ; XIII, 100, 105, 107, 111.
HUMBERT, médecin, XVI, 223.
HUNTINGTON (Comte de), II, 230.
HURAULT, capitaine de vaisseau, XI, 364.
HURAULT-DE-VILLUISANT (M.), XII, 333.
HUSSEY (Milord), III, 430.
HUXELLES (Mme d'), abbesse de Farmoutier, I, 188.
HUXELLES (Marquis d'), maréchal de camp, puis lieutenant général, et maréchal de France, I, 9, 140, 276, 314 ; II, 36, 128, 163, 172, 175, 179, 195, 215, 223, 225, 243, 286, 320, 340, 347, 348, 368, 434, 436, 439, 444, 451, 454, 459, 468, 469, 470, 471, 472, 478, 479 ; III, 44, 46, 69, 94, 97, 121, 123, 136, 146, 198, 203, 212, 214, 217, 228, 229, 236, 242, 278, 330, 372, 416 ; IV, 52, 165, 185, 210, 234, 258, 330, 433, 448, 459, 462, 478 ; V, 94, 113, 297, 370, 436, 469 ; VI, 147, 173, 313, 348 ; VII, 124, 129, 133, 310 ; VIII, 93, 225, 292, 299, 331, 346, 397 ; IX, 86, 90, 95, 113, 348 ; X, 219 ; XII, 337 ; XIII, 93, 95, 108, 115, 123 ; XIV, 11, 40, 54, 56, 78, 334, 384, 403, 404, 426, 427, 428, 432, 447, 453 ; XV, 26, 134, 154, 299, 331 ; XVI, 9, 165, 172, 188, 194, 201, 216, 219, 251, 380, 384, 410, 426, 453, 454, 466, 476, 503 ; XVII, 3, 6, 11, 20, 37, 39, 43, 63, 69, 100, 102, 117, 120, 121, 129, 183, 214, 221, 233, 241, 271, 272, 289, 303, 323, 335, 343, 353, 355, 358, 392.
HUXELLES (Marquise d'), mère du précédent, IX, 391 ; XIII, 36 ; XIV, 138.
Hypermnestre, opéra, XVI, 487.

I.

IBEC, chef des hordes tartares, XII, 11.
IBERVILLE (M. d'), VI, 248 ; XI, 104, 209 ; XIII, 99 ; XIV, 218, 469 ; XVI, 449 ; XVII, 159 ; XVIII, 26.
IBRAHIM-BACHA, caïmacan de Constantinople, XVII, 320.
IGRIVES (D'), capitaine de vaisseau, III, 165.
ILLE (Comtesse d'), I, 81.
ILLE (M. d'), capitaine de vaisseau, III, 165.
ILLIERS (M. d'), II, 308, 321 ; III, 195 ; IV, 247, 391 ; IX, 75, 440, 442 ; X, 465, 468 ; XI, 476 ; XII, 361, 391.

ILLIERS (Mme d'), VIII, 66; XVII, 398.
ILLIERS (Mlle d'), V, 380, 397.
ILLIERS D'ENTRAGUES (Abbé d'), XIII, 217.
ILLIERS D'ENTRAGUES (Louis d'), évêque de Lectoure, XVIII, 335.
IMBERCOURT (M. d'), XII, 180; XIV, 197; XV, 43; XVIII, 206, 273.
IMBERT (Mme), VI, 68.
IMBERVILLE (M. d'), XIII, 75.
IMÉCOURT (Abbé d'), IV, 57.
IMÉCOURT (M. d'), I, 424; II, 164; III, 37; IV, 213, 254, 260; V, 322, 349; VI, 132, 171, 467; VII, 15, 463; VIII, 214, 257, 258, 270, 304, 306, 307, 313, 346; IX, 72, 107, 108, 156, 157; X, 73, 164, 165, 219, 223, 474; XI, 46, 112, 143, 328, 393, 405, 433; XII, 362; XIII, 232; XIV, 105; XVII, 311, 312, 333, 465. *Voy.* LOGE (La).
IMHOF (Baron d'), envoyé du duc de Wolfenbuttel, VII, 432.
Immaculée Conception de la Vierge, VII, 177.
Impératrice (L'). *Voy.* ÉLÉONORE-MADELEINE DE NEUBOURG, ÉLISABETH-CHRISTINE DE BRUNSWIK-WOLFENBUTTEL et GUILLELMINE-AMÉLIE DE HANOVRE.
IMPÉRIALE (Marquis), XIV, 289.
IMPÉRIALI (Cardinal), III, 69.
Importuns de Châtenay (Les), comédie, XI, 289.
Inconnu (L'), comédie, XVIII, 169.
INFANTADO (Duc de l'), VII, 416; IX, 472.
INFREVILLE (M. d'), III, 165; IV, 209; XI, 473; XIV, 217.
INGELHEIM (Anselme-François d'), électeur de Mayence, II, 186, 193, 226; III, 418; IV, 195; V, 186.
INI, gentilhomme de M. de Chaulnes, III, 10.
INNOCENT X (Jean-Baptiste Panfili), pape, II, 3.
INNOCENT XI (Benoît Odescalchi), pape, I, 260, 349, 367, 375, 407; II, 27, 74, 84, 91, 102, 114, 118, 121, 159, 176, 378, 437, 450, 454.
INNOCENT XII (Antoine Pignatelli), pape, III, 371, 394, 409, 413, 418, 446; IV, 17, 126, 187, 211, 314, 358, 380, 383; V, 57, 208, 289, 327, 437; VI, 37, 53, 147, 161, 221, 234, 251, 338, 390, 436; VII, 10, 51, 97, 118, 127, 189, 205, 217, 224, 228, 232, 238; VII, 265, 270, 276, 323, 341, 349, 355, 359, 365, 371, 372, 376, 380, 387, 388, 452.
INTERVILLE (M. d'), IX, 147.
Invalides (Hôtel et église des), VI, 477; VII, 232; VIII, 31, 104, 148; XI, 188.
ISAAC, maître de danse anglais, I, 63.
ISALIS (Sœur Marie-Catherine), religieuse de Port-Royal, XIII, 60.
ISENGHIEN (Prince d'), I, 221; II, 39, 40, 384; V, 365; VI, 79; VII, 49, 290; VIII, 377, 378; X, 239; XI, 174; XII, 361, 362, 364; XIII, 244; XIV, 191, 284, 346, 347; XVII, 27, 263; XVIII, 253, 269.
ISENGHIEN (Princesse d'), VII, 41; XI, 11; XV, 329, 331; XVIII, 251.
ISLE (M. de l'), IV, 178, 238, 256; X, 93.
ISLE DU GAT (Mlle de l'), XVIII, 267.
ISLE-MARIE (Mlle de l'), I, 333; II, 90, 422; III, 269.
ISSARTS (M. des), VI, 403, 432.
ISSARTS-CASTELET (Des), brigadier d'infanterie, XVIII, 7.

Issé, opéra, VI, 248.
ISSEMBOURG (M. d'), XII, 364.
Issy (Abbesse d'), IV, 441.
Issy (Maison d'), VI, 302.
ITRE (Baron d'), envoyé d'Espagne, VI, 465.
IVERNY (D'), brigadier, XII, 469.

J.

JABLONOWSKI, grand général de Pologne, VI, 150, 276, 329 ; XIV, 472.
JACHIET (Abbé), X, 337.
JACQUES II, roi d'Angleterre, I, 131, 143, 151, 158, 160, 168, 221, 274, 292, 346, 356, 361, 601, 602, 435, 436, II, 164, 139, 169, 171, 181, 185, 195, 202, 212, 213, 215, 217, 220, 224, 228, 229, 234, 237, 239, 286, 288, 289, 290, 292, 293, 294, 297, 301, 302, 303, 305, 306, 307, 309, 311, 323, 325, 331, 333, 334, 336, 338, 339, 341, 349, 350, 357, 365, 389, 419, 434 ; III, 4, 5, 14, 29, 36, 45, 118, 145, 159, 179, 233, 419, 427 ; IV, 3, 8, 98, 117, 179, 337, 484 ; V, 448 ; VI, 63 ; VIII, 184, 194 ; XVIII, 172. *Voy.* YORK.
JACQUES III, roi d'Angleterre, VIII, 194, 196, 219, 301, 311 ; IX, 321, 345 ; XI, 4, 80 ; XIII, 40, 153 ; XIV, 9 ; XVI, 235, 287, 324, 325, 327, 337, 344, 474 ; XVII, 21, 60, 103, 138, 292, 293, 397, 419, 440, 484 ; XVIII, 2, 3, 15, 18, 22, 52, 124, 266, 309, 319.
JACQUES (Prince). *Voy.* SOBIESKI.
JACQUES (Frère), chirurgien, IX, 21.
JACQUES (M.), greffier du parlement, II, 167.
JACQUES (Mlle), musicienne, I, 200.
JACQUIER, commis des vivres, I, 7.
Jaloux (Le), comédie, II, 80, 87, 101.
JAMAÏQUE (Marquis de la), VIII, 51 ; X, 476 ; XII, 65.
JANET, partisan, V, 426.
JANIN. *Voy.* JEANNIN.
JANSAC, colonel, IX, 344.
JANSON (Abbé de), IV, 126 ; VIII, 66 ; XIII, 374.
JANSON (Cardinal de), IV, 13, 371 ; V, 17, 208, 329, 415 ; VI, 60, 86, 106, 119, 185, 187 ; VII, 210, 225, 229, 233, 446 ; VIII, 208, 242, 389, 407, 450 ; IX, 483 ; X, 227 ; XI, 16, 25, 154, 158, 172, , 279, 303 350 ; XII, 1, 82, 432 ; XIII, 81, 102, 199, 200, 201, 411, 467 ; XIV, 325, 368, 371. *Voy.* FORBIN.
JANSON (M. de), I, 85 ; II, 232 ; IV, 128, 237, 238, 384, 391 ; V, 44, 350 ; VII, 75 ; VIII, 305 ; IX, 235, 375 ; X, 165 ; XI, 22 ; XII, 319, 351 ; XIII, 138 ; XV, 354, 359 ; XVII, 144.
JANSON (M.), intendant à Montauban, VI, 271.
JANUS, lieutenant général allemand, XI, 405.
JANVRY, III, 160.
JARNAC (M. de), I, 424 ; II, 140 ; III, 275, 298 ; XIII, 251 ; XIV, 182, 183 ; XV, 306.
JARNAC (Mme de), I, 79 ; XV, 437, 438.
JARNAC (Mlle de), I, 79 ; II, 43 ; XII, 430.

Jarry (Abbé), V, 208.
Jars (Commandeur de), II, 293.
Jars (Marquis de), XVII, 212.
Jarzé (Marquis de), I, 133; II, 187; III, 336; IV, 79, 171; XII, 120, 147, 222.
Jason, opéra, V, 349.
Jaucourt (Marquis de), XIV, 25, 144.
Jaucourt (Marquise de), XV, 208; XVI, 368.
Jaunay (De), brigadier d'infanterie, XVIII, 9.
Jauvet, brigadier, XVIII, 47.
Javarin (Évêque de), VIII, 257.
Javelière (La), brigadier d'infanterie, XVIII, 8.
Javie (La), lieutenant de roi, X, 229.
Javon (Commandeur de), VII, 236.
Jay (Chevalier le), capitaine aux gardes, IX, 180.
Jay (Henri-Guillaume le), évêque de Cahors, IV, 273.
Jean V, roi de Portugal, XI, 470, 486; XII, 199, 345; XIII, 487; XIV, 7, 40, 47, 228, 260, 263; XVI, 367, 380.
Jean-Casimir V, roi de Pologne, VIII, 197.
Jean Sobieski, roi de Pologne, I, 275, 300, 353, 371, 388, 393, 399, 409, 415; II, 121, 177; III, 44, 156; IV, 87, 170, 184, 189, 195, 330, 441; V, 96, 126, 129, 417, 420, 433.
Jeannette, XIII, 347. *Voy.* Auxy (Mme d'), et Pincré (Mlle).
Jeannin (M.), 11, 48, 338.
Jeannin de Castille, III, 375, 377.
Jeffery, chancelier d'Angleterre, II, 389.
Jenning, amiral anglais, XIV, 369, 412, 460, 479; XV, 8, 31.
Jeoffreville (M. de), V, 342; VI, 467; IX, 72, 107, 108, 366; X, 16, 164, 483, XI, 108, 119, 155, 233, 234, 246, 301, 329; XII, 363; XIV, 110, 189, 245, 253; XV, 160; XVI, 166, 178, 186, 209, 242, 431; XVII, 478; XVIII, 35.
Jérome (Dom), feuillant, IX, 30.
Jersey (Milord), VI, 342, 428, 452, 475; VII, 3, 41, 57, 89.
Jersey (Mme), VII, 8; XV, 13.
Jésuites (Procès des), XV, 429, 432.
Jeunesse (La), ballet, I, 287; XVII, 275.
Jeunesse (La), chef de fanatiques, X, 314.
Jobelot, premier président de Besançon, IX, 89.
Jodelet maître et valet, comédie, II, 108; IX, 317.
Joly, lieutenant-colonel de dragons, IX, 443.
Joly de Fleury (M.), VI, 86; X, 194; XIII, 353; XIV, 223, 355, 364, 367; XVI, 385, 464; XVII, 14, 17, 21, 99, 113, 169.
Jonathas, tragédie, VII, 205, 206.
Joncas, lieutenant de roi de la Bastille, III, 195.
Jonchère (Mme de la), XII, 66.
Jonquet, chef de fanatiques, X, 314.
Jonquière (La), IV, 394; X, 465, 467; XI, 360; XII, 307, 313; XVIII, 31, 145.
Jonsac (M. de), XIV, 368, 378, 382; XV, 314; XVI, 324, 331, 357, 358, 422, 424, 497.

JONSAC (Mme de), XVI, 469.
JONVELLE (M. de), II, 163, 180, 201 ; IV, 88.
JORAU, lieutenant-colonel de Béarn, IX, 17.
JOSEPH, archiduc d'Autriche, roi de Hongrie et des Romains, puis empereur d'Allemagne, I, 41 ; II, 78, 93, 462 ; III, 13, 47, 64 ; VIII, 25 ; X, 339, 358, 365, 390, 414, 440, 441, 444, 486 ; XI, 105, 165, 202, 288, 297, 346, 391, 412, 423, 460, 463 ; XII, 59, 63, 72, 76, 112, 121, 168, 172, 193, 199, 304 ; XIII, 182, 183, 321, 327, 371, 393, 395, 398.
Joseph, tragédie, XI, 16, 22, 27, 45.
JOSSIGNY, premier commis de la Guerre, IX, 141.
JOUAN (Abbé), X, 300.
Jouarre (Abbesse de), IV, 212.
JOUBERT, lieutenant de roi de Thionville, XVI, 207.
Joueurs de paume, II, 51.
JOUILHAC (Abbé de), chapelain du roi, XVII, 185.
JOURDAN, envoyé du roi de Pologne, VI, 365, 388 ; VIII, 394.
JOURDAN (Le P.), confesseur de Madame, IV, 20.
JOURDAIN, paumier, I, 245, 401 ; II, 57.
Journée des Dupes, VIII, 112.
JOUSTE, officier, IX, 253.
JOUVENCY (Le P. de), IV, 359, 367, 369.
JOUY (M. de), X, 268 ; XVII, 139, 317 ; XVIII, 5.
Joye (Abbesse de la). *Voy.* BEAUVILLIERS.
JOYEUSE (Abbé de), XI, 49.
Joyeuse (Duché de), XIV, 5.
Joyeuse (Maison de), II, 118.
JOYEUSE (Maréchal de), IV, 252, 257, 333, 477 ; V, 1, 83, 177, 192, 230, 236, 239, 243, 248, 253, 339, 370, 387, 388, 398, 403 ; VI, 98, 108, 109 ; IX, 263 ; XII, 205 ; XIII, 76, 196, 197.
JOYEUSE (M. de), I, 166 ; II, 140, 172, 179, 222, 242, 285, 340 ; III, 88, 135, 152, 228, 299, 306, 308, 311, 316, 320, 329, 350 ; IV, 52, 127, 129, 251, 260 ; XII, 383.
JOYEUSE (Mme de), II, 116 ; IV, 120, 121 ; V, 409.
JOYEUX (M. de), premier valet de chambre du Dauphin, II, 200 ; IV, 260, 274, 452 ; V, 77, 320 ; VIII, 479 ; XI, 81 ; XVII, 205.
Judith, tragédie, V, 168.
JUGE (M. le), fermier général, XVII, 458.
JUGE (Sœur Françoise-Agathe le), religieuse de Port-Royal, XIII, 60.
JUIGNÉ (M. de), III, 75, 79, 397 ; V, 99, 107, 171, 172.
JULIANI, chevalier de Saint-Louis, XIV, 330.
JULIEN, brigadier d'infanterie, puis maréchal de camp et lieutenant général, IV, 274 ; V, 11, 28, 100 ; VI, 349 ; VIII, 14, 416 ; IX, 43, 72, 77, 84, 86, 121, 124, 133, 170, 426, 451 ; X, 164 ; XI, 330 ; XII, 123, 124, 130, 194.
JULLY, financier, XVI, 451.
JUMILHAC (M. de), XVIII, 39, 47.
JUSSAC (M. de), II, 172, 174 ; III, 160 ; VIII, 91 ; IX, 354 ; XI, 72, 356.
JUSSAC (Mme de), III, 300 ; IV, 26 ; VI, 57 ; XI, 356 ; XII, 278 ; XVII, 309.
JUSSAC (Mlle de), XII, 277, 290.

Juste-au-corps à brevet, I, 393.
Justine (Sœur), religieuse de Port-Royal, XIII, 60.
Juvigny (M. de), I, 256, 363.

K.

Karg (Baron), chancelier de l'électeur de Cologne, IX, 199 ; XIV, 400.
Kaunitz (Comte d'), II, 61, 91, 147 ; VI, 5, 289, 422 ; VII, 82 ; X, 242.
Kendahl (Duchesse de), XVIII, 324.
Kent (Duc de), XIV, 268 ; XV, 210.
Keppel, XI, 149 ; XVII, 318. *Voy.* Albemarle.
Keranguen-Hiroé (De), gentilhomme breton, XVIII, 274.
Kérantré (Le Gouvello de), gentilhomme breton, XVIII, 260.
Kercado (Abbé de), I, 321.
Kercado (M. de), I, 52 ; II, 188 ; V, 342 ; VII, 79 ; IX, 203, 258, 433 ; X, 166 ; XI, 127, 196, 212, 315, 329 ; XII, 164, 267, 363 ; XIII, 264.
Kérentré de Gouello. *Voy.* Kérantré.
Kergrail, capitaine, III, 112.
Kergrec (Mme de), II, 132 ; IV, 3.
Kergroadec (M. de), colonel, XI, 56.
Kerk, général anglais, II, 415, 429, 437, 449, 455, 464.
Kerman. *Voy.* Carmain.
Kernavalet. *Voy.* Carnavalet.
Kerouart (M. de), II, 170 ; III, 195 ; IV, 314 ; IX, 75, 114 ; X, 3.
Kerouen (Mme de), XVI, 402.
Kerourgan (Le Doulec de), gentilhomme breton, XVIII, 274.
Kervasi (De) aîné, gentilhomme breton, XVIII, 274.
Kervilio (Olivier Jégou de), évêque de Tréguier, V, 18 ; VI, 389 ; XVII, 11.
Kilmaluc (Milord), IV, 397.
Kinseland (Mme de), V, 286.
Kinski (Comte de), premier ministre de l'empereur, VII, 45.
Kiovie (Palatin de), VI, 325 ; XIII, 133, 364, 407, 447 ; XIV, 132.
Kirkener (Baron), conseiller aulique, XIV, 402, 403, 404, 405.
Koenigsegg (Comte de), II, 93 ; IV, 459 ; IX, 19 ; X, 329 ; XIV, 250 ; XV, 239, 276, 450 ; XVI, 242, 320, 511 ; XVII, 39, 46, 132, 215, 292, 333, 351, 407, 455 ; XVIII, 60, 78, 80, 119, 146, 191.
Koenigsegg (Comtesse de), XVII, 39, 202, 423 ; XVIII, 80, 91, 119, 191.
Konigsmark (Comte de), I, 280, 399, 400 ; II, 198 ; XVII, 214.
Koop (M.), ministre du prince d'Orange, III, 99.
Kourakin (Prince), XVII, 82, 84, 92.

L.

Laage. *Voy.* Lage.
Labadie, valet de garde-robe du roi d'Angleterre, II, 288. *Voy.* Badie.
La Barroire (Le président de), III, 406.

LABASTIE. *Voy.* BASTIE.
LABAT, aide de camp du comte de Bezons, XII, 174.
LABBÉ (Marin), évêque de Tilopolis, IX, 444.
LABBÉ, commissaire de police, XVII, 29.
LABERTIÈRE. *Voy.* BERTIÈRE.
LABRO (Abbé de), XI, 241.
LABRUYÈRE. *Voy.* BRUYÈRE.
Labyrinthe (Le), bosquet de Versailles, VI, 113.
LACAN, joueur de billard, I, 240.
LAC (Mme du), VI, 57, 65.
LAC (Mlle du), VI, 71.
LACAZE. *Voy.* CAZE.
LACGER, brigadier d'infanterie, XVIII, 9.
LACHAISE. *Voy.* CHAISE.
LACHAU-MONTAUBAN, brigadier d'infanterie, XIII, 131 ; maréchal de camp, XVIII, 6.
LACINI (Marquis de), X, 213.
LACOUR, capitaine, V, 229. *Voy.* COUR.
LACROIX, aide-major de la compagnie Villeroy, IX, 235.
LACROIX, fermier général, XI, 336; XIV, 63. *Voy.* CROIX.
LACROIX, partisan, V, 243, 297; IX, 102, 477; XI, 94; XII, 175; XIV, 79.
LADEVAISE. *Voy.* DEVÈZE.
LAFAYE. *Voy.* FAYE.
LAFFITEAU (Le P.), XVIII, 151.
LAFOND, I, 309. *Voy.* FONS.
LAFONT, intendant de province, II, 296; III, 139; IV, 268; VII, 179.
LAFONT, capitaine aux gardes, V, 128; VIII, 324.
LA FONTAINE (Jean de), poëte, III, 435; IV, 297; V, 187.
LAFOREST, capitaine de mineurs, V, 252.
LAGAROUSTE (Lauricesques de), V, 473.
LAGE (De), capitaine aux gardes, II, 328, 330, 458.
LAGNEAU (Abbé), VII, 316.
LAGNY (M. de), V, 28; VI, 340; VIII, 28, 270.
LAGRANGE. *Voy.* GRANGE.
LAIGLE. *Voy.* AIGLE.
LAISENAI (De), capitaine de frégate, III, 165.
LALANDE, maître de la musique du roi, I, 35, 84, 200, 287, 291, 294, 297, 301 ; II, 212, 216, 236, 294 ; VI, 440, 448; VIII, 255; X, 89, 162; XIV, 443; XV, 252; XVII, 251.
LALANDE (Mlle de la), musicienne, II, 106.
LALANNE (Abbé de), II, 159. *Voy.* LANE.
LALLEMANT (Abbé), VIII, 66.
LALLEMANT (Le P.), XV, 310.
LAMAR (Chevalier de), V, 344, 403.
LAMARIE, officier aux gardes, I, 429 ; IV, 263, 298; VIII, 467.
LAMBERT, I, 21, 121, 197, 366, 367; III, 226, 333; VIII, 18; XII, 146; XIII, 131; XVII, 259; XVIII, 260.
LAMBERT (Cardinal de), VIII, 289; X, 44 ; XIV, 253.

LAMBERT (Marquis de), VI, 65; X, 385, 477; XII, 186; XVIII, 128.
LAMBERT (Marquise de), XVI, 324.
LAMBERTI (Marquis de), envoyé extraordinaire du duc de Lorraine, XIII, 225.
LAMBES (Marquis de), colonel d'infanterie, VI, 347.
LAMBESC (M. de), XII, 107, 405, 420; XIII, 14, 38, 39, 284, 289, 316; XIV, 87; XV, 300; XVII, 475; XVIII, 12.
LAMBESC (Mme de), XIII, 18; XIV, 88, 111; XVII, 44.
LAMBILLY, conseiller du parlement de Rennes, XVII, 295, 350; XVIII, 260.
LAMET (Mme de), IV, 131.
LAMOIGNON (M. de), II, 155; III, 34, 98, 118, 119, 122, 281; IV, 248, 266; VI, 333, 303, 307, 308, 399; 428, 482; IX, 150, 228; X, 3; XI, 184; 346, 347, 354; XIII, 6; XV, 19, 24, 44; XVI, 299, 300, 309, 313, 336, 333, 451; XVII, 287.
LAMOIGNON (Mme de), I, 228; X, 449.
LAMOIGNON (Mlle de), II, 37; IV, 265; X, 476, 478.
LAMOTTE. *Voy.* HOUDARD et MOTHE.
LAMOTTE-GUILLIER, brigadier, XVIII, 9.
LAMOTTE LA PÉROUZE, brigadier, XVIII, 9.
LANCE-RAMBOUILLET (Mme de), I, 279.
LANCÉ (Mme de), IV, 454.
LANCHAL (M. de), IX, 214.
LANCLA, aide-major de la gendarmerie, IV, 375. *Voy.* NANCLA.
LANÇON. *Voy.* LANSON.
LANCOSME (Mme de), III, 326.
LANDE (La), ingénieur, II, 186, 418; XII, 191.
LANDE (M. de la), brigadier de dragons, III, 75, 79, 203; V, 342; VI, 4; IX, 498; X, 16, 30; XI, 330.
LANDE (Mme de la), IX, 469; X, 275, 302; XV, 96.
LANDE (Mlle de la), XV, 376, 393, 395.
LANDE (Mlle de la), femme de chambre de la Dauphine, I, 59.
LANDIVISIAU, maître des requêtes, XVI, 260; XVII, 137.
LANDIVY (Mme de), XVIII, 190.
LANDRY, capitaine de vaisseau, XI, 247.
LANDZÉE (Le baron de), II, 373, 387, 393.
LANE (Léon de la), évêque de Bayonne, VII, 352.
LANGALLERIE (M. de), II, 338; III, 55, 75, 79, 92, 417; IV, 52, 183, 255, 258, 395; VI, 48; VIII, 304, 307, 321, 347; IX, 110, 179, 365; XI, 15, 62, 79, 96, 305, 338; XVI, 404, 473; XVII, 165.
LANGEAIS (Mme de), XIV, 220, 221, 248; XVII, 1, 2.
LANGEAIS (Mlle de), V, 380; IX, 182; XVII, 2; XVIII, 92.
LANGENERIE, lieutenant-colonel des dragons-Dauphin, III, 95.
LANGERIE (De), sous-lieutenant des galères, XIV, 329.
LANGERON (Abbé de), III, 205; VI, 356; XIII, 279.
LANGERON (M. de), I, 39, 212, 349; III, 13, 185; IV, 394, 475; V, 32, 163; VI, 97; VII, 237, 284, 299; IX, 86, 439; X, 31; XI, 15, 391, 441, 447; XII, 33, 38, 160, 164, 242, 246, 254, 314; XIII, 413, 414, 416; XIV, 360; XV, 100; XVIII, 137, 199.

LANGERON (Mme de), I, 162, 197, 217; II, 217; III, 256; IV, 399.
LANGERON (Mlle de), I, 194; II, 121, 129; XIII, 416.
LANGERON-MAULEVRIER (Abbé de), V, 261.
LANGEY (Chevalier de), brigadier, XVIII, 12. *Voy.* LANGEAIS.
LANGLADE (M. de), II, 105, 108; III, 266; XII, 277.
LANGLE (Abbé de), V, 125; VI, 110, 330, 472.
LANGLE (Pierre de), évêque de Boulogne, XV, 68; XVII, 3, 36; XVIII, 270, 272, 280.
LANGLÉE (Abbé de), XII, 88; XVII, 182.
LANGLÉE (M. de), I, 83, 413; II, 42, 66, 103, 140, 220, 304, 348; III, 39; IV, 270, 390; V, 201; VII, 183, 311; IX, 84, 87; XI, 311; XII, 85, 86, 88.
LANGLÉE (Mme de), VI, 465.
LANGLOIS (Abbé), II, 158; IV, 279; XV, 149.
LANGLOIS, docteur et syndic de la Sorbonne, XVI, 408.
LANGLOIS, maître d'hôtel du roi, II, 28; XI, 85.
Langres (Évêque de). *Voy.* CLERMONT-TONNERRE et GORDES.
Languedoc (États de), II, 215.
LANGUET (Abbé), IX, 445; XIII, 12; XV, 341.
LANGUET, curé de Saint-Sulpice, XVIII, 87. *Voy.* GERGY.
LANGUET DE GERGY (Jean-Joseph), évêque de Soissons, XVIII, 100, 105, 119, 176, 252.
LANGUETS, capitaine de cavalerie, I, 28.
LANGUILLET, capitaine de vaisseau, III, 165.
LANIER, lieutenant général, IV, 140, 150.
LANION. *Voy.* LANNION.
LANJAMET (M. de), I, 387, 394; IV, 70, 76, 103, 104, 106, 135, 159, 299, 302; XIII, 154.
LANJAMET (Mme de), XII, 154.
LANMARY, grand échanson de la maison du roi, II, 106.
LANNION (Abbé de), I, 390, 394; VI, 121.
LANNION (M. de), II, 164; III, 165; IV, 253, 257, 402, 478; V, 307; VI, 43; VII, 113, 304, 346; IX, 109, 143, 163; X, 335; XI, 46, 254, 330; XIII, 93, 131, 306; XVII, 99; XVIII, 6, 8.
LANNOY (M. de), I, 75; XII, 87.
LANNOY (Mlle de), XVII, 348.
LANOUE (M. de), III, 193; XII, 384.
LANOUE-LANGEAIS (M. de), XIII, 243; XVIII, 12.
LANQUE (Marquis de), IV, 270, 275, 280, 286.
LANQUETOT (Marquis de), capitaine de vaisseau, IX, 277; X, 331.
LANSAC (Abbé de), XII, 381.
LANSON (M. de), I, 127, 338; III, 407; IV, 14; V, 439; VIII, 91.
LANTI (Duc), V, 329, 339; VII, 242; XIII, 42.
LANTI (Duchesse), VI, 345, 460, 465.
LANTI (Mlle de), VI, 477; XIII, 457.
LANTI (Prince de), XV, 245, 344, 351, 380; XVIII, 14.
LANTI (Princesse de), XV, 303.
Laon (Évêque de). *Voy.* CLERMONT-CHATTE et ESTRÉES.
LAON (Vidame de), I, 18, 21; XVI, 503.

LAPPARA (M. de), ingénieur, I, 22; III, 438, 441, 446; IV, 267, 287, 308, 310, 311, 388; V, 41, 46, 49, 457; VI, 115, 151, 158, 178, 420, 454; VII, 397, 402; VIII, 394, 433, 435; IX, 126, 316; X, 62, 236, 237, 249, 260, 273, 303, 326, 328; XI, 18, 20, 40, 44, 48, 80, 86.
LAPPARA (Mme de), XI, 99; XVIII, 136.
LARBOUSTE, V, 74, 78.
LARCHER (M.), II, 158; III, 69, 443; VII, 178.
LARCHER (Mlle), XVIII, 42.
LARDY chirurgien, XI, 204.
LARÉ. *Voy.* LARRAY.
LARGILLIÈRE, peintre, VI, 408.
LAROSE, chef des fanatiques, X, 158, 210, 226.
LARRAY (M. de), II, 163, 230, 467; III, 55, 79, 245, 297, 329, 395, 417, 424; IV, 52, 59, 151, 153, 155, 184, 250, 254, 258, 316, 317, 366, 368, 379, 380, 405, 478; V, 100, 113, 298, 348; VI, 307.
LARUE (Le P. de), XIV, 251; XVI, 361.
LASALLE. *Voy.* SALLE.
LASCOUET. *Voy.* LISCOUET.
LASERRE. *Voy.* SERRE.
LASSAY (M. de), II, 174; IV, 70, 92, 103, 104, 105, 106, 135, 299; V, 126, 211, 367, 373, 374; VII, 326, 400; VIII, 288; XII, 309, 384, 389; XIII, 120, 371; XIV, 281, 423; XVI, 223, 408; XVIII, 7, 157, 239, 252, 306.
LASSAY (Mme de), VI, 69; VII, 104, 137; VIII, 23; XIII, 120, 372.
LASSAY (Mlle de), XV, 358, 367.
LASSAY-MONTATAIRE (Mlle de), III, 73.
LASSURANCE (De), III, 408, 430; XII, 134.
LATIER (M.), IV, 396, 442; VI, 363; VIII, 52.
LATOURNELLE. *Voy.* TOURNELLE.
LAUBANIE (Abbé de), XI, 68.
LAUBANIE (M. de), I, 104, 276, 306, 314; II, 313; III, 327; IV, 283, 318, VII, 171, 180, 310; VIII, 304, 347; IX, 13, 70, 74, 280, 292, 352, 353, 407; X, 126, 154, 155, 161, 162, 180, 187, 194, 195, 206, 235; XI, 163; XVIII, 8.
LAUBESPIN (Chevalier de), XIV, 328.
LAUDERDALE (Comte de), II, 447.
LAUGEOIS (M. de), III, 51, 53.
LAUMONT. *Voy.* LOMONT.
LAUNAC le fils (M. de), II, 359, 366.
LAUNAY (M. de), XIII, 231; XVII, 426; XVIII, 96.
LAUNAY (Mlle de), XVII, 445; XVIII, 144, 200, 264, 267, 298.
LAURENT (Pierre du), évêque de Belley, VIII, 407, 424; X, 241.
LAURIA (Cardinal), IV, 416.
LAURIÈRE (M. de), I, 53, 79, 331; XVII, 226.
LAUTREC (M. de), V, 387; IX, 440, 443; X, 255, 269, 274; XIII, 24; XIV, 121; XV, 448, 449; XVI, 346; XVIII, 10, 103, 256.
LAUZIÈRES (M. de), I, 306; II, 132, 348, 445; III, 41.
LAUZUN (Mme de) la mère, II, 1.
LAUZUN (M. de), I, 11, 12, 97, 154, 370, 439; II, 33, 78, 193, 194, 231, 234,

235, 236, 238, 290, 294, 303, 305, 306, 322, 337, 338, 341, 346, 433; III, 4, 15, 31, 36, 62, 67, 118, 120, 145, 179, 186, 188, 218, 221, 231, 235, 236, 237; IV, 67, 201, 260, 261; V, 203, 204, 205, 206, 215, 411; VI, 112, 130, 181, 412; VII, 162, 313; VIII, 74, 173, 226, 266, 301, 490; IX, 94, 274; X, 222, 417; XI, 314; XII, 39, 40, 404, 433; XIII, 51; XIV, 194; XV, 84, 90, 186, 417; XVI, 125, 238, 268; XVII, 91, 458; XVIII, 210, 224, 228, 229, 231.

LAUZUN (Mme de), VI, 244, 401; VII, 28, 236, 237; VIII, 20, 48, 199, 200, 302, 338, 483; X, 225; XI, 2, 180, 356, 429; XIII, 196, 484; XIV, 62, 351.

LAVAL (Abbé de), XIV, 368, 470.

LAVAL (M. de), II, 412; III, 408, 418, 436, 437; VII, 103; X, 492; XIII, 131, XIV, 150, XV, 9, XVII, 66, 90, 430, XVIII, 14, 29, 37, 41, 200, 207, 219, 264, 267.

LAVAL (Mme de), I, 53; II, 133; V, 399; X, 34; XII, 280; XIII, 228, 235; XVII, 157, 158.

LAVAL-BOIS-DAUPHIN (Henri-Marie de), évêque de la Rochelle, IV, 403.

LAVAL-MONTMORENCY (Marquis de), maréchal de camp, XVIII, 6.

LAVAL-TAILLADE, enseigne de vaisseau, XII, 333.

LAVARDIN (Jean-Baptiste de Beaumanoir de), évêque de Rennes, III, 114; V, 399; XII, 412.

LAVARDIN (M. de), I, 290; II, 28, 36, 64, 74, 78, 91, 95, 98, 110, 111, 169, 175, 222, 225, 242, 286, 320, 382, 391, 398, 414, 460, 461; III, 44, 46, 140; IV, 17, 309; V, 14, 305, 366; VIII, 27, 28, 29, 180; IX, 103, 104, 107, 122, 123.

LAVARDIN (Mme de), II, 26, 218; IV, 403; V, 10.

LAVARDIN (Mlle de), IV, 470, 485; V, 8; IX, 406, 416; XII, 67.

LAVAU (Abbé de), III, 121; IV, 447.

LAVAUGUYON. *Voy.* VAUGUYON.

Lavaur (Évêque de). *Voy.* BOSSUET.

LAVERCANTIÈRE, commandant à Abbeville, IV, 239.

LAVERGNE. *Voy.* VERGNE.

LAVIE. *Voy.* VIE.

LA VIEUVILLE. *Voy.* VIEUVILLE.

Lavinie, opéra, III, 245, 249.

LAVINIÈRE, colonel, XVIII, 3.

LAVOCAT (Abbé), VII, 264.

LAVOCAT (Mme), III, 412.

LAW (M.), VIII, 39; XIV, 173; XVI, 209, 211, 212, 220, 372, 374, 375, 397, 401, 421, 488, 509, 510; XVII, 115, 157, 169, 170, 172, 173, 204, 225, 231, 252, 274, 295, 306, 311, 314, 350, 351, 356, 359, 361, 365, 372, 395; XVIII, 51, 52, 61, 64, 74, 99, 100, 107, 117, 118, 120, 136, 138, 143, 145, 150, 158, 163, 171, 180, 181, 184, 185, 189, 200, 203, 208, 210, 225, 226, 229, 244, 245, 246, 251, 258, 281, 290, 291, 293, 295, 296, 297, 298, 299, 302, 304, 306, 321, 322, 327, 328, 332.

LEAK, amiral anglais, XI, 70, 99, 254; XII, 95, 101, 133, 141, 148, 150, 164, 171, 181, 191, 218, 240.

LÉANCE, bohémienne, I, 362.

LEBRET. *Voy.* BRET.
LEBRUN (Charles), peintre, I, 319; III, 66.
Lectoure (Évêque de). *Voy.* BAR et ILLIERS D'ENTRAGUES.
Lecture (Nouvelle méthode de), XVI, 488.
LÉCUSSANT, enseigne des mousquetaires noirs, X, 132.
LECZINSKI, palatin de Posnanie, X, 81, 87.
LÈDE (Marquis de), IX, 294; XI, 46; XVI, 11; XVII, 132, 375, 376, 385, 416; XVIII, 62, 77, 148, 163.
LEDRAN. *Voy.* DRAN.
LÉE (Abbé de), XIII, 76.
LÉE (M. de), IV, 397; V, 28, 44; IX, 72, 109, 306; X, 164, 167; XI, 46, 328; XII, 7, 257, 259, 261, 362; XV, 34; XVI, 10.
LEFEBVRE, intendant des bâtiments, IV, 279.
LEFÈVRE (M.), trésorier des menus, V, 151; VI, 415; XII, 42; XIV, 231.
LEFÈVRE (Mme), XIV, 231.
LEFORT, général des troupes du czar, VI, 138, 385.
LEGALL (M. de), IV, 254; VIII, 304, 347; IX, 109, 265, 275, 279, 336; X, 48, 49, 55, 61, 333; XI, 6, 34, 54, 60, 64, 67, 70, 75, 76, 177, 226, 301, 329, 375, 384, 414, 444; XII, 26, 138, 360, 362; XIII, 137.
LEGALL (Mme de), IX, 267.
LEGANÈS (Marquis de), III, 31, 177, 284; IV, 153, 322; V, 88, 152, 155, 157, 212, 438, 473; VI, 6; VII, 100, 347, 451, 454; VIII, 399, 491, 497; IX, 30; X, 352, 358, 379; XI, 181; XIII, 15, 353.
LEGENDRE. *Voy.* GENDRE.
LÉGER (Abbé), II, 131.
LEGUERCHOIS. *Voy.* GUERCHOIS.
LEINSCHULD, chancelier de Suède, II, 121.
LEISLER, colonel, V, 73.
LEJAY. *Voy.* JAY.
LEMONNIER (M.), chevalier de Saint-Lazare, XVIII, 151.
LEMOS (Comte de), VIII, 195, 444; IX, 359; X, 428; XI, 185, 223.
LEMOS (Comtesse de), XI, 185.
LEMOS (Don Francisco Castro de), IV, 107.
LEMOS (Duc de), général des galères de Naples, VIII, 118.
LEMPEREUR, subdélégué de l'intendant de Picardie, à Montdidier, XVI, 470.
LENCK, brigadier d'infanterie, XVIII, 8.
LENCLOS (Ninon de), X, 450.
LENET (Abbé), IV, 174.
LENONCOURT (M. de), III, 230; VII, 138, 140, 160, 193; XI, 106; XII, 184, 392; XVII, 160.
LENONCOURT (Mme de), VI, 366; VII, 188, 209, 216; XVII, 233.
LENONCOURT (Mme de), chanoinesse de Remiremont, XVI, 245.
LENORMAND, XVI, 411.
LENOSTRE (André), architecte, IV, 270, 288; V, 215; VII, 373; VIII, 141; XVI, 19.
LENTIVAU, courrier, IV, 308; V, 26.
LÉON (Chevalier de), XIII, 85; XV, 437, 438.
LÉON (Prince de), III, 346; VII, 92; IX, 31; XI, 466; XII, 32, 119, 146,

148, 149, 151, 155, 161, 162, 165, 189, 192, 194, 196, 228; XIII, 48, 85, 91; XV, 408, 422; XVI, 169.

Léon (Princesse de), XIII, 91, 93; XV, 422.

Léon (Évêché de). *Voy.* Saint-Pol de Léon.

Léopold, empereur d'Allemagne, I, 37, 46, 55, 65, 231, 260, 318, 349; II, 34, 127, 155, 199, 215, 291, 297, 353, 362, 369, 373, 374, 387, 393, 417, 451, 462; III, 17, 26, 73, 98, 118, 145, 153, 247, 259, 394; IV, 54, 65, 178, 195, 210, 212, 272, 343, 449; V, 38, 297, 419, 455; VI, 31, 41, 56, 82, 116, 139, 172, 218, 221, 247, 328, 342, 394, 432, 468, 477; VII, 20, 76, 82, 209, 269, 319, 362, 370, 376, 382, 385, 398, 412, 439, 445, 459, 463; VIII, 3, 56, 81, 100, 155, 226, 256, 325, 434; IX, 45, 59, 106, 136, 169, 171, 192, 255, 309, 335, 345, 382, 406, 411, 413, 451, 479; X, 156, 176, 182, 211, 323, 324, 326, 329.

Léopold-Jean-Joseph, archiduc d'Autriche, fils de l'empereur Charles VI, XVI, 491.

Léopold-Joseph, archiduc d'Autriche, fils du roi des Romains, VIII, 174.

Léopoldine (Princesse palatine), IV, 282.

Lefineau, commis de Chamillart, VIII, 303; XI, 238.

Lépine-Danican, négociant de Saint-Malo; XI, 23, XIII, 237.

Lercaro, doge de Gênes, I, 172. *Voy.* Gênes.

Leret, capitaine des chasses du duc d'Orléans, I, 219; IX, 325.

Leroi, abbé de Saint-Éloi d'Arras, I, 125.

Lerris (M.), premier secrétaire de M. Darmouth, XIV, 288.

Léry (M. de), I, 20; II, 164, 332; III, 179, 336.

Léry-Girardin, maréchal de camp, VII, 207.

Lescar (Évêque de). *Voy.* Cassagne et Mestlez.

Lescouet. *Voy.* Liscouet.

Lescure (Abbé de), VII, 94.

Lescure (Jean-François de Valdérie de), évêque de Luçon, XIII, 408, 480, 483.

Lesdiguières (Connétable de), I, 260.

Lesdiguières (M. de), III, 428, 437, 442, 447; V, 313, 320, 321, 330, 348, 349; VI, 347; VII, 78, 100; VIII, 289; IX, 72, 321; XIII, 455, 456.

Lesdiguières (Mme de), III, 428, 437; V, 313, 331, 346, 348; VII, 11, 32, 433; VIII, 48, 370; IX, 327, 334; X, 174; XI, 368, 459; XII, 278; XIV, 410; XVI, 305; XVIII, 252.

Lesdiguières-Mortemart (Duchesse de), XVI, 305.

Lesdiguières de Retz (Duchesse de), XVI, 305.

Lesparre (M. de), XI, 117; XII, 291; XVI, 215, 506, 512; XVII, 217; XVIII, 8, 236, 248, 250.

Lesperou, gouverneur de Kirn, puis de Thionville, III, 35; IX, 79; XIII, 438.

Lessart (M. de), VI, 467; VIII, 352; IX, 426, 440, 443; XII, 345; XIII, 131; XVIII, 269.

Lessé (Chevalier de), I, 139.

Lesseville (Abbé de), XIII, 218.

Lesseville (M. de), VI, 464; XIV, 273; XVII, 261, 398; XVIII, 45.

Lessin (Abbé de), VIII, 182.

Lestang, complice du comte de Horn, XVIII, 257.

LESTRADES (M. de), VIII, 304 ; X, 164, 357. *Voy.* ESTRADES.
LESTRANGES (Mlle de), III, 3 ; V, 114.
LE TELLIER (Le P.). *Voy.* TELLIER.
LEUVILLE (M. de), VIII, 367, 368 ; IX, 412 ; XI, 59, 298 ; XII, 134, 164 ; XVII, 263 ; XVIII, 170.
LEUVILLE (Mme de), I, 356 ; II, 39 ; VI, 421 ; XVIII, 35.
LEUVILLE (Mme Olivier de), abbesse de Saint-Léger, I, 137.
LEVINSTON (Milord), II, 447.
LÉVI, capitaine de vaisseau, III, 166.
LÉVIS (Abbé de), VI, 242 ; VIII, 391.
LÉVIS (M. de), I, 345 ; II, 365 ; IV, 160 ; V, 321 ; VI, 281, 284, 375, 381 ; VIII, 305 ; IX, 459, 462 ; X, 310 ; XI, 46, 148, 328 ; XII, 90, 112, 117, 120, 368, 370 ; XIV, 71, 329 ; XV, 33, 391 ; XVI, 178, 186, 209, 431 ; XVII, 107, 292, 331, 469, 478 ; XVIII, 37.
LÉVIS (Mme de), VI, 285, 346 ; VII, 8, 119, 189, 387, 391 ; VIII, 199 ; XII, 395 ; XIII, 186, 196, 255, 276, 485 ; XIV, 60, 126, 163, 164, 174, 431 ; XV, 33, 164, 174, 277.
LÉVIS (Mme de), abbesse, XVII, 479.
LEWENHAUPT, général suédois, XII, 237, 265, 266 ; XIII, 29.
LEWENSTEIN. *Voy.* LOEWENSTEIN.
LEXINGTON (Milord), ambassadeur d'Angleterre en Espagne, XIV, 241.
LEYRAN (Marquis de), brigadier de cavalerie, XVIII, 12.
LEYVA (Don Antonio de), colonel de cavalerie espagnole, XI, 488.
LÉZONNET (M. de), trésorier des états de Bretagne, II, 62.
LHUILLIER, contrôleur des bâtiments, VII, 282.
LIANCOURT (M. de), I, 41, 45, 57, 130, 138, 202, 203 ; II, 93 ; III, 149, 203, 253 ; IV, 480 ; V, 11, 201, 202, 227, 319, 342, 392 ; VI, 175 ; VII, 300 ; VIII, 347 ; IX, 72, 108, 459 ; XI, 46, 328 ; XII, 320 ; XIV, 203. *Voy.* ROCHEFOUCAULD.
LIANCOURT (Mme de), IV, 44.
LIANNE, mestre de camp, XI, 336.
LIBOY (M. du), III, 153 ; IX, 340, 480 ; XIII, 285 ; XVII, 58, 434, 435, 436 ; XVIII, 1.
LICHTENSTEIN (Comte de), IX, 270.
LICHTENSTEIN (Prince de), III, 375 ; VI, 347 ; VII, 27, 45, 54, 81 ; IX, 323, 412.
Lieutenant civil (M. le). *Voy.* CAMUS.
LIGNE (Prince de), V, 279.
LIGNE (Princesse de), V, 279.
LIGNERAC (Abbé de), III, 131 ; 269 ; IV, 272 ; V, 427 ; XV, 161 ; XVIII, 193.
LIGNERAC (M de), IV, 401 ; VI, 375 ; VII, 132 ; VIII, 305 ; X, 205.
LIGNERIS (M. de), II, 164, 358 ; IV, 213, 253, 258, 332, 334, 337.
LIGNIÈRES (M. de), gouverneur de Landrecies, III, 57. *Voy.* LINIÈRES.
LIGNY (M. de), XVIII, 141, 199.
LIGNY (Mme de), II, 307.
LIGONDEZ (M. de), III, 6, 271, 275 ; V, 342 ; VI, 467 ; IX, 431 ; XII, 351.
LILLE (M. de), VIII, 306 ; X, 165, 205 ; XI, 328, 492 ; XII, 236 ; XVIII, 4, 204, 267. *Voy.* LISLE.

LILLEMARIE. *Voy.* ISLEMARIE.
LILLIEROOT (M. de), envoyé de Suède, II, 348; VI, 42, 93, 95; VII, 314.
LILLIEROOT (Mme de), VI, 224.
LILLIERS (Chevalier de), brigadier d'infanterie, XVIII, 9.
Lima (Le fils du gouverneur de), VI, 206, 209.
LIMBEUF, brigadier d'infanterie, XVIII, 9.
Limoges (Évêque de). *Voy.* CANISY, GENNETINES et URFÉ.
LINANGE (Comte de), II, 219; X, 59, 143, 172, 184, 201, 203, 206, 255, 297, 399, 403.
LINARÈS (Duc de), XII, 400, 405, 431; XIII, 31, 387; XVI, 3.
LINDEN (Comte de), II, 183 ; VI, 85.
LINIÈRES (M. de), IV, 251, 472; V, 135; VI, 338, VIII, 146; XI, 308. *Voy.* LIGNIÈRES.
LINIÈRES (Le P. de), confesseur de Madame, XVI, 431, 488.
LINK, lieutenant-colonel, XV, 98.
LIPPE (Comte de), III, 405 ; IV, 88; IX, 294.
LIRIA (Duc de), XVI, 439; XVII, 461. *Voy.* TINMOUTH.
Lisbonne (Archevêque de), VI, 163.
LISCOUET (M. de), I, 338, 346 ; III, 51 ; VIII, 289, 505; X, 263 ; XVIII, 274.
LISCOUET (Mme de), VII, 316.
LISCOUET (Mlle de), II, 166; III, 49.
Lisieux (Évêque de). *Voy.* MATIGNON.
LISLE (M. de), IX, 330; XI, 248; XIV, 380. *Voy.* LILLE.
LISLEBONNE (M. de), III, 141; IV, 348, 433, 437, 461.
LISLEBONNE (Mme de), I, 3, 6, 277, 334, 339, 360; II, 10, 12, 26, 115, 367, 368, 422; III, 18, 49; IV, 461, 482; V, 309, 348; VI, 62, 255, 279, 428, 443, 449, 454; XI, 401; XIII, 378; XVII, 259; XVIII, 236.
LISLEBONNE (Mlle de), I, 334, 339, 355, 360; II, 10, 407, 422, 428; III, 98, 245, 262, 324, 342, 411; IV, 320; V, 194, 247, 268, 293, 295, 298, 319, 346, 348, 391, 456; VI, 62, 141, 142, 249, 443, 454; VII, 28, 164; VIII, 485; IX, 60; XI, 139, 382, 401, 412; XII, 39, 382, 437, 438; XIII, 219, 423.
LISLEBONNE (Prince Paul de), III, 276; IV, 209, 266, 333, 461.
LISSAGARAY (Abbé de), XVI, 295.
LISSALDE (De), valet de garde-robe du roi, V, 27.
LISTENOIS (Abbé de), X, 72.
LISTENOIS (M. de), I, 213; VII, 77; IX, 451; X, 71, 72, 166, 238, 494, 502; XI, 2, 7, 314, 391; XII, 13, 23, 31, 35, 39, 64; XIII, 20, 131, 134, 254, 258, 259, 261.
LISTENOIS (Mme de), XI, 314, 429; XII, 64; XIII, 204, 434.
LIVAROT (M. de), III, 180.
LIVIO (Don). *Voy.* ODESCALCHI.
Livonie (Palatin de), XV, 252, 347, 426; XVII, 117.
LIVRON (Mme de), X, 393.
LIVRY (Abbé de), VI, 453; VIII, 391; XIII, 419.
LIVRY (M. de), I, 8, 10, 297, 380, 390; II, 150, 307; III, 19, 42; IV, 253, 456; V, 16, 109, 289, 382, 383; VI, 302, 367, 409; VII, 105, 162, 176; VIII, 338, 339, 496, 497; IX, 354, 355; X, 112, 126, 166, 225, 226, 231,

342, 390; XI, 5, 171, 257, 314; XII, 429; XIII, 43, 44, 45, 131, 316; XIV, 210, 409, 431; XVI, 125, 461, 481; XVII, 263; XVIII, 6, 19, 67.
Livry (Mme de), IV, 432; XIV, 323, 328.
Lixin (Prince de), III, 130; IV, 354.
Lo (Baron de), exempt des gardes du corps, XI, 13.
Lo (M. de), capitaine de vaisseau, III, 166. *Voy.* Eau.
Lobkowitz (Comte de), I, 268, 355, 434; II, 93; IV, 19.
Lochman, officier suisse, III, 70.
Locmaria (M. de), I, 324; II, 164; IV, 253, 259, 392, 478; V, 94; VI, 223, 370; VIII, 93, 129, 304, 346, 428, 460; IX, 25, 109, 281, 459.
Lodève (Évêque de). *Voy.* Chambonas et Phélypeaux.
Loewenstein (Comte de), I, 313, 319; IV, 399; VIII, 41, 268, 391, 449; XIII, 339; XIV, 123, 344, 414, 449; XV, 203; XVI, 216.
Loewenstein (Comtesse de), II, 149.
Loewenstein (Mme de), I, 288, 314; III, 141; X, 240.
Loewenstein (Mlle de), I, 24, 69, 166, 194, 316. *Voy.* Dangeau (Mme de).
Loewenstein (Prince de), XIV, 268, 401; XVI, 412, 502; XVII, 111, 455.
Loewenstein (Princesse de), XIV, 274.
Loge (La), brigadier de cavalerie, XI, 358.
Loge d'Imécourt (La), XI, 52; XVII, 263. *Voy.* Imécourt.
Logivières, sous-lieutenant d'artillerie, XII, 333.
Loison (Mlles), XII, 74; XIII, 429.
Lombart (Le P.), VI, 38.
Lombez (Évêque de). *Voy.* Fagon et Roger.
Lombrailles, brigadier d'infanterie, II, 164.
Lomellin, sénateur de Gênes, I, 174.
Lomont (M. de), I, 306; III, 75; IV, 54, 284; V, 259, 272, 278, 284; IX, 71; X, 30; XI, 466; XVII, 268.
Longaunay (M. de), VII, 336.
Longeais (M.), mestre de camp, XI, 77.
Longeais (Mme de), V, 397.
Longepierre (M. de), IX, 183; X, 146; XII, 347, 464; XIV, 352, 443; XVII, 482.
Longivière (Marquis de), capitaine de vaisseau, X, 331.
Longuerue (M. de), I, 65; IV, 11; VIII, 181, 305; IX, 112; X, 165, 448, 449.
Longuet (Abbé), IV, 290.
Longueuil (M. de), III, 314; XVI, 435.
Longueval (Abbé de), XI, 180.
Longueval (M. de), I, 304, 323, 324; II, 475; III, 28, 75, 79, 92; IV, 20, 53, 72, 258, 478; V, 341, 422.
Longueval (Mme de), II, 195.
Longueville (Chevalier de), II, 204, 474; IV, 73.
Longueville (M. de), III, 332; IV, 445, 446; VIII, 121; IX, 48.
Longueville (Mme de), II, 204; V, 59.
Lonré (Marquis de), maître de la garde-robe, III, 258.
Lons (Chevalier de), chambellan du duc d'Orléans, VIII, 161.
Lordat (Abbé de), XV, 17.
Lordat (M. de), IV, 391; XVIII, 11.

LORGES (Duc de), VIII, 11; XI, 262; XII, 148, 446; XIV, 67; XVI, 234;
    XVII, 127, 386; XVIII, 37, 267. *Voy.* DURAS et QUINTIN.
LORGES (Duchesse de), XV, 156.
LORGES (M. de), I, 380, 390; II, 240; III, 136; XVIII, 199.
LORGES (Mme de), XI, 391, 429; XVII, 9.
LORGES (Mlle de), V, 174, 178, 180, 204, 205.
LORGES (Maréchal de), I, 11, 45, 46, 143, 157, 160, 405, 438; II, 223, 242,
    285, 291, 340, 394, 407, 466, 469, 473, 477, 478; III, 3, 8, 123, 129, 134,
    140, 141, 150, 158, 159, 172, 202, 209, 214, 226, 228, 237, 238, 239, 252, 283,
    295, 299, 326, 329, 330, 344, 358, 359, 368, 372, 374, 378, 380, 381, 382, 384,
    385, 398, 413, 422; IV, 52, 59, 127, 130, 165, 166, 167, 169, 171, 173, 174,
    176, 177, 178, 193, 210, 258, 267, 268, 292, 294, 295, 305, 306, 309, 311,
    315, 318, 321, 325, 331, 339, 359, 393, 433, 470, 477; V, 10, 12, 27, 29,
    30, 34, 36, 44, 58, 65, 72, 81, 82, 83, 84, 85, 90, 193, 203, 213, 218, 219,
    222, 229, 234, 236, 266, 284, 285, 296, 297, 306, 325, 340, 377, 411; VI,
    254; VII, 66, 193; IX, 21, 23; XVI, 17.
LORGES (Maréchale de), I, 230; II, 294; V, 72, 229, 230, 236, 296, 418; IX,
    46; XVII, 173; XVIII, 289.
LORIOU, mestre de camp, XIV, 457.
LORME (M. de), capitaine de vaisseau, III, 165.
LORRAIN (Le), XVI, 379.
LORRAINE (Abbé de), I, 201; II, 39, 96; III, 336; IV, 231, 242; XVII, 259,
    293, 485; XVIII, 149, 214.
LORRAINE (Bailli de), V, 409; VIII, 499; X, 124.
LORRAINE (Chevalier de), I, 52, 57, 84, 118, 122, 199, 406; II, 50, 155, 222,
    241, 255, 285, 379, 380, 383, 433, 459; III, 4, 352, 396, 406, 434; IV, 8,
    62, 153, 173; V, 48, 49, 50, 192, 281; VI, 190, 257, 380, 381, 432, 433,
    447; VII, 127, 142, 379; VIII, 128, 145, 328; IX, 2, 41, 58, 59; XII, 263,
    264; XVI, 409, 463; XVII, 42, 409, 485; XVIII, 3, 184.
LORRAINE (Duc de), I, 36; V, 472; VI, 199, 235, 443; VII, 184, 201, 228,
    229; VIII, 423, 455; IX, 27, 55, 100; XI, 251; XII, 57; XVI, 337, 480;
    XVII, 232; XVIII, 156.
LORRAINE (Duchesse de), VI, 257, 258, 441, 455, 457; VII, 7, 74, 138, 196,
    201, 203, 212, 216, 217, 220, 288, 400; IX, 55, 320, 421; X, 4, 7, 268; XV,
    269; XVI, 253; XVII, 259, 264, 274; XVIII, 43. *Voy.* CHARTRES (Mlle de).
LORRAINE (Françoise-Renée de), abbesse de Montmartre, II, 116.
LORRAINE (M. de), I, 41, 49, 65, 198, 199, 211, 212, 213, 221, 356, 359,
    383; II, 60, 77, 155, 166, 226, 347, 377, 385, 411, 414, 417, 418, 419, 422,
    425, 428, 430, 431, 434, 436, 439, 442, 448, 449, 454, 461, 469, 472, 474;
    III, 2, 12, 14, 116, 131; V, 471; VI, 251, 252, 327, 348, 352, 366, 374,
    380, 424, 430, 439, 449, 452, 455, 457; VII, 119, 172, 183, 188, 192, 194,
    196, 197, 198, 200, 202, 203, 241, 245, 246, 288, 310, 314, 327, 464; VIII,
    334, 478; IX, 54, 66, 176, 202; X, 429; XI, 240, 246, 350, 366, 403; XII,
    52, 59, 168, 184; XIII, 11, 395; XIV, 349, 355; XV, 108, 269, 393, 400;
    XVI, 263; XVII, 206, 233, 248, 249, 250, 251, 252, 253, 254, 258, 260,
    261, 264, 267, 268, 270, 271, 273, 275, 278, 281, 284, 456; XVIII, 248.
LORRAINE (Mme de), VI, 448, 449; VII, 81, 184, 188, 192, 194, 195, 207,
    214, 215, 228; IX, 54, 303; XI, 50; XIII, 253, 403; XVI, 258; XVII, 233,

249, 250, 251, 252, 253, 258, 260, 266, 267, 271, 273, 275, 278, 281, 284 ; XVIII, 222, 246.
LORRAINE (Prince de), I, 39; II, 465, 467; VII, 55, 160, 288; XIII, 406.
LORRAINE (Prince Antoine de), VI, 348.
LORRAINE (Prince Camille de), dit *le prince Camille*, I, 2, 185, 283, 410; II, 123; III, 25; V, 113, 319, 329, 342, 359; VI, 63, 433, 448, 455, 462; VII, 20, 226, 237, 251; VIII, 304, 306, 333, 334, 338, 347; IX, 109; X, 93, 225, 272; XVI, 226, 258.
LORRAINE (Prince Charles de), dit *le prince Charles*, V, 294 ; VIII, 268, 306, 338; IX, 256, 308, 439, 443 ; X, 101; XI, 5, 21, 314; XII, 107, 362, 389; XIII, 14, 316, 441; XIV, 87, 240, 411; XV, 99; XVI, 124, 173, 272, 324 ; XVII, 74, 77, 79, 84, 85, 172, 186, 259, 343; XVIII, 54, 283, 307.
LORRAINE (Prince Emmanuel de), dit *le prince Emmanuel*, VII, 91, 214, 346; XI, 55, 96, 203, 305 ; XVII, 406 ; XVIII, 151.
LORRAINE (Prince François de), XV, 461.
LORRAINE (Prince Joseph de), X, 403, 411.
LORRAINE (Princesse de), XII, 370; XIII, 403.
LORRAINE-HARCOURT (Françoise de), abbesse de Montmartre, VII, 178.
Los (Mme de), XIV, 252.
LOSTANGES (M. de), I, 264, 387; II, 6; III, 75, 163, 270, 318, 319 ; V, 304 ; X, 166 ; XI, 373.
Loteries, V, 312; VII, 285, 296; VIII, 166.
LOTHIER, joueur de pharaon, XVII, 217.
LOTRON (Comte de), XIII, 43.
LOUBÈRE (M. de la), I, 412; II, 7; IV, 14, 346.
LOUBERT (Mme de), II, 401.
LOUBES (Mme de), I, 232.
LOUBES (Mlle de), I, 62, 232, 288, 295, 315, 321, 405; II, 14, 103.
LOUIS XIII, I, 102; III, 376.
LOUIS XIV, I, 1, à XVI, 170; XVII, 177, 178; XVIII, 38; détails sur sa mort, 371-386.
LOUIS XV, son mariage, II, 298; XVI, 137, à XVIII, 336. *Voy.* ANJOU.
LOUIS de FRANCE, Dauphin, nommé *Monseigneur*, fils de Louis XIV, I, 6, à XIII, 384.
LOUISE (Princesse). *Voy.* BAVIÈRE (Louise Hollandine de).
LOUMAGNE, colonel, V, 308.
LOURDAT (M.), officier, XIII, 234; XVII, 40.
LOURY (Mme de), XVIII, 316.
LOUVAIN, écuyer du roi, VIII, 145.
LOUVAT (M. de), gouverneur de Belle-Isle, IV, 268; brigadier de cavalerie, XVIII, 11.
LOUVIÈRE (La), brigadier de cavalerie, XVIII, 11.
LOUVIGNY (M. de), III, 150, 211, 251, 284 ; IV, 347, 376; VI, 16 ; VIII, 100 ; IX, 77, 225, 384; XII, 34; XIII, 100, 105, 107, 111, 258, 299, 306, 313; XVI, 486, 505, 506; XVII, 7, 308, 402 ; XVIII, 7.
LOUVIGNY (Mme de), XIII, 337; XVI, 486; XVII, 290; XVIII, 91.
LOUVILLE (M. de), III, 205, 208 ; VII, 296, 449; VIII, 24, 222, 233, 234, 235, 236, 244, 267, 296, 299, 302, 385, 402, 407, 445; IX, 23, 214, 221, 363,

369, 395, 438; XI, 52, 53; XII, 157, 323; XVI, 267, 416, 420, 425; XVIII, 96, 181.

Louvois (Abbé de), VII, 322; XI, 97, 215; XIII, 106; XIV, 38, 62, 66; XVI, 451; XVII, 178, 181, 325, 411, 412, 413.

Louvois (Chevalier de), XVII, 273.

Louvois (Commandeur de), I, 237.

Louvois (M. de), I, 13, 20, 22, 27, 39, 41, 44, 58, 64, 76, 82, 88, 89, 124, 125, 131, 157, 161, 162, 163, 164, 174, 180, 188, 203, 204, 220, 237, 238, 240, 241, 254, 257, 273, 280, 281, 329, 363, 390, 395, 401, 406, 417, 425; II, 12, 38, 44, 78, 122, 131, 141, 155, 185, 193, 203, 213, 221, 238, 240, 241, 258, 296, 303, 311, 319, 329, 354, 363, 386, 392, 395, 400, 415, 421, 422, 424, 434, 441, 448, 455, 470, 473, 474, 478; III, 4, 5, 24, 27, 35, 62, 71, 96, 97, 238, 240, 245, 250, 275, 289, 298, 300, 303, 322, 323; III, 324, 325, 340, 341, 352, 354, 360, 361, 388, 449, 450, 451, 452; IV, 246; V, 446; VII, 25, 66; VIII, 28, 255; IX, 92, 395; X, 68; XII, 14, 329, 402; XVI, 16, 319, 327; XVII, 414; XVIII, 305.

Louvois (Mme de), II, 114; III, 360; IV, 480; V, 213, 215, 225; VIII, 3; XIII, 75, 106; XIV, 109, 435; XVI, 253, 254.

Louvois (Mlle de), III, 400; IV, 450, 478.

Louvois (Marquis de), XIV, 81, 272; XVI, 336; XVIII, 128.

Lozier, commandeur à Cazal, I, 278. *Voy.* Lauzières.

Lozières d'Astier, brigadier d'infanterie, XVIII, 9.

Lubert (M. de), trésorier de la marine, III, 440; X, 322.

Lubières (De), capitaine des galères, XIV, 328.

Lubomirska (Princesse), XIV, 76.

Lubomirski (Prince); VI, 155, 207, 211, 276.

Lubomirski-Sapieha, grand maréchal de Pologne, II, 374.

Luc (M. du), II, 474; IV, 284; VIII, 374; X, 475; XII, 227, 274; XIV, 146, 390, 427; XV, 98, 107, 109, 241, 244, 278, 288, 317, 382; XVI, 243, 420, 429, 456, 502, 513; XVII, 11, 60, 150; XVIII, 11. *Voy.* Vintimille.

Lucan (Milord), IV, 61, 254, 257, 333, 341.

Lucan (Lady), V, 172.

Lucé (Chevalier de), enseigne des gardes du corps, III, 413; IV, 342, 462.

Lucey (Chevalier de), lieutenant des gardes de la duchesse de Savoie, VII, 82, 90.

Lucinge (M. de), VI, 54.

Luçon (Évêque de). *Voy.* Barillon et Lescure.

Lude (Comte du), I, 215.

Lude (Comtesse du), I, 215.

Lude (Duc du), I, 214, 222; IV, 21.

Lude (Duchesse du), I, 55, 154, 214, 215, 254; II, 137, 167, 422, 424; III, 49; IV, 38; V, 11, 123, 461, 462, 465, 468, 476; VI, 10, 25, 26, 41, 56, 75, 101, 141, 159, 194, 195, 205, 206, 207, 239, 241, 242, 272, 284, 294, 304, 322, 354, 393, 405, 410, 426, 433, 434, 435, 436, 437, 442, 446, 450, 451, 455, 459, 462, 481; VII, 12, 24, 26, 32, 49, 50, 70, 85, 92, 95, 99, 103, 106, 110, 135, 142, 149, 151, 152, 171, 203, 268, 323, 326, 367, 379, 380, 383, 386, 388, 394, 397, 409, 411, 417; VIII, 72, 96, 110, 115, 116, 163, 175, 178, 182, 203, 207, 215, 230, 239, 267, 301, 302, 504, 506, 508; IX, 4,

20, 26, 115, 213, 279, 296, 301, 302, 307, 313, 317, 330, 332, 379, 420;
X, 59, 63, 122, 144, 276, 292, 427, 432; XI, 278, 343, 451, 461, 469, 487,
493; XII, 119, 162, 417, 464; XIII, 184, 204, 442, 484; XIV, 100, 107,
110, 129; XV, 390; XVI, 454, 471; XVII, 187, 384; XVIII, 129.

LUDRES (Mme de), V, 394; XVI, 53.

LUGNY (De), colonel, III, 6.

LUGUET, chevalier de Saint-Louis, XIV, 330.

LULLI (Baptiste), surintendant de la musique du roi, I, 109, 119, 157, 198,
229, 304, 313, 381, 403; II, 4, 36, 69.

LULLI, le fils, II, 236, 294; III, 69; IV, 256; VI, 15, 63, 455.

LULLI (Mlle), I, 7.

LUMAGNE, lieutenant-colonel, X, 367; XI, 305.

LUMBRES (M. de), I, 323; III, 75, 77, 89.

LUMLEY (Milord), II, 182, 230; XIII, 307; XVII, 215.

LUQUENET, musicien, II, 54, 58.

LUS. *Voy.* LUXE.

LUSACE (Comte de), XV, 250. *Voy.* SAXE (Prince de).

LUSANCY (Abbé de), I, 159; XVII, 184.

LUSANCY (M. de), II, 459; III, 56; VII, 122; IX, 440; X, 184, 190.

LUSBOURG. *Voy.* LUTZELBOURG.

LUSIGNAN (Abbé de), XI, 352.

LUSIGNAN (Paul-Louis-Philippe de Lezay de), évêque de Rodez, I, 20; XVI, 332.

LUSIGNAN (M. de), I, 307, 314; II, 40, 215, 230, 312, 362; IX, 289; XI, 333.

LUSSAN (M. de), II, 221, 223, 242, 259, 285; IV, 285; VIII, 175; XIV, 105.

LUSSAN (Mme de), II, 27, 148; IV, 432; VIII, 303; XVI, 456.

LUSSAN (Mlle de), VI, 244; VII, 237, 238, 344.

LUSSIENNE (M. de), gentilhomme ordinaire du roi, II, 217.

LUTREL, brigadier d'infanterie, V, 343.

LUTTEAUX (De), brigadier d'infanterie, XVIII, 7.

LUTZELBOURG (M. de), VIII, 352; IX, 255, 426; X, 196; XIII, 462.

LUTZELBOURG (Mlle de), V, 374.

LUXE (Comte de), I, 52; III, 3, 237; IV, 141, 146, 151, 333, 342; V, 98, 352,
365, 371.

LUXEMBOURG (Abbé de), IV, 249, 272; VII, 306, 409, 431.

LUXEMBOURG (Chevalier de), VII, 251, 265; VIII, 87, 306; IX, 102, 147,
431, 489, 494; X, 165, 254, 449, 463; XI, 197, 328; XII, 53, 119, 231, 232,
248, 252, 285, 292, 299, 311, 362; XIII, 8, 28, 40, 58, 139, 273, 362,
475; XIV, 16, 33, 36, 63. *Voy.* TINGRY.

LUXEMBOURG (Duc de), I, 247; II, 224, 241, 285; IV, 257; V, 359, 366, 404;
VII, 432; VIII, 93, 304, 346; IX, 108, 120, 459; X, 225, 270; XII, 231,
346; XIII, 38, 39; XVI, 366, 374.

LUXEMBOURG (Duchesse de), VI, 243, 281; VIII, 302; X, 225; XII, 300;
XIII, 38; XIV, 394.

LUXEMBOURG (Maréchal de), I, 9, 81; II, 222; III, 99, 299; IV, 88, 294, 304;
V, 103, 352.

LUXEMBOURG (Maréchale de), VII, 233; VIII, 175.

LUXEMBOURG (M. de), I, 56, 97, 159, 161; II, 106, 161, 168, 169, 315, 316,
474; III, 88, 90, 116, 130, 132, 133, 139, 140, 149, 157, 158, 160, 161, 171,

183, 189, 199, 214, 222, 228, 232, 237, 244, 305, 306, 319, 329, 334, 335, 341, 342, 345, 346, 350, 352, 359, 369, 372, 374, 385, 386, 396, 400, 403, 412, 420, 423, 428; IV, 1, 58, 59, 63, 72, 75, 81, 85, 99, 113, 122, 130, 137, 141, 152, 156, 159, 161, 164, 169, 172, 179, 182, 184, 186, 192, 293, 295, 296, 300, 302, 303, 305-309, 311, 320, 323, 325, 327, 328, 331, 334, 340, 343, 345, 347, 349, 357, 362, 364, 368, 370, 378, 391, 433, 444, 469, 477; V, 12, 16, 49, 66, 82, 96, 99, 128, 129, 131, 147, 313, 349, 352, 365, 385, 388, 393; VII, 28; X, 24, 41; XII, 451, 461; XIII, 65, 74, 75; XIV, 185, 325, 332; XV, 69, 400, 454; XVI, 20, 261; XVII, 395; XVIII, 73, 118, 156, 157.

LUXEMBOURG (Mme de), II, 315; III, 128; V, 110; VII, 28; VIII, 31; XVII, 295.

LUXEMBOURG (M. de) le fils, I, 17; XVIII, 222.

LUXEMBOURG (Mlle de), V, 53, 56, 365; XVI, 316, 345.

Luxembourg (Palais du), V, 9.

LUYNES (Chevalier de), II, 188; IV, 209; VII, 398; XVI, 336.

LUYNES (Connétable de), I, 4.

LUYNES (Duc de), I, 200; II, 238; III, 9, 232, 233; XIII, 97, 99, 107; XVI, 221; XVII, 148, 457; XVIII, 139, sa préface projetée pour une édition de Dangeau, 477-484.

LUYNES (Duchesse de), I, 64, 65, 265; XIII, 226, 315, 316; XV, 458; XVI, 326; XVIII, 240.

LUYNES (Mlle de), IV, 439, 440; VI, 303, 305, 312.

LUZ. *Voy.* LUXE.

LUZAR (Marquis de), brigadier, IX, 77.

LUZBOURG. *Voy.* LUTZELBOURG.

LUZERNE (Abbé de la), I, 300; IV, 298; XVII, 115.

LUZERNE (Henri de Briqueville de la), évêque de Cahors, VII, 322; XI, 272; XVII, 115.

LUZERNE (M. de la), I, 38; III, 164, 447; IV, 33, 239, 280, 384; VIII, 305; IX, 277; X, 165; XIII, 138; XVI, 9; XVII, 94.

Lyon (Archevêque de). *Voy.* SAINT-GEORGES et VILLEROY (Camille et François-Paul de Neufville).

LYONNIÈRES, exempt aux gardes, XII, 306.

LYONNE (Abbé de), I, 378; II, 7; VI, 66, 482; IX, 465; XIV, 146; XV, 335; XVII, 169.

LYONNE (Famille de), II, 385.

LYONNE (M. de), II, 384; VI, 66; XII, 208; XIII, 290; XVI, 352; XVIII, 267.

LYONNE (Mme de), II, 384; IX, 464.

LYRA (Don Emmanuel de), ministre espagnol, III, 357.

M.

MABOUL (Jacques), évêque d'Alet, XII, 256; XIV, 125, 130; XV, 213; XVI, 251; XVIII, 112, 150.

MABOUL (M.), maître des requêtes, VII, 63; XVIII, 130.

MACANAS, membre du conseil de Castille, XV, 240, 256, 359.

MACASSAN (Prince), II, 103.
MACCARTHY, II, 464; III, 36.
MACCHIA (Prince de), VIII, 207, 210.
MACCLESFIELD (Comte de), VI, 344.
MACHAULT (Abbé de), I, 58.
MACHAULT (M. de), I, 402; II, 152; III, 165; VIII, 460; IX, 226; XII, 129, 142, 367; XIII, 215; XVI, 212, 293, 344, 409, 412; XVII, 237, 346, 410, 440; XVIII, 65, 207, 208.
MACHECO (Abbé de), XIII, 308.
MACHET, chevalier de Saint-Louis, IV, 285; brigadier d'infanterie, XVIII, 6.
MACKARTNEY, XIV, 276.
MACKAY, général anglais, II, 388, 406, 419, 447, 450; IV, 140.
MACQUEVILLE, enseigne aux gardes, VI, 6; VIII, 291.
MADAILLAN (M. de), IX, 182; XVII, 340; XVIII, 127, 137.
Madame. *Voy.* ORLÉANS (Élisabeth-Charlotte de Bavière, duchesse d').
Madame la duchesse-royale. *Voy.* SAVOIE (Anne-Marie d'Orléans, duchesse de).
Madame royale. *Voy.* SAVOIE (Anne-Marie d'Orléans, duchesse de).
Madame royale la douairière. *Voy.* SAVOIE (Marie-Jeanne, duchesse de).
MADELAINE (La), sous-écuyer de la grande écurie, XIII, 221.
Mademoiselle. *Voy.* MONTPENSIER (Anne-Marie-Louise d'Orléans, Mlle de); ORLÉANS (Élisabeth-Charlotte-Louise-Adélaïde et Marie-Louise-Élisabeth d') et SAVOIE (Anne-Marie d'Orléans, duchesse de).
MADOT (François), abbé, puis évêque de Belley, VI, 232; VIII, 391; IX, 200; X, 299; XI, 271; évêque de Châlons-sur-Saône, XIV, 46.
MAFFEI (Comte), XIV, 47, 487; XV, 254.
MAGALOTTI (M. de), I, 155; II, 241; III, 85; VI, 425; X, 298.
MAGENVILLE (M. de), envoyé du duc de Lorraine, IX, 421, 425.
MAGNAC (M. de), III, 75; V, 342; VII, 394; VIII, 93, 347; IX, 15, 18, 71, 109, 112, 143, 163, 181; X, 250; XI, 46, 87, 142, 243, 328, 382, 492; XII, 362; XIV, 162. *Voy.* MAIGNAC.
MAGNAC (Mme de), XIV, 140; XVI, 473.
MAGNOU (M. du), capitaine de vaisseau, III, 165; chef d'escadre, IV, 209, 285.
MAGNY (Abbé de), VI, 106; X, 97, 270.
MAGNY, colonel du régiment de Provence, II, 355, 468, 473; brigadier d'infanterie, XIII, 131.
MAGNY (Foucault de), intendant d'Alençon, II, 179; introducteur des ambassadeurs, XVI, 206, 254, 256, 257, 266, 430, 435, 437; XVIII, 14.
MAGON, capitaine de vaisseau, III, 164.
MAHOMET IV, sultan, I, 300, 425; II, 82.
MAHON (Lord), XIV, 176.
MAHONI (M. de), VIII, 315, 318; IX, 358; XI, 42, 61, 199, 223, 263; XII, 73, 124, 163; XIII, 203, 281, 361; XIV, 158; XV, 75.
MAIDALCHINI (Cardinal), II, 74; IV, 126; VII, 210, 232.
MAIGNAC, lieutenant-général, XVI, 185. *Voy.* MAGNAC.
MAIGNAC-ARNOLFINI, brigadier de cavalerie, II, 49. *Voy.* ARNOLFINI.
MAIGREMONT, lieutenant aux gardes, XI, 69.

MAILLARD (Le frère), V, 307.
MAILLÉ (Comte de), VI, 338 ; X, 464.
MAILLÉ Marquis de), enseigne dans la gendarmerie, VI, 377.
MAILLÉ-BÉNEHART (Chevalier de), VII, 223.
MAILLÉ-BÉNEHART (Marquis de), IV, 42.
MAILLÉ-BÉNEHART (Mlle de), XIII, 417.
MAILLÉ LA TOUR-LANDRY (M. de), XIII, 326.
MAILLEBOIS (M. de), XII, 226, 286 ; XIII, 263, 367, 368, 463; XIV, 111, 114, 123, 142, 179, 316, 321, 326, 331, 431 ; XVI, 125; XVII, 60, 263, 301; XVIII, 102.
MAILLEBOIS (Mme de), XIV, 333, 345, 431, 480; XV, 192, 220, 251.
MAILLENS, fanatique des Cévennes, X, 332.
MAILLOT (M. de), aide de camp de M. de Soubise, IV, 119.
MAILLOT (Marquis de), XVIII, 316.
MAILLY (Abbé de), IV, 415, 467 ; VI, 253.
MAILLY (François de), archevêque d'Arles, puis de Reims, cardinal, IX, 445; XIII, 207, 426; XV, 57; XVI, 263, 385, 483, 509 ; XVII, 62, 97, 269, 271, 272, 273, 279; XVIII, 52, 68, 171, 172, 180, 185, 188, 190, 193, 246, 252, 253, 289, 306.
MAILLY (Victor-Augustin de), évêque de Lavaur, XIV, 316.
MAILLY (Chevalier de), I, 70, 283.
MAILLY (Comte de), IV, 20, 21, 158, 185, 197, 202, 254, 257 ; VII, 59 ; VIII, 62; XV, 150; XVIII, 246.
MAILLY (Comtesse de), dame d'atours de la duchesse de Bourgogne, XII, 210, 318; XVI, 484.
MAILLY (Marquis de), II, 72.
MAILLY (M. de), I, 52; II, 123, 172, 211, 308, 337, 341, 357, 366, 375, 379; III, 177, 229, 237, 327; IV, 21, 212, 305, 477, 480; V, 105, 158, 174, 210, 239, 382, 422; VII, 135, 365; XII, 106; XVIII, 250.
MAILLY (Mme de), II, 53, 98, 103, 108, 210, 211, 226, 287, 305, 327, 393, 422, 444 ; III, 49 ; IV, 27, 74, 125; V, 465; VI, 25, 26, 65, 99, 159, 206, 239, 242, 322, 434, 462, 481; VII, 12, 49, 57, 61, 62, 70, 89, 367, 380, 494; VIII, 34, 110, 199, 204, 209; IX, 26, 296, 330, 350, 464; X, 63, 66, 232, 292, 463; XI, 321, 414, 451, 461, 475, 493; XII, 13, 39, 163, 347, 465 ; XIII, 52; XIV 55, 62, 107, 108, 109, 110, 317, 384, 468; XVI, 434.
MAILLY (Mlle de), II, 308; VII, 300, 324, 367; X, 494, 502; XI, 2, 8; XII, 318, 347, 461, 465.
MAILLY (Le petit), I, 365.
MAILLY-BOULIGNEUX (Comte de), I, 17.
MAILLY DU BREUIL (M. de), XIII, 79.
MAILLY-LA-HOUSSAYE (M. de), IV, 212; X, 87; XII, 95.
MAIMBOURG (Le père), I, 370.
MAINARD (M.), ministre protestant, I, 347.
MAINE (Louis-Auguste de Bourbon, duc du), I, 5, à XVIII, 331 ; sa protestation au parlement, 407-424.
MAINE (Anne-Louise-Bénédicte de Bourbon-Condé, duchesse du), IV, 49, à XVIII, 336. Voy. CHAROLOIS (Mlle de).

MAINE (Mlle du), nommée aussi Mlle de Dombes, fille aînée du duc du Maine, V, 84. *Voy.* DOMBES.
MAINE (Louise-Françoise de Bourbon, Mlle du), dernière fille du duc du Maine, XII, 23; XV, 122; XVII, 417, 445.
MAINGUY (Abbé), XVI, 195.
MAINTENON (Françoise d'Aubigné, marquise de), I, 8, à XVI, 135, 167, 168 ; XVII, 19, 25, 42, 101, 104 ; XVIII, 19, 27, 32.
Maintenon (Travaux de), I, 356, 360, 388.
MAINVILLE (De) , mestre de camp, puis brigadier de cavalerie ; XI, 49; XVIII, 11.
MAIRAT (M. le), maître des requêtes, XIV, 457 ; XVI, 206.
MAIRAT DE VERVILLE (Mlle le), V, 122.
Maison de France (Princes et princesses de la), I, XCVIII à CVII.
MAISONCELLES (M. de), V, 343 ; IX, 39; X, 104, 107.
MAISONS (Le président de), II, 393; IV, 248; V, 314, 385, 388, 394; VII, 167 ; X, 300 ; XII, 37, 40, 264, 434; XIV, 192; XVI, 99, 101, 102 ; XVIII, 101.
MAISONS (Mme de), VI, 459 ; XVI, 102, 223.
MAISONTIERS (De), brigadier d'infanterie, XVIII, 7.
MAISONTIERS-MÉRINVILLE (Marquis de), capitaine-lieutenant des gendarmes de de la reine , XVIII, 12.
Maîtres de postes (Priviléges des), III, 29.
MAIXFIELDT. *Voy.* MAXWELL.
MAJORADA, ministre espagnol, X, 291.
Malade imaginaire (La), comédie, VII, 57.
MALAUSE (M. de), II, 163, 180, 407 ; III, 180 ; IV, 16 ; XIV, 380 ; XVIII, 3.
MALAUSE (Mme de), II, 19.
MALAUSE (Mlle de), I, 328; XV, 327, 351.
MALDACHINI. *Voy.* MAIDALCHINI.
MALET (M.), de l'Académie française, XV, 287.
MALET (M.) , commis des finances , XVI, 237.
MALEBRANCHE (Le P.), XVI, 241.
MALEZIEU (Abbé de), IV, 57 ; XIV, 389, 390.
MALEZIEU (M. de), II, 171 ; III, 283 ; VIII, 15, 23, 90, 293 ; XI, 289, 431 ; XII, 93; XVII, 445, 471 ; XVIII, 20, 200, 222, 224, 243.
MALEZIEU (M. de), fils, VIII, 451 ; XII, 269; XVII, 73, 445 ; XVIII, 48.
MALEZIEU (Mlle de), XIII, 437.
MALHERBE (Abbé), X, 299.
MALICORNE-HAUTEFEUILLE , II, 446.
Malines (Archevêque de), XVII, 306, 483.
MALISSOL (François Berger de), évêque de Gap, XI, 68 ; XIII, 408, 480, 483.
MALISSY, capitaine, II, 396.
MALKENECHT (Baron de), plénipotentiaire de l'électeur de Bavière, XIV, 400.
MALLET, lieutenant-colonel, IV, 57.
MALMAISON (Le bonhomme), I, 201.
Malte (Commanderies de l'ordre de), VIII, 499.
Malte (Grand maître de). *Voy.* CARAFFE, PERELLOS et VIGNACOURT.

MANCHESTER (Comte de), ambassadeur d'Angleterre, VII, 57, 128, 131, 133, 190; VIII, 206, 303.
MANCHESTER (Comtesse de), VII, 210.
MANCHINI, courrier, III, 37.
MANCINI (M. de), XI, 364; XII, 70, 396.
MANDERSCHEID (Comte de), II, 93, 183; V, 342; VIII, 391; IX, 72, 109; X, 164, 270, 283; XI, 46, 328; XII, 362.
MANGIN (Abbé), XII, 89.
MANICAMP (M. de), I, 83, 84; V, 356; X, 499.
MANNEVILLE (M. de), I, 212, 265, 266, 267; VI, 354; XII, 32.
MANNEVILLE (Mme de), IV, 401, 409, 412, 432, 459; VIII, 309; XVI, 457.
MANRIQUÈS (Don Alonzo), XV, 415.
MANRIQUÈS (Don Boniface), XII, 478.
MANRIQUÈS (Francisco), capitaine général d'Andalousie, XII, 470.
Mans (Évêque du). *Voy.* TRESSAN.
MANSART, contrôleur ordinaire, I, 366.
MANSART (J.-H.), architecte, I, 1, 74, 104, 147, 148; III, 372; IV, 270; V, 298; VI, 290, 352, 395, 478; VII, 5, 6, 11, 49, 164, 223, 234, 241, 245, 246, 325, 406, 458; VIII, 104, 105, 173, 195, 198, 403, 421, 496; IX, 104, 139, 278; X, 369; XI, 108, 188; XII, 40, 94, 134, 158; XIII, 284; XVI, 81.
MANSART (Mme), VII, 467.
MANSART fils, XIII, 10, 65. *Voy.* SAGONNE.
MANSE (M. de), I, 85; V, 321; XIV, 329.
MANSE LE VIDALE, capitaine des galères, V, 123.
MANSERA (Marquis de), VIII, 58, 463; IX, 342, 471; XIII, 277; XV, 373.
MANSFELD (Comte de), I, 51, 257; II, 335, 411, 451; III, 11, 31, 132; IV, 392; V, 455, 457, 460, 469, 473; VI, 6, 422; VIII, 85, 142, 150, 174, 233; IX, 241, 242, 323.
MANTOUE (Duc de), I, 151; III, 8, 24, 60; V, 242; VII, 187; VIII, 34, 72, 78, 155, 161, 223, 369, 430, 459, 469; IX, 114, 370, 468, 492, 494; X, 3, 6, 10, 22, 26, 29, 49, 57, 64, 100, 113, 121, 138, 140, 151, 173, 187, 444; XI, 302, 360, 366; XII, 181, 184, 185, 193.
MANTOUE (Duchesse de), I, 136; IX, 114, 364; X, 371; XI, 343, 350, 359, 366; XII, 185, 193, 195, 210, 212, 318, 327, 416; XIII, 12, 16, 51, 63, 67, 107, 240, 282, 300.
MANVILLE, gouverneur de Pierre-Encise, X, 334.
MAQUIERT (Eau de Mme), XVI, 349.
Marais (Fontaine du), à Versailles, I, 39.
MARAIS (Marin), musicien, I, 297, 298, 300, 307, 409; II, 256; IV, 359.
MARAIS (M. des), colonel, X, 87. *Voy.* MARESTS et MARETS.
MARAIS (Mlle des), V, 154.
MARAIS (Paul Godet des), évêque de Chartres, III, 63; VI, 339, 371; VII, 353; VIII, 67; IX, 99; XII, 36; XIII, 53; XVI, 76.
MARBEUF (M. de), X, 271; XII, 320; XVIII, 5.
MARCÉ (M. de), brigadier d'infanterie, V, 343, IX, 139; maréchal de camp, X, 165.
MARCEL, danseur de l'Opéra et maître à danser, XVI, 469.
MARCELANGE (Commandeur de), XIV, 328.

MARCELIN, officier, XI, 483.
MARCHE (Louis-Armand de Bourbon-Conty, comte de la), V, 306; VIII, 202; X, 58, 161, 337, 339, 343. *Voy.* CONTY.
MARCHE (N. de Bourbon-Conty, comte de la), fils aîné du précédent, XV, 391; XVII, 138, 140, 142.
MARCHE (Louis-François de Bourbon-Conty, prince de la Roche-sur-Yon, puis comte de la), second fils du précédent, XVII, 378; XVIII, 235.
MARCHES (Marquis des), XVIII, 167.
MARCHIN. *Voy.* MARSIN.
MARCIEUX (Chevalier de), XVI, 296, 408; XVIII, 2, 187, 191, 210, 268.
MARCILLAC (M. de), XVI, 297; XVIII, 5, 10.
MARCILLY, chevalier de Saint-Louis, IV, 285.
MARCK (Comte Auguste de la), V, 406; VI, 225, 226.
MARCK (Comte Louis de la), VI, 77, 238.
MARCK (Comte de la), IV, 224; V, 200, 439; VI, 59; VII, 301, 313; VIII, 308; IX, 439, 442, 485; XII, 361, 362; XIII, 11, 434, 438; XIV, 479; XV, 355; XVI, 212, 296; XVII, 44, 98, 200, 263, 458; XVIII, 21, 27, 35, 37, 48, 164, 184, 290, 327.
MARCK (Mme de la), VIII, 42; IX, 339; XI, 20.
MARCK (Mlle de la), II, 309, 344, 347, 348.
MARCK (Famille de la), II, 345.
MARCOGNET (M. de), II, 211, 426, 447; XVII, 12.
MARCOUVILLE (Mme de), XV, 118.
MARDEFELDT, général suédois, XI, 249, 252.
MARE (De la), colonel d'infanterie, VI, 311.
MARÉ. *Voy.* MAREY.
MARÉCHAL (Abbé), XIII, 217.
MARÉCHAL, premier chirurgien du roi, V, 397; VI, 407, 450; VIII, 249, 408; IX, 212, 359, 488; X, 4, 35, 91, 127; XI, 86, 227, 228, 236, 271, 415; XII, 25, 338, 432; XIII, 37, 46, 48, 49, 58, 110, 273, 274, 294, 341, 420; XIV, 19, 21, 38, 74, 100; XVI, 12, 97, 429, 474; XVII, 71, 279, 474.
MARÉCHAL le fils, chirurgien, XI, 236, 271; XVII, 474.
MARÉCHAL (Lord), XVIII, 29, 44, 140.
Maredin (Évêque de), I, 245.
MAREMBAC (M. de), aide-major, X, 126; XII, 193. *Voy.* MASSEMBACK.
MARESCOTTI (Cardinal), VII, 405, 445; XV, 423; XVII, 117.
MARESCOT, maréchal des logis de la cavalerie, 7, 83.
MARESTS (M. des), grand fauconnier de France, II, 132, 136; IV, 262; VI, 312; VIII, 264; IX, 387; XVII, 17, 252.
MARESTS (Mme des), VIII, 182; XVII, 72.
MARESTS (Mlle des), VIII, 338; IX, 388.
MARETS (Abbé des), VIII, 301.
MARETS (Jacques des), archevêque d'Auch, XV, 10.
MARETS (M. des), colonel de la Fère, IX, 349.
MAREUIL. *Voy.* MOREUIL.
MAREY (Mme de), III, 49, 114; IV, 432; V, 5, 7, 93, 97; VI, 443; VII, 216, 218, 464; XIII, 71, 182, 187; XV, 306; XVII, 264.
MARGERET, maréchal de camp, XVIII, 5.

MARGOU, brigadier de cavalerie, X, 166.
MARGUERIE (Mlle de la), XVIII, 306.
MARI (Marquis), XV, 95.
MARIA (Abbé), X, 498.
Mariage du duc de Bourgogne (Relation du), VI, 260.
Mariage du Carnaval et de la Folie (Le), opéra, IX, 320.
Mariage forcé (Le), comédie, XV, 251, 450.
MARIALVA (Marquis de), IX, 471.
MARIE-ANNE D'AUTRICHE, reine d'Espagne, veuve de Philippe IV, IV, 59, 175; V, 158, 415, 417, 421.
MARIE-ANNE DE NEUBOURG, reine d'Espagne, deuxième femme de Charles II, II, 451, 471; III, 11, 31, 43, 51, 58, 60, 63, 65, 77, 86, 100, 118, 399; V, 158, 418, 466, 468, 476; VI, 216, 326, 362; VII, 347, 388, 412, 414, 438, 450, 465; VIII, 2, 36, 172, 296; XI, 199, 222, 348; XII, 30, 308, 326; XIV, 19, 261; XV, 261, 297, 298.
MARIE-ANNE-CHRISTINE-VICTOIRE DE BAVIÈRE, Dauphine de France, I, 8, à III, 102.
MARIE-ANNE-JOSÈPHE, archiduchesse d'Autriche, électrice palatine, II, 377.
MARIE-ANNE-JOSÈPHE-ANTOINETTE D'AUTRICHE, reine de Portugal, femme de Jean V, XII, 214; XIV, 263; XVI, 382.
MARIE-ANNE-VICTOIRE, infante d'Espagne, XVII, 286.
MARIE-BEATRIX-ÉLÉONORE D'ESTE, reine d'Angleterre, femme de Jacques II, II, 134, 149, 224, 234, 235, 237, 238, 286, 289, 290, 292, 295, 298, 323, 334, 344, 349, 371, 477; III, 3, 233, 437; IV, 179, 227, 337, 484; V, 450; XI, 3, 80; XV, 12, 80; XVII, 301, 304.
MARIE-CASIMIRE DE LA GRANGE, reine de Pologne, femme de Jean Sobieski, IV, 189, 417; V, 36; VI, 114, 155, 183, 200, 288, 329, 376; VIII, 38; X, 339; XI, 390; XII, 309; XV, 109, 175, 190, 191, 200, 236, 258, 267, 281, 358, 367; XVI, 312.
MARIE-ÉLISABETH DE NEUBOURG, reine de Portugal, femme de Pierre II, III, 29; VII, 135, 137.
MARIE-JOSÈPHE, archiduchesse d'Autriche, princesse électorale de Saxe, 72, 78, 101, 112, 119, 125,
MARIE-LOUISE D'ORLÉANS, reine d'Espagne, première femme de Charles II, I, 62, 76, 186, 192, 202, 206, 207, 208, 210, 256, 337; II, 69, 199, 287, 312, 334, 335; VIII, 42.
MARIE-LOUISE-GABRIELLE, princesse de Savoie, puis reine d'Espagne, première femme de Philippe V, VII, 279; VIII, 37, 103, 142, 195; VIII, 196, 205, 209, 213, 235, 342, 447, 456; IX, 36, 277, 456, 468, 472, 495; X, 114, 163; XI, 99, 143, 146, 150, 452; XII, 383, 393; XIII, 275; XV, 87.
MARIE-THÉRÈSE D'AUTRICHE, reine de France, femme de Louis XIV, I, 6; II, 298; IV, 71; V, 357.
MARIGNANE (M. de), X, 166, 438; XI, 424; XIII, 131; XVII, 312; XVIII, 260.
MARIGNY, lieutenant aux gardes, IV, 361.
MARILLAC (M. de), I, 11, 77, 357; II, 158; III, 374; V, 385, 400; VIII, 414, 450, 451; IX, 87, 240; XI, 64; XIII, 108; XV, 378, 426; XVI, 319, 323; XVII, 13; XVIII, 125.

MARILLAC (Mme de), I, 121 ; XIII, 152.
MARILLAC (Mlle de), II, 471.
MARIN, brigadier de cavalerie, II, 164 ; III, 202 ; IV, 336 ; mestre de camp, 377, 398 ; XIV, 330.
MARINI (Cardinal), XVI, 292.
MARION, chef de camisards, X, 372.
MARIVAULT (M. de), IV, 254 ; VIII, 304, 347 ; IX, 109, 459 ; XI, 100 ; XIII, 73, 74.
MARIVAULT (Mme de·), IV, 16.
MARLBOROUGH (Milord comte, puis duc de), VIII, 153, 372, 382, 458, 466, 475, 479, 491 ; IX, 15, 23, 28, 37, 38, 82, 157, 164, 212, 232, 243, 248, 252, 260, 292, 295, 307, 309, 429, 434, 447, 489 ; X, 14, 15, 19, 24, 25, 28, 31, 36, 38, 41, 43, 63, 66, 70, 72, 104, 109, 116, 119, 131, 134, 136, 160, 162, 168, 171, 187, 190, 200, 211, 227, 242, 253, 294, 297, 306, 323, 324, 326, 329, 332, 336, 338, 340, 342, 344, 345, 347, 350, 352, 354, 357, 361, 362, 371, 372, 373, 379, 396, 405, 409, 410, 435, 449, 454, 458, 460, 467, 472, 486, 489, 498 ; XI, 11, 89, 102, 112, 126, 127, 132, 154, 157, 160, 162, 166, 182, 186, 238, 241, 243, 260, 284, 292, 295, 347, 350, 353, 367, 370, 382, 386, 399, 406, 408, 410, 417, 431, 435, 447, 482, 484, 485, 490 ; XII, 18, 58, 94, 110, 117, 118, 122, 139, 155, 169, 172, 177, 179, 183, 185, 197, 200, 201, 208, 209, 211, 212, 213, 215, 228, 236, 239, 240, 262, 265, 270, 271, 272, 273, 274, 278, 287, 290, 304, 308, 311, 326, 336, 345, 350, 351, 388, 393, 404, 406, 412, 415, 419, 420, 422, 427, 428, 452, 457, 458, 476 ; XIII, 6, 32, 37, 40, 41, 60, 62, 68, 141, 243, 276, 282, 288, 289, 291, 307, 312, 314, 316, 325, 345, 375, 430, 480 ; XIV, 24, 29, 33, 34, 40, 48, 57, 65, 69, 81, 148, 176, 220, 264, 265, 271, 277, 287, 348, 388, 399, 429 ; XV, 58, 206, 259, 280, 433 ; XVI, 407, 501, 502.
MARLBOROUGH (Duchesse de), VIII, 376 ; XIII, 104, 203, 235, 321, 345 ; XIV, 65.
MARLBOROUGH (Filles de milord), XIII, 439.
MARLE (M. de), maître des requêtes, II, 158.
MARLOU, colonel, XI, 289.
Marly (Château de), I, 380, 390 ; II, 109 ; XVI, 49.
Marly (Forêt de), II, 86.
MARNAYS (M. de), IX, 100, 439, 442 ; XI, 264 ; XII, 361 ; XVII, 397.
MARNAYS DE LA BASTIE (Mme de), XIV, 147.
MARNEZIA, brigadier d'infanterie, XVIII, 9.
MARNITZ (Comte de), XVII, 348. *Voy.* MARTINITZ.
Maroc (Ambassadeur de), VI, 463 ; VII, 24, 27, 63, 73, 80.
Maroc (Roi de), III, 271 ; VI, 461 ; VII, 218.
MAROLLES (M. de), capitaine de cavalerie, XVII, 347.
MAROLLES, lieutenant des galères, XIV, 329.
MARQUESSAC (M. de), IV, 408 ; VIII, 321 ; XI, 219, 228, 264 ; XII, 70.
MARQUESSAC-HAUTEFORT, brigadier, IX, 72.
MARQUET (Mme), VI, 98, 100.
MARR (Comte de), XVI, 223, 230, 235 ; XVIII, 309.
MARR (Duc de), XVI, 251, 256, 262, 269, 272, 326, 350 ; XVII, 419 ; XVIII, 3, 55.
MARR (Duchesse de), XVII, 420.

Marsaille (Relation de la bataille de la), IV, 423.
MARSAN (Comte de), I, 10, 61, 234 ; II, 222, 241, 285, 467 ; III, 4, 333 ; IV, 110, 241, 273, 448 ; V, 192, 202, 366, 369, 476 ; VI, 123, 257, 292, 294, 447 ; VII, 207, 266 ; VIII, 90, 173 ; IX, 2 ; X, 326 ; XI, 439 ; XII, 221, 236, 241, 243, 262, 263, 264.
MARSAN (Comtesse de), IV, 110 ; V, 391, 403, 456, 476 ; VI, 141, 142, 226 ; VII, 28, 206.
MARSAT, sous-lieutenant du régiment des gardes, II, 459.
Marseille (Évêque de). *Voy.* POUDENX DE CASTILLON, et VINTIMILLE DU LUC.
MARSIGLI (M. de), général des troupes du pape, XV, 447.
MARSILLAC (Abbé de), VI, 349.
MARSILLAC (Chevalier de), XIV, 328.
MARSILLAC (M. de), X, 101, 168, 193, 356, 485 ; XII, 319 ; XIV, 203 ; XVII, 157.
MARSILLAC (Prince de), VII, 122, X, 471, XII, 304, XIV, 199.
MARSILLY (M. de), III, 175, 195, 200, 245, 403, 407, 427, 428, 433, 440 ; IV, 285 ; V, 277, 300 ; IX, 293, 455, 481 ; X, 166, 418 ; XI, 8.
MARSILLY (Mme de), XVI, 510.
MARSILLY (Mlle de), V, 179.
MARSIN (M. de), II, 164 ; III, 160 ; IV, 253, 257, 323, 477 ; V, 297, 307, 348, 407 ; VI, 312, 367, 420 ; VII, 392, 462 ; VIII, 124, 132, 134, 140, 141, 149, 191, 203, 300, 329, 330, 401, 444, 469, 485 ; IX, 10, 30, 48, 49, 66, 74, 79, 81, 109, 111, 137, 181, 269, 272, 280, 322, 323, 336, 359, 360, 372, 376, 408, 413, 436, 455 ; X, 102, 107, 112, 114, 120, 154, 155, 168, 180, 313, 317, 326, 335, 350, 354, 356, 359, 384, 396, 478 ; XI, 78, 83, 95, 110, 139, 146, 151, 155, 188, 205.
MARSIN (Maréchal de), IX, 370, 382, 418, 423 ; X, 71, 78, 104, 119, 131, 202, 210, 269, 278, 309, 316, 366, 469 ; XI, 46, 72, 89, 118, 136, 230 ; XII, 129.
MARTANGIS (M. de), II, 425 ; IV, 175, 179 ; XVI, 206, 329 ; XVIII, 206.
MARTANGIS (M. de), le fils, IX, 272.
MARTANI, colonel des hussards, VI, 135. *Voy.* MORTAGNY.
MARTEL, capitaine dans la marine, XI, 402.
MARTEL (Mlle), I, 131, 400.
MARTELLI (Cardinal), XI, 113 ; XVII, 174.
MARTEVILLE (De), brigadier de cavalerie, XII, 319 ; maréchal de camp, XVIII, 5.
Marthésie, opéra, VII, 157, 203.
MARTHON (M.), II, 186 ; IV, 432 ; XV, 42 ; XVII, 45 ; XVIII, 38.
MARTIGNY, colonel, I, 52.
MARTIN, brigadier d'infanterie, IX, 441.
MARTIN (M.), directeur dans les Indes, XIII, 87.
MARTINEAU, héraut de l'ordre du Saint-Esprit, III, 65.
MARTINEAU (Abbé), XI, 352 ; XIII, 461.
MARTINEAU (Le P.), jésuite, VII, 400, 440 ; XI, 147 ; XIV, 96, 101 ; XVI, 253.
MARTINET, commandant une flotte espagnole, XVII, 301.
MARTINI. *Voy.* MARTINITZ.
MARTINIÈRE (M. de la), IX, 375 ; XII, 68.
MARTINITZ (Comte), ambassadeur de l'empereur, V, 437 ; VI, 147, 390, 391, 415, 423 ; VII, 97, 265 ; XII, 20 ; XIII, 469.

MARTINOT. *Voy.* MARTINEAU.
MARTINOZZI (Mme), I, 197.
MARTINVILLE (M. de), brigadier, XII, 262.
MARTINY (Mme de), abbesse, XII, 417.
MARTON. *Voy.* MARTHON.
MARTRET (M. du), I, 60; VII, 113.
MARVILLE (M. de), mestre de camp, XV, 342.
MARZELIÈRE (Marquis de la), IV, 301.
MARZELIÈRE (Mme de la), IV, 202.
MARZIEUX (Chevalier de), XV, 446. *Voy.* MARCIEU.
MASCARA (Abbé), Milanais, XII, 173.
MASCARANI. *Voy.* MASCRANNY.
MASCARON (Jules), évêque d'Agen, I, 2; V, 101, 112, 117, 119, 123, 125; IX, 360.
MASCEI, camérier du pape, XIV, 424; XV, 449, 450; XVIII, 287, 318.
MASCEY (M. du), XV, 454. *Voy.* BÉON DU MASSEZ.
MASCRANNY (M. de), maître des requêtes, VI, 293.
MASCRANNY (Mlle), XII, 136, 423, 427.
MASELIÈRE (La), brigadier d'infanterie, XVIII, 9.
MASHAM (Mme), XIII, 345.
MASNADAU (Abbé de), XIII, 57.
MASSAYS (M. de la), II, 408; V, 28, 170; VI, 467; XI, 29.
MASEI. *Voy.* MASCEI.
MASSEMBACK (M. de), IX, 19; X, 126; XI, 27, 119; XII, 362.
MASSENAER (M. de), XIII, 274, 365, 425; XIV, 30.
MASSERAN (Princesse de), VIII, 172.
MASSILLON (Jean-Baptiste), prédicateur, VII, 179, 201, 209, 217, 274; VIII, 29, 424; XII, 451; XIII, 218; XVII, 188, 260, 271, 275, 282, 437, 440; évêque de Clermont, 450, 482; XVIII, 157, 248, 300.
MASSOT, brigadier de cavalerie, III, 75; IV, 281, 283.
MATAN (M. de), colonel, VII, 95; VIII, 195.
MATAREL, premier maître d'hôtel du duc d'Orléans, XVII, 85.
MATAREL (Chevalier de), XVI, 485, 486; brigadier de cavalerie, XVIII, 10, 238.
MATHA (Abbé de), VII, 291; XI, 180.
MATHA (François-Gaspard de Lamer de), évêque d'Aire, XIII, 204.
MATHA, enseigne des mousquetaires, IX, 330.
MATHIEU, brigadier d'infanterie, I, 21.
MATHIEU (Mme), II, 44.
MATHO, musicien, VII, 153, 298; IX, 23; XV, 252.
MATIGNON (Abbé de), XV, 209.
MATIGNON (Jacques de Goyon de), évêque de Condom, IV, 356; XI, 422; XIV, 173; XV, 315; XVIII, 44.
MATIGNON (Léonor Goyon de), évêque de Lisieux, II, 80; III, 375; VII, 320; XV, 192.
MATIGNON (Chevalier de), XVIII, 12, 121, 275, 285.
MATIGNON (Comte de), II, 222, 243, 286; VII, 78; XII, 302; XIV, 339; XVII, 314, 418; XVIII, 253, 277.

MATIGNON (Maréchal de), XII, 114, 119, 123, 128, 177, 212 ; XIV, 466 ; XV, 348, 355 ; XVI, 368 ; XVII, 12, 13, 70, 465 ; XVIII, 121, 275.

MATIGNON (M. de), I, 434, 435 ; II, 104, 109, 229, 320, 351 ; III, 44, 46, 266 ; IV, 272, 429, 461 ; V, 14, 50, 398 ; VI, 480 ; VII, 32, 320 ; VIII, 184, 369, 370 ; IX, 55 ; X, 219, 324 ; XI, 307, 330, 368, 397, 422, 483, 484, 496 ; XII, 123, 264, 279 ; XIII, 97, 226, 286 ; XIV, 103, 414 ; XV, 457.

MATIGNON (Mme de), II, 127 ; V, 204.

MATIGNON (Mlle de), VIII, 97 ; XVIII, 275.

MATTEI (Cardinal), I, 384 ; II, 105.

MAUBOURG (M. de), XI, 289 ; XII, 467 ; XVI, 268, 303 ; XVII, 151, 310, 405 ; XVIII, 7.

MAUBOUSQUET (Pontevès de), officier de marine, IV, 394.

MAUBUISSON (Mme de), I, 196 ; IX, 133 ; XII, 330. *Voy.* BAVIÈRE (Louise-Hollandine de).

MAUBUISSON (Mlle de), XIV, 362.

MAUGIRON (M. de), II, 476 ; III, 152, 167 ; VI, 257 ; XVI, 471.

MAULÉON, joueur de billard, 1, 240.

MAULEVRIER (Abbé de), I, 331 ; VII, 213 ; IX, 29 ; X, 315, 346 ; XII, 73, 417 ; XIII, 12, 188, 227 ; XVII, 70.

MAULEVRIER (Chevalier de), VIII, 258, 259, 262, 306 ; IX, 82, 431 ; X, 404 ; XI, 36, 84, 315, 329 ; XII, 12, 363 ; XIII, 130, 468.

MAULEVRIER (M. de), II, 80, 103, 136, 225, 313, 342 ; III, 17, 91, 237, 266, 267, 268, 299 ; IV, 7, 51, 120, 169, 171, 299 ; V, 246, 272 ; VI, 32, 275, 283 ; IX, 140 ; X, 141, 142, 165, 166, 205, 262, 325 ; XI, 67 ; XIII, 363 ; XIV, 330 ; XVII, 101 ; XVIII, 2, 199.

MAULEVRIER (Mme de), VI, 402, 410 ; VII, 92, 271, 347, 394 ; VIII, 42, 96, 199, 204, 506.

MAULEVRIER (Mlle de), I, 110.

MAULEVRIER-COLBERT (Comte de), II, 222, 242, 286.

MAULEVRIER-COLBERT (Marquis de), VI, 249.

MAULEVRIER-COLBERT (Mlle de), I, 183, 189.

MAULEVRIER-LANGERON (Abbé de), III, 327.

MAULEVRIER-LANGERON (M. de), IV, 220 ; VI, 54 ; X, 166 ; XIII, 131, 135, 448 ; XIV, 119 ; XVIII, 260.

MAULEVRIER-VERGETOT (Marquis de), III, 838.

MAUMONT (M. de), I, 277 ; II, 163, 237, 331, 332, 395, 399.

MAUMONT (Mme de), II, 405.

MAUNE (De), exempt des gardes, III, 408.

MAUNY (M. de), XV, 458 ; XVI, 500 ; XVII, 263.

MAUNY (Mme de), VI, 202.

MAUPEOU (Abbé de), XVI, 503 ; XVIII, 114.

MAUPEOU (Augustin de), évêque de Castres, puis archevêque d'Auch, X, 299 ; XIV, 178.

MAUPEOU (M. de), II, 158 ; III, 28 ; IX, 355, 439, 441 ; X, 297 ; XII, 38, 361 ; XVI, 385 ; XVII, 60, 129, 263, 270, 398 ; XVIII, 2, 66.

MAUPEOU-D'ABLEIGES (M. de), VIII, 344 ; XVII, 165. *Voy.* ABLEIGES.

MAUPERTUIS (M. de), I, 10, 13 ; II, 163, 172 ; III, 176, 314 ; IV, 253 ; V, 47 ;

VII, 122; VIII, 348; IX, 49; XI, 164; XIV, 389; XV, 147; XVI, 320, 344; XVII, 286.

Maupin (La), cantatrice, VIII, 336.
Maupoint (Abbé de), VIII, 226.
Maure (Comte de), IX, 39, 419; XI, 9, 40, 211. *Voy.* Rochechouart.
Maure (Le P.), de l'Oratoire, VII, 274, 407, 464; X, 169, 190.
Maurel, musicien, I, 409.
Maurepas (M. de), VI, 87; VII, 33, 73, 146, 147; XVI, 177, 229; XVII, 278; XVIII, 239.
Maurepas (Mme de), VI, 116; XVIII, 239.
Maurevel (M. de), II, 329, 330. *Voy.* Maurevert.
Maurevert (M. de), II, 458; IV, 112, 118.
Mauriac, mestre de camp de cavalerie, IX, 276, 458; X, 255, 399.
Maurin de Caussans, brigadier de cavalerie, XVIII, 11.
Mauro-Cordato, interprète de l'empire Ottoman, VI, 422; VII, 367.
Mauroux, XI, 46. *Voy.* Monroux.
Mauroy, curé des Invalides, IV, 10.
Mauroy (M. de), III, 95, 234, 438; IV, 231; VIII, 305; IX, 433; X, 147, 274, 485; XI, 329, 367; XII, 88, 363; XVII, 262; XVIII, 52.
Mauser (Chevalier), contrôleur de la maison de la reine Anne, XIII, 242.
Max (Duchesse). *Voy.* Bavière.
Maxwell, général irlandais, III, 267, 371; IV, 375.
May (Du), brigadier d'infanterie, XI, 84. *Voy.* Metz.
Mayence (Électeur de). *Voy.* Ingelheim et Schoenborn.
Mayenne (Duc de), XV, 444.
Mayercron. *Voy.* Meyercroon.
Maynon, fermier général, XVII, 72, 351.
Mazarin (Cardinal), II, 3, 4, 298; IV, 18; XI, 462; XII, 6; XVI, 342.
Mazarin (Duc de), I, 51, 123, 138, 214, 252, 267, 346; II, 201, 222, 241, 254, 285; III, 97, 132; V, 167, 206; VI, 446; VII, 109; IX, 292; XIV, 263, 384; XV, 22, 55; XVI, 265, 401, 405; XVII, 19, 28, 30; XVIII, 51, 163, 241.
Mazarin (Duchesse de), II, 307, 358; VI, 294; VII, 104, 107, 108; IX, 324.
Mazarin (Mlle de), I, 51; VI, 350; XII, 380.
Mazel (M.), brigadier de cavalerie, I, 78; III, 217; IV, 254, 321, 367.
Mazeppa, général des Cosaques, X, 466; XII, 317.
Mazzo-Morto. *Voy.* Mezzo-Morto.
Méan, grand doyen de Liége, IV, 338, 482; V, 15; VIII, 245, 253.
Meaux (Évêque de). *Voy.* Bissy et Bossuet.
Mecklenbourg (M. de), I, 29, 55; III, 44.
Mecklenbourg (Mme de), V, 56, 98, 142, 148.
Mecklenbourg-Gustrow (Princesse de), V, 282, 329.
Médavy (François-Rouxel de), archevêque de Rouen, III, 280.
Médavy (M. de), I, 183; II, 163, 180; III, 13, 280; IV, 120, 254, 255, 258, 375; V, 348; VIII, 93, 304, 347, 481, 482; IX, 99, 109, 254, 264, 268, 295, 299, 315; X, 255, 481; XI, 18, 47, 84, 89, 91, 202, 207, 209, 212, 213, 241, 264, 275, 290, 302, 305, 316, 323, 343, 350, 351,

353, 358, 359, 364, 365, 367, 369, 370, 440, 441, 446, 448, 450, 454; XII, 7, 187, 190, 192, 363, 473; XIII, 291, 311, 313; XIV, 20; XV, 84, 86; XVI, 395; XVII, 233, 322, 439; XVIII, 28.

MÉDAVY-GRANCEY (Marquis de), I, 189.

Médecin (Le premier). *Voy.* DAQUIN et FAGON.

Médecin malgré lui (Le), comédie, XIV, 468; XV, 372, 436.

Médée, opéra, IV, 409.

MÉDICIS (Cardinal de), III, 19; VII, 402; IX, 107, 148; X, 227; XI, 79; XII, 463; XIII, 141.

MÉDICIS (Prince François de), XIII, 350.

MÉDICIS (Prince François-Marie de), I, 384.

MÉDIDIER (Abbé de), X, 337.

MÉDINA-CÉLI (Duc de), I, 200; II, 94; V, 360; VII, 216, 451, 467; VIII, 226, 264, 441, 450, 457, 463, IX, 127, 135, 201; XII, 393; XIII, 146, 147, 157, 211, 247, 337; XV, 87.

MÉDINA-CÉLI (Duchesse de), XV, 345.

MÉDINA-SIDONIA (Duc de), III, 388, 395, 397; VII, 216; VIII, 58, 302, 427; IX, 81, 472; X, 501; XI, 123; XII, 470; XV, 53.

MÉDINA-SIDONIA (Duchesse de), XV, 345.

MEDINILLA (M. de), maréchal de camp espagnol, XI, 233, 234.

MÉE (Du). *Voy.* METZ.

MEGRET (M. de), sergent de bataille, IV, 202.

MEILLAN. *Voy.* MÉLIAND.

MEILLERAYE (M. de la), I, 252, 275, 346, 393; II, 16, 42, 49, 139; III, 97, 132, 279; IV, 16, 54, 197; V, 422; VI, 454; VII, 104, 360; XIII, 77; XIV, 263; XV, 55; XVI, 354, 374; XVII, 334. *Voy.* MAZARIN.

MEILLERAYE (Mme de la), II, 129; IV, 58; XIII, 76; XVII, 274.

MEILLERAYE (Mlle de la), XII, 347.

MEILLERAYE (Maréchale de la), II, 142; IV, 371; VII, 5; XIII, 155.

MEILLY (Comte de), colonel d'infanterie, VI, 311.

MEINIÈRE (Marquis de), X, 13.

MEISENHEIM (Princesse de), VII, 246.

MEJORADA (Marquis de), X, 248.

MEJUSSEAUME-COETLOGON (M. de), V, 301. *Voy.* COETLOGON.

MELAC (M. de), I, 304, 323; III, 75, 80, 88, 135, 136, 169, 180, 228, 330, 356; IV, 52, 186, 237, 254, 258, 295, 297, 478; VII, 310; VIII, 93, 347, 456, 459, 466, 471, 481, 487, 497, 498, 501, 502; IX, 4, 5, 110; X, 8.

MELFORT (Milord), II, 231, 337, 341, 475, 477; III, 35, 418; IV, 62, 271; V, 17, 20; VI, 228; VIII, 52, 57; X, 279; XV, 73.

MELFORT (Mme de), II, 341; XVIII, 333.

MELFORT (Mlle de), XII, 67.

MELGAR (Comte de), I, 284, 424; II, 77.

MÉLIAN (Mme de), XIV, 398.

MÉLIAN (M.), I, 11; II, 158; V, 171; IX, 478; X, 158, 375; XIII, 123; XV, 163; XVII, 198, 410, 423.

MÉLIAND (Victor-Augustin), évêque de Gap, puis d'Alet, I, 19; VI, 398; XIV, 486.

Mélicerte, pastorale, VI, 448.

MELLAC (Hervieux de), gentilhomme breton, XVIII, 260.
MELLET (Mme de), XVI, 349.
MELLINI (Cardinal), II, 74 ; VIII, 44.
MELONNIÈRE. *Voy.* MULONNIÈRE.
MELUN (Comte de), IV, 442; IX, 98; XI, 232.
MELUN (Duc de), XVI, 494; XVII, 186, 402, 457.
MELUN (Duchesse de), XVII, 64.
MELUN (M. de), III, 333 ; XIII, 297; XVII, 263.
MELUN (Mme de), V, 457.
MELUN (Mlle de), III, 296; IV, 484; V, 1, 11, 65, 190, 268, 298, 348; VI, 62, 226, 243, 394, 466; VII, 20, 137, 235, 237, 255; VIII, 23, 62, 269, 295, 302, 338; IX, 119; X, 323 ; XI, 273, 307, 442; XII, 64; XIII, 219, 378 ; XIV, 458; XV, 461 ; XVII, 423.
MELUN (Vicomte de), III, 74.
MÉNAGE, I, 77 ; IV, 133.
MÉNARD DE SCHOMBERG (Comte), III, 337, 374.
MÉNARS (M. de), III, 248, 272; IX, 427, 450; XVII, 60, 129, 270; XVIII, 7.
Mende (Évêque de). *Voy.* BAGLION DE LA SALLE et BAUDRY.
MENESSERE (Mme de), I, 231 ; III, 49; IV, 458.
MENESTREL (M. de), colonel de Beaujolois, X, 73.
MENESTREL (Mme de), XIV, 115; XVIII, 188.
MENESTREL (Mlle de), V, 16.
MENESTREL-LUTTEAUX (M. de), XIV, 468.
MENETOU (Mme de), VI, 244.
MENETOU (Mlle de), II, 450; IV, 203, 467; V, 53; VI, 273, 346, 353, 385.
MENGUY (Abbé), XVIII, 294.
MENGUY (M. de), XVII, 330.
MÉNIL (Chevalier de), XVII, 438; XVIII, 144, 200, 204. *Voy.* MESNIL.
MENNEVILLETTE (M. de), I, 67 ; II, 162, 464; IV, 285; IX, 439, 441 ; X, 126, 273.
MENNEVILLETTE (Mme de), XII, 280.
MENNEVILLETTE (Mlle de), II, 70, 73.
MENON, fermier du tabac, XVI, 168, 498.
MENOU (M. de), VI, 338; IX, 441; X, 16; XI, 144; XIII, 241; XIV, 429; XVIII, 11, 238.
Menteur (Le), comédie, XI, 306.
MENZIKOFF (Prince), XI, 485; XII, 11, 269 ; XV, 156.
MENZIKOFF (Princesse), XVII, 93.
MERAT. *Voy.* MAIRAT.
MÉRAUT (M.), conseiller au parlement, I, 82.
MERCY (Baron, puis comte de), général-major de l'empereur, VIII, 318, 383 ; XI, 477; XII, 200 ; XIII, 21, 24, 41; XVII, 142, 161, 163; XVIII, 62, 72, 77, 101.
MERCY (Chevalier de), colonel, XI, 94 ; brigadier d'infanterie, 406.
MERCY, colonel allemand, VIII, 214, 262.
MERCY, général de l'empereur, I, 336, 401.
MERCY, gentilhomme du prince de Conty, I, 141.
Mère Coquette (La), comédie, XII, 107.

MÈRE (Milord de la), I, 206.
MERÉ (Chevalier de), I, 111.
MÉRÉ (M. de), guidon de gendarmerie, X, 126; brigadier de gendarmerie, XVIII, 135.
MERGERET, capitaines aux gardes, V, 350; brigadier d'infanterie, XIII, 131.
MÉRICOURT, capitaine de carabiniers, V, 271.
MÉRICOURT, capitaine de vaisseau, III, 165, 432.
MÉRILLE (Abbé), IV, 237.
MÉRINVILLE (Abbé de), XII, 392.
MÉRINVILLE (Charles-François des Montiers de), évêque de Chartres, XV, 50; XVIII, 250.
MÉRINVILLE (M. de), II, 479; III, 2; IV, 254; V, 162, 172; VI, 87; VIII, 270; X, 126; XI, 175; XII, 319; XIII, 44; XVIII, 4, 105.
MÉRODE (Comte de), IV, 168; XVI, 473; XVII, 215.
MÉRODE (Mlle de), XI, 484.
MERVEILLEUX, secrétaire du roi, XIII, 365.
MÉSANGÈRE (Mme de la), III, 74.
MESCHATIN (Mme de), abbesse de Sainte-Marie de Metz, VIII, 66.
MESGRIGNY (Le P.), capucin, XIII, 375.
MESGRIGNY (M. de), I, 124; III, 306, 307, 311, 322; IV, 219, 220; V, 75, 231, 233, 239, 273, 279, 288, 300; XII, 469.
MÉSI (M. de), XIV, 80; XVII, 3.
MESMES (Abbé de), XVII, 288.
MESMES (Bailli de), XV, 273, 351, 354, 357, 362, 371, 415; XVII, 66, 288, 477; XVIII, 269.
MESMES (M. de), I, 57; IX, 306, 391.
MESMES (MM. de), II, 203.
MESMES (Mlle de), XVIII, 267.
MESMES (Président de), II, 92, 136; III, 2; V, 173, 204, 209; IX, 282; XIII, 48, 51, 92, 127; XIV, 56, 364; XV, 73, 80, 104, 175, 200, 215, 302, 362, 449, 458; XVI, 9, 136, 143, 168, 172, 295, 322, 327, 352, 368, 370, 371, 374, 412, 425, 505; XVII, 9, 45, 121, 148, 155, 169, 230, 234, 235, 244, 251, 273, 298, 300, 328, 353, 367, 370, 373, 380, 382, 384, 397, 398, 401, 410, 436, 437, 439, 467; XVIII, 39, 40, 110, 218, 294, 323, 324.
MESMES (La présidente de), II, 178.
MESMYN, commis des bâtiments, VI, 481; VII, 13, 45, 80.
MESNAGER (M.), ministre plénipotentiaire, XIV, 10, 11, 12, 21, 54, 56, 217, 232, 240, 334, 396, 426, 427, 428, 479; XV, 166.
MESNIL (Chevalier du), lieutenant-colonel de cavalerie, I, 323; IV, 250, 385; brigadier de cavalerie, V, 28. *Voy*. MÉNIL.
MESNIL (Du), guidon dans la gendarmerie, X, 126, 321.
MESNIL (Du), lieutenant aux gardes, XI, 134.
MESNIL (M. du), aide-major des gardes du corps, IX, 436; X, 190; XI, 13.
MESNIL (Sœur Louise-Anastasie du), prieure de Port-Royal, XIII, 60.
MESPIEUX (Mme de), II, 129.
MESPLEZ (Dominique des Claux de), évêque de Lescar, XVI, 317.
Messe du roi, II, 216.

MESSELIÈRE (M. de la), II, 370; IV, 14; VIII, 305; IX, 375; X, 165; XIV, 328.
MESSEY (M. de), enseigne des gendarmes d'Anjou, III, 293.
MESSY. *Voy.* MÉSI.
METUIN (M.), envoyé d'Angleterre en Portugal, IX, 129.
Metz (Évêque de). *Voy.* COISLIN et FEUILLADE.
METZ (M. du), brigadier d'infanterie, XVIII, 7.
METZ (M. du), garde du trésor royal, II, 148, 366, 397.
METZ (M. du), lieutenant général de l'artillerie, I, 163; II, 163, 424; III, 160.
METZ (Président du), IX, 168.
Meudon (Château de), V, 64, 213, 214, 267, 298.
MEUNIER (M. le), doyen des conseillers-clercs, XVIII, 306.
MEUSE (M. de), VI, 457, 462, 463; IX, 74, 353, 359; X, 194; XII, 91; XIV, 191, 194, 286; XVI, 364, 370, 431; XVII, 45, 150, 151, 157, 421; XVIII, 8, 16, 163.
MEUSE (Mme de), XIV, 141; XVI, 364, 370; XVIII, 163.
Meutte (Château de la), XI, 456; XVI, 390.
MEUVE (Mlle de), XVIII, 279, 284.
Mexique (Évêque du), IX, 12.
MEY (M.), colonel suisse, VIII, 293.
MEYER (Le), lieutenant de frégate, XII, 333.
MEYERCROON (M. de), envoyé de Danemark, I, 386; VI, 199, 462; IX, 107; XI, 109.
MEYERCROON (Mlle de), VII, 25.
MEZELIÈRE. *Voy.* MESSELIÈRE.
MÉZIÈRES (M. de), III, 195, 318, 327; IV, 12, 377, 387, 391; V, 342; VIII, 469; IX, 70; X, 165; XI, 21, 112, 119, 121, 124, 127, 317; XIII, 130, 273, 352; XVII, 410, 412, 424, 439, 470; XVIII, 7, 17.
MÉZIÈRES (Mme de), XVIII, 17.
MEZZETIN, comédien, I, 330; II, 220; V, 112.
MEZZO-MORTO, capitan-pacha, V, 415; VI, 468.
MIANNE (M. de), VII, 50; X, 281, 285, 298, 385; XI, 297, 451; XII, 320; XIII, 270; XVIII, 220, 264.
MICALOUSKI, Polonais, XV, 368.
MICHARD, médecin, IV, 322.
MICHEL-ANGE BUONAROTTI (Tableau de), XV, 461.
MICHELET, médecin, VII, 449; VIII, 91.
MICHELIN, enseigne de vaisseau, XI, 247.
MIDDELBOURG (M. de), XVI, 422; XVII, 462; XVIII, 17.
MIDDLETON (Milord), IV, 266, 271; V, 20; VI, 297; VIII, 289, 480; X, 198; XII, 94, 434; XV, 46; XVI, 230.
MIDDLETON (Milady), VII, 239.
MIDDLETON (Mlle de), XI, 36, 444; XII, 67.
MIDORGE, maître des requêtes, XVIII, 130.
MIGNARD, peintre, I, 77; III, 68; V, 68, 212.
MIGNARD (Mlle), V, 397. *Voy.* FEUQUIÈRES.
MIGNON (M.), premier commis de M. de Torcy, VI, 323.
MILAN (Comte de), IX, 416; X, 387.

MILANDON (Mlle de), XVI, 420.
MILARIDE (M.), plénipotentiaire de Savoie, XIV, 289.
MILFORT. *Voy.* MELFORT.
MILLAIN, secrétaire des états de Bourgogne, XVIII, 144.
MILLE, complice du comte de Horn, XVIII, 257.
MILLET, XVIII, 50.
MILLET, sous-gouverneur du Dauphin, II, 37; III, 53, 70.
MILON (Abbé), IV, 387; V, 13; XVI, 386.
MILON (Louis), évêque de Condom, XVII, 41, 412.
MILON (M.), brigadier d'infanterie, IX, 31, 43, 276.
MIMEUR (M. de), II, 188, 386; IV, 290, 456; V, 169, 310, 311; VII, 174; VIII, 393; IX, 290, 291, 442; XI, 27, 344; XII, 22, 361, 366; XIII, 139, 430; XVI, 261; XVII, 263; XVIII, 13, 37.
MINAS (Marquis de las), XI, 106, 361, 364; XII, 133.
MINIÈRE, officier de la gendarmerie, XII, 182.
MINORET (Abbé), XV, 252.
MINURE. *Voy.* MIMEUR.
MIOSSENS (Mme de), I, 288, 314; II, 125; XV, 89.
MIOT, financier, XIII, 80; XVI, 335, 349; XVII, 42.
MIRABAUT (M. de), brigadier, XII, 164.
MIRABEAU (M. de), II, 396; V, 118; VI, 96; VIII, 368; IX, 77; X, 399, 404.
MIRABEL (Marquis de), gouverneur de Saragosse, XIII, 232, 234.
MIRAMION (Mme de), I, 54; III, 3; V, 383.
MIRAN (M. de), X, 324; XIII, 132, 240.
MIRANDOLE (Duc de la), XVI, 405.
MIRANDOLE (Prince de la), IX, 494; X, 496; XIII, 183; XV, 434.
MIRANDOLE (Princesse de la), VIII, 287; IX, 494.
MIRAVAL (Marquis de), ambassadeur d'Espagne en Hollande, XVI, 263.
MIREMONT (M. de), I, 133, 348; II, 186, 208.
Mirepoix (Évêque de). *Voy.* BROUE.
MIREPOIX (M. de), I, 11; II, 236, 295, 303; IV, 230; V, 47; VII, 120; XVII, 167; XVIII, 2, 19.
MIREPOIX (Mme de), XIV, 376.
MIROMESNIL (M. de), II, 296; V, 91; VIII, 35; IX, 439, 441; X, 231; XII, 471; XIII, 244; XVIII, 8.
Misanthrope (Le), comédie, III, 126.
MISON (De), brigadier d'infanterie, XVIII, 8.
MISSON (M.), conseiller du parlement de Paris, VI, 341.
Mithridate, tragédie, I, 67.
MITON (Abbé), XIV, 414.
MOCENIGO (Alvise), doge de Venise, VII, 353.
MOCENIGO (Antonio), ambassadeur de Venise, XII, 142, 312; XIII, 46, 98.
MODÈNE (François II, duc de), I, 82; V, 84.
MODÈNE (Laure Martinozzi, duchesse de), I, 197.
MODÈNE (Lucrèce Barberini, duchesse de), VII, 149.
MODÈNE (Renaud, duc de), V, 201, 319; VIII, 269, 288, 292, 467, 476; IX, 88, 402; X, 105; XII, 157; XIII, 183, 265, 436; XVII, 397; XVIII, 314, 326.

Modène (Charlotte-Félicité de Brunswick-Hanovre, duchesse de), XIII, 261. *Voy.* Hanovre (princesse de).

Modène (François-Marie d'Este, prince de), fils des précédents, XVIII, 144, 145, 165, 167, 191, 232, 271, 314.

Modène (Charlotte-Aglaé d'Orléans, princesse de), femme du précédent, XVIII, 233, 235, 236, 240, 243, 244, 245, 247, 248, 249, 205, 251, 258, 261, 267, 274, 277, 281, 289, 295, 303, 305, 307, 314, 317. *Voy.* Valois (Mlle de).

Modève, capitaine de vaisseau, III, 167.

Mohun (Milord), XIV, 276.

Moine (Mlle le), V, 174, 178.

Moïse, fanatique du Languedoc, XI, 129.

Molac (Marquis de), IV, 377; V, 342; VII, 408.

Molard (Comte), envoyé de l'empereur à Madrid, I, 280, 281.

Moldachin. *Voy.* Maïdalchini.

Molé (Abbé), XII, 113; XIV, 141; XVI, 419.

Molé (Chevalier), XVI, 419; XVIII, 2, 328.

Molé (Mlle), XVII, 160.

Molé (Président), III, 281; VI, 341; XII, 301.

Molès (Duc), ambassadeur d'Espagne, VIII, 40, 85, 230; IX, 180, 270; XII, 255.

Molière, III, 126.

Molinès (M.), auditeur de rote, XIV, 5; XVII, 9, 112.

Molinos (Le docteur), I, 204, 205, 330, 367; VI, 61.

Molondin, colonel suisse, I, 224.

Momein et Mommeins. *Voy.* Montmain.

Monaco (Abbé de), XIV, 382; XV, 385; XVII, 184, 314.

Monaco (M. de), I, 17, 174; II, 10, 129, 145, 222, 225, 233, 242, 257, 285, 319; III, 44, 46; IV, 1, 429; V, 119, 344; VI, 63, 380, 391, 395, 465; VII, 24, 25, 26, 53, 54, 98, 109, 113, 128, 205, 217, 224, 232, 242, 267, 318, 348, 362, 424, 425, 444; VIII, 1, 11; IX, 120; XI, 34, 227, 397; XIII, 182, 206, 319; XIV, 339, 406; XV, 211, 253.

Monaco (Mme de), VIII, 462; IX, 119; XIV, 247, 382, 406, 442; XV, 211.

Monaco (Mlle de), V, 323, 349, 350; XIV, 339; XV, 211, 329, 385, 457; XVI, 167; XVII, 44; XVIII, 251, 253, 269.

Monasterol (M. de), VI, 294; VII, 126, 427, 429, 431; VIII, 487; IX, 7, 9, 105, 139, 142, 152, 154, 165, 178, 274, 307, 308, 310, 328, 360, 436, 497; X, 88; XI, 46, 118, 173; XII, 71, 76, 104, 125, 365; XIII, 54, 58, 66; XIV, 207; XVI, 312; XVII, 276.

Monasterol (Mme de), XIII, 54; XIV, 375.

Moncassel. *Voy.* Montcassel.

Monbas. *Voy.* Montbas.

Monbeau (M. de), capitaine de vaisseau, III, 166.

Monbron. *Voy.* Montbron.

Moncault (M. de), II, 76; V, 28; VIII, 369, 394, 503, 505; IX, 72, 437, 450; X, 164; XI, 330; XIII, 45, 287; XVII, 166.

Monceaux (M. de), intendant à Maestricht, II, 35.

Monchâ (M. de), II, 168; X, 110. *Voy.* Simiane.

MONCHA (Mlle de), VIII, 105.
MONCHAMP, aide de camp du roi d'Espagne, VIII, 352; IX, 426; XI, 366; XII, 178.
MONCLAR. *Voy.* MONTCLAR.
MONCLEY (Abbé de), V, 126.
MONDEBISE (M. de), chanoine de Notre-Dame de Paris, XVII, 389.
MONDÉSIR, lieutenant des grenadiers à cheval, III, 408.
MONDEVAL (M. de), mestre de camp, XI, 77; brigadier de cavalerie, XVIII, 11.
MONDONVILLE (Mme de), II, 181.
MONEROT (MM.), VI, 346.
MONFORENT. *Voy.* MONTFERRAND.
MONGAULT (Abbé de), de l'Académie des inscriptions, précepteur du duc de Charties, XIII, 222, XV, 241, XVIII, 329, 447; XVIII, 25.
MONGERON. *Voy.* MONTGERON.
MONGIN (Abbé de), IX, 161; XIII, 375.
MONGLAT (Mme de), V, 156.
MONGON. *Voy.* MONTGON.
MONIME (La), I, 310. *Voy.* BÉTHUNE.
MONIN, colonel suisse, V, 408.
MONMÈGE (M. de), colonel d'infanterie, IX, 457; X, 72, 407.
MONMONT. *Voy.* MAUMONT.
MONMOUTH (M. de), I, 12, 144, 177, 194, 196, 199, 279, 292; II, 214, 396.
Monnoies (Changements dans les), III, 39, 350, 443; IV, 369.
Monnoies (Hôtel des), VIII, 202.
MONNOTIÉ (M. de), l'aveugle, I, 371.
MONNOYE (M. de la), XV, 31, 49.
MONPERTUIS. *Voy.* MAUPERTUIS.
MONROUX (M. de), IV, 285; V, 343; IX, 458; XI, 15, 492; XII, 267, 362; XIII, 130; XV, 446.
MONS (M. de), IX, 216; X, 295; XII, 333.
Monseigneur. *Voy.* LOUIS DE FRANCE, Dauphin.
Monsieur. *Voy.* ORLÉANS (Philippe de France, duc d').
MONSOREAU. *Voy.* MONTSOREAU.
MONSOURY (Abbé de), IX, 467.
MONSOURY (M. de), II, 104.
MONSOURY (Mlle de), VI, 219.
MONSTIERS, lieutenant des gendarmes d'Anjou, IX, 160.
MONTAGNE (Abbé de la), I, 289.
Montagne d'eau (Fontaine de la), à Versailles, I, 48; V, 222.
MONTAIGU, lieutenant de roi de Guyenne, I, 416, 418.
MONTAIGU (Lord), VIII, 90; XIII, 439. *Voy.* HALIFAX.
MONTAL (Abbé de), II, 30.
MONTAL (M. de), I, 10, 357; II, 138, 222, 225, 243, 286, 320, 339, 442, 444; III, 94, 148, 224, 267, 268, 299, 391; IV, 51, 77, 81; V, 190, 227, 236, 245, 248, 250, 303, 390, 424, 477; VIII, 314; X, 223, 290, 306. XIII, 131; XVIII, 6.
MONTALAIS (M. de), colonel de dragons, III, 9.

MONTALANT (De), brigadier d'infanterie, V, 344 ; IX, 144.
MONTALÈGRE (Marquis de), I, 386 ; II, 82 ; XVI, 3.
MONTALET (Chevalier de), I, 78. *Voy.* MONTALAIS.
MONTALTE (Duc de), III, 431 ; VI, 216 ; VII, 441 ; VIII, 463.
MONTANÈGRE. *Voy.* MONTALÈGRE.
MONTARAN, officier aux gardes, XIII, 37.
MONTARAN, receveur général de la province de Bretagne, XVII, 348, 354, 386.
MONTARANT, lieutenant-colonel d'infanterie, XIII, 289.
MONTARANT (De), brigadier d'infanterie, XVIII, 6.
MONTARGIS, garde du trésor royal, VIII, 252 ; XII, 83 ; XV, 445 ; XVI, 177, 299, 300, 313, 387, 504 ; XVII, 2. *Voy.* MARTANGIS.
MONTARGIS (Mlle), XV, 376, 388.
Montauban (Évêque de). *Voy.* COLBERT DE VILLACERF, NESMOND et VAUBE-COURT.
MONTAUBAN (Abbé de), XII, 417.
MONTAUBAN (M. de), I, 296 ; VIII, 297, 509 ; IX, 2 ; X, 144 ; XII, 367, 381 ; XIII, 234 ; XV, 100, 116, 130 ; XVI, 482, 483 ; XVII, 119, 264, 410 ; XVIII, 279, 284, 333.
MONTAUBAN (Mme de), I, 296, 389 ; IV, 264, 432 ; VI, 137, 138, 141, 174 ; VII, 162, 345 ; VIII, 106, 143 ; IX, 201, 251 ; X, 144 ; XII, 309 ; XIII, 67, 143, 432 ; XIV, 30, 36 ; XV, 138, 272 ; XVI, 410, 421 ; XVII, 410 ; XVIII, 41, 272.
MONTAUBAN (Mlle de), XVII, 445 ; XVIII, 48, 243.
MONTAUGLAN (Mlle de), I, 129.
MONTAULIEU. *Voy.* MONTOLIEU.
MONTAUMER. *Voy.* MONTHOMER.
MONTAUSIER (M. de), I, 53, 65, 79, 101, 106, 113, 171, 212, 255, 310, 331, 344, 345, 366, 372, 390 ; II, 25, 67, 88, 221, 239, 242, 406 ; III, 120, 121, 123, 124, 126, 129, 131, 149, 332 ; XIII, 388.
MONTAUSIER (Mme de), 1, 2 ; III, 125.
MONTAUZÉ, sous-lieutenant des chevau-légers d'Orléans, VI, 229.
MONTBAS (Chevalier de), III, 75 ; IV, 275, 285, 375, 392, 448 ; XII, 420.
MONTBAZON (M. de), VI, 269 ; VII, 110 ; VIII, 373 ; X, 225 ; XI, 5, 314 ; XII, 164, 389 ; XIII, 67 ; XV, 285 ; XVI, 46 ; XVII, 100, 109, 117, 457.
MONTBAZON (Mme de), VIII, 42, 221, 223 ; X, 226 ; XI, 51, 166 ; XIII, 62, 67 ; XV, 17 ; XVII, 109, 119.
MONTBAZON (Mlle de), III, 74.
MONTBÉLIARD (Prince de), VII, 11 ; XVIII, 290.
MONTBERON (M. de), I, 140, 323, 324 ; II, 36, 128, 222, 225, 227, 243, 286, 320, 342 ; III, 165, 237, 448 ; IV, 1, 379, 459 ; VII, 415 ; VIII, 240 ; IX, 72, 418 ; X, 161 ; XII, 50, 52, 53, 100.
MONTBERON (Mme de), X, 161.
MONTBERT (Cornevillers de), député du parlement de Rennes, XVII, 226.
MONTBOISSIER (M. de), VIII, 293 ; XIII, 417, 419 ; XIV, 111, 127, 130 ; XVI, 331, 394, 397 ; XVII, 348 ; XVIII, 10.
MONTBRON. *Voy.* MONTBERON.
MONTCASSEL (Milord), III, 77, 144, 225, 349 ; IV, 9, 53, 258, 478 ; V, 43, 103.

MONTCAULT. *Voy.* MONCAULT.

MONTCAVREL (Marquis de), IX, 349.

MONTCAVREL (Mme de), II, 30.

MONTCHEVREUIL (Abbé de), III, 148, 425.

MONTCHEVREUIL (M. de), I, 51, 126, 180, 214, 215, 325, 360; II, 27, 31, 56, 104, 163, 172, 179, 210, 222, 242, 285, 290, 311, 339, 353, 354, 356; III, 90, 140, 145, 268, 299, 305, 308, 320, 329; IV, 26, 45, 52, 62, 89, 164, 167, 250, 254, 258, 281, 305, 325, 332; V, 72; VI, 49, 326; VII, 72, 73, 179; VIII, 101; XI, 120; XII, 117.

MONTCHEVREUIL (Mme de), I, 62, 143, 166, 194, 216, 339, 340, 341, 351, 353, 355, 360, 366, 372, 376, 382, 388; II, 10, 55, 56, 65, 78, 95, 97, 98, 103, 107, 112, 143, 210, 219, 232, 290, 303, 305, 325, 363, 390, 392, 408, 420, 421, 422; III, 242, 290, 300; IV, 62, 229, 320, 339; V, 48, 267, 272, 293, 432; VI, 314; VII, 88, 96, 173, 175.

MONTCHEVREUIL (Mlle de), I, 265, 266, 267; IV, 222, 267, 397.

MONTCHEVREUIL (René de Mornay-), archevêque de Besançon, XVII, 220.

MONTCLAR (M. de), I, 67; II, 172, 179, 191, 194, 197, 214, 222, 225, 242, 286, 320, 340, 470; III, 86, 97.

MONTCLAR (Mlle de), I, 78.

MONTCONIS, XIV, 254.

MONTEAU, gouverneur de la citadelle de Besançon, V, 306.

MONTECLAIR (Marquis de), VII, 43.

MONTECUCULLI, général de l'empereur, II, 232; V, 419; X, 474.

MONTECUCULLI (Anna-Victoria), dame d'honneur de la reine d'Angleterre, II, 290, 295, 296, 300, 314, 325, 328, 390.

MONTEIL (Abbé de), XVI, 295; XVII, 185.

MONTEIL (M. de), V, 226; XIII, 239, 240; XVIII, 12, 69.

MONTÉLÉON (M. de), X, 32; XIV, 24, 68, 149, 232, 275, 287, 360; XV, 16, 30, 59, 261, 280, 414; XVII, 409, 419, 427, 433; XVIII, 318.

MONTELLANA (Comte de), président de Castille, X, 213.

MONTENDRE (M. de), VIII, 305, 340; IX, 11, 26, 339, 351, 419; XII, 91, 120, 430; XIV, 126, 130, 144; XV, 140, 193.

MONTENEGRO, officier espagnol, XIII, 219.

MONTENOY (Abbé de), XI, 272.

MONTEREY (Comte de), I, 203; V, 389; VI, 326, 348, 354; VII, 213; VIII, 463; X, 119; XIV, 115, 116.

MONTESARCHIO (Prince de), VIII, 211, 443.

MONTESPAN (M. de), II, 35; VI, 302; VIII, 256.

MONTESPAN (Mme de), I, 7, 43, 46, 55, 56, 58, 60, 61, 63, 64, 77, 78, 82, 87, 88, 112, 117, 122, 124, 140, 147, 154, 164, 166, 172, 183, 196, 216, 217, 219, 220, 229, 232, 239, 240, 257, 265, 266, 276, 277, 282, 288, 293, 296, 298, 319, 337, 338, 339, 340, 366, 374, 379, 390, 391, 394, 402, 405, 414, 415, 417, 419, 424; II, 3, 11, 18, 50, 51, 70, 75, 114, 124, 126, 128, 170, 204, 343, 386, 413, 474; III, 16, 60, 125, 234, 238, 240, 266, 276, 300, 301, 325, 338, 437; IV, 7, 173, 256, 260, 289, 483; V, 42, 106, 157, 206, 357, 454; VI, 58, 216; VII, 262, 278, 379, 384, 410; IX, 84; X, 287; XI, 142, 281, 284, 287, 375, 377, 378, 380, 473, 483; XII, 27, 233, 322, 401; XVI, 16, 50.

Montesquiou (Maréchal de), XIII, 88, 139, 141, 142, 143, 145, 147, 273, 367, 370, 447, 457; XIV, 16. 22, 41, 42, 63, 117, 126, 127, 128, 192, 193, 194, 249, 280, 325, 426; XVI, 462, 470, 489, 493, 494; XVII, 27, 123, 124, 125, 216, 217, 232, 478, 479; XVIII, 13, 42, 150, 286, 287, 298, 303, 304. *Voy.* Artagnan.

Montesquiou (Maréchale de), XVI, 461; XVIII, 332.

Montesson (M. de), I, 57; III, 413; V, 28; VII, 419; VIII, 304, 346, 388; IX, 108, 137; X, 164, 277; XI, 64, 273, 274; XIII, 48, 142; XVII, 99; XVIII, 135.

Montet (Du), brigadier d'infanterie, VIII, 306; XI, 126.

Montézuma, vice-roi du Mexique, VI, 475; VIII, 428; IX, 12.

Montferrand (M. de), III, 263.

Montfort (Comte, puis duc de), II, 188, 238; III, 75, 314; IV, 53, 324, 327, 336, 407, 448, 452, 461; V, 73, 105, 132, 342; VII, 15, 104, 221; VIII, 270, 288, 304, 346, 357, 434; IX, 108, 343; X, 125.

Montfort (Duchesse de), V, 6, 26; VII, 104, 187; XVII, 332.

Montfort (Paul d'Albert de Luynes, comte de), XVII, 485; XVIII, 3, 235.

Montfrain de Fournez, brigadier de cavalerie, XVIII, 11.

Montfuron (M. de), III, 406; VIII, 49, 495.

Montgaillard (M. de), IV, 178; IX, 373, 375.

Montgaillard (Pierre Jean-François de Percin de), évêque de Saint-Pons, VI, 212, 220; XII, 107; XIV, 370; XV, 63.

Montgeorges (M. de), II, 459, 464; IV, 125; IX, 72; X, 166; XI, 260, 454; XII, 163, 363; XIII, 349.

Montgeron, intendant de Berry, X, 416; XIII, 122.

Montgivrault (Chevalier de), XII, 144.

Montgommery (M. de), I, 2; II, 105, 447; III, 75, 203, 266, 297; IV, 210, 402; V, 113, 308, 341; X, 272; XVIII, 193.

Montgommery (Mme de), II, 105; XIV, 251.

Montgommery (Milord), VI, 300.

Montgon (Abbé de), VII, 356; XI, 282; XII, 256.

Montgon (M. de), II, 125; III, 252, 328; IV, 222; V, 113, 260, 308, 343; VI, 96, 297; VII, 390; VIII, 93, 170, 317, 328, 334, 347, 398, 429; IX, 57, 72, 109, 429; X, 178, 238, 250, 260, 268, 475; XI, 45, 225, 329, 334, 336, 359; XII, 317, 352, 363; XIII, 37, 80, 90, 131; XVI, 334, 371; XVII, 269; XVIII, 5, 31, 272.

Montgon (Mme de), II, 327, 329; III, 49, 262; IV, 34, 75, 125, 484; V, 185, 215, 462; VI, 243, 338, 405, 443; VII, 20, 21, 119, 226; VIII, 199; XI, 278, 281, 334.

Montholon (M. de), III, 442; IX, 209.

Monthomer, brigadier d'infanterie, II, 163.

Monti (Marquis), colonel réformé, XVIII, 34.

Montiers, brigadier de cavalerie, XIII, 131.

Montignac (M. de), IV, 417, 439.

Montignac (Mme de), IV, 418.

Montigny (Abbé de), VII, 118.

Montigny (M. de), V, 28, 309; IX, 225, 444; X, 231; XVII, 246, 261; XVIII, 266.

11.

Montigny (Mlle de), XIII, 47, 64, 71, 112, 186, 433; XIV, 474; XV, 194, 349, 358, 368, 374, 383.
Montijo (Comte de), conseiller d'État du roi d'Espagne, VII, 216; XIV, 289.
Montileaud (Abbé de), XI, 241.
Montjeu (Mme de), XVII, 210.
Montjeu (Mlle de), X, 316, 359.
Montjoye (Milord), II, 329, 336, 352; III, 36, 431; IV, 73, 147; XII, 319.
Montlaur (Comte de), IX, 440.
Montlaur (Prince de), VIII, 352; X, 243.
Montlec, colonel du régiment de Périgueux, IV, 395.
Montlezun (Abbé de), X, 498.
Montlezun (M. de), X, 323; XII, 319.
Montlouet (Mme de), II, 97.
Montlouet (Mlle de), I, 152.
Montlouis, gentilhomme breton, XVIII, 260.
Montluc (M. de), VIII, 348.
Monmeins (Chevalier de), IX, 67; XI, 41, 46, 61, 141; XII, 22, 182, 183, 306, 361; XIII, 131; XVI, 415; XVII, 263; XVIII, 136, 141.
Montmartin (Abbé de), XII, 1.
Montmartin (Ennemond Allemand de), évêque de Grenoble, XVIII, 146.
Montmartre (Abbesse de). *Voy.* Lorraine et Lorraine-Harcourt.
Montmaur (M. de), VIII, 100; X, 101; XIII, 81; XVIII, 135.
Montmiral, brigadier d'infanterie, XVIII, 9.
Montmirel, lieutenant-colonel du régiment Dauphin, XVII, 416.
Montmont. *Voy.* Maumont.
Montmorel (Abbé de), VI, 242; VII, 69; XII, 465; XVIII, 147.
Montmorency (Chevalier de), XIII, 25, 131; XVIII, 260.
Montmorency (Marquis de), brigadier de cavalerie, XVIII, 11.
Montmorency (M. de), I, 397; II, 343, 449; III, 161, 163, 168, 172, 174, 244, 332, 334, 402, 403, 413, 424; IV, 74, 254, 257, 333, 398, 405, 437, 442, 456, 461, 477; V, 7, 105, 132, 149; VIII, 245; IX, 421; X, 169, 231, 250; XI, 218; XIV, 281; XV, 267; XVI, 296, 408; XVII, 268, 395, 422; XVIII, 7, 199.
Montmorency (Mme de), II, 233, 287, 381; III, 27; IV, 432; V, 80; XIV, 438, 443; XV, 8.
Montmorency (Mlle de), I, 333, 355, 356, 365; II, 55, 96, 97, 98, 129; III, 49, 158.
Montmorency-Condé (M. de), brigadier d'infanterie, X, 166.
Montmorency-Fosseux (Abbé de), V, 126.
Montmorency-Fosseux (M. de), IV, 248, 313.
Montmorency-Fosseux (Mme de), XIV, 249, 430.
Montmorency-Rochebrune (M. de), mestre de camp, XII, 287.
Montmorin (Abbé de), XIII, 207.
Montmorin (Armand de), évêque de Die, puis archevêque de Vienne, II, 12; IV, 474; XIII, 57; XV, 5.
Montmort (Abbé de), chambrier de Notre-Dame, XVII, 388.
Montmort (Louis Habert de), évêque de Perpignan, V, 149.
Montolieu (M. de), II, 232; V, 287; VI, 338, 354, 423; IX, 13; XIV, 329, 446,

Montoze, capitaine de Coucy, I, 84.
Montpeiroux (M. de), III, 284; VII, 309; VIII, 305; IX, 141; X, 101, 165, 306, 309; XI, 100, 293, 431; XIII, 130, 436; XIV, 388; XV, 89, 90.
Montpeiroux (Mme de), XI, 241; XV, 90.
Montpellier (Évêque de). *Voy.* Colbert de Croissy et Pradel.
Montpensier (Anne-Marie-Louise d'Orléans, Mlle de), nommée *Mademoiselle* et *la grande Mademoiselle*, I, 11, 55, 167, 172, 231, 270, 361, 399; II, 9, 15, 65, 66, 69, 70, 78, 86, 225, 235, 315, 338, 381, 440; III, 29, 40, 48, 70, 112, 250, 260, 269, 340; IV, 37, 47, 159, 163, 170, 237, 247, 249, 256, 259, 260, 262, 263, 265.
Montpensier (Louise-Élisabeth d'Orléans, Mlle de), XIII, 88; XVI, 484, 487; XVIII, 232, 239.
Montpezat (M. de), I, 16; V, 259; IX, 439, 441; XII, 69, 361; XIV, 229; XVII, 93.
Montpipeau (M. de), I, 118; III, 403, 408; X, 283; XIV, 130.
Montpipeau (Mme de), XVII, 155, 167, 246; XVIII, 149.
Montplaisir (M. de), I, 27; IV, 17, 469; VII, 208; VIII, 305; IX, 7; X, 165, 447; XI, 112; XII, 149; XIII, 86.
Montpouillan (M. de), VII, 313; VIII, 111.
Montpouillan (Marquise de), VII, 313.
Montrésor (Mémoires de), II, 116.
Montrevel (M. de), II, 60, 163, 342; III, 90; IV, 52, 81, 101, 104, 107, 253, 254, 257, 333, 349, 383, 400, 477; V, 94, 297, 390; VI, 43, 55, 121, 165, 188, 281; VIII, 93, 218, 231, 245, 246, 253, 257, 284, 346, 393, 434; IX, 81, 90, 96, 107, 112, 122, 124, 130, 134, 142, 159, 163, 175, 302, 362, 397, 401, 470, 471, 477, 493; X, 219, 221, 244, 245, 464; XI, 172, 330, 342; XIII, 236, 367; XIV, 370; XV, 188, 346; XVI, 362, 366, 369, 379, 385, 454, 462, 469, 471, 472; XVII, 300; XVIII, 2, 3, 10.
Montrevel (Marquis de la Baume de), XVII, 201.
Montrevel-Vieuxpont (M. de), XIII, 273.
Montrose (Duc de), XV, 210.
Montroux. *Voy.* Monroux.
Monts (Des), capitaine de vaisseau, III, 164.
Montsorreau (M. de), III, 257; VIII, 305, 368; X, 165; XI, 26, 329; XII, 362; XIII, 130; XV, 209; XVII, 471; XVIII, 268.
Montsorreau (Mme de), XV, 394, 410.
Montsouris. *Voy.* Monsoury.
Montviel (M. de), VI, 361; VII, 164; VIII, 24; IX, 65, 73, 452; XVI, 385; XVII, 263; XVIII, 8.
Monvielle. *Voy.* Montviel.
Morangiés (M. de), IX, 412, 439, 441; X, 362, 352.
Morangis (M. de), I, 307, 335; VIII, 367, 368.
Morangis (Mme de), I, 251; XIV, 463.
Morangis (Mlle de), V, 228.
Morant (M.), intendant de Provence, I, 416; II, 37.
Moranville (Abbé de), VIII, 226.
Moras (Mlle de), X, 308; XIII, 71.
Morbach. *Voy.* Murbach.

MORBECQUE (Prince de), X, 119, 261, 405 ; XI, 197.
MORDAN, colonel anglais, III, 141.
MORDAN (Milord), XI, 344.
MOREAU (Abbé), II, 360; V, 126, 140.
MOREAU, capitaine du régiment du roi, IV, 462.
MOREAU (Fanchon), de l'Opéra, VIII, 391.
MOREAU, médecin de la Dauphine, I, 282; III, 85, 283; IV, 365.
MOREAU, musicien, II, 160, 343 ; V, 88.
MOREAU, premier valet de chambre du duc de Bourgogne, II, 449; III, 86, 206; VIII, 240, 330; IX, 87; XII, 25.
MOREAU (M.), procureur du roi du Châtelet, XV, 45.
MOREAU (Mme), nourrice du Dauphin, IV, 209, 215.
MOREAU (Mlle), III, 39; VI, 299.
MOREAUX (Loo), marchande de Paris, IV, 412.
MOREL (Abbé), I, 108, 194, 208 ; II, 453; IV, 208, 394, 434; V, 38, 40, 116, 132, 324; VI, 299; VIII, 66; XII, 358; XIII, 264; XVI, 386; XVIII, 188.
MOREL, maître de la chambre aux deniers, VI, 100.
MOREL, poëte, IX, 23.
MORESSE (La), religieuse de Moret, VI, 193.
MORET (Comte de), II, 164.
MORET, valet de garde-robe, I, 158.
MOREUIL (M. de), I, 222, 277, 429; VI, 404 ; VII, 326.
MOREUIL (Mme de), I, 197, 359, 379, 390; II, 7, 42, 95, 114; III, 49; V, 308, 401; VI, 52, 62; VII, 326.
MOREUIL (Mlle de), IV, 203, 432; V, 208, 308, 311; XI, 411, 417.
MOREY (Abbé), XIII, 76.
MORGUES (De), colonel, XVII, 268.
MORIA et MORIAC. *Voy.* MAURIAC.
MORIGGIA (Cardinal), VII, 10, 402; XII, 255.
MORIN, dit le Juif, I, 135.
MORNAY (Abbé de), VII, 463, 464; XIV, 390, 423; XV, 99, 249, 285; XVII, 162.
MORNAY (Le P. de), coadjuteur de Québec, XV, 440.
MORNAY (M. de), II, 123, 172, 210; III, 24, 129, 232; V, 318, 343, 344, 372; VI, 38; VIII, 305, 346; IX, 108; X, 164; XI, 46, 112, 120; XVII, 174,
MORNAY (Mme de), I, 320, 335, 341, 353, 359; II, 7, 25, 38, 42, 95, 112, 114; IV, 198, 202; V, 427; VII, 179; VIII, 266.
MONOSINI, généralissime de la république de Venise, I, 400; II, 63, 130; doge, 133, 159 ; IV, 209, 459.
MOROUSSE (Chevalier de), colonel piémontais, III, 244.
MORSTEIN (M. de), IV, 219, 397; V, 246, VIII, 111. *Voy.* CHATEAUVILLAIN.
MORSTEIN (Mme de), III, 304; VI, 327, 387, 391, 392.
Mort d'Achille (La), opéra, II, 69.
MORTAGNE (M. de), I, 287; III, 195; V, 310, 311, 322; VIII, 49, 71 ; IX, 425; XVI, 204, 322; XVII, 20 ; XVIII, 256.
MORTAGNE (Mme de), I, 287 ; XIV, 67 ; XVII, 44.
MORTAIGNE (M. de), VI, 280, 285. *Voy.* MORTANI.
MORTAIN. *Voy.* MORSTEIN.

MORTANI (M. de), V, 86; IX, 442; X, 341; XIII, 131; XVIII, 264, 269. *Voy.* MORTAIGNE.
MORTARA (Marquis de), III, 399.
MORTEMARE (M. de), gouverneur de Palerme, XVIII, 77.
MORTEMART (M. de), I, 179, 299, 301, 310, 362; II, 119, 123, 124, 125, 126; VII, 235; VIII, 314, 429; IX, 55, 84, 87, 101, 231, 358, 376, 378; XI, 314; XII, 64, 164; XIII, 105, 107, 154, 192, 194, 197, 244, 316; XIV, 128, 156, 191; XV, 154, 161, 244, 258, 269; XVI, 124, 419; XVII, 122, 126, 175, 177, 180, 181, 186, 395; XVIII, 2, 260.
MORTEMART (Mme de), I, 356, 433; II, 126, 385, 405, 407, 414, 422, 423, 456, 463, 477; III, 17, 18, 31, 49, 68, 71, 119, 147, 341; IV, 75, 222, 436; VI, 2; IX, 409; X, 163; XII, 57; XVII, 301, 311, 313, 354, 378.
MORTEMART (Mlle de), III, 325; IV, 288, 289, 290; XII, 34, 54.
MORTEMER (De), brigadier de cavalerie, XVIII, 11.
MORTFONTAINE, maître d'hôtel du roi, I, 168.
MORTON (Camus de), gouverneur de Bitche, I, 278.
MORVILLE (M. de), X, 110; XVII, 227, 231, 349, 450, 456, 477; XVIII, 320.
MORVILLE (Mme de), XVII, 305.
Moscovie (Ambassadeurs de), I, 152, 175, 176, 180, 183, 186, 190.
Moscovie (Ambassadrice de), XI, 225.
Moscovie (Czar de). *Voy.* PIERRE Ier.
Mostellaria, comédie, XI, 431.
MOTHE (Abbé de la), I, 159; II, 356.
MOTHE (Chevalier du Bois de la), XII, 333.
MOTHE (Maréchale de la), I, 1; II, 32, 236, 287, 409, 460, 463; III, 49, 119, 129; IV, 318, 346, 390, 432; V, 253, 288; VI, 355; VII, 124, 142, 164, 174, 425; VIII, 385, 497; IX, 27, 461, 469, 470; X, 52, 121, 235, 276, 487; XI, 279; XII, 302.
MOTHE (M. de la), I, 28; II, 33, 462; III, 187, 408; IV, 100, 185, 202, 225, 253, 257, 307, 385, 407, 478; V, 94, 188, 193, 236, 297, 424; VI, 43, 66, 370; VIII, 33, 92, 304, 346, 414, 435; IX, 43, 108, 301, 459; X, 173, 322, 384, 386, 387, 389, 394, 460, 476; XI, 46, 123, 125, 133, 134, 141, 147, 148, 151, 328, 387, 459, 492; XII, 146, 177, 178, 182, 226, 227, 229, 231, 232, 233, 235, 237, 253, 265, 267, 278, 281, 287, 290, 293, 300, 301, 306, 383; XIII, 64, 255, 290, 323; XIV, 109, 482; XV, 171, 174; XVII, 279, 457; XVIII, 134.
MOTHE (Mme de la), VI, 222.
MOTHE-HOUDANCOURT (Jérôme de la), évêque de Saint-Flour, IV, 307.
MOTHE-HOUDANCOURT (M. de la), II, 164; XVIII, 11.
MOTHE-TIBERGEAU (M. de la), IV, 40.
MOTTE (Abbé de la), III, 359.
MOTTE (La), contrôleur des bâtiments, I, 366.
MOTTE (Houdard de la). *Voy.* HOUDARD.
MOTTE (La), capitaine, V, 304, 401.
MOTTE (La), colonel du régiment de Bar, XI, 141.
MOTTE (La), colonel du régiment de Blaisois, XV, 214.
MOTTE (La), commandant au Mississipi, XVII, 168.
MOTTE (La) fils, aide de camp du duc Bourgogne, VIII, 393; IX, 440, 441.

Motte (La), officier des gardes du corps, I, 404; IV, 388; V, 343; VIII, 287.
Motte (M. de la), colonel de cavalerie, XVII, 373.
Motte (Mme de la), XV, 116.
Motte d'Argencourt (Mlle de la), XIII, 54, 55.
Motte-Baracé (La), brigadier d'infanterie, X, 166.
Motte-Genouillé (La), capitaine de vaisseau, III, 165.
Motte-Xaintrailles (La), lieutenant de roi de Saint-Omer, VII, 31.
Motterie (M. de la), XVIII, 80.
Motteux (Le), capitaine de vaisseau, IV, 285; VI, 299.
Motteville (Président de), II, 152.
Mouchant. *Voy.* Monchamp.
Mouchy (M. de), V, 304, 307; IX, 375, 439, 441; XIII, 131, 302; XIV, 191, 262, 270, 280; XV, 193; XVI, 373; XVII, 198; XVIII, 94.
Mouchy (Mme de), XIV, 396, 401; XV, 201; XVI, 172, 359, 387, 482; XVII, 33, 50, 155, 156, 158, 183, 210, 235, 244, 271; XVIII, 81, 92, 93, 94.
Mouchy (Mlle de), XVII, 33.
Moulin (Chevalier du), enseigne des grenadiers des gardes, IV, 87.
Moulineaux (M. des), capitaine aux gardes, IV, 349; IX, 273, 338; XII, 314.
Moulinet, lieutenant de vaisseau, XI, 247.
Moulineuf, commandant du château de Namur, IV, 123; V, 277.
Mouret, porte-malle du roi, I, 65.
Moussart (M.), prêtre de Ruel, XVII, 212.
Moussaye (Mlle de la), I, 283, 285.
Moussy (Mme de), XIII, 25.
Moustier (Abbé du), XVII, 184.
Mouvement perpétuel (Le), VII, 273.
Mouy (M. de), III, 293; IV, 54, 65; XII, 91, 120; XIV, 197.
Mouy (Mme de), II, 129; VIII, 254.
Moya (Marquis de), XIV, 201.
Muet, officier, IX, 147.
Muette (Château de la), XI, 456. *Voy.* Meutte.
Mulazzano (M. de), envoyé de Gênes, X, 106.
Muller (M.), lieutenant-colonel du régiment Royal-allemand, III, 84.
Mulonnière (La), I, 298, 348; II, 186, 374; IV, 155.
Munster (Évêque de), IV, 231; V, 172; VI, 248; VII, 314, 382, 451; VIII, 95, 381.
Murbach (Prince de), II, 205; III, 218; V, 26; VII, 84, 118; XVIII, 221.
Murçay (M. de), I, 74, 104, 340; II, 170, 188, 350; IV, 138, 141, 150; V, 28, 174, 177, 178; VI, 375; VIII, 304, 347, 373; IX, 110, 179, 222; X, 330, 343; XI, 89, 91, 205, 250, 251.
Murçay (Mme de), XI, 252.
Murçay (Mlle de), I, 307, 309, 312.
Murcie (Évêque de), XVIII, 298.
Muret (Comte de), IV, 178; VII, 76; VIII, 306; X, 165; XI, 36, 253, 329; XII, 34, 195; XIII, 130, 264; XIV, 32, 53, 58, 59; XV, 344; XVIII, 114.

MURREY (Milord), XVIII, 52.
MURSÉ. *Voy.* MURÇAY.
MUS (Marquis de), colonel du régiment-Colonel, I, 77; II, 131.
Musique (Goût de la), VII, 302.
MUSTAPHA II, sultan, V, 188, 262, 289, 320, 415, 450; VI, 5, 176, 227, 324, 468, 477; IX, 313, 337.
MUSY (M. de), I, 288.

N.

NADASTI (Comte), XV, 275.
NAIN (M. le), VII, 411; XIII, 53.
Namur (Poteaux de), II, 8.
Namur (Évêque de). *Voy.* VANDENPIERRE.
NANCEY (M. de), XVII, 174, 207; XVIII, 131.
NANCLA (M. de), III, 75; V, 34, 45, 99, 113, 342; VI, 172; VIII, 50, 348; X, 164, 177.
NANCRÉ (Abbé de), XVII, 185.
NANCRÉ (M. de), II, 366, 412; III, 139; X, 263; XI, 145, 205, 210, 222, 245, 246; XII, 83; XIII, 173; XVII, 183, 214, 254, 285, 337, 361, 376, 400, 403, 406, 414, 420, 423, 475; XVIII, 74.
NANCRÉ (Mme de), II, 203; XI, 208, 229; XVIII, 76.
NANCRÉ (Mlle de), XVIII, 298.
NANGIS (M. de), I, 340; II, 174, 381; III, 16, 193, 194, 200; VII, 132, 229; VIII, 338; IX, 19, 218; X, 101, 166, 175, 228, 238; XI, 5, 67, 104, 127, 314, 369, 371, 442; XII, 29, 64, 96, 112, 164, 224, 274, 291, 299, 362, 459, 461, 477; XIII, 37, 38, 40, 43, 44, 73, 139, 233, 329, 330, 342; XIV, 23, 62, 191, 193, 269, 395, 398; XV, 7, 11, 445, 458; XVI, 196; XVII, 263, 416; XVIII, 181, 185, 248.
NANGIS (Mme de), I, 230; II, 80, 85, 461; III, 18, 49; IV, 131, 136, 154; V, 11; XII, 75; XVIII, 248.
NANON. *Voy.* BALBIEN.
Nantes (Édit de), I, 134, 234, 235, 237; XI, 129; XVI, 60.
Nantes (Évêque de). *Voy.* BEAUVAU DU RIVAU et TRESSAN.
NANTES (Louise-Françoise de Bourbon, Mlle de), I, 56, 64, 67, 69, 78, 107, 112, 125, 162, 164, 166, 167, 173, 176, 178, 183, 196; II, 75, 212. *Voy.* BOURBON (Duchesse de).
NANTILLAC, lieutenant-colonel, III, 374.
NANTOUILLET (M. de), I, 112, 113, 134, 211; II, 157. *Voy.* BARBANÇON.
Naples (Haquenée présentée au pape par le royaume de), I, 392.
Narbonne (Archevêque de). *Voy.* BERCHÈRE et GOUX.
NARBONNE (M. de), III, 220; V, 27; VIII, 182; IX, 110; X, 164, 447; XIV, 15.
NARBOROUGH (Chevalier de), II, 158.
NASSAU (Comte de), II, 149, 194; III, 200, 220; IV, 76, 254, 258, 305, 347, 477; V, 199; VIII, 258; IX, 71; XIV, 346.
NASSAU (Comte Corneille de), XIV, 195.
NASSAU (Mme de), XV, 411.

NASSAU (Prince de), VI, 166 ; VIII, 413, 437, 504; IX, 28, 358 ; XIII, 38, 224; XV, 415; XVI, 400.
NASSAU (Prince Casimir de), V, 389.
NASSAU (Princesse de), XVI, 400.
NASSAU-ADHÉMAR (Prince de), V, 290.
NASSAU DE FRISE (Prince de), IV, 351 ; IX, 426 ; XIII, 444, 446, 453.
NASSAU-SAARBRUCK (Comte de), II, 219, 229 ; VIII, 395.
NASSAU-SIEGEN (Prince de), II, 30 ; XIII, 352, 410.
NASSAU-VEILBOURG (Comte de), X, 100.
NATE (M. de), colonel, VII, 220.
NAVAILLES (M. de), I, 84, 85 ; II, 320 ; VII, 258.
NAVAILLES (Mme de), I, 79, 85, 331 ; V, 55 ; VII, 230, 252, 257.
NAVAILLES (Mlle de), I, 46, 47.
NAVARRI (Don), VIII, 189.
Navarre (Connétable de), XIII, 21.
NAVAS (Marquis de las), II, 93. *Voy.* SAN-ISTEVAN.
NAVES (M. de) , I, 274, 301, 304 ; III, 327 ; X, 164, 278.
NEBOT, chef des miquelets, XIV, 450, 458, 470 ; XV, 14, 27.
NÉGRONI (Cardinal), I, 384 ; XIV, 334.
NEHEM (Général), VI, 194.
NEMOURS (Mme de), II, 209 ; III, 110, 112 ; IV, 73, 447, 448, 450, 453, 454, 466 ; V, 174, 345, 429 ; VI, 163, 312, 470, 474 ; VII, 6, 7, 22, 32, 77, 78, 79, 102, 227 ; VIII, 111, 370, 449 ; IX, 402, 430 ; XI, 360, 367, 392, 397.
Neptune (Bassin de), à Versailles, I, 173.
NÉRÉ (Mlle de), II, 102.
NÉRESTANG (M. de), IV, 408 ; XI, 74 ; XII, 68 ; XVIII, 135.
NERLI (Cardinal), XII, 131.
NESLE (Chevalier de), IV, 120, 348, 400 ; XII, 176, 319.
NESLE (M. de), I, 340, 341, 421 ; II, 72, 163, 179, 191, 192, 209, 211, 214 ; VIII, 338 ; XI, 300, 311, 314 ; XII, 106, 182, 347, 380 ; XIII, 37 ; XV, 150 ; XVI, 400 ; XVII, 73, 77.
NESLE (Mme de), II, 211 ; IV, 343 ; XIII, 73, 76.
NESLE (Mlle de), XIII, 352, 410.
NESMOND (François de), évêque de Bayeux, XI, 313 ; XIII, 78 ; XV, 438.
NESMOND (Henri de), évêque de Montauban, IV, 187 ; VII, 378 ; archevêque d'Alby, IX, 269 ; X, 414 ; XII, 216 ; XIII, 431, 440 ; XV, 412, 428 ; archevêque de Toulouse, XVIII, 150.
NESMOND (Chevalier de), III, 335, 393 ; IV, 60, 135, 193, 209.
NESMOND (M. de), II, 104 ; III, 164 ; IV, 202, 453 ; V, 157, 163, 200, 273, 277, 371, 392, 393, 396, 427, 438 ; VI, 6, 465 ; VII, 237, 306, 393, 465 ; VIII, 452, 502 ; IX, 43 ; X, 288.
NESMOND (Mlle de), X, 388.
NESMOND (Président de), III, 34 ; IV, 248.
NESMOND (Présidente de), X, 228.
NETTANCOURT (M. de), V, 174 ; VIII, 422, 481 ; X, 71, 87.
NETTANCOURT (Mme de), VII, 218.
NEUBOURG (Duc de), II, 462.

NEUBOURG (François-Louis de), coadjuteur de Mayence, grand maître de l'ordre Teutonique, I, 383; XIII, 322.
NEUBOURG (M. de), I, 187. *Voy.* PALATIN DU RHIN.
NEUBOURG (Prince de), III, 418.
NEUBOURG (Prince Charles de), II, 374.
NEUBOURG (Princesse de), III, 267.
NEUBOURG (Princesse Élisabeth de), III, 58.
NEUCHAISE (Mlle de), XVI, 424.
NEUFCHÂTEL (M. de), II, 92, 102; V, 110; VI, 475; VIII, 449; IX, 115, 403.
NEUFCHATEL (Mme de), V, 131; VII, 432; XIII, 107.
NEUFCHATEL (Mlle de), XIII, 97, 99, 107, 226.
NEUFCHELLES (M. de), I, 343; II, 163, 339; III, 87, 403, 405, 407; VIII, 343; X, 278; XII, 319; XIV, 121; XVIII, 5.
NEUILLAN (Mme de), X, 371.
NEUVI, chevalier de Saint-Louis, XIV, 330.
NEUVILLE, chevalier de Saint-Louis, IV, 285.
NEUVILLE (La), commandant à Dunkerque, V, 278.
NEUVILLE (Mlle de la), XVIII, 228.
NEUVILLE DES CHIENS (M. de la), XIII, 218, 375; XVI, 396; XVII, 26, 285. *Voy.* CHIENS.
NEVENSTEIN (Abbé de), XIV, 115.
NEVERMEIL, commis de la Guerre, X, 312.
Nevers (Évêque de). *Voy.* BARGEDÉ, FONTAINE DES MONTÉES et VALOT.
NEVERS (M. de), I, 78, 126, 127; II, 19, 88, 102, 221, 242; VI, 17; VII, 18, 107; X, 122, 416; XI, 363, 364, 366; XVI, 395.
NEVERS (Mme de), I, 49, 176; II, 19; XI, 421; XV, 335, 340; XVI, 337.
NEVERS (Mlle de), III, 112; VII, 52; XI, 358, 413, 417, 440.
NEVET (Marquis de), IV, 197; VII, 79, 95, 102.
NEVET (Marquise de), VII, 131.
NEVILLE, amiral anglais, VI, 224.
NICHOLSON, général anglais, XIV, 17.
NICOLAÏ (M. de), I, 299; II, 191; III, 155, 158; IV, 254; VI, 459; VII, 429; X, 476, 478; XIV, 145; XV, 457; XVI, 101; XVII, 70, 332.
NICOLAÏ (Mme de), V, 411.
NICOLAÏ (Mlle de), XII, 78; XIII, 215; XIV, 146; XVI, 472.
NICOLAS, caissier de Samuel Bernard, XIII, 353.
NICOLE (M.), V, 308.
NICOLINI, nonce du pape, III, 64, 432; IV, 19.
Nidoiseau (Abbesse de), VII, 313.
NIERT. *Voy.* NYERT.
NIEUCOURT, guidon des gendarmes de la reine, I, 423.
NIEUHAUS (Baron de), envoyé de l'électeur de Bavière, I, 226.
NIEUPORT (M. de), député de Hollande, VII, 2, 90, 116.
NIGRELLI, général de l'empereur, VIII, 104.
NILLE (Comte de), VIII, 116; IX, 440, 443; XI, 112; XIII, 131.
Nîmes (Édit de), I, 235.
Nîmes (Évêque de). *Voy.* FLÉCHIER, PARISIÈRE et SÉGUIER DE LA VERRIÈRE.
NIMPCHS (Comte de), XVIII, 149.

NINA (La), femme de la reine d'Espagne, V, 466.
NINON. *Voy.* LENCLOS.
NISAS (M. de), VIII, 488; XVII, 263.
NITARD (Le P.), jésuite, IV, 175.
NOAILLES (Abbé de), IV, 249; V, 327; XVII, 10.
NOAILLES (Jean-Baptiste-Louis-Gaston de), évêque de Châlons, V, 354; XI, 68; XV, 68; XVI, 482; XVII, 3, 30, 32; XVIII, 23.
NOAILLES (Louis-Antoine de), évêque de Châlons, II, 46; III, 25, 127, 231; archevêque de Paris, V, 263, 354, 365, 469; VI, 55, 66, 79, 121, 122, 123, 269, 275, 288, 321, 332, 339, 350, 360, 371, 377, 391, 453; VII, 84, 232, 234, 242, 289, 305; cardinal, 344, 355, 358, 363, 364 384, 389, 394, 445; VIII, 25, 43, 45, 50, 105, 130, 131, 132, 450, 180, 199, 200, 238, 338, 424; IX, 114, 124, 133, 187 416, 437, 444; X, 293, 339, 370, 504; XI, 31, 188, 192, 241, 265, 277, 278, 291, 307, 323, 370, 457, 461; XII, 21, 54, 133, 155, 221, 234, 324, 328, 349, 356, 387, 416, 432, 475; XIII, 17, 22, 38, 85, 93, 97, 121, 126, 157, 188, 252, 343, 354, 404, 405, 408, 409, 425, 434, 460, 464, 472, 478, 479, 480, 489; XIV, 12, 34, 73, 97, 108, 124, 133, 142, 143, 145, 240, 244, 248, 324, 369, 396, 408, 416; XV, 1, 4, 68, 71, 80, 92, 122, 124, 146, 156, 171, 174, 190, 194, 198, 199, 219, 238, 264, 268, 286, 313, 390, 392, 407, 410; XVI, 137, 166, 172, 184, 194, 197, 270, 272, 291, 301, 328, 352, 353, 374, 375, 384, 408, 419, 422, 433, 436, 449, 453, 454, 468, 471, 488, 496, 501, 502, 504, 510, 511; XVII, 2, 6, 7, 8, 11, 27, 32, 35, 40, 42, 64, 74, 76, 84, 100, 106, 132, 162, 175, 176, 183, 184, 198, 203, 240, 242, 245, 248, 252, 279, 293, 298, 303, 308, 311, 333, 342, 342, 349, 353, 355, 363, 384, 385, 388, 389, 395, 400, 403, 469, 474, 182, 485; XVIII, 23, 25, 30, 39, 54, 62, 116, 118, 125, 248, 250, 253, 272, 308, 318, 319, 325, 336.
Noailles (Maison de), XII, 7, 33.
NOAILLES (Bailli de), VI, 43, 118, 175, 354, 423; VIII, 138; IX, 204, 249, 250; XII, 55; XIV, 131, 132.
NOAILLES (Chevalier de), III, 273; IV, 87, 192.
NOAILLES (Comte de), VIII, 295, 499; IX, 27; XIII, 252.
NOAILLES (Duc de), I, 79, 151, 161; II, 82, 222, 241, 285, 338, 400, 401; III, 299, 395, 426; IV, 53, 67, 251, 268, 294, 305, 312, 325, 392, 411, 465; V, 21, 24, 53, 186, 382; VI, 79, 122, 285, 345, 346, 382; VII, 228, 419; VIII, 20, 21; IX, 412; X, 165, 202, 232, 235, 292, 490, 494; XI, 26, 38, 43, 48, 54, 81 86, 115, 119, 123, 124, 231, 265, 298, 304, 305, 327, 329, 375, 383, 400; XII, 8, 26, 31, 59, 88, 141, 172, 243, 258, 346, 407, 457, 475; XIII, 12, 37, 44, 68, 95, 155, 159, 178, 193, 215, 220, 236, 245, 253, 256, 257, 262, 264, 268, 269, 271, 272, 293, 309, 317, 323, 328, 336, 339, 341, 349, 359, 365, 368, 370, 424, 444, 477, 478, 481; XIV, 31, 39, 45, 109, 369, 443; XV, 161, 251, 296, 365, 417, 458; XVI, 106, 121, 124, 138, 169, 194, 204, 219, 228, 266, 289, 293, 337, 376, 439, 449, 460, 476, 477, 494; XVII, 3, 11, 15, 18, 30, 36, 78, 85, 98, 103, 112, 115, 116, 117, 118, 133, 157, 170, 172, 174, 201, 202 203, 225, 236, 241, 242, 298, 305, 306, 391; XVIII, 128, 250, 306.
NOAILLES (Duchesse de), II, 305; III, 111, 270; V, 114, 346; VI, 121, 322, 402; VII, 109, 203, 386; IX, 150; X, 63, 204, 213, 248, 479; XI, 287,

TABLE GÉNÉRALE ALPHABÉTIQUE.

356, 469, 487; XII, 64, 464; XIII, 155, 276, 485; XIV, 157, 164, 185, 228, 390; XV, 18.

NOAILLES (M. de), I, 53, 57, 101, 106, 113, 141, 228, 269, 359, 380, 390, 394, 418; II, 154, 226, 227, 311, 457, 460, 468; III, 9, 77, 79, 92, 97, 149, 234, 330, 344, 349, 360, 379, 388, 390, 397; IV, 55, 191, 308, 310, 379, 435, 482; V, 16, 22, 23, 25, 26, 29, 34, 37, 41, 43, 51, 79, 80, 89, 92, 95, 99, 128, 133, 149, 175, 216, 217, 218, 389, 460; VI, 321; VII, 167, 295, 416, 426, 443, 450; VIII, 213, 456, 494; IX, 462; X, 52; XI, 287, 372; XII, 123, 132; XIII, 239, 247, 252, 275, 285, 295, 301, 321, 327, 342, 356, 360, 375, 376, 463, 474; XIV, 392; XVII, 101, 105, 107, 206, 258.

NOAILLES (Mme de), II, 98, 112, 327; V, 33; VI, 141; VII, 39, 40, 231, 242, 261, 350, 351, 353, 377, 396, 408; VIII, 117, 296, 309, 506; IX, 127, 167; X, 77; XII, 444, 470; XIV, 474; XVII, 260.

NOAILLES (Mlle de), II, 24, 33; VI, 29, 33, 258; VIII, 180; IX, 104, 107, 122, 243; XI, 287, 291; XIV, 335, 337, 347; XVI, 319, 327, 336; XVII, 64, 74, 77, 84, 259.

NOAILLES (Maréchal de), IV, 252, 258, 477; V, 31, 106, 193, 213, 238, 454; VII, 92; VIII, 63, 229, 291; IX, 412; X, 197; XI, 22, 231, 304, 374, 426; XII, 232, 233; XIV, 167; XV, 225.

NOAILLES (Maréchale de), VII, 12; VIII, 30, 285, 385; X, 36, 259, 396; XI, 310; XII, 27, 375, 432; XIV, 337; XVI, 336; XVIII, 23.

NOAILLES (Marquis de), II, 38, 39; IV, 68; V, 21, 23, 390, 428, 430, 431; XVIII, 282.

NOAILLES (Marquise de), IV, 432; VI, 322; VIII, 349, 353, 360.

NOBLET (M.), VII, 449; VIII, 25, 26, 394, 436; X, 490.

NOCÉ (M. de), XVII, 60, 318, 337, 349, 380; XVIII, 42, 64, 65, 168.

NOCEY, brigadier d'infanterie, XVIII, 9.

NOEL (Le P.), récollet, XIV, 84.

NOGARET (Abbé de), IV, 201.

NOGARET (Mme de), II, 363, 407; III, 49; IV, 432; V, 462, 476; VI, 25, 36, 159, 322; VII, 96, 106, 110, 149, 150, 279, 326; VIII, 199, 506; XI, 451; XIII, 196; XIV, 62.

NOGARET (M. de), I, 190, 191, 204, 268, 283; II, 113, 137, 142, 151, 188, 438; XIII, 160; XVIII, 8.

NOGENT (M. de), I, 10; II, 343; III, 304, 311, 333, 381, 385; IV, 76, 259; V, 242, 271, 288, 406; VII, 223, 236, 346; IX, 72, 109, 110, 116, 427, 450; X, 164, 270, 447, 449; XI, 20; XII, 65; XV, 161; XVII, 482.

NOGENT (Mme de), I, 66; IV, 261; XII, 66, 67.

NOGENT (Mlle de), I, 368, 371.

NOIA (Duc de), VIII, 450, 452.

NOINTEL (M. de), I, 146; II, 296; III, 231, 442; IV, 288; VII, 182, 378; VIII, 344, 400; X, 341; XII, 311; XIII, 249; XV, 25, 43; XVI, 293, 514; XVII, 4, 102, 340, 370, 446; XVIII, 207.

NOINTEL (Mme de), XVII, 465.

NOINTEL (Mlle de), XII, 157.

NOINTEL-BÉCHAMEL (M. de), XIV, 238.

NOIRMOUSTIER (Abbé de), IV, 357, 372.

NOIRMOUSTIER (M. de), II, 99; VI, 339; VII, 275; X, 348; XIV, 31; XV, 368, 373; XVIII, 212, 266, 274.
NOIRMOUSTIER (Mme de), II, 451; XVIII, 285.
Noisy (Maison de), I, 114.
NONANT (M. de), I, 65; II, 163; III, 187; IV, 106, 254; VI, 378; VII, 265; VIII, 338.
NONANT (Mme de), VI, 378, 387.
NONANT (Mlle de), XII, 415, 424.
NONS (Comte de), XI, 435.
NORAYE (La), II, 111. *Voy.* VOISIN.
NORFOLK (Duc de), I, 175.
NORIS (Cardinal), V, 327; VII, 402; IX, 460.
NORMAND (Abbé le), XIII, 207.
NORMAND (Mlle le), III, 330; V, 96.
NORMANVILLE (Mlle de), VI, 443; VII, 457.
NORRIS, amiral anglais, XIII, 412, 419; XVII, 323; XVIII, 158.
NORTHUMBERLAND (Duc de), I, 210; II, 231, 352.
Nos (Des). *Voy.* DESNOZ.
NOSTRE (Le). *Voy.* LENÔTRE.
Notre-Dame de Paris (Autel de l'église de), VIII, 165.
NOTTINGHAM (Comte de), II, 232, 303, 326; IV, 350; XV, 156; X, 47, 207; XIV, 57; XV, 210.
NOUE (M. de la), XV, 395, 442; XVII, 364; XVIII, 230, 279.
NOUE (Mme de la), XVIII, 320.
NOUE-LANGEAIS (M. de la), XV, 374.
NOUVEAUX (M. de), surintendant des postes, XVI, 202.
NOVION (Jacques Potier de), évêque d'Évreux, XIII, 51.
NOVION (M. de), I, 129, 243, 304; II, 189, 473, 475; III, 2, 3; IV, 255, 349, VI, 313, 316, 427, 428; VII, 98; IX, 247; XIV, 408; XVI, 295, 505; XVII, 380; XVIII, 318, 267. *Voy.* POTIER.
NOVION (Mme de), I, 160.
NOVION (Mlle de), XVI, 312.
NOYAN (Comte de), XVII, 221, 246, 350; XVIII, 185, 219, 274.
NOYELLES (M. de), IX, 394; X, 460, 464.
NOYELLES (Mme de), VII, 123.
NOYER (Mme du), VI, 8.
NOYERS (M. des), secrétaire d'État sous Louis XIII, XVI, 94.
Noyon (Évêque de). *Voy.* AUBIGNÉ, CLERMONT-TONNERRE et ROCHEBONNE.
NUAILLÉ (De), brigadier d'infanterie, XVIII, 7.
NUGENT, mestre de camp, XII, 94; maréchal de camp, XVII, 263.
NUX (Le P. la), prédicateur, XVIII, 289.
NUZZI (Cardinal), XVI, 292; XVII, 220.
NYERT, premier valet de chambre du roi, I, 170; II, 217; IV, 384; VI, 25, 31; VII, 193; VIII 80, 249; IX, 122; XII, 25; XVI, 125; XVIII, 63.
NYERT le fils, VIII, 249; XII, 25.

O.

O (Marquis d'), I, 401; II, 27; IV, 7; V, 307, 324; VI, 40, 232, 276, 369; VII, 174, 176, 284, 408; VIII, 344, 352, 479; IX, 86, 132; X, 118, 185, 287, 381; XI, 435; XII, 38, 380; XIII, 415, 426; XIV, 46, 102, 129, 237, 270; XV, 358, 367; XVII, 61, 268.

O (Marquise d'), II, 413; III, 339; IV, 75, 289, 432; V, 11, 185, 194, 202, 298, 325, 462; VI, 25, 36, 285, 323, 410, 443; VII, 106, 346; VIII, 194, 199, 345, 506; X, 63, 77; XI, 204, 210, 311, 429; XII, 39, 303, 395, 464, 470; XIII, 186, 196, 255, 276, 485; XIV, 60, 72, 126, 140, 149, 154, 157, 164, 174, 188, 228, 431; XV, 164, 174, 371, 434.

O (Mlle d'), XI, 42, 61.

OBERKAM, colonel suisse, III, 71, 159.

OBEUF (Marquis d'), gouverneur de Fécamp, XIV, 1.

OBRECAM. *Voy.* OBERKAM.

OBREICHT (M.), prêteur royal de Strasbourg, VI, 299, 300.

O' BRIEN, colonel, IV, 397; brigadier d'infanterie, XIII, 131; maréchal de camp, XVIII, 6.

OCRUOLY (M. d'), capitaine lieutenant des gendarmes anglais, VII, 399. *Voy.* CROLY.

ODESCALCHI (Dom Livio), I, 340; II, 196, 450, 465; VII, 29; XIV, 486. *Voy.* ERBAS.

O' DONNEL, III, 417; XV, 6; XVIII, 8.

ODYCK (M. d'), ambassadeur de Hollande, VI, 56, 271, 329, 342, 432; VIII, 383; X, 435.

Œdipe, tragédie, XVII, 418, 423, 436, 475.

ŒTTINGEN (Comte d'), VI, 422.

OGER (D'), lieutenant général, II, 342. *Voy.* DAUGER.

OGIER, receveur général du clergé, XVI, 498; XVIII, 146, 156.

OGINSKI, grand enseigne du duché de Lithuanie, VI, 376; VII, 2, 17, 468; VIII, 205; IX, 150.

OGLETORP (Mlle d'), XV, 360; XVII, 470; XVIII, 167.

OGLIANI (Marquis d'), ambassadeur de Savoie, II, 49; III, 153.

OGNATE. *Voy.* ONATE.

Oiron (Terre d'), VII, 262.

OISE (M. d'), XII, 468; XIV, 394; XVI, 10; XVIII, 135, 284.

OISY (Comte d'), I, 191; V, 101, 106; XV, 42, 457; XVI, 296; XVII, 268.

OISY (Comtesse d'), XIV, 37, 275; XV, 42.

OLAINVILLE (Mlle d'), XVI, 269, 303.

OLÈDE (M. d'), XVI, 245.

OLÈDE (Mme d'), XIV, 387.

Oléron (Évêque d'). *Voy.* SALETTE.

OLIVIERI (Cardinal), XV, 423.

OLLIER (MM.), doyen et avocat général du grand conseil, VI, 90.

Olmutz (Évêque d'), V, 294; VI, 331; XIV, 153.

OLONNE (M. d'), I, 283, 290; XIV, 428, 435, 436; XV, 100; XVI, 461, 473, 487; XVII, 40, 65, 69, 457.
OLONNE (Mme d'), I, 290; XIV, 205, 438; XV, 166, 418; XVI, 461, 475, 477; XVII, 290.
OLZENIUS (M.), résident de l'électeur de Cologne à Ratisbonne, II, 216.
OMBARTON (Milord). *Voy.* DUMBARTON.
OMODEI (Cardinal), III, 69; XI, 203.
Omphale, opéra, VIII, 336.
ONA (Comte d'), XI, 361, 363. *Voy.* DHONA et DONNA.
ONATE (Comte d'), II, 61; VIII, 241.
ONATE (Comtesse d'), VIII, 40.
ONAY (Mlle d'), XVII, 121.
ONNEVILLE (Président d'), I, 52.
ONS (Des), aide de camp du roi d'Espagne, VIII, 352; IX, 426.
ONS-EN-BRAY (Mme d'), VI, 64; XIII, 54.
ONS-EN-BRAY (Pajot d'), XVII, 93. *Voy.* PAJOT.
OPDAM (M. d'), III, 272; V, 101; IX, 38, 157, 173, 227, 230, 243, 274.
Opéra-Comique (L'), au Palais-Royal, XVII, 383.
Opération (Grande) faite au roi, I, 417.
OPPÈDE (Abbé d'), VIII, 204.
OPPÈDE (Chevalier d'), X, 487; XVII, 178.
OPPÈDE (M. d'), mousquetaire, I, 17.
OPPEVILLE (M. d'), I, 8.
OPPORTUNE (Sœur), religieuse de Port-Royal, XIII, 60.
OPTER, capitaine de cavalerie, IV, 256. *Voy.* AUBETERRE.
ORAISON (Mlle d'), V, 166; X, 291.
Orange (Évêché d'), XI, 198.
ORANGE (Guillaume-Henri de Nassau, prince d'), I, 10, 15, 111, 144, 279, 303, 347, 358, 372, 427, 430; II, 104, 107, 149, 156, 165, 169, 177, 178, 182, 185, 186, 190, 192, 194, 199, 203, 204, 207, 208, 210, 211, 212, 215, 217, 218, 225, 228, 229, 232, 287, 288, 295, 302, 306, 307, 311, 315, 324, 325, 326, 333, 336, 340, 343, 345, 349, 354, 360, 363, 364, 369, 388, 391, 392, 419, 433, 437; III, 13, 31, 36, 38, 42, 50, 54, 58, 60, 66, 68, 78, 85, 97, 99, 101, 111, 121, 133, 146, 157, 159, 162, 169, 176, 177, 179, 181, 184, 186, 189, 218, 221, 231, 264, 276, 279, 296, 310, 316, 330, 335, 342, 344, 346, 352, 359, 369, 374, 378, 384, 388, 396, 400, 404, 412, 420, 423, 426, 430, 439, 446; IV, 11, 88, 100, 113, 123, 130, 137, 152, 153, 155, 159, 164, 169, 172, 173, 175, 177, 181, 186, 194, 204, 221, 241, 256, 259, 267, 270, 273, 293, 298, 301, 305, 309, 311, 321, 325, 328, 332, 335, 339, 343, 345, 347, 349, 359, 362, 364, 366, 368, 371, 386, 393, 398, 407, 416, 432, 442, 451, 455, 458, 466, 469, 483; V, 12, 15, 17, 34, 37, 42, 46, 50, 52, 54, 59, 77, 87, 88, 102, 103, 106, 112, 114, 123, 137, 143, 147, 151, 154, 156, 167, 177, 181, 193, 196, 199, 205, 210, 211, 212, 219, 220, 221, 225, 227, 229, 231, 234, 237, 257, 258, 260, 261, 263, 266, 271, 273, 274, 276, 277, 279, 280, 283, 284, 291, 292, 297, 299, 303, 317, 319, 325, 326, 363, 368, 372, 376, 377, 386, 392, 395, 396, 405, 414, 416, 417, 420, 423, 426, 428, 436, 441, 442, 443, 444, 447, 448, 449, 450,

451, 453, 458, 460, 477; VI, 3, 5, 11, 16, 116, 120, 123, 124, 127, 139, 141, 148, 165, 173, 291; VII, 218; XVI, 17. *Voy.* GUILLAUME.

ORANGE (Marie d'Angleterre, princesse d'), II, 104, 331, 340, 343; III, 157; IV, 315; V, 134, 136.

Orangerie de Versailles, II, 47.

ORÇAY (Abbé d'), XI, 240.

ORÇAY (M. d'), I, 27; VII, 246; IX, 67; XI, 1; XII, 142, 332; XIII, 302; XV, 162; XVI, 206; XVIII, 7, 209, 272.

Ordres de l'Annonciade, de Saint-André d'Écosse, du Saint-Esprit, de Saint-Lazare, de Saint-Louis, Teutonique, de la Toison d'Or. *Voy.* ANNONCIADE, Saint-André, Saint-Esprit, etc.

OREM (Comte d'), XVI, 381. *Voy.* PORTUGAL (Prince de).

ORFORD (Milord comte d'), VIII, 90. *Voy.* RUSSELL.

ORGEMONT (M. d'), V, 343; VI, 131; IX, 257, 335; X, 165.

ORGEVILLE (D'), maître des requêtes, XVIII, 288.

ORIGGI (Cardinal), XIV, 243.

ORILLAC (Abbé d'), XV, 117.

ORIVAL (Marquis d'), mestre de camp du régiment de dragons de la reine, IX, 418; brigadier de cavalerie, XVIII, 10.

ORLÉANS (Anne-Henriette d'Angleterre, duchesse d'), nommée *Madame Henriette*, 1re femme de Philippe de France, I, 406; IX, 60; XVI, 463.

ORLÉANS (Élisabeth-Charlotte de Bavière, duchesse d'), nommée *Madame*, deuxième femme de Philippe de France, I, 7 à XVIII, 326.

ORLÉANS (Élisabeth-Charlotte d'), nommée *Mademoiselle de Chartres*, puis *Mademoiselle*, depuis duchesse de Lorraine, I, 294, 295, 298, 429; II, 9, 113, 430; IV, 3, 29; V, 385, 448; VI, 199, 243, 251, 374, 430, 439. *Voy.* CHARTRES et LORRAINE.

Orléans (Évêque d'). *Voy.* COISLIN ET PELLETIER.

ORLÉANS (Françoise-Marie de Bourbon, Mlle *de Blois*, duchesse de Chartres, puis d'), VIII, 124, à XVIII, 300. *Voy.* BLOIS ET CHARTRES.

ORLÉANS (Gaston-Jean-Baptiste de France, duc d'), frère de Louis XIII, IV, 27.

ORLÉANS (Jean-Philippe, chevalier d'), puis grand-prieur de France, XI, 145; XII, 334; XIII, 84; XVI, 267, 390, 425, 437; XVII, 252; XVIII, 120, 151, 165, 267, 313.

ORLÉANS (Louise-Adélaïde d'), nommée *Mademoiselle de Chartres*, puis *Mademoiselle*, depuis abbesse de Chelles, XVI, 407, 453; XVII, 52, 159, 167, 224, 245, 264, 273, 292, 306, 351, 363, 401, 415, 419, 424; XVIII, 22, 30, 52, 125, 189, 219, 221. *Voy.* CHARTRES ET CHELLES.

ORLÉANS (Marie-Louise-Élisabeth d'), nommée *Mademoiselle de Chartres*, puis *Mademoiselle*, depuis duchesse de Berry, VI, 397; VIII, 138; X, 172; XI, 253, 255, 457, 460; XIII, 61, 71, 77, 88, 99, 115, 167, 173, 174, 180, 184, 200. *Voy.* BERRY ET CHARTRES.

ORLÉANS (Philippe de France, duc d'), nommé *Monsieur*, frère de Louis XIV, I, 2, à IX, 60; XVI, 16.

ORLÉANS (Philippe, duc d'), puis régent du royaume, fils du précédent, VIII, 124, à XVIII, 336. *Voy.* CHARTRES.

ORMES (Des). *Voy.* DESORMES.

ORMESSON (M. d'), I, 43, 136, 209, 409; II, 41, 158; IV, 440; X, 62; XII,

292; XIV, 102, 228; XV, 378; XVI, 194, 197, 260; XVII, 19, 194, 269; XVIII, 201, 300.

ORMESSON (Mme d'), I, 206.

ORMESSON DU CHÉRÉ (M. d'), intendant en Franche-Comté, XVII, 165, 280.

ORMOND (Comtesse d'), V, 49.

ORMOND (Duc d'), II, 156, 228, 231, 232, 287; IV, 335, 345; VIII, 505, 512; IX, 358; XIII, 369, 370; XIV, 65, 69, 132, 134, 137, 139, 141, 151, 152, 155, 160, 175, 176, 178, 179, 181, 187, 195, 204, 242, 276, 333, 459; XV, 73, 444, 448, 453; XVI, 9, 207, 224, 226, 230, 235, 244, 321, 326, 350; XVII, 104, 292, 293; XVIII, 14, 17, 19, 157.

ORMOY (D'), gouverneur de Seyssel, X, 120.

ORNAISON (D'), exempt de la compagnie de Duras, III, 429.

ORONDAT, I, 43; VI, 315. *Voy.* VILLARS.

OROPESA (Comte d'), I, 203; III, 257; VII, 85, 87, 414; XI, 196; XII, 66.

Orphée, opéra, III, 69.

ORRY (M.), IX, 9, 66, 214, 395, 440, 447, 459; X, 80, 112, 127, 306, 311, 375, 411; XI, 61, 98, 143, 154, 157, 200; XIII, 249; XIV, 249, 381; XV, 72, 81, 127, 152, 187, 278, 318, 352, 359, 374, 376, 377; XVIII, 133, 201.

ORSANNE (Abbé d'), XVI, 197; XVII, 389.

ORSAY. *Voy.* ORÇAY.

ORTEAU, des postes, XVII, 463.

ORTY (M. d'), gouverneur de Bapaume, IV, 160.

ORVAL (Abbé d'), VII, 180; XVI, 491.

ORVAL (Duc d'), I, 68, 82, 150.

ORVAL (Duchesse d'), XIV, 127; XVI, 491.

ORVILLIERS (Chevalier d'), exempt des gardes du corps, IV, 247.

OSEMBRAY. *Voy.* ONS-EN-BRAY.

OSMOND (Mlle d'), X, 266, 275.

OSMONT (D'), brigadier de cavalerie, XVIII, 10.

Osnabruck (Évêque d'), VI, 452, 456; XI, 224, 240, 251, 348; XII, 63; XIII, 240, 253, 322.

OSSERY (Comte d'), I, 13; II, 156.

Ossery (Évêque d'), IV, 73.

OSSUNE (Duc d'), VII, 454, 457, 459, 464; VIII, 20, 51, 469; IX, 432; X, 428, 441; XI, 123, 199, 251, 389, 400, 416; XII, 181, 410; XIII, 288; XIV, 24, 68, 72, 106, 107, 162, 232, 276, 331, 334, 350, 357, 360, 364, 382; XV, 15, 16, 30, 44, 58, 132, 157, 261, 262; XVI, 330, 354.

OSSY. *Voy.* AUXY.

OSTANGE. *Voy.* LOSTANGES.

OSTHEAUME, chirurgien, II, 174.

OTTOBONI (Cardinal), III, 6, 7, 9, 10, 48. *Voy.* ALEXANDRE VIII.

OTTOBONI (Cardinal Pietro), III, 27, 64; VII, 444; IX, 325; X, 4; XII, 463; XIII, 69; XIV, 377, 389; XVI, 295; XVIII, 287, 289.

OWERKERKE (M. d'), II, 345; V, 96; VI, 394; IX, 157, 173, 260; X, 32, 171, 326, 330, 336, 355, 362, 389; XI, 157, 166; XII, 197, 250.

OUARTIGNY. *Voy.* WARTIGNY.

OUDINET (M.), garde des médailles, VI, 342; XIV, 61, 66.

OURCHES (M. d'), maréchal de camp, X, 165 ; XI, 215 ; XII, 225, 362 ; XVII, 397.
OURSEAU (Abbé), XII, 293.
OUVRIÈRE (Chevalier d'), enseigne de vaisseau, XI, 248.
OXENSTIERN (Comte d'), II, 121.
OXFORD (Comte d'), XIII, 430 ; XIV, 10, 13, 268, 274, 288 ; XV, 207, 210, 408, 444, 456, 461 ; XVII, 131. *Voy.* HARLEY.
OYSY. *Voy.* OISY.

P.

PACORSANE (M. de), ministre castillan, XIV, 3.
Paderborn (Évêque de), XI, 202, 315, 348.
PAGEOT (M.), fermier des postes, VI, 281 ; VIII, 241.
PAGET, commissaire de la banque d'Angleterre, XIII, 241.
PAILLETERIE (Chevalier de la), IV, 404, 475 ; VII, 307 ; VIII, 420, 451, 454, 458 ; XI, 432 ; XVIII, 137.
PAILLETERIE (M. de la), frère, XVII, 450.
PAJOT (Abbé), IV, 474 ; XIV, 115.
PAJOT (M.), envoyé à Utrecht, XIV, 403.
PAJOT (M.), maître des requêtes, XVIII, 130.
PAJOT D'ONS-EN-BRAY (M.), XVII, 136. *Voy.* ONS-EN-BRAY.
PAJOT DU PLOUY (Séraphin de), évêque de Die, VIII, 242.
PALAIS (Chevalier du), enseigne aux gardes, XVII, 59.
PALAIS (Commandeur du), chef d'escadre, XI, 127.
PALAIS (Marquis du), brigadier de cavalerie, XVIII, 12, 57.
PALAISEAU (Mlle de), IV, 456, 460. *Voy.* PALOISEAU.
Palais-Royal (Don du) au duc d'Orléans, IV, 7.
PALATIN DU RHIN (Charles, électeur, comte), I, 181, 329.
PALATIN DU RHIN (Philippe-Guillaume de Neubourg, électeur, comte), successeur du précédent, I, 260, 329 ; II, 198 ; III, 226.
PALATIN DU RHIN (Jean-Guillaume, électeur, comte), fils et successeur du précédent, III, 341 ; VI, 221, 271, 305, 356, 479 ; VII, 124, 153 ; VIII, 80, 271, 284, 325, 331, 333, 349, 384 ; IX, 70, 326 ; X, 329 ; XI, 495 ; XII, 172 ; XIII, 399 ; XIV, 267, 353, 464, 469 ; XV, 285, 330, 371 ; XVI, 308, 391, 395.
PALATIN DU RHIN (Charles-Philippe, prince), puis électeur, frère et successeur du précédent, V, 419 ; XIV, 353 ; XVI, 395 ; XVIII, 263.
PALATIN DU RHIN (Philippe-Guillaume, prince), IV, 282.
PALATINE DU RHIN (Anne de Gonzague-Clèves, comtesse), I, 33, 34.
PALATINE DU RHIN (Charlotte de Hesse-Cassel, électrice), I, 314, 317.
PALATINE DU RHIN (Élisabeth-Amélie de Hesse-Darmstadt, électrice), VI, 70 ; IX, 117.
PALATINE DU RHIN (Guillelmine-Ernestine de Danemark, électrice), XI, 97.
PALATINE DU RHIN (Marie-Anne-Louise de Médicis, électrice), XV, 51.
PALAVICINI (Cardinal), I, 384 ; VII, 270 ; XIV, 188.
PALAVICINI (Baron), IX, 179, 215, 473, 493 ; XI, 186, 328.

12.

Palavicini (Marquis), VI, 54 ; IX, 451.
Palavicini (M. de), piémontais, XI, 22 , 46, 112; XII, 362; XIII, 37.
Palavicini (Mme de), XIII, 39.
Pale (De), capitaine de vaisseau, V, 121.
Palestrine (Prince de), II, 61.
Palfi (comte), V, 110; VIII, 173, 178; IX, 241, 406; XV, 275; XVI, 431, 436; XVII, 161.
Palière, capitaine du régiment du roi, I, 309; V, 132.
Palière, capitaine de vaisseau, III, 165; X, 445.
Palières, écuyer de la reine, VI, 224.
Palières (Mme de), VI, 33.
Pallas, capitaine de grenadiers, II, 379.
Pallas (M. de), capitaine de vaisseau, III, 166; VI, 120; VIII, 502.
Palliano (Duc de), II, 391, 420.
Pallière. *Voy*. Palière.
Pallu (Le Père), jésuite, XI, 265.
Palme (Comte de), VIII, 26; XIII, 277.
Palme (De), brigadier hollandais, XI, 234.
Palmquist (M. de), envoyé de Suède, VIII, 213; IX, 138; XI, 69.
Paloiseau (Marquis de), VII, 155; VIII, 215. *Voy*. Palaiseau.
Pamiers (Évêque de). *Voy*. Verthamon.
Pamphile (Prince), I, 340.
Panciatici (Cardinal), III, 69; VII, 446, 459; XVII, 309.
Pannetier, chef d'escadre, III, 13, 19, 165; IV, 283; V, 414.
Paon, colonel, XI, 52, 214; brigadier de cavalerie, XVIII, 11.
Papachin, vice-amiral d'Espagne, II, 147; III, 382; IV, 249; V, 94.
Paparel, financier, XVI, 382, 383, 387, 397, 407.
Paparel (Mlle), XIV, 378.
Pape (Le), paumier, II, 57.
Pape (Le). *Voy*. Alexandre VIII, Clément XI, Innocent XI, et Innocent XII.
Papillon, agioteur, XVII, 34.
Parabère (M. de), I, 310; V, 169; XIII, 417, 419; XIV, 123, 263, 264; XVI, 320; XVIII, 100, 229.
Parabère (Mme de), XIV, 123, 165, 195, 431; XV, 201, 436, 443; XVI, 320, 362; XVII, 66, 75, 253; XVIII, 163, 301, 326.
Paracciani (Cardinal), XI, 113.
Paratte (M. de), III, 133; V, 343; IX, 43, 77, 142; X, 104, 165; XI, 20, 330, 358, 413.
Parc, notaire, II, 167.
Parc (Du), capitaine de vaisseau, IX, 233.
Pardaillan (M. de), XVI, 397; XVII, 218; XVIII, 17, 333.
Parère (Marquis de), III, 200, 201, 260, 263; IV, 155; V, 62, 420; VI, 54; VII, 147; VIII, 111; X, 64, 88, 93; XIII, 277.
Parifontaine. *Voy*. Parisy-Fontaine.
Paris (Abbé de), VIII, 66.
Paris (De), brigadier d'infanterie, XVIII, 7.
Paris (Les frères), financiers, XVII, 26, 381; XVIII, 142, 244, 309.
Paris (M.), maître des requêtes, I, 69.

Paris (Président), XVII, 332.
Paris (Archevêque de). *Voy.* HARLAY DE CHAMPVALLON et NOAILLES.
Paris (Tontine à), IV, 28.
PARISIÈRE (Jean-César-Rousseau de la), évêque de Nîmes, XIII, 207; XV, 97, 346, 354; XVI, 198; XVII, 40, 188, 253; XVIII, 250, 272.
PARISOT, maître des requêtes, XVIII, 130, 199.
PARISY-FONTAINE (M. de), III, 408; VIII, 343; X, 484; XII, 115, 301, 306, 319; XVI, 413; XVII, 210; XVIII, 5, 9.
PARKER (Lord), XV, 210.
Parlement de Paris, II, 175; transféré à Pontoise, XVIII, 324.
PARME (Ranuce II, duc de), II, 84.
PARME (François, duc de), successeur du précédent, V, 323; VIII, 268, 269, 318, 319, 331, 459; XIII, 436; XVI, 420; XVII, 341.
PARME (Odoard, prince de), frère aîné du précédent, IV, 367.
PARME (Antoine, prince de), frère cadet du précédent, VI, 282, 286, 368; VII, 102.
PARME (Élisabeth Farnèse; princesse de), XV, 188, 199, 202. *Voy.* ÉLISABETH FARNÈSE.
Parme (Évêque de), XII, 56.
PARTENAY, chevalier de Saint-Louis, XIV, 330.
PARVILLEZ (Dom Bernard de), abbé de Vaucler, X, 300.
Parvulo de Meudon, XI, 354.
PAS DE FEUQUIÈRES (M. de), capitaine de vaisseau, XIII, 90. *Voy.* FEUQUIÈRES.
PASCAL, officier des troupes d'Espagne, XI, 141; XII, 271.
PASQUARIELLO TRONO, comédien italien, I, 138, 140; V, 112.
PASSAGE (M. du), lieutenant général, II, 146.
Passau (Évêque de), VII, 232.
PASSE (Marquis de), aide de camp de l'électeur de Bavière, V, 79.
PASSERADE, comédien, IV, 174.
PASSIONEI (Abbé), camérier d'honneur du pape, XI, 170.
PASTEUR, colonel des dragons d'Espagne, X, 396; XIV, 215, 216, 220.
PASTRONO (Duc de), VII, 416.
PATACLIN (Mlle), XVIII, 117.
PATAY, général major allemand, X, 255; XI, 14.
PATINO, premier ministre d'Espagne, XVII, 307.
PATKUL, livonien, VII, 274; XI, 256, 258; XII, 3.
PATOULEN, capitaine de vaisseau, III, 164.
PATOULET, capitaine de vaisseau, X, 295.
PATOULET, intendant à Dunkerque, V, 349.
PATRICII (Cardinal), XVI, 292.
PATROCLE (Mlle), femme de chambre de la dauphine, III, 105.
PAUDIÈRE (M. de la), capitaine de vaisseau, III, 165.
PAUL (Chevalier), lieutenant-colonel de cavalerie, VIII, 352; IX, 426.
PAULDIAC (De), commandant de housards, XI, 219.
PAULET. *Voy.* PAWLET.
Paulette (Droit de), II, 304; XIII, 88.
PAULIN (Chevalier), commandant des bâtiments du canal de Versailles, I, 162.

PAULMIER (Le père), confesseur de la duchesse de Bourgogne, VII, 341, 344, 356.
PAULMY (Mme de), I, 173.
PAULMY (Mlle de), I, 193, 422; II, 95, 308, 413, 456.
PAULUCCI (Cardinal), VII, 10, 459; XVII, 292.
Paume (Jeu de), à Versailles, I, 423; joueurs de paume, II, 57.
PAVILLON (M.), de l'Académie des Sciences, III, 443; X, 230.
Pavillon (Ordre du), XVII, 175.
PAWLET (Milord), grand-maitre de la maison de la reine d'Angleterre, XIII, 241; XIV, 176, 268, 288.
PAYEN (Président), X, 148, 206.
PÉAN (Mme de), XVII, 346.
PÉCOIL, maître des requêtes, XVIII, 47.
PÉCOURT, danseur, I, 62, 63, 69; II, 68; VII, 244; XII, 39.
PECQUET, commis de M. de Torcy, XVI, 188, 194.
PEIRE (Comte de), XV, 207, 269.
PEISAT. *Voy.* PEYSAC.
PÉLICOT, chevalier de Saint-Louis, XIV, 330.
PÉLISSIER, major de Berry, III, 355.
PÉLISSON (M.), II, 312; IV, 232, 255, 256.
PELLEPORT (M. de), IX, 442; XII, 38, 361, 363; XIII, 117; XIV, 391; XVIII, 4. *Voy.* BELLEPORT.
PELLETERIE (La). *Voy.* PAILLETERIE.
PELLETIER (M. le), contrôleur général des finances, I, 105, 198, 238, 242, 251, 260, 273; II, 66, 99, 201, 350, 378, 473.
PELLETIER (M. le), premier président du parlement de Paris, XII, 33, 323; XIII, 17, 397, 434; XIV, 349, 355, 360, 367, 369, 423, 446, 486, 487.
PELLETIER (Michel le), évêque d'Angers, puis d'Orléans, XI, 60, 68, 174, 175.
PELLETIER (Le prieur), II, 351.
PELLETIER (Abbé), I, 110, 326; II, 41, 158; IV, 152; VI, 7, 11.
PELLETIER (M.), I, 88, 259, 291, 313, 325; II, 474; III, 54, 71, 147, 341, 352, 369, 448; IV, 6, 58, 259, 279, 353, 405, 419; V, 23, 78, 122, 253, 300, 331, 332, 380, 442, 472; VI, 48, 190, 191, 215, 278, 328; VII, 85, 92, 118, 125, 128, 142, 144, 155, 163, 164, 187, 302, 307, 313, 357, 360, 387, 396, 440, 441; VIII, 117, 136, 137, 146, 148, 156, 196, 272, 336, 396, 417, 428, 448, 452, 460, 465, 472; IX, 7, 34, 229, 235, 249, 268, 272, 284, 297, 340, 351, 360, 435, 454; X, 18, 25, 31, 49, 63, 69, 85, 105, 149, 193, 195, 307, 319, 323, 328, 338, 342, 347, 352, 357, 372, 375, 384, 389, 393, 408, 413, 427, 449, 455, 471, 492, 501, 503; XI, 36, 40, 56, 60, 85, 99, 105, 110, 117, 124, 129, 134, 143, 148, 164, 169, 175, 181, 186, 200, 212, 218, 223, 236, 249, 253, 262, 265, 269, 272, 276, 283, 286, 294, 297, 302, 306, 314, 322, 328, 342, 346, 347, 352, 353, 359, 364, 369, 374, 391, 400, 413, 421, 426, 431, 444, 450, 454, 471, 483, 488; XII, 9, 13, 20, 24, 29, 33, 37, 42, 60, 69, 72, 77, 87, 92, 96, 101, 105, 109, 118, 119, 131, 141, 146, 151, 157, 168, 177, 182, 187, 192, 196, 204, 210, 214, 218, 222, 226, 231, 238, 242, 253, 257, 261, 266, 271, 281, 288, 296, 302, 306, 311, 317, 323, 328, 335, 344, 352, 358, 365, 371, 382, 389, 393, 408, 413, 418, 423, 429, 435, 442, 446, 453, 458, 464, 468, 473, 478; XIII, 4, 8, 14, 19, 25,

92, 94, 99, 103, 106, 110, 124, 137, 141, 144, 146, 152, 157, 172, 179, 190, 201, 206, 211, 214, 219, 231, 235, 239, 243, 247, 253, 256, 260, 264, 268, 272, 277, 283, 286, 290, 294, 299, 306, 310, 314, 319, 324, 328, 333, 344, 349, 354, 359, 362, 365, 388, 395, 400, 404, 407, 416, 424, 428, 432, 440, 444, 446, 457, 459, 466, 469, 477, 482, 486; XIV, 3, 7, 10, 14, 18, 22, 25, 28, 32, 36, 39, 46, 47, 49, 54, 56, 59, 64, 70, 75, 81, 107, 109, 113, 118, 125, 129, 133, 138, 142, 148, 150, 157, 160, 177, 183, 186, 189, 195, 203, 207, 214, 218, 222, 226, 230, 234, 238, 242, 246, 250, 260, 264, 267, 272, 275, 278, 281, 284, 315, 319, 324, 328, 332, 336, 341, 347, 352, 356, 367, 374, 377, 390, 394, 398, 402, 406, 419, 426, 430, 435, 440, 444, 449, 454, 457, 462, 465, 469, 476, 480, 484; XV, 1, 5, 8, 12, 16, 19, 25, 43, 46, 53, 58, 67, 70, 77, 81, 84, 94, 108, 124, 141, 153, 163, 189, 200, 207, 215, 246, 258, 266, 288, 298, 302, 341, 345, 349, 352, 356, 362, 373, 378, 382, 389, 396, 408, 411, 420, 424, 427, 435, 437, 441, 444, 448, 451, 455, 458; XVI, 4, 97, 229, 231, 252, 498; XVII, 13, 58, 59, 63, 102, 117, 370; XVIII, 125.

PELLETIER (Mme), III, 406; IV, 356.
PELLETIER (Mlle), II, 109.
PELLETIER DE LA HOUSSAYE (M. le), IV, 440.
PELLETIER DE SOUZY (M. le), III, 67; V, 228; VI, 259; VII, 144, 149; XII, 86; XVII, 54.
PELOT (M.), I, 52, 289; II, 188; V, 342; VII, 462.
PEMBROKE (Comte de), II, 303; VI, 53; VII, 317; VIII, 433; XI, 350; XII, 286; XV, 210.
PEMBROKE (Comtesse de), I, 117, 208.
PENAUTIER (M.), trésorier général de Languedoc, XIII, 454.
PENNES (Chevalier des), IV, 394; chef d'escadre, VI, 475.
PENNEVERS (Mme de), XVII, 282.
PEPIN, enseigne de vaisseau, XII, 333.
PÉPIN (Sœur Marguerite-Lucie), religieuse de Port-Royal, XIII, 60.
PEPOLI (Duc de), VIII, 397.
PÉRAUT (Mlle), XIV, 3.
PERCHEMBAUT (M. de), conseiller du parlement de Rennes, XVII, 226.
PÈRE (Marquis de), II, 82. *Voy.* PEYRE.
PÉRÉ (Du). *Voy.* PERRÉ.
PEREIRA DE LA CERDA, évêque de Faro, XVIII, 171.
PERELLOS DE ROCCAFUL (Don Raymond), grand-maître de Malte, VI, 82; XII, 397; XV, 266, 270; XVIII, 244, 269.
PÉRICARD (François de), évêque d'Angoulême, II, 476.
PÉRIGNY (Président de), II, 92.
Périgueux (Évêque de). *Voy.* FRANCHEVILLE et ROUX.
PÉRIN (Mme), nourrice du duc de Bretagne, X, 52.
PÉRINIÈRE (Commandeur de la), capitaine des galères, XIV, 328.
PERLAN (M. de), IV, 14; XII, 332.
PERLAS (M. de), ministre catalan, XIV, 3.
PERLIPS (Comtesse de), V, 466; VII, 100, 213, 302, 314.
PERMANGLE (M. de), IX, 441; XII, 260, 262, 301, 362, 415; XIII, 404, 412; XIV, 113, 157; XVII, 399; XVIII, 4.

PERMILLAC (M. de), IV, 462; V, 122; VII, 83.
PERNAULT (Abbé), X, 337.
PERNITS. *Voy.* PERLIPS.
PÉRONNE (Baron), ambassadeur du roi de Sicile, XV, 150; XVI, 362, 382, 392.
PÉROUSE (La), colonel, IX, 266.
Perpignan (Évêque de). *Voy.* MONTMORT.
PERRAULT (Abbé), XIV, 67.
PERRAULT (M.), de l'Académie française, IX, 195.
PERRÉ (M. du), II, 163, 180; V, 403; VI, 425.
PERRI. *Voy.* PÉRY.
PERRIN, brigadier d'infanterie, XIII, 131.
PERRINET, capitaine de vaisseau, III, 166.
PERROT (Abbé), IX, 31, XVI, 295.
Perruques (Usages des), II, 71.
PERSAN (M. de), I, 56; III, 178; XVIII, 218.
PERSAN-DOUBLET (Mlle de), XIII, 357.
Perse (Ambassadeur de), XV, 273, 348, 350, 352, 355, 356, 364, 372, 374, 404, 435; XVI, 11, 118.
PERSON, peintre, VI, 408.
PERTH (Comte, puis duc de), V, 448; VIII, 52, 192, 289; X, 265; XII, 93; XVI, 379; XVIII, 3, 270.
PERTH (Duchesse de), IX, 313; XI, 444.
PERTUIS (M. de); III, 133; IV, 407; V, 37, 95, 116; IX, 51; X, 177; XIII, 270; XVII, 439.
PÉRY (M. de), III, 244; VIII, 305; IX, 139; X, 165, 441, 444, 453; XI, 46, 95, 103, 329, 376, 484, 488; XII, 7, 90, 91, 363; XIV, 23.
PESEUX. *Voy.* PEZEUX.
PETERBOROUGH (Milord), II, 307; X, 473; XI, 41, 98, 132, 148, 185, 196, 199, 203, 273, 344; XII, 30; XIII, 371, 400; XV, 38, 40, 205, 208, 280; XVII, 166, 168, 171.
PETIT (Abbé), V, 126; VIII, 148, 171.
PETIT, médecin, III, 85; VII, 172; IX, 7.
PETIT-BOURG, inspecteur de cavalerie, II, 60.
PÉTITIÈRE (Abbé de la), IX, 31; XI, 110.
PÉTITIÈRE (M. de la), capitaine des grenadiers de Crussol, IX, 16.
PETITPIED, docteur de Sorbonne, XVIII, 59.
PETROZZI (Comte de), III, 445; IV, 6.
PETRUCCI (Cardinal), I, 367, 384; II, 121; III, 132; VIII, 163.
PETTECUM (M. de), XIII, 74, 75.
PEYRE (Comte de), IV, 207; XVII, 121; XVIII, 282.
PEYRONIE (La), chirurgien, XVI, 358; XVII, 71, 474; XVIII, 302.
PEYSAC (M. de), V, 376; VII, 68, 77; X, 474.
PEZÉ (Abbé de), I, 1; VIII, 66.
PEZÉ (Chevalier de), XIII, 467; XVI, 242; XVII, 416; XVIII, 99, 181, 182, 293, 332.
PEZEUX (Chevalier de), V, 300, 389; VI, 442; VIII, 284, 417; IX, 26, 40, 435, 443; XII, 361, 362, 415, 426, 463; XVII, 263; XVIII, 169.

PEZEUX (Mme de), XV, 405.
PFIFFER (M. de), officier suisse, II, 163, 362, 470; IX, 33, 441.
PHALTZBOURG (Princesse de), IV, 355.
PHELIPPES, brigadier d'infanterie, XVIII, 8.
PHILIBERT, chanteur, II, 70. *Voy.* FILBERT.
PHILIDOR le fils, musicien, VIII, 260.
PHÉLYPEAUX (Abbé), I, 181; II, 130; III, 241; XIV, 463.
PHÉLYPEAUX (Michel), archevêque de Bourges, IV, 484.
PHÉLYPEAUX (M.), III, 41, 44, 252, 328, 430; IV, 351, 400, 405; V, 19, 81, 248, 343; VI, 75, 78, 247, 303, 307, 335, 381; VII, 79, 177, 212, 239, 321, 325, 452; VIII, 77; IX, 72, 300, 406, 480; X, 42, 50, 65, 270, 322; XIII, 12, 14, 463, 464; XV, 49.
PHÉLYPEAUX DU VERGER (Jacques-Antoine), évêque de Lodève, IV, 237; V, 126; VI, 18; X, 42; XI, 176.
PHILIPPE V, roi d'Espagne, VII, 418, à XVIII, 335; détails sur sa reconnaissance comme roi d'Espagne, 339-370. *Voy.* ANJOU.
PHILIPPE (Don), infant d'Espagne, XII, 466, 472; XVI, 420; XVIII, 205, 207, 259.
PHILIPPE (Prince), fils de l'électeur de Bavière, XVIII, 21.
PHILIPPE (Prince). *Voy.* SAVOIE.
PHILIPPE, exempt des gardes du corps, VI, 172; VIII, 343, 447.
PHILIPPE (M.), capitaine de cavalerie, X, 230; XI, 94.
PHILIPPUCCI (Cardinal), XI, 113, 142.
Philomèle, opéra, X, 473.
Phocion, tragédie, II, 233.
PIANEZZE (Marquis de), I, 423; II, 10; IV, 204.
PIANEZZE (Marquise de), V, 119.
PIAZZA (Abbé), nonce à Vienne, XII, 309, cardinal; XIV, 153.
PIBRAC (Abbé de), IV, 128, 161; XI, 255, 270.
PIBRAC (Général), IX, 125. *Voy.* BIBRAC.
PIC DE LA MIRANDOLE (Cardinal), XIV, 243.
PICCOLOMINI, général de l'empereur d'Allemagne, I, 364; II, 232.
PICON, premier commis de Colbert, I, 280; VII, 166; XI, 59.
PICON le fils, intendant à Crémone, VIII, 319. *Voy.* ANDREZEL.
PICON (Comte de), XII, 410, 422; XIII, 488.
PICQUIGNY (Comte de), XVII, 58.
PICQUIGNY (Duchesse de), VII, 38.
PIEGEON (Chevalier de), enseigne des galères, XIV, 329.
PIÉMONT (Prince de), IX, 185, 290; XV, 3, 390, 392; XVII, 356.
PIENNES (Mme de), V, 295.
PIENNES (Mlle de), I, 69; II, 68, 96, 98; III, 262, 266.
PIERRE Ier, dit *le Grand*, czar de Moscovie, V, 432; VI, 138, 173, 294, 345, 385, 405, 422, 443; VII, 397, 466; VIII, 68; X, 479, 484; XI, 256, 258, 321, 337, 346, 411, 485; XII, 73, 209, 238, 265, 317; XIII, 220, 357, 474, 479, 480; XIV, 8, 16, 20, 43, 56, 151, 239, 319, 332; XV, 156; XVI, 256, 339, 364, 397, 422, 460, 470, 477, 495, 510; XVII, 52, 53, 58, 63, 68, 71, 74, 77, 80, 81, 82, 83, 84, 85, 86, 90, 91, 92, 93, 94, 95, 96, 98, 99, 100, 101, 102, 104, 107, 108, 111, 112, 114, 124, 212, 229, 244, 275, 283,

322, 340, 349, 352, 353, 358, 379, 383, 439; XVIII, 22, 58, 68, 70, 74, 79, 249, 252, 264, sa réception au parlement de Paris, 410.

Pierre Petrowitch, fils du czar Pierre Ier, XVIII, 57.

Pierre II, roi de Portugal, I, 240, 408, 416; V, 118; VII, 328; VIII, 34, 57, 72, 139, 167, 182, 209, 234, 354, 434; IX, 176, 235, 238, 270, 278, 321, 471; X, 57, 59, 138, 156, 158, 242, 248, 395, 396, 405; XI, 276, 303.

Pierre (Frère), chirurgien, VI, 407.

Pierre (Marquis de la), I, 265; VI, 2, 54, 161.

Pierrecourt (De), exempt des gendarmes de Bourgogne, III, 408.

Pierrefitte (Mlle de), IV, 54.

Pierreries de la couronne, VI, 31.

Pignan, exempt des gardes, XI, 57.

Pignatelli (Cardinal Francesco), archevêque de Naples, IX, 406.

Pille (M. de), trésorier extraordinaire des guerres, IV, 207, 367.

Pilles (Chevalier de), sous-lieutenant de la Réale, XIV, 329.

Pilleur (Abbé le), V, 126; XII, 381; XIII, 62, 375.

Pilleur (Henri-Augustin le), évêque de Saintes, XVI, 266.

Pilon (M.), procureur, XIII, 106.

Pimentel, lieutenant général, VI, 175. *Voy.* Floride (Marquis de la).

Pinçonnet. *Voy.* Pinsonnet.

Pincré (Mlle), XIII, 347, 360. *Voy.* Auxy (Mme d'), et Jeannette.

Pinon, enseigne de vaisseau, XI, 248.

Pinon (M.), intendant de Pau, V, 55; d'Alençon, VII, 178; de Poitiers, VIII, 344; de Bourgogne, XIII, 123.

Pinos, député catalan, XIV, 3.

Pinsonel. *Voy.* Pinsonnet.

Pinsonneau (M. de), X, 313; XI, 121; XIII, 21; XVIII, 163.

Pinsonnet, brigadier de dragons, II, 164; III, 76.

Pinto (Comte de), XV, 15, 262; XVIII, 303.

Pio (Cardinal), II, 346.

Pio (Prince), VIII, 290; X, 147; XII, 157; XV, 255; XVI, 330; XVIII, 73, 75, 103, 129, 134, 136, 205.

Piombino (Prince de), VIII, 115.

Piombino (Princesse de), XV, 242, 346.

Pionsac (M. de), X, 131, 133, 253; XI, 68; XII, 315, 317; XVIII, 271.

Piosasque (Comte de), III, 320.

Pipane (La), officier du régiment du roi, I, 309.

Piquetti (Duc de), envoyé du duc de Parme, VIII, 175.

Pirey (Marquis de), XVII, 221, 246.

Pirot (M.), docteur de Sorbonne, XIV, 458.

Pirou (Mlle), III, 328.

Pisani, ambassadeur de Venise, VII, 90, 196.

Pisani, général vénitien, XVII, 442.

Piseu (Abbé de), V, 327.

Piton (M.), commis du contrôleur général, I, 73.

Plaideurs (Les), comédie, VI, 443; XV, 264.

Plainière (La), gouverneur de la citadelle d'Arras, V, 321.

PLANCY (M. de), II, 308; IV, 387, 391; VIII, 305; X, 110, 140, 165, 380, 499; XI, 69, 484; XIV, 183.
PLANQUE (M. de), VIII, 306; IX, 188, 426; XIII, 336, 352; XIV, 345.
PLANTY (Du), X, 323; XVIII, 8, 10.
PLEMAREST, sous-lieutenant de gendarmerie, XVIII, 141.
PLENEUF (M. de), X, 223; XII, 112, 218; XVI, 207; XVIII, 121, 242.
PLESSE (Mme de la), I, 164.
PLESSIS (Comte du), I, 21.
PLESSIS (Maréchal du), I, 31.
PLESSIS (M. du), III, 164; IV, 254; V, 422; VI, 340; VIII, 270; X, 323.
PLESSIS-BELLIÈRE (M. du), III, 75, 247, 255, 411, 416, 417; IV, 21, 22; VIII, 374; XI, 393; XVIII, 73.
PLESSIS-BELLIÈRE (Mme du), IX, 324, X, 286.
PLESSIS-CHATILLON (M. du), X, 166; XIV, 62; XVII, 234, 242, 250, 252.
PLESSIS-LA-CORÉE (M. du), X, 126.
PLESSIS DE GÊTE DE LA BRUNETIÈRE (Guillaume du), évêque de Saintes, II, 1, 59, 60; VIII, 410.
PLESSIS-RAMBOUILLET (Mlle du), I, 223.
PLESSIS LA-RIVIÈRE (M. du), II, 321.
PLETTENBERG (Baron de), II, 157; VI, 370.
Plotsko (Évêque de), II, 374; VI, 211, 214, 280.
PLOUEUC (François Hyacinthe de), évêque de Quimper, XI, 271; XIV, 342.
PLUMARTIN (Marquis de), I, 186.
PLUVEAU (M. de), I, 256; II, 321; III, 314; IV, 172, 371; V, 116, 144, 437; VI, 433, 483; VII, 57; VIII, 288; XI, 201; XII, 255, 277; XVII, 59, 61, 63, 186, 187, 457.
POEPPE (M. de la), comte de Lyon, VIII, 391, 402. *Voy.* POYPE.
POHIER (Dom), prieur de Saint-André, XII, 417.
POIGNY (Marquis de), enseigne des gendarmes du roi, II, 28.
POIGNY (Mme de), II, 147, 148.
POINSEGUT, brigadier de cavalerie, III, 76; IV, 251; maréchal de camp, V, 341.
POINTIS (M. de), III, 167; IV, 285, 286, 404; VI, 135, 168, 169, 177, 181, 198, 206, 217; VII, 165, 307, 347, 352, 360, 369; VIII, 403, 458, 465; IX, 13, 27, 329; X, 136, 156, 158, 167, 177, 199, 204, 213, 224, 229, 276, 281, 295; XI, 352.
POIRIER, premier médecin du roi, XVI, 196; XVII, 278.
POISSON (Abbé), VII, 316.
POISSON, comédien, I, 219, 312; XVI, 212.
POISSON, fils, comédien, XVI, 212.
POISSON, premier médecin du duc de Bourgogne, XI, 331; XII, 69.
POISSY (M. de), II, 393; IV, 248, 265; V, 314; VI, 292, 293; VIII, 233.
POISSY (Mme de), V, 79; VI, 459; VIII, 266.
POITIER, marchand de chevaux, VII, 84.
POITIERS (Abbé de), XV, 287.
Poitiers (Évêque de). *Voy.* GIRARD DE LA BOURNAT; POYPE DE VERTRIEU et SAILLANT.
POITIERS (M. de), II, 188, 322; V, 28; VI, 171; VII, 313; VIII, 31; IX, 112, 199; XV, 327, 351; XVI, 224.

POITIERS (Mme de), I, 232; XVI, 226; XVII, 300.
POITIERS (Mlle de), I, 232, 282, 288, 321; II, 40; XVII, 300.
POLAND, général major, V, 470.
POLASTRON (Abbé de), IV, 57; XVII, 185.
POLASTRON (François-Louis de), évêque de Lectoure, XVII, 174.
POLASTRON (M. de), I, 306; II, 180; III, 312, 313, 327, 329; IV, 52, 250, 251, 267, 281; V, 170, 306, 341, 402; VI, 376; VII, 44, 65; VIII, 345; IX, 196, 421, 442; XI, 43, 44, 197, 361; XV, 213, 214, 246; XVI, 229, 385; XVIII, 7, 286.
POLDUC. *Voy.* POULDU.
POLETERIE. *Voy.* PAILLETERIE.
POLHECOURT, capitaine de vaisseau, IX, 110.
POLIGNY, capitaine de grenadiers de Lyonnais, IX, 280.
POLIGNAC (Abbé de), III, 200, 210, 223, 207; IV, 248, 249, 329; V, 127, 433, 477; VI, 61, 83, 136, 145, 150, 154, 155, 167, 183, 189, 205, 218, 223, 225, 229, 231, 233, 236, 284, 301, 320, 321, 325; VII, 118; VIII, 108; IX, 128; X, 19, 85; XI, 97, 114, 169, 216, 233, 351, 409; XII, 270; XIII, 28, 42, 44, 52, 67, 68, 95, 112, 115, 214, 217, 234, 259, 263, 422, 404, 406; XIV, 11, 40, 54, 56, 253, 335, 339; XVII, 106.
POLIGNAC (Cardinal de), XIV, 340, 350, 355, 356, 377, 415, 417, 424, 428; XV, 22, 55, 89, 126, 147, 174, 194, 199, 206, 219, 242, 264, 268, 271, 336, 401, 432, 440; XVI, 125, 197, 200, 241, 334, 437, 483; XVII, 101, 115, 156, 269, 288, 290, 445; XVIII, 192.
POLIGNAC (M. de), I, 52, 322, 324, 428; II, 189; IV, 169; V, 475; VI, 403; VIII, 305; IX, 15, 280, 433, 471; XI, 247, 329; XII, 138, 461, 465; XIV, 281, 350, 468, 469; XV, 40; XVI, 296, 408; XVII, 111, 112, 227, 381; XVIII, 4.
POLIGNAC (Mme de), I, 305, 332, 342, 352, 389, 395, 428; V, 270, 475; X, 21; XI, 169; XIII, 18, 259, 269, 316; XIV, 351, 468; XV, 355; XVIII, 298.
Pologne (Mère du roi de). *Voy.* SAXE (Électrice de).
Pologne (Primat de), VI, 245. *Voy.* RADZIEIOWISKI.
Pologne (Princes de). *Voy.* SOBIESKI.
Pologne (Princesse de), IV, 470. *Voy.* BAVIÈRE (électrice de) et SOBIESKI.
Pologne (Reine de). *Voy.* CHRISTINE-EBERHARDINE DE BRANDEBOURG-BAREITH et MARIE-CASIMIRE DE LA GRANGE.
Pologne (Roi de). *Voy.* FRÉDÉRIC-AUGUSTE Ier, JEAN SOBIESKI et STANISLAS Ier.
Polydore, tragédie, X, 482.
POMMARÈDE (Chevalier de la), lieutenant de frégate, XII, 333.
POMENART (M. de), II, 405.
POMEREU (M. de), I, 113; II, 41, 58, 134, 296, 314; III, 442; V, 221; VI, 77, 82, 258, 434, 467; VII, 108, 141, 144, 145, 208, 231, 321, 325, 327, 404; VIII, 137, 272, 400; IX, 2, 6; XVI, 458, 459, 460, 511; XVII, 55, 385; XVIII, 206.
POMEROLS (Abbé de), XI, 180.
POMPADOUR (Abbé de), XIII, 275.
POMPADOUR (M. de), I, 30; II, 188; IV, 55, 71; XII, 152, 153, 236, 384; XIII, 406; XIV, 129, 386, 395; XV, 7, 136, 167, 203, 279, 356; XVII, 95, 113, 429, 434, 462, 465; XVIII, 93, 143, 199, 204.

Pompadour (Mme de), VII, 75; XII, 153, 155; XIII, 179, 445, 446; XIV, 4, 18, 20, 221, 280, 283, 373, 374, 386, 388; XV, 278, 279; XVII, 104, 434.
Pompadour (Mlle de), II, 32; XII, 149, 152.
Pomponne (Abbé de), IV, 387; VII, 190, 322; X, 177, 248; XI, 135; XII, 185; XIII, 46, 69, 98, 121; XIV, 31, 34, 51, 136, 159; XV, 387; XVI, 290, 452, 453, 497; XVII, 1, 349, 412; XVIII, 203.
Pomponne (M. de), I, 51, 56; II, 288; III, 370, 371, 438, 444; IV, 34, 58, 78, 162, 254, 259, 394, 419, 456, 460, 462, 464; V, 86, 281, 299, 331, 444, 445, 449, 472; VI, 61, 121, 162, 192, 258, 271, 404, 467; VII, 31, 108, 141, 148, 156, 157, 158; XIII, 451; XIV, 51.
Pomponne (Mme de), III, 412; V, 472; VII, 159, 265; XIV, 51.
Pomponne (Mlle de), V, 281, 299, 441, 444, 448, 453; XV, 427.
Poncalec. Voy. Pontcallec.
Poncet (Abbé), V, 398; XI, 68.
Poncet (Michel), évêque d'Angers, XII, 1; XIII, 398, 419, 426; XV, 351.
Poncet, intendant de Limoges, I, 11.
Poncet (Mlle), III, 255.
Poncet de la Rivière (Michel), évêque d'Uzès, IX, 275; XVII, 11, 40.
Poncher, maître des requêtes, XVIII, 130.
Pons (Chevalier de), V, 135, 304; IX, 143; XI, 275.
Pons (M. de), XIII, 72, 101, 104, 126, 326, 426, 435; XIV, 144; XV, 140, 193; XVI, 413; XVII, 66, 139; XVIII, 195.
Pons (Mme de), XV, 48, 56, 272, 421; XVI, 172, 429; XVII, 155, 163, 210; XVIII, 91, 166, 195.
Pons (Mlle de), X, 367.
Pons (Prince de), XII, 263; XV, 70, 74, 91; XVI, 409; XVII, 42, 268; XVIII, 277.
Pons (Princesse de), XV, 123, 408.
Pons (Don Miguel), XI, 263; XIII, 9.
Pont (Abbé de), VII, 291.
Pontac (Abbé de), XI, 183.
Pontac (M. de), III, 164, 166; IV, 349; VII, 344; XII, 332.
Pontcallec (Marquis de), XVIII, 136, 190, 199, 204, 220, 260.
Pontcarré (Abbé de), I, 14.
Pontcarré (M. de), VIII, 410, 411; IX, 211; XVI, 329, 343.
Pontchartrain (M. de), chancelier de France, VII, 147, 148, 151, 182, 197, 208, 237, 239, 247, 272, 277, 300, 306, 319, 359, 442; VIII, 49, 74, 123, 127, 133, 265, 272, 290, 424, 487, 491; IX, 56, 187, 196, 224, 435; X, 294, 417, 503; XI, 331, 343, 361; XII, 118, 130, 169, 201, 172, 268, 328, 332, 479; XIII, 18, 154, 248, 265, 405, 408, 453; XIV, 108, 178, 195, 233, 290, 336, 339, 462, 463; XV, 66, 105, 175, 176, 185; XVI, 31, 175, 230, 393; XVIII, 298.
Pontchartrain (M. de), contrôleur général, II, 473; III, 223.
Pontchartrain (M. de), premier président de Bretagne, II, 38.
Pontchartrain (M. de), II, 474; III, 147, 245, 247, 248, 292, 334, 341, 352, 378, 442, 448; IV, 16, 25, 48, 58, 92, 98, 200, 229, 245, 259, 266, 282, 351, 382, 389, 403, 405, 419; V, 39, 77, 109, 111, 159, 166, 171, 197, 220, 243, 265, 312, 331, 332, 380, 390, 407, 411, 414, 439; VI, 57, 76, 87,

100, 116, 133, 148, 170, 182, 184, 187, 229, 256, 258, 269, 296, 303, 307, 310, 329, 384, 388, 403, 420, 437, 439; VII, 2, 3, 22, 43, 56, 63, 77, 80, 89, 90, 92, 106, 116, 117, 121, 125, 141, 142, 143, 145, 181, 186, 197, 210, 214, 219, 298, 308, 321, 325, 350, 373, 402; VIII, 28, 29, 49, 90, 118, 122, 123, 127, 138, 142, 147, 156, 172, 208, 258, 290, 299, 310, 326, 330, 366, 397, 399, 404, 413, 433, 443, 465, 473, 475, 490, 492, 505, 511; IX, 4, 52, 62, 64, 173, 175, 203, 209, 233, 236, 255, 261, 332, 371, 407, 423, 455; X, 12, 19, 27, 31, 39, 45, 64, 70, 75, 81, 85, 94, 100, 105, 120, 122, 154, 176, 184, 185, 202, 205, 231, 243, 292, 319, 324, 329, 331, 341, 358, 362, 373, 379, 389, 394, 409, 413, 417, 431, 438, 455, 472, 483, 504; XI, 4, 9, 13, 15, 37, 70, 80, 86, 95, 99, 106, 111, 118, 125, 126, 131, 135, 144, 153, 160, 163, 164, 170, 173, 174, 186, 201, 202, 213, 224, 227, 232, 245, 249, 258, 262, 266, 270, 273, 276, 284, 287, 291, 298, 302, 306, 311, 313, 315, 323, 330, 343, 353, 359, 364, 370, 374, 383, 384, 388, 392, 414, 415, 422, 424, 427, 429, 432, 437, 445, 447, 451, 457, 466, 473, 480, 484, 489, 497; XII, 1, 5, 9, 11, 14, 24, 29, 33, 38, 42, 54, 62, 65, 69, 73, 77, 81, 92, 97, 100, 102, 105, 106, 110, 114, 119, 122, 131, 137, 138, 147, 157, 172, 178, 183, 188, 197, 200, 202, 232, 243, 254, 262, 267, 272, 277, 282, 289, 293, 296, 303, 307, 313, 318, 326, 332, 336, 345, 348, 354, 359, 380, 381, 395, 398, 408, 414, 419, 424, 430, 446, 451, 454, 458, 464, 470, 474, 482; XIII, 4, 9, 15, 18, 26, 48, 50, 54, 88, 89, 92, 96, 100, 104, 107, 111, 120, 128, 132, 135, 138, 141, 145, 147, 153, 157, 173, 179, 191, 196, 202, 210, 212, 215, 219, 224, 227, 230, 231, 235, 243, 253, 261, 265, 273, 278, 283, 287, 291, 295, 310, 315, 321, 325, 329, 334, 345, 350, 356, 359, 365, 369, 370, 371, 375, 401, 404, 408, 412, 417, 421, 424, 429, 432, 441, 445, 448, 458, 462, 466, 467, 470, 472, 474, 477, 487; XIV, 4, 7, 10, 15, 19, 22, 25, 33, 36, 40, 43, 54, 60, 66, 71, 110, 112, 113, 117, 125, 139, 143, 148, 150, 154, 157, 158, 161, 165, 181, 186, 190, 196, 211, 215, 219, 220, 223, 227, 232, 235, 236, 239, 242, 247, 249, 250, 264, 268, 270, 272, 276, 278, 281, 285, 315, 321, 325, 328, 333, 337, 339, 343, 348, 352, 356, 374, 378, 382, 386, 390, 394, 399, 403, 407, 414, 416, 418, 421, 427, 430, 436, 441, 442, 445, 450, 454, 458, 462, 465, 470, 473, 480; XV, 2, 12, 20, 29, 43, 47, 58, 68, 82, 90, 106, 125, 131, 134, 142, 143, 154, 162, 164, 173, 187, 189, 204, 208, 211, 240, 252, 253, 259, 281, 288, 299, 303, 315, 318, 330, 341, 345, 349, 352, 364, 366, 370, 374, 375, 383, 393, 394, 396, 401, 406, 409, 412, 417, 421, 435, 437, 441, 445, 460; XVI, 11, 43, 95, 97, 113, 125, 131, 162, 182, 171, 175, 194, 199, 201, 202, 229; XVII, 261.

PONTCHARTRAIN (Mme de), IV, 398; VII, 35, 153, 154, 247, 367, 396; VIII, 506; IX, 58; X, 186; XII, 155, 165, 168; XIV, 442; XV, 55, 91, 155.

PONTCHARTRAIN (M. de), le fils, IV, 228, 415, 417, 463, 464.

Pont de bateaux sur le canal de Versailles, XIV, 369.

PONTDEBOURG (Mme de), I, 322.

PONT-DU-CHATEAU (Marquis de), XIII, 85; XV, 190, 288; XVI, 228; XVIII, 12.

PONTEUIL, dit le gros acteur, XVI, 330.

PONTEVEZ (Chevalier de), enseigne des galères, XIV, 329.

PONTEVEZ (M. de), chef d'escadre des galères, V, 320.

PONTEVEZ-MAUBOUSQUET (Chevalier de), sous-lieutenant des galères, XIV, 329.

PONTEVEZ-TOURNON (Chevalier de), enseigne de la réale, XIV, 329.
PONTFRACH (Chevalier de), lieutenant des galères, XIV, 329.
PONTIS (M. des), X, 166; XI, 125; XIV, 229; XVII, 263.
Pontoise (Pensions de), XVI, 434.
PONTON, secrétaire des commandements de la duchesse d'Orléans, XIV, 352.
PONTY (M. de), II, 336, 426, 444.
POPELINIÈRE (Mme de la), III, 51, 53.
POPOLI (Duc de), VII, 467; VIII, 104, 113, 207, 211; IX, 359; X, 404, 468; XI, 61, 361; XIII, 265; XIV, 378, 467; XV, 86; XVI, 495, 514; XVII, 14, 20, 68.
POQUELIN (Abbé), VIII, 391.
PORENTRUY (M. de), III, 226.
PORLIER, colonel suisse, II, 209; IV, 73, 123, 138.
Port-Royal des Champs (Monastère de), III, 233; XIII, 59, 248.
PORTAIL (Le P.), prédicateur, XVII, 439.
PORTAIL (M.), VI, 309; VII, 55, 63; IX, 337, 375; XI, 353, 355, 356; XVI, 330, 333, 451, 475, 488; XVIII, 294.
PORTAIL (Mme), I, 53; VIII, 7.
PORTE (M. de la), I, 328; III, 13, 165; IV, 70, 77, 80, 84, 154, 247, 285, 310, 380; V, 432; XVI, 414.
PORTE (Mme de la), VI, 244; XVIII, 146.
PORTES (Des), officier des troupes de Savoie, X, 406.
PORTES (Mlle de), IV, 357.
PORTER (Chevalier), envoyé du roi d'Angleterre, II, 322, 391, 405; III, 17, 30, 36.
Portique (Jeu du), II, 327.
PORTLAND (Milord), IV, 76; V, 274, 278, 280, 368, 466; VI, 148, 154, 158, 161, 164, 167, 188, 212, 215, 235, 253, 282, 286, 289, 290, 293, 295, 297, 298, 301, 305, 307, 309, 324, 328, 330, 334, 339, 342, 343, 346, 349, 352, 353, 366, 370, 374, 377; VII, 85, 98, 180, 299, 360, 361, 378; VIII, 80, 86, 90, 229, 366; XV, 64; XVII, 319.
PORTMORE (Comte de), XIII, 471, 487.
PORTOCARRERO (Abbé), XVII, 427, 433.
PORTOCARRERO (Cardinal), V, 389; VI, 476; VII, 100, 411, 412, 414, 465, 467; VIII, 41, 47, 58, 162, 201, 265, 296, 354, 381, 427, 428, 463; IX, 81, 103, 111, 118, 119, 131, 170, 201, 310, 312, 342, 456, 498; XI, 146; XII, 393.
PORTSMOUTH (Duchesse de), I, 117, 126, 208, 209, 236, 394, 395; II, 286, 290, 295, 407; III, 38; IV, 19, 63; VI, 207, 294; XVII, 329.
Portugal (Ambassadeur de), V, 375, 439.
PORTUGAL (Élisabeth-Marie-Louise-Josèphe, infante de), fille de Pierre II, II, 88; III, 249, 254.
PORTUGAL (Emmanuel, prince de), XII, 43; XVI, 300, 380; XVI, 416, 457, 463; XVII, 394, 464.
Portugal (Reine de). *Voy.* MARIE-ÉLISABETH DE NEUBOURG et MARIE-ANNE-JOSÈPHE-ANTOINETTE D'AUTRICHE.
Portugal (Roi de). *Voy.* JEAN V et PIERRE II.
POSSOBUENO (De), maréchal de camp espagnol, X, 248; XI, 73.

Postes (Ferme des), VI, 281.
Potager de Versailles, I, 49.
POTIER (Marquis de), V, 23.
POTIER DE BLANCMESNIL (René), évêque de Beauvais, XVI, 341.
POTOCKI, palatin de Kiovie, VI, 150; X, 81. *Voy.* KIOVIE.
POTT, brigadier de cavalerie, XI, 406.
POUDENX (Abbé de), XI, 352, XII, 76, 417.
POUDENX (François de), évêque de Tarbes, XVI, 409.
POUDENX (M. de), III, 201; IV, 178; V, 343.
POUDENX DE CASTILLON (Bernard-François de), évêque de Marseille, XII, 255.
POULDU (MM. de), gentilshommes bretons, XVIII, 134, 136, 260.
POULLETIER, financier, VII, 44; XII, 82; XIII, 374; XVI, 174, 212, 487; XVII, 198.
POULPRY (M. de), V, 188; IX, 12, 13; XII, 319; XV, 154; XVIII, 4, 126, 275.
Pour (Le), usage des voyages de la cour, VI, 403, 411; XI, 87.
Pourceaugnac (M. de), comédie, XV, 343; XVII, 267.
POUILLAUDE (Dom), abbé de Saint-Aubert, XII, 381; XV, 117.
POURIÈRES (Chevalier de), XI, 52, 129, 281; XV, 81.
POURPRY. *Voy.* POULPRY.
POUSSIN (M.), résident de France à Londres, VII, 82, 210; à Hambourg, XV, 319.
POYANNE (Marquis de), II, 84.
POYANNE (Marquise de), XVI, 374.
POZZO BOINO. *Voy.* POSSOBUENO.
POWIS (Milord), I, 358; II, 234, 235, 292, 297, 337, 341, 390; IV, 62; XIV, 408.
POWIS (Mme de), II, 290, 296, 300, 327; III, 309; XVIII, 132.
POWIS (Mlle de), XVIII, 191.
POYPE DE VERTRIEU (Jean Claude de la), évêque de Poitiers, IX, 286; XII, 381. *Voy.* POEPPE.
PRACOMTAL (M. de), III, 75; IV, 254, 257, 365, 397, 398, 477; V, 94, 121, 372, 398; VI, 13, 167, 334, 381, 413; VII, 462; VIII, 123, 184, 192, 304, 309, 347; IX, 108, 276, 295, 309, 322, 351, 352, 353.
PRACOMTAL (Mme de), VII, 179, 267; IX, 355; XIII, 182.
PRADEL (Charles de), évêque de Montpellier, V, 476.
PRADEL (M. de), gouverneur de Saint-Quentin, I, 232; III, 176.
PRADENCE (La), officier aux gardes, III, 314.
PRADES (M. de), XIII, 443.
PRADES (Mme de), XIV, 467.
PRADO (M. de), II, 173; V, 8; VI, 436.
PRADON (Mme), sous-gouvernante des filles de la Dauphine, I, 44.
PRASLIN (M. de), III, 261; IV, 347; V, 28; VIII, 304, 316, 318, 344, 347; IX, 109, 249; X, 60, 173, 399, 400, 459.
PRAT (Marquis du), colonel, XIV, 158.
PRAT (M. du), receveur général de Paris, XVI, 387.
PRATAMÈNE (Duc de), XIII, 245.
PRÉ (Du). *Voy.* DUPRÉ.

PRÉCHAC (M. de), II, 164; IV, 254, 258, 284, 312, 478; V, 99, 307; VII, 171; IX, 456; X, 164; XV, 458.
Précieuses ridicules (Les), comédie, VIII, 332.
PRÉCIN (Comte de), envoyé de Savoie, I, 76.
Prédiction faite à Louis XIV, II, 22.
PRÉROSSE, major général, IX, 492.
PRÉLA (Comte de), VII, 105; X, 76, 93.
Premier (M. le). *Voy.* BERINGHEN (Jacques-Louis de).
Premier (M. le), le père. *Voy.* BERINGHEN (Henri de).
Premier président (M. le). *Voy.* HARLAY, MESMES et PELLETIER.
PREMISKI, cresky de la couronne de Pologne, VI, 212, 245.
PRESLE (M. de), III, 6; IV, 255; VIII, 318; XI, 398.
PRESLE-NICOLAÏ (M. de), V, 68, 134; XVII, 332. *Voy.* NICOLAÏ.
PRESSIGNY, colonel de cavalerie, I, 434.
PRESTON (Milord), I, 265; II, 207; III, 279.
PRESTRE (Mlle le), I, 83.
Prêt (Table du), I, 272.
PREUILLY (M. de), I, 119, 170, 314; II, 102, 147.
PRÉVAL (Marquis de), colonel de dragons, XVIII, 3.
PRÉVOST (Abbé), X, 34, 297; XI, 391; XV, 192, 271.
PRÉVOST, capitaine des gardes de M. de Boufflers, IX, 231.
Prévôt (Le grand). *Voy.* SOURCHES.
PRIE (Abbé de), XIII, 308.
PRIE (Marquis de), VIII, 393; IX, 145, 487; XII, 354; XIII, 446; XIV, 109; XV, 12, 26, 41; XVIII, 10, 18.
PRIE (Marquise de), XV, 41; XVI, 178, 339; XVIII, 19.
PRIÉ (Marquis de), ministre plénipotentiaire de l'empereur à Rome, XII, 12, 280, 294, 309, 476; XIII, 165; XVI, 511; XVII, 319; XVIII, 336.
PRIÉGO (Comte de), VIII, 58.
PRIÉGO (Marquis de), II, 61.
Prieur (M. le grand). *Voy.* ORLÉANS (Chevalier d'), et VENDÔME.
Prieur (Le petit grand), ou milord grand prieur, V, 326; VI, 278, 338. *Voy.* ALBEMARLE.
PRIMI. *Voy.* SAINT-MAYOL.
Prince (M. le), Duc (M. le), origine de ces noms, I, 430. *Voy.* CONDÉ.
PRINCÉ (M. de), V, 288, 317; IX, 43, 459, 494; X, 165; XII, 113.
PRINCÉ (Mlle de), I, 33.
Princesse (Mme la). *Voy.* CONDÉ.
PRIOR (M.), ministre plénipotentiaire de la Grande-Bretagne, XIV, 11, 207, 211, 228, 242, 249, 265, 271, 277, 281, 282, 421, 445; XV, 173, 211, 212, 241, 253, 287, 394, 401, 402, 413, 448.
PRIULI (Cardinal), XI, 113; XIV, 153; XVIII, 268.
Prohibition des draps étrangers, II, 67.
PRONDE (Baron), ambassadeur de Savoie, XIV, 473, 486.
PRONDRE, financier, XI, 336; XIII, 218, 249; XVI, 451, 497; XVII, 20.
PRONDRE (Mlle), XVI, 258, 272.
Protestants (Affaires des), I, 106, 201, 216, 218, 224, 226, 227, 228, 230, 231, 233, 234, 236, 238, 253, 257, 264, 265, 274, 279, 280, 281, 283, 285,

286, 288, 294, 295, 296, 297, 298, 301, 308, 311, 313, 314, 322, 328, 339, 342, 347, 349, 356, 359, 387, 389; II, 152, 467; III, 35, 337; IV, 157; VI, 197, 277, 298, 429; VII, 11, 107, 185, 187; XIV, 361, 412, 428; XVI, 390, 408; XVIII, 16, 28.

PROUSTIÈRE (Abbé de la), XII, 263.

PROVANA (M. de), III, 153; IV, 44; XV, 86; XVII, 342, 345, 347, 356.

PROVENCHÈRE, gouverneur de Philippeville, puis d'Arras, IV, 387; V, 321; IX, 470.

PRUDHOMME, baigneur, III, 402; IV, 382; V, 99; VI, 2, 27, 190.

PRUDHOMME (Mlle), III, 400, 402.

PRUGUE (Abbé de), II, 159; III, 155.

PRUINES (De), exempt aux gardes, III, 407.

PRUNELAY (Mme de), abbesse de Chaillot, XIV, 463.

Prusse (Prince Royal de), Voy. BRANDEBOURG et FRÉDÉRIC-GUILLAUME II.

Prusse (Roi de). Voy. FRÉDÉRIC Ier et FRÉDÉRIC-GUILLAUME II.

Psyché, comédie-ballet, IX, 236.

PUCELLE (Abbé), V, 126; XVI, 197; XVII, 330; XVIII, 294.

PUCELLE (M.), colonel du régiment de Tournaisis, III, 355.

PUCELLE (M.), premier président de Grenoble, IV, 204, 467; V, 26.

PUCELLE (Mlle), VII, 2.

PUEBLA (Comte de), XI, 383, 402.

PUGEOLS (M. de), colonel, X, 232; XII, 301. Voy. PUJOL.

PUIGUYON (M. de), IV, 396; V, 198, 342; IX, 354, 417, 459; XI, 46, 328; XII, 164, 225, 227, 229, 237, 253, 281, 362; XIII, 58, 137,

PUISIEUX (Abbé de), VII, 209.

PUISIEUX (M. de), III, 183, 226; IV, 61, 312; V, 185, 341, 374, 458; VI, 237, 314; VII, 19; VIII, 63; IX, 228, 408, 450; X, 191, 219, 246, 273; XI, 304, 484, 491, 496; XII, 120, 147; XVIII, 21, 23.

PUJET (Abbé), IV, 474; XII, 113.

PUJOL, colonel, IV, 395; V, 197; brigadier de cavalerie, XIII, 131. Voy. PUJEOLS.

PURNON, premier maître d'hôtel de Madame, XVI, 463.

PUSIGNAN, brigadier d'infanterie, I, 387; II, 332, 399, 402, 406.

PUSSORT (M.), I, 88, 242, 260, 261, 273, 357, 404; III, 147, 148, 295; IV, 228, 351, 419; V, 159, 171, 331, 445; VI; 73, 74.

PUTANGES (M. de), XII, 364.

PUTANGES (Mlle de), II, 111.

PUTIGNY, enseigne de vaisseau, XI, 247.

Puy (Évêque du). Voy. BÉTHUNE et ROCHE-AYMON.

Puy (M. du), gentilhomme ordinaire du roi, puis gentilhomme de la manche, du duc de Bourgogne, I, 160; II, 449; III, 207; VI, 356.

PUYDORFILE (Chevalier de), sous-lieutenant des galères, XIV, 329.

PUYGUYON. Voy. PUIGUYON.

PUYNORMAND (M. de), IX, 366, 436, 441; XI, 123, 399; XIII, 131; XIV, 113; XV, 79; XVIII, 169, 260.

PUYSÉGUR (M. de), V, 167, 169, 264, 316, 343; VI, 41, 360; VII, 164; VIII, 18, 36, 108, 285, 301, 305, 340, 342, 344, 346; IX, 43, 108, 167, 363, 366, 368, 370, 391, 412, 439, 440; X, 37, 164, 329, 500; XI, 104, 151,

TABLE GÉNÉRALE ALPHABÉTIQUE.

328, 358, 495; XII, 112, 129, 177, 362, 379; XIII, 72, 139, 392; XVI, 32, 178, 186, 210, XVII, 394; XVIII, 17.
Puysieux. *Voy.* Puisieux.
Puy-Vauban (M. du), IV, 267, 285; VIII, 305; X, 126, 164; XI, 37; XIII, 208, 214, 221, 226, 233, 237, 240, 244; XV, 95, 105, 118, 211; XVI, 10; XVIII, 277.

Q.

Quadt (M. de), II, 230; III, 258, 266, 328; IV, 333, 347; IX, 442; XII, 31, 362; XIII, 24, 29; XIV, 348; XVII; 397.
Québec (Évêque de), III, 222.
Queensbury (Duc de), V, 193; XI, 274; XIV, 64.
Quentin (M.), IV, 75; VI, 202. *Voy.* Vienne.
Quentin (Mlle), XI, 231.
Quentin de la Vienne, valet chambre du roi, XVI, 125.
Quérembourg, président du parlement de Rennes, XVII, 226.
Quesne (Du), I, 294, 353; II, 102; III, 387; V, 216, 220; IX, 130; X, 44, 439.
Quesne-Monier (Du), IX, 262, 414; X, 29, 277; XI, 320; XII, 332; XVI, 9.
Quesnel (Du), capitaine de vaisseau, XI, 402.
Quesnel (Le Père), XII, 212; XIV, 34, 485; XV, 1; XVIII, 169, 270.
Quesnoy (M. du), maître des requêtes, IV, 247.
Queue (M. de la), officier de cavalerie, X, 19, 207.
Quimper (Évêque de). *Voy.* Coetlogon et Ploueuc.
Quinault, I, 75, 172, 212, 229, 319; II, 218.
Quincé (Abbé de), I, 250, 315, 319, 398.
Quincy (De), brigadier d'infanterie, XVIII, 9.
Quinot (Abbé), X, 7; XVII, 41.
Quinquet (Le P.), théatin, XI, 350; XII, 256, 277; XIII, 334, 349; XIV, 335.
Quinson (M. de), I, 306, 324; III, 75, 92, 330; IV, 53, 254, 258, 478; V, 99, 307, 308; VI, 271; X, 418, 454, 482; XIV, 366.
Quintin (M. de), I, 45, 46; VII, 277; VIII, 306; IX, 45, 46, 56, 59, 62, 65; X, 150; XI, 262. *Voy.* Lorges.
Quintin (Mme de), I, 46, 286, 328; VI, 279, 285; IX, 67, 103; X, 323. *Voy.* Lorges.
Quintinie (M. de la), I, 163; II, 208.
Quiros (Comte de), 6, 42, 195; VII, 152, 364; VIII, 44, 107, 191, 225, 226, 459; XII, 270, 317.
Quitana (Marquis de), gentilhomme de la chambre du roi d'Espagne, VIII, 25.

R.

Rabereuil (Abbé de), II, 131.
Rablière (M. de la), III, 75; IV, 281; X, 160.
Rabodanges (M. de), IV, 317; VIII, 245, 284.
Rabodanges (Mme de), XVIII, 206.

13.

RABUTIN (Comte de), général allemand, VI, 243, 432 ; IX, 390, 446 ; X, 325, 440, 441 ; XII, 21.
RABUTIN (M. de), lieutenant-colonel de Sillery, X, 126.
RABY (Milord), XIV, 11. *Voy.* STRAFFORD.
RACHE (Prince de), II, 61.
RACHECOURT (De), mestre de camp de cavalerie, XI, 202.
RACINE (Jean), I, 77, 87, 103 , 105, 138, 198, 312 ; II, 132, 160, 178 ; III, 260 ; V, 87, 225, 465 ; VII, 46, 70, 177.
RACINE (Mme), VII, 79.
RADOUET, capitaine de vaisseau, XI, 247.
RADZIEIOWISKI (Cardinal), primat de Pologne, VI, 130, 151, 157, 160, 162, 320 ; VII, 416 ; X, 146, 456.
RADZIWIL (Prince de), VI, 153, 155.
RADZIWIL (Princesse de), II, 144, 160, 374 ; V, 187, 228.
RAFFETOT (M. de), III, 176 ; IX, 72 ; XI, 55 ; XII, 361, 363, 364 ; XVII, 397.
RAFFETOT (Mme de), II, 386, 387 ; VII, 255 ; VIII, 31, 338 ; XIII, 270.
RAFI (M.), financier, XVII, 40.
RAGGI (Cardinal), II, 16.
RAGNY (M. de), capitaine aux gardes, I, 293 ; II, 346, 392 ; III, 11, 80, 422.
RAGNY (Mme de), VII, 131.
RAGOTZI (Prince), V, 167, 170 ; VI, 164 ; VIII, 100, 110 ; IX, 250, 261, 262, 274, 286, 289, 304, 345, 368, 373, 378, 406, 434, 438, 468 ; X, 137, 167, 189, 275, 325, 365, 440, 450, 495 ; XI, 5, 197, 267, 298, 316, 392, 459, 490 ; XII, 22, 33, 59, 237 ; XIII, 129, 133, 236, 317 ; XIV, 141, 261, 286, 325, 326, 332 ; prend le nom de comte de Saaros, 342, 366, 375, 379, 402, 404, 409, 411, 431, 432, 434, 443, 452, 472, 480 ; XV, 6, 14, 152, 253 ; XVI, 306, 359 ; XVII, 91, 132, 142, 151, 185, 211, 219, 284, 292, 357, 400, 404, 412, 469 ; XVIII, 74.
RAGOTZI (Princesse), II, 107 ; III, 393.
RAGUSE (Le P. Michel-Ange de), général des capucins, XIV, 476.
RAIMBAUDIÈRE (Marquis de la), brigadier d'infanterie, XVIII, 7.
RAIMOND, introducteur des ambassadeurs, XVIII, 14, 60, 61, 66, 233.
RAIMOND, major de la marine, I, 222 ; III, 13, 386 ; IV, 109.
RAINSSANT, garde des médailles du roi, I, 312 ; II, 408.
RAIS. *Voy.* RETZ.
RAISIN, comédien, I, 159 ; IV, 362.
RAISIN (La), comédienne, IV, 364.
RAISNEL, colonel, V, 300.
RAMBION (De), brigadier d'infanterie, XVIII, 8, 9.
Rambouillet (Hôtel de), III, 125 ; XIII, 55.
Rambouillet (Terre de), XIV, 235.
RAMBURES (M. de), XI, 248 ; XII, 109, 110 ; XVII, 485 ; XVIII, 2.
RAMBURES (Mme de), I, 143.
RAMBURES (M^{le} de), I, 62, 63, 67, 166, 194, 266, 294, 314, 322, 324.
RANCÉ (Abbé de), I, 385 ; V, 386 ; VII, 405.
RANCÉ (M. de), V, 109, 233 ; VII, 102 ; VIII, 49 ; XIII, 163 ; XVII, 376.
RANCHER (Le), gouverneur du Quesnoy, IV, 378 ; XIV, 180.

RANCY (M. de), XIII, 327 ; XIV, 42 ; XVI, 494 ; XVII, 72.
RANCY (Mlle de), XIV, 42.
RANGONI (Comte), le père, XI, 49 ; XVIII, 218.
RANNES (Marquis de), III, 242 ; IX, 72, 114, 143, 251 ; X, 482 ; XII, 260, 365 ; XIII, 284.
RANNES (Mme de), VI, 79, 350.
RANNES (Mlle de), XII, 309, 314.
RANTZAW (Comte de), danois, VII, 357.
RANUZZI, nonce en France, puis cardinal, I, 384, 388, 397, 410, 411, 412 ; II, 4, 471 ; III, 7.
RAOUSSET (M. de), III, 10 ; VI, 395 ; IX, 293 ; X, 178.
Rapés de l'ordre du Saint-Esprit, VII, 304.
RARE (M. de la), mestre de camp de cavalerie, III, 356 ; VIII, 168, 191.
RARE (Mlle de), I, 201.
RARÉ (Marquis de), III, 407.
RASILLY. *Voy*. RAZILLY.
RASKI, colonel de hussards, XVI, 376.
RASSAN (M. de), IV, 254, 402. *Voy*. RASSENT.
RASSE (M.), anglais, XV, 189.
RASSÉ, mestre de camp de cavalerie, VIII, 191 ; IX, 416.
RASSENT (M. de), VIII, 304 ; X, 164 ; XI, 330, XVII, 380.
RATABON (Abbé de), I, 439 ; II, 25.
RATABON (Martin de), évêque d'Ypres, puis de Viviers, II, 404 ; XIV, 393 ; XVII, 40, 227, 369, 398.
RATABON (M. de), II, 398, 404 ; IV, 348, 350 ; XIV, 368.
RATZEUHAUSEN. *Voy*. ROTZENHAUSEN.
RAUGRAVE (La), dame d'honneur de la princesse de Galles, XVI, 211.
RAVANEL, chef de fanatiques, X, 128, 158, 169, 226, 314.
RAVANNES (Abbé de), XV, 440.
RAVECHET (Abbé), syndic de la Sorbonne, XVII, 37, 38, 39.
RAVENEL (De), lieutenant de vaisseau, XI, 248.
RAVIGNAN (M. de), XII, 228, 259, 260, 362 415, 463, 469 ; XIII, 5, 30, 249, 251, 289, 325, 460, 481, 486 ; XVI, 385 ; XVII, 263 ; XVIII, 71.
RAVOYE (M. de la), receveur général de la Rochelle, III, 440.
RAVOYE (Mlle de la), XIV, 62.
RAY (Chevalier de), brigadier d'infanterie, XVIII, 8.
RAZAC, chevalier de Saint-Louis, XIV, 330.
RAZILLY (Abbé de), V, 68.
RAZILLY (M. de), IV, 345, 346 ; VII, 8 ; VIII, 155, 237 ; IX, 36 ; XI, 216, 376, 436 ; XII, 335, 359 ; XIII, 256 ; XIV, 68, 71, 154 ; XV, 348 ; XVI, 296, 301.
RAZILLY (Mme de), VII, 438 ; XII, 180.
RAZILLY (Mlle de), VII, 356.
RÉALS (M. de), capitaine de vaisseau, III, 165.
REBÉ (M. de), I, 78 ; III, 75, 317 ; IV, 333, 338.
REBÉ (Mlle de), XI, 327.
REBÉ (Milord), XI, 183.
REBEL (La petite), I, 35,

REBENAC (M. de), I, 364 ; II, 120, 139, 151, 156, 334, 349, 357, 382, 384, 385, 386; III, 2, 14, 246, 420, 434, 445 ; IV, 39, 233, 392, 398 ; V, 31, 32; VI, 162 ; XVIII, 163.

REBENAC (Mlle de), VI, 244, 274, 297.

REBENDER (M. de), général des troupes du duc de Savoie, XIII, 25, 225, 232, 238.

REBOURS (M. le), intendant des finances, IX, 115 ; X, 97 ; XII, 81 ; XIII, 445 ; XV, 76 ; XVI, 174.

RECHEIM (Comte de), II, 154, 205, 332, 404 ; III, 298 ; V, 170 ; VI, 16 ; IX, 409, 467 ; XVIII, 128.

RECHTEREN (M. de), plénipotentiaire de Hollande, XIV, 217, 232, 240, 334.

REDEAU DE GRAMMONT (M.), IV, 231.

REDING (M. de), officier suisse, X, 148, 367 ; XI, 283, 305 ; XIII, 131 ; XVIII, 5.

REFUGE (M. de), I, 193 ; II, 67, 163 ; IV, 285, 471 ; V, 341, 403 ; IX, 248 ; X, 92, 376, 381 ; XII, 392 ; XIV, 232.

REFUGE (Mme de), I, 48.

Régent (Acquisition du diamant nommé le), XVII, 103.

REGIS, bourgeois des Cévennes, X, 332.

Règlement pour le rang des princesses du sang, XIII, 115.

REGNAC. *Voy.* REIGNAC.

REGNAULT, receveur des tailles de la généralité de Paris, XVI, 234.

REGNIER, chevalier de Saint-Louis, IV, 285.

REGNIER (Abbé de), XIV, 475.

REICHBERG (Baron de), maréchal de camp, XI, 406.

REIGNAC (M. de), II, 163 ; IV, 254, 258, 478 ; V, 80, 116, 150, 237, 242, 272, 288, 456 ; IX, 43, 89, 254, 288, 292, 294, 301, 309, 470 ; X, 132.

Reims (Archevêque de). *Voy.* MAILLY et TELLIER.

REINACK. *Voy.* REIGNAC.

REINIE. *Voy.* REYNIE.

REKEIN. *Voy.* RECHEIM.

RELINGUE (M. de), I, 39 ; II, 101 ; III, 13, 19, 165 ; V, 163, 259 ; VI, 48, 97, 276 ; VII, 80, 113, 453 ; IX, 13 ; X, 118, 123, 124, 130.

REMENECOURT (La mère Thérèse de), supérieure des Carmélites, I, 293.

REMIANCOURT-BOUFFLERS (M. de), brigadier, XIII, 90.

Remiremont (Abbesse de), XIV, 42 ; XVIII, 236, 238.

RÉMOND, lieutenant-colonel, XI, 99. *Voy.* RAIMOND et REYMOND.

RÉMOND (Chevalier de), enseigne de vaisseau, XI, 248.

RÉMOND (Comtesse de), XIII, 63.

RENARDE (La), capitaine des galères, V, 320, 374.

RENAU D'ELIZAGARAY, surnommé *le petit Renaut*, IV, 163, 286, 472, 481 ; V, 15, 204, 371, 392 ; VI, 6 ; VIII, 50 ; IX, 38 ; X, 188, 236, 298, 332 ; XV, 405 ; XVI, 358 ; XVII, 177, 229, 240, 312, 319, 422, 424, 465 ; XVIII, 96, 132.

Renaud et Armide, opéra, I, 265.

RENAUDOT (Abbé), I, 135 ; II, 331 ; IV, 14 ; XVII, 38, 164.

RENAUT, secrétaire du duc d'Orléans, XII, 407, 468 ; XV, 417, 419 ; XVI, 140.

TABLE GÉNÉRALE ALPHABÉTIQUE.

RENAUT (M.), fermier général, V, 163. *Voy.* ARNAUX.
RENAUT (Le petit). *Voy.* RENAU D'ÉLIZAGARAY.
RENAUX, commissaire, VII, 375.
RENEL (M. de), VIII, 154, 164, 270, 438, 485; XVIII, 199.
RENEL (Mme de), VIII, 299, 302; IX, 382, 385, 397; XIV, 115.
RENNEPONT (M. de), IV, 383; VIII, 305; XI, 210.
Rennes (Évêque de). *Voy.* BEAUMANOIR et TURPIN DE CRISSÉ.
RENNEVILLE (M. de), III, 75, 408; V, 342; VII, 51, 100; X, 56.
Renommée (Fontaine de la), à Versailles, I, 34.
Renommée (Statue de la), VII, 72, 73.
RENOUARD (Abbé de), XIV, 115.
RENOUART (M. de), gouverneur de Tournay, V, 471.
RENSCHILD, général suédois, IX, 314, 479; X, 3; XI, 43, 46, 49.
Rentes sur l'hôtel de ville de Paris, II, 166; III, 32.
RENTY (Marquis de), II, 50, 163, 340; III, 94; IV, 288, 471; VI, 338; VIII, 267; IX, 248; XI, 308, 337; XIII, 200.
RENTY (Mme de), II, 15.
RÉSIGNY (Abbé). *Voy.* REZZINI.
RÉSIGNY (M. de), mestre de camp, III, 328; IV, 385; brigadier de cavalerie, V, 342; VIII, 303.
RESNEL. *Voy.* RENEL.
RESSONS (De), brigadier d'infanterie, XVIII, 9.
RETZ (Cardinal de), XIII, 155.
RETZ (Chevalier de), XII, 359; XIII, 1; XVIII, 283, 287.
RETZ (M. de), XV, 101; XVI, 408.
RÉVEILLON, gouverneur de Charlemont, I, 192, 193, 226.
REVEL (M. de), II, 163, 342, 347; III, 94, 283, 334, 349; IV, 53, 478; VIII, 170, 316, 318, 319, 324, 347, 388, 397; IX, 200; XI, 411, 477, 493; XVII, 263; XVIII, 336.
REVENAC, enseigne du régiment des gardes, II, 459.
REVERT (Du), chevalier de Saint-Louis, XIV, 330.
REVERZEAUX (Abbé), aumônier de Saint-Roch, IX, 31; XVI, 96.
REVOL (Abbé de), X, 299.
REWENTLAU (M. de), général des troupes de l'empereur, XI, 18, 84.
REWILL (Baron de), envoyé de l'électeur de Trèves, VI, 468.
REYMOND (Chevalier de), brigadier d'infanterie, XVIII, 8. *Voy.* RÉMOND.
REYNEVILLE. *Voy.* RENNEVILLE.
REYNIE (M. de la), I, 46, 119, 315, 411; II, 429; III, 261; VI, 61, 373; VII, 141, 145, 460; IX, 386, 434; XII, 444, 445.
REYNOLD (M. de), III, 75, 313; IV, 88, 192; V, 342; VIII, 93, 346, 440; IX, 71, 108, 450; XIII, 131; XVI, 178, 186.
REYNOLD-BEVIÉS (M. de), brigadier d'infanterie, XVIII, 7.
REYS (Milord), II, 329.
REZALI (Mme de), XIV, 463.
REZAY (Cyprien-Gabriel-Bernard de), évêque d'Angoulême, III, 16; IX, 467; XVII, 11, 32.
REZAY (M. Bernard de), sous-doyen du conseil, II, 167; IX, 61.
REZZINI (Abbé), envoyé de Modène, I, 71; VII, 153; IX, 88.

RHEINFELS (Landgrave de), VI, 305, 376.
RHINGRAVE (M. le), fils de l'électeur de Bavière, II, 198.
RHODES (M. de), I, 7, 115, 141, 149, 151; II, 7; III, 165; IV, 62; XI, 147.
RHODES (Mme de), V, 144; XIV, 346.
RHODES (Mlle de), XIV, 284, 346, 347.
RIANDERIE (Mlle de la), II, 371.
RIANS (M. de), I, 46, 51; VI, 68; X, 380; XII, 195, 319.
RIANS DE VALBELLE (M. de), colonel, VIII, 373.
RIBAUCOURT (Comte de), maréchal de camp, IX, 157.
RIBÈRE (M. de), I, 119; II, 41, 134, 296; IV, 399; V, 205; IX, 55, 138; XII, 118; XIV, 238.
RIBERETTE, capitaine de vaisseau, III, 166.
RIBERVILLE, envoyé à Cônoc, XI, 467.
RIBEYRA (Comte de), ambassadeur de Portugal, XV, 96, 264; XVI, 97.
RIBEYRA (Comtesse de), XV, 264.
RIBEYRA-GRANDE (Mme de), XIII, 100.
RICCIA (Prince de la), VIII, 315, 382.
RICHARDIE (La), exempt des gardes du corps, XI, 336; XIV, 285.
RICHEBOURG (M. de), VI, 121; X, 205, 213; XI, 61; XIII, 10, 242; XIV, 110, 185; XVI, 325, 329, 330, 481; XVII, 6.
RICHEBOURG (Mlle de), II, 38.
RICHELIEU (Cardinal de), I, 303; VII, 154; XIII, 473; XVI, 342.
RICHELIEU (M. de), I, 24, 38, 40, 48, 51, 60, 62, 126, 138, 154, 211, 353, 402; II, 105, 222, 231, 242, 285, 319; III, 46, 158, 344; IV, 130; VII, 26, 135; VIII, 349, 353, 360; X, 202, 205, 207; XV, 57, 127, 132, 149, 415; XVI, 196, 251, 252, 322, 323, 324, 326, 328, 331, 332, 335, 336, 347, 349, 350, 368, 371, 381, 382, 388, 395, 396, 397, 398, 424, 428, 432, 452, 487, 496, 498, 500; XVII, 44, 174, 197, 200, 268, 429, 457; XVIII, 23, 24, 27, 39, 114, 116, 124, 170, 184, 221. *Voy.* FRONSAC (Duc de).
RICHELIEU (Mme de), I, 18, 80, 162, 195, 353; II, 68, 85, 94, 95; VI, 276, 294, 401, 473, 475; VII, 100, 290; VIII, 480; IX, 159, 180, 247; X, 202; XII, 374; XVI, 485; XVII, 10.
RICHELIEU (Mlle de), V, 428.
RICHEMOND (Duc de), I, 209, 211, 236, 237; II, 123, 286, 340, 458; III, 38, 76, 140, 142, 172, 212; IV, 18, 25, 26, 44, 63, 235; V, 396; VI, 294, 300; XIV, 398, 412; XV, 189.
RICHERAND (M. de), IV, 285; V, 343; IX, 435; X, 85, 168.
RICOUART, intendant de la Martinique, XVII, 126.
RICOUSSE (M. de), III, 166; IV, 107, 323; VIII, 64; IX, 148, 234, 269, 406; X, 107, 130; XIII, 8.
RIÉ, commissaire de Douai, XIII, 140.
RIEUTORT (Abbé), XVII, 288.
Rieux (Évêque de). *Voy.* BERTHIER et RUTHIE.
RIEUX (M. de), VII, 407; XVI, 261, 485, 486; XVII, 66, 112, 224, 268.
Riez (Évêque de). *Voy.* DESMARETZ et VALAVOIRE.
RIGAUD (Hyacinthe), peintre, VI, 408; VII, 442; VIII, 53, 295.
RIGAUVILLE (M. de), III, 314, 328; IV, 88, 230, 285; V, 343; VIII, 93; IX, 72, 108, 360; X, 123.

RIGOLET (De), colonel, XI, 289.
RIOMS (M. de), XVI, 224, 422, 480, 492; XVII, 40, 155, 157, 182, 270, 411; XVIII, 39, 86, 94, 98, 99, 273.
RIOS (Don Joseph de los), capitaine de vaisseau, X, 331.
RIOTOR, capitaine des grenadiers à cheval, III, 403, 408, 426.
RIOU (Mlle de), V, 351, 359.
RIQUETTI (Abbé), V, 19.
RIS (M. de), I, 154, 289, 292, 306; III, 333; V, 279; VI, 300.
RISBOURG (Marquis de), commandant à Badajoz, XI, 73.
RITSCHAU, général danois, X, 46, 48.
RIVAROLLES (M. de), II, 163, 338, 401 ; III, 9, 91, 117, 334 ; IV, 281 ; VI, 327 ; X, 30 ; XV, 81.
RIVAS (Marquis de), IX, 43, 131, 312 ; X, 106, 248. *Voy.* UBILLA.
RIVAU (Abbé du), I, 159 ; II, 159.
RIVAU (M. du), IV, 391 ; VII, 271.
RIVAUHUET (M. de), capitaine de vaisseau, III, 166.
RIVERA (Comte de), I, 436 ; V, 278.
RIVERS (Milord), XIII, 243 ; XIV, 69.
RIVIÉ, financier, XVI, 497.
RIVIÈRE (Le P.), jésuite, XII, 146.
RIVIÈRE (M. de la), I, 26; II, 456 ; IV, 391 ; VIII, 297 ; XVIII, 8.
RIVIÈRE-PAULMY (Mlle de la), XVIII, 38.
RIZZINI. *Voy.* REZZINI.
ROANNÈS. *Voy.* ROUANNOIS.
ROBECQUE (Prince de), II, 195, 197 ; III, 203 ; VIII, 305 ; X, 165, 205 ; XI, 15, 44, 329 ; XII, 263 ; XIII, 340 ; XIV, 316, 478 ; XV, 74 ; XVI, 473, 478 ; XVIII 260.
ROBECQUE (Princesse de), XV, 303 ; XVI, 421 ; XVIII, 189.
ROBECQUE-MORBECQUE (Prince de), III, 426.
ROBELIN, ingénieur, XVIII, 31.
ROBERT (Abbé), IX, 163 ; XII, 368 ; XVII, 18, 182.
ROBERT, ingénieur, IX, 442 ; X, 37.
ROBERT, intendant aux îles de l'Amérique, VIII, 100 ; IX, 14, 82.
ROBERT (M.), procureur du roi du Châtelet, I, 51 ; VII, 104, 113 ; XV, 44 ; XVI, 315 ; XVIII, 93.
ROBERT (Mlle), VIII, 182, 264 ; XI, 257,
ROBERT (Le président), I, 370 ; III, 263.
ROBERT (Sœur Euphrasie), religieuse de Port-Royal, XIII, 60.
ROBERT-SUTTON (Chevalier), XVIII, 249. *Voy.* SUTTON.
ROBIN, mestre de camp, IV, 256, 375.
ROBINET (Le P.), confesseur du roi d'Espagne, XV, 383, 399.
ROBINSON (Le docteur), évêque de Bristol, XIV, 11, 64.
ROCAFULL, colonel espagnol, IV, 107. *Voy.* PERELLOS.
ROCCA (Baron della), VIII, 234.
ROCHE (Abbé de la), V, 359 ; VIII, 63 ; XVI, 295.
ROCHE (Comtesse de la), dame d'honneur de la princesse de Conty, XVII, 50.
ROCHE (Comtesse Dubois de la), VI, 339.
ROCHE (De la), maréchal des logis de la cavalerie, IV, 462 ; V, 122.

ROCHE (Le P. de la), de l'Oratoire, III, 280, 293 ; IV, 34.

ROCHE (M. de la), premier valet de garde-robe du roi, III, 86; premier valet de chambre du duc d'Anjou, 198 ; VIII, 18.

ROCHE (Mme de la), VI, 380; VII, 128.

ROCHE (Marquis Dubois de la), enseigne des gendarmes, VI, 339 ; VIII, 89, 333; XII, 392.

ROCHE-ALARD (M. de la), capitaine de vaisseau, III, 164; chef d'escadre, XVIII, 218.

ROCHE-ALARD (Mlle de la), III, 358.

ROCHE-DES-AUBIERS (Mme de la), VI, 48.

ROCHE-AYMON (Claude de la), évêque du Puy, IX, 381 ; XVIII, 304.

ROCHE-BARON (Mme de), XIII, 209.

ROCHEBONNE (Abbé de), XV, 451 ; XVII, 273, 437.

ROCHEBONNE (Charles-François de Châteauneuf de), évêque de Noyon, XII, 36; XIII, 217; XV, 287 ; XVII, 184.

ROCHEBONNE (M. de), VI, 71; VII, 281 ; XI, 11 ; XIII, 40, 449.

ROCHEBONNE (Mme de), IX, 163.

ROCHECHENARD (Mlle de la), I, 194 ; II, 308, 365, 413.

ROCHECHOUART (Guy de Sève de), évêque d'Arras, XI, 41 ; XII, 300 ; XVII, 2, 11, 32 ; XVIII, 269.

ROCHECHOUART (M. de), X, 250; XI, 211 ; XII, 390 ; XIII, 97, 129.

ROCHECHOUART (Mlle de), II, 95.

ROCHECHOUART-MONTPIPEAU (Chevalier de), XII, 333.

ROCHECORBON (Mlle de la), XV, 171, 174.

ROCHEFORT (Chevalier de), XI, 94.

ROCHEFORT (Maréchale de), I, 8, 53, 55 ; II, 126, 394; III, 49, 112, 114, 127, 154, 389; IV, 22, 27, 34, 42, 75, 266 ; V, 79, 224 ; VI, 19, 57, 481 ; VII, 162, 320, 341 ; IX, 20, 59 ; X, 438 ; XII, 280 ; XIII, 167, 228 ; XIV, 431 ; XVIII, 29, 30, 34, 189.

ROCHEFORT (Marquis de), II, 28, 66 ; III, 25, 297 ; IV, 364 ; V, 343 ; VI, 19, 481 ; VII, 2, 132, 229, 398 ; VIII, 154.

ROCHEFORT (Mme de), I, 162, 166, 176, 216 ; II, 85 ; IV, 340.

ROCHEFORT (Président de), XVII, 252, 253, 260, 270, 295, 350 ; XVIII, 268.

ROCHEFOUCAULD (Abbé de la), I, 250 ; IV, 321 ; VI, 397, 435 ; XII, 289 ; XIV, 227, 290 ; XV, 75, 195 ; XVII, 90, 124 ; XVIII, 30, 32, 260.

ROCHEFOUCAULD (Chevalier de la), II, 6, 443 ; III, 433, 434 ; IX, 249.

ROCHEFOUCAULD (M. de la), I, 75, 84, 103, 116, 123, 161, 202, 255, 264, 291, 300, 309, 380, 390, 393, 417, 425 ; II, 5, 50, 123, 128, 222, 240, 241, 254, 257, 285, 311, 370, 444 ; III, 149, 232, 254, 275, 354, 448 ; IV, 223, 238, 283, 480 ; V, 27, 201, 202, 224, 227, 380, 381, 461 ; VI, 53, 83, 84, 124, 175, 213, 215, 291, 328, 352, 433, 457, 481 ; VII, 52, 60, 81, 109, 140, 341, 348, 380, 409, 433, 436 ; VIII, 68, 150, 165, 285, 287, 347, 455 ; IX, 143, 240, 242 ; X, 440 ; XI, 242, 250 ; XII, 15, 16, 28, 198, 400, 401, 409, 432 ; XIII, 100, 135, 150, 388, 439 ; XIV, 6, 152, 155, 290 ; XV, 33, 57, 59, 67, 68, 75, 94, 100, 102, 105, 195, 205, 365 ; XVI, 100, 424, 272, 335, 398, 450 ; XVII, 341, 395.

ROCHEFOUCAULD (Mme de la), I, 16 ; X, 393 ; XVI, 11 ; XVII, 414.

ROCHEFOUCAULD (Mlle de la), XIV, 6.

Rochefoucauld (Maison de la), XIV, 291 ; XV, 60, 195.
ROCHEGIFFART (Mlle de la), I, 240.
ROCHEGUDE (Marquis de), IX, 302.
ROCHE-GUYON (Abbé de la), XII, 28, 293.
ROCHE-GUYON (M. de la), I, 130, 138, 148, 161, 185, 202, 203 ; II, 174, 343 ; III, 149, 247, 253, 271, 310, 370 ; IV, 333 ; V, 202, 341, 392 ; VI, 32 ; VIII, 23, 93, 148, 347 ; IX, 204, 240 ; X, 123 ; XII, 85, 320 ; XIII, 100, 405 ; XIV, 152, 180, 203, 264, 290, 355 ; XV, 67, 447, 460 ; XVII, 395, 457. *Voy.* ROCHEFOUCAULD.
ROCHE-GUYON (Mme de la), XIV, 203 ; XVI, 11.
ROCHEJACQUELIN (Abbé de la), I, 155, 401 ; VI, 241 ; VII, 217 ; X, 471.
Rochelle (Évêque de la). *Voy.* CHAMPFLOUR, FREZELIÈRE et LAVAL-BOIS-DAUPHIN.
ROCHEMAURE, comédien, I, 219.
ROCHEPLATTE (M. de la), IX, 330 ; XVI, 415 ; XVIII, 67.
ROCHEPOT (M. de la), XIII, 257 ; XV, 192, 378, 419, 435 ; XVII, 14, 16.
ROCHEPOT (Mme de la), XIII, 459 ; XIV, 206, 252, 431, 439 ; XVII, 16.
ROCHESTER (Milord), II, 182 ; V, 156 ; VIII, 373 ; X, 207 ; XIII, 413.
ROCHETTE (Chevalier de la), XVIII, 313.
ROCHE-VERNASSAL (Chevalier de la), capitaine des galères, VI, 475.
ROCHE-SUR-YON (François-Louis de Bourbon-Conty, prince de la), I, 18, 41, 116, 130, 131, 133, 138, 139, 142, 184, 230, 236, 238, 239, 243, 246, 249, 253. *Voy.* CONTY.
ROCHE-SUR-YON (Louis-François de Bourbon, prince de la), XVII, 147. *Voy.* MARCHE.
ROCHE-SUR-YON (Louise-Adélaïde de Bourbon-Conty, Mlle de la), XI, 303 ; XII, 339 ; XIII, 201 ; XIV, 102, 347, 439, 440 ; XVI, 337 ; XVII, 163 ; XVIII, 90, 101, 104, 124, 257, 317, 326.
ROCHE SUR-YON (N. de Bourbon-Conty, prince de la), V, 114 ; VI, 327, 337.
ROCHOUAT (Mlle), cantatrice, VI, 471.
ROCMADOR, capitaine de vaisseau, XIV, 330.
ROCMONTEROS, premier ministre du roi de Portugal, XI, 276.
ROCQUE (De la), capitaine de vaisseau, IX, 174. *Voy.* ROQUE-PERSIN.
RODEMAKER, mestre de camp de cavalerie, XII, 345.
RODES, entrepreneur des mines du Béarn, XI, 223, 284, 285, 291, 292, 308, 312, 335, 359.
Rodez (Évêque de). *Voy.* LUSIGNAN.
Rodogune, tragédie, XVIII, 326.
RODOLOVIGO (Cardinal), IX, 50.
RODOT (M.), intendant en Canada, puis premier commis de la marine, XV, 377.
ROEUX (Comte de), II, 61 ; VI, 119, 125 ; X, 242.
ROGER (Côme), évêque de Lombez, I, 211 ; XIII, 104.
ROGER, marchand de blé, V, 40.
Rohan (Maison de), I, 5.
ROHAN (Abbé de), XV, 340.
ROHAN (Armand-Gaston de), coadjuteur de Strasbourg, IX, 227, 422.
ROHAN (Armand-Gaston-Maximilien), cardinal, évêque de Strasbourg, puis

grand aumônier de France, IX, 495 ; X, 97 ; XI, 128 ; XII, 13, 36 ; XIII, 218, 432, 436 ; XIV, 153, 154, 179, 187, 189, 190, 195, 208, 213, 230, 250, 266, 324, 340, 345, 355, 362, 373, 378, 389, 413, 416, 418, 433, 436, 440, 450, 463 ; XV, 10, 12, 28, 56, 68, 70, 78, 92, 99, 106, 114, 147, 156, 171, 190, 194, 198, 199, 203, 206, 242, 268, 270, 276, 284, 287, 370, 432, 440, 449 ; XVI, 98 111, 119, 124, 128, 168, 321, 352, 353, 354, 357, 374, 401, 426, 432, 438, 449, 453, 454, 466, 468, 471, 480, 494, 496, 503, 505, 511 ; XVII, 6, 9, 11, 17, 25, 27, 32, 36, 37, 39, 40, 41, 96, 100, 106, 123, 129, 130, 201, 206, 210, 212, 213, 214, 217, 220, 221, 233, 241, 244, 245, 249, 267, 314, 333, 342, 352, 353, 355, 388, 403, 412, 415, 417, 437, 440, 467, 469, 483 ; XVIII, 13, 157, 168, 232, 248, 250, 252, 259, 297, 297, 300, 320, 332, 334. *Voy.* SOUBISE (Abbé de).

ROHAN (Chevalier de), III, 434 ; IV, 56, 60, 66, 327, 330 ; IX, 75, 90 ; XII, 160, 240, 390 ; XIII, 85, 91 ; XV, 130 ; XVII, 10, 20, 220.

ROHAN (Duc de), II, 24, 254 ; V, 7, 8 ; VII, 4, 233, 346 ; XI, 340, 466 ; XII, 151, 165 ; XV, 264 ; XVI, 169 ; XVII, 30.

ROHAN (Duchesse de), VII, 4 ; XII, 165, 169 ; XIV, 407.

ROHAN (M. de), XII, 32, 148, 155, 161 ; XIII, 85, 91 ; XIV, 439 ; XV, 422.

ROHAN (Mme de), V, 173 ; VII, 5 ; XII, 155 ; XIII, 91 ; XV, 422.

ROHAN (Mlle de), VII, 301, 313 ; XIII, 186, 189 ; XVI, 311, 316, 354, 374 ; XVII, 245, 261, 264, 352.

ROHAN (Prince de), II, 437, 439, 444 ; III, 17, 18, 231 ; IV, 378, 447, 451, 452 ; V, 342 ; VII, 28 ; VIII, 304, 306, 346 ; IX, 108, 363, 395, 403 ; X, 164, 320, 466 ; XI, 46, 112, 238, 328 ; XII, 362, 384, 389, 395 ; XIV, 128, 134, 207, 213, 352, 362 ; XV, 30, 40, 130, 265, 306 ; XVI, 124, 173, 200, 202, 219, 410 ; XVII, 17, 29, 30, 119, 167, 201, 312, 353 ; XVIII, 41, 284.

ROHAN (Prince Maximillien de), X, 433 ; XI, 112.

ROHAN (Princesse de), I, 3, 4 ; V, 214 ; VI, 344, 402 ; VII, 3 ; VIII, 158 ; XII, 151 ; XIV, 213 ; XVI, 410 ; XVII, 139.

ROHAN-CHABOT (Duc de), VI, 252.

ROHAN-GUÉMENÉ (Mme de), abbesse de Préaux, XVII, 106.

ROHAN-POULDU (Comte et chevalier de), XVIII, 260. *Voy.* POULDU.

Roi des Romains (Le). *Voy.* JOSEPH Ier.

Roi qui parle (Le), jeu de cartes, I, 220, 223.

ROINVILLE, officier du régiment des gardes, II, 458.

ROISSY (De), maréchal de camp, XVIII, 6.

ROLAND, capitaine de vaisseau, III, 166.

ROLAND, chef des fanatiques des Cévennes, IX, 138, 142 ; X, 16, 21, 42, 49, 65, 104.

ROLAND (Mlle), I, 294.

Roland, opéra, I, 75, 106, 115, 118, 121, 129, 133 ; III, 50, 274 ; XVII, 260.

ROLIVAUX, colonel, XI, 52. *Voy.* DROLIVAUX.

ROLLAND (M.), conseiller, XIV, 209.

Romains (Reine des), VII, 45. *Voy.* GUILLEMINE-AMÉLIE DE HANOVRE.

Romains (Roi des). *Voy.* JOSEPH.

ROMAINVILLE (M. de), III, 75 ; IV, 285 ; V, 113, 341 ; VII, 340 ; VIII, 202, 348 ; IX, 415 ; XIV, 229.

Romanet, financier, XVI, 494, 495, 497; XVII, 211, 475.
Romanoille, capitaine aux gardes, XVII, 396.
Romecourt (Abbé de), IX, 223.
Romerflat, chef d'escadre hollandais, IX, 217.
Romery, enseigne aux gardes, III, 413; brigadier de cavalerie, IV, 255; lieutenant de la compagnie de Lorges, VI, 361.
Romieu (Chevalier de), sous-lieutenant des galères, XIV, 329.
Rommery. *Voy.* Romery.
Ronceray (Abbesse de), XI, 130.
Roncherolles (M. de), II, 312; IV, 35, 70, 104, 299; VII, 231.
Roncherolles (Mme de), V, 126.
Rondé, maître du chagrin de Turquie, XVII, 411.
Rongère (M. de la), II, 7, 221, 223, 242, 285, 289; III, 167; IV, 126, 312; VII, 234; IX, 380, 394.
Rongère-Quatrebarbes (M. de la), I, 30, 31.
Ronquillo (M. de), X, 46, 65, 291, 478; XI, 362; XII, 470; XV, 35, 131.
Rook, amiral anglais, IV, 327; V, 326, 378, 392, 397, 408, 414, 416; IX, 199; X, 38, 44, 64, 83, 96, 116.
Rooth, Irlandais, XIII, 131, 208; XVIII, 169, 260.
Roque (La), enseigne des mousquetaires, XVII, 100.
Roquefermière, enseigne de vaisseau, XI, 247.
Roquefeuille (M. de), X, 334, 465, 468; XI, 224, 369; XVIII, 250.
Roquelaure (M. de), I, 45, 204, 207, 214, 215, 219, 221, 261; II, 24, 33, 167, 254, 381, 405; III, 244, 294, 327, 329; IV, 52, 81, 105, 111, 116, 257, 398, 405, 437, 442, 456, 461, 477, 480; V, 7, 81, 99, 100, 105, 129, 137, 139, 140, 177, 319, 341, 390, 397, 403, 405; VI, 91; VII, 28, 226; VIII, 78, 93, 254, 346; IX, 108, 459; X, 23, 134, 135, 136, 140, 141, 166, 234, 247, 374, 466, 489; XI, 37, 51, 72, 74, 109, 129, 262, 330; XII, 24, 123, 193, 279, 306, 448, 460, 471, 475, 477; XIII, 43, 93, 215, 217, 220, 271; XIV, 9, 278, 411, 415; XV, 70, 74, 106, 422; XVII, 219, 444, 473, 475, 479.
Roquelaure (Mme de), I, 45, 67, 69, 210; II, 53, 68, 81, 85, 86, 100, 108, 167; III, 366; IV, 432; V, 1; VI, 2, 137, 226, 243; VIII, 194, 199, 506; X, 489; XII, 119, 149, 161, 165, 306; XV, 272, 408, 422; XVI, 451; XVII, 473, 475.
Roquelaure (Mlle de), I, 215; XII, 146, 148, 151, 155, 161, 162, 165, 189, 192, 194, 196; XV, 70, 74, 86, 91.
Roque-Persin (La), capitaine de vaisseau, III, 166. *Voy.* Rocque.
Roquepine (Abbé de), III, 148; IV, 152.
Roquepine (M. de), mestre de camp de cavalerie, III, 24, VIII, 205.
Roque-Prielé (Gaspard de la), évêque de Bayonne, II, 150.
Roquette (Abbé de), II, 130, 369; IV, 249; V, 283; XIV, 419.
Roquette (Gabriel de), évêque d'Autun, I, 434, 436; VI, 399; VII, 62; VIII, 424; XI, 312.
Roquevieille, brigadier de cavalerie, I, 10.
Rosamel (M. de), II, 294, 301, 321; III, 75, 160; IV, 244, 285.
Roscoet de Kersauson, gentilhomme breton, XVIII, 274.
Rosconan (Cocquart de), gentilhomme breton, XVIII, 260.

Rose (M.), secrétaire du cabinet, I, 52 ; II, 134, 143; VI, 199 ; VII, 55; VIII, 4, 5, 6 ; XII, 372.

Rose (M.), fils du précédent, II, 123.

Rose (M.), petit-fils du précédent, XI, 197.

Rose (Mlle), VII, 63.

Rose (Marquis de), gouverneur de Barcelone, X, 415.

Rose (Sœur), dévote, VIII, 45 ; XV, 232.

Rosel. *Voy.* Rozel.

Rosemberg (Comte de), gouverneur de Carinthie, I, 349 ; chevalier de la Toison d'Or, II, 61.

Rosen (M. de), I, 372 ; II, 163, 337, 338, 396, 399, 426, 456; III, 14, 15, 79, 88, 94, 97, 135, 143, 299, 305, 310, 315, 318, 319, 329; IV, 51, 77, 140, 177, 179, 257, 267, 281, 282, 285, 293, 340, 341, 477 ; V, 7, 218, 345, 390, 391, 440; VI, 29, 356, 367, 381, 419, 422, 424 ; VIII, 92, 254, 346, 351, 392 ; IX, 61, 90, 94, 141, 201, 440, 442 ; X, 219, 221, 245, XII, 361, 362; XIV, 206 ; XVI, 5, 10, 515; XVII, 397 ; XVIII, 193.

Rosen d'Hautefort, brigadier d'infanterie, X, 166.

Rosenham (Comte de), plénipotentiaire de Suède, VI, 93.

Rosières (Mme de), IV, 340.

Roskomont (Comtesse de), I, 343.

Rosmadec (M. de), II, 368, 370; III, 165 ; V, 437; VI, 97, 107, 229, 300 ; VIII, 452, 454 ; XII, 255, 277.

Rosmadec (Mme de), abbesse de Malnoue, XVIII, 189.

Rospigliosi (Cardinal), II, 141.

Ross (Milord), I, 228, 287.

Rossignol, président de la chambre des comptes, II, 185; X, 446.

Rosvorm (Baron de), IX, 483; XV, 357.

Rote (Tribunal de la), I, 372.

Roth-Hausen. *Voy.* Rotzenhausen.

Rothelin (M. de), III, 403, 406, 408, 430; VI, 62; XI, 12, 495 ; XIII, 253, 290, 300; XIV, 37 ; XVI, 252, 404, 419, 421 ; XVII, 104 ; XVIII, 13, 259, 313.

Rothelin (Mme de), VI, 407 ; XIV, 18.

Rothelin (Mlle de), I, 68, 82 ; V, 55.

Rottembourg (M. de), II, 230 ; III, 328 ; V, 343; XV, 319; XVI, 383.

Rotzenhausen (Mme de), IV, 286 ; VI, 443 ; XIV, 4, 159; XV, 164.

Rotzenhausen (Mlle de), V, 216 ; VI, 428.

Rouannois (Chevalier de), IV, 475 ; X, 74, 284 ; XV, 68 ; XVI, 264 ; XVII, 13.

Rouannois (Duc de), VI, 7.

Roubin (Don Pedro), gouverneur de Roses, IV, 311.

Roucy (M. de), I, 120, 188; II, 307, 316, 325, 326; III, 19, 31, 161, 296; IV, 65, 73, 255, 348, 437, 448; V, 105, 341; 348 ; VI, 370 ; VII, 60, 171 ; VIII, 93, 314, 347 ; IX, 68, 72, 77, 109, 346, 350, 357, 366, 371, 397, 405 ; X, 133, 355 ; XI, 21, 46, 300 ; XII, 364, 374, 384, 389 ; XIV, 126, 130, 144, 431; XV, 211 ; XVI, 234, 236, 244, 324 ; XVII, 232. *Voy.* Roye.

Roucy (Mme de), II, 342, 420, 422; III, 49, 342 ; V, 462; VI, 25, 65, 76, 378, 462; VII, 12, 92, 110, 164, 326 ; VIII, 199, 399, 416, 506 ; IX, 296 ; X, 60 ; XIV, 19 ; XVI, 502, 503.

Roucy (Mlle de), I, 386; XI, 310.
Rouen (Archevêque de). *Voy.* AUBIGNÉ, BEZONS, COLBERT et MÉDAVY.
Rouen (Coadjuteur de), I, 201.
Rouen (Incendie à), XIII, 75.
ROUGE (M. le), syndic de la Sorbonne, XVII, 41.
ROUILLAC (Marquis de), III, 143, 144.
ROUILLÉ (Abbé), VI, 72, 106.
ROUILLÉ (M.), I, 309; II, 33; III, 144; V, 24, 29; VI, 113, 281, 285, 394; VII, 295; VIII, 77, 136, 140, 141, 142, 241, 272; IX, 85, 176, 209, 245, 319, 369, 386; X, 162, 403, 413, 429, 469; XI, 408; XII, 311, 347, 349, 350, 357, 359, 393, 397, 398, 404, 410, 427, 429, 434, 441, 443; XIII, 158; XIV, 154; XVI, 197, 256, 451.
ROUILLÉ (Mme), XIV, 325; XV, 59; XVII, 203.
ROUILLÉ (Mlle), II, 38, 39.
ROUILLÉ DU COUDRAY, I, 40, 356; XII, 237; XVI, 169, 187, 194, 222, 260, 293, 382, 495; XVII, 240, 242; XVIII, 191.
ROUILLÉ DES FONTAINES, IX, 46; XII, 155; XVI, 212.
ROUJAULT (M.), intendant de province, VII, 179; X, 416; XII, 155; XIV, 185; XVI, 195, 207, 237, 260, 293; XVII, 395.
ROULE. *Voy.* ROURE.
ROULIER. *Voy.* ROUILLÉ.
ROUPLI, persan, I, 272, 280, 281, 407; II, 66.
ROURE (M. du), II, 117; III, 160, 170; V, 115; XI, 94; XVII, 378; XVIII, 336.
ROURE (Mme du), II, 118, 137, 429; V, 46; XVIII, 286.
ROUSSEAU, enseigne du régiment des gardes, II, 459.
ROUSSEAU, gentilhomme ordinaire du roi, III, 272; VI, 248.
ROUSSEAU (Jean-Baptiste), poëte, XIII, 109, 297, 311.
ROUSSELOT, brigadier d'infanterie, VIII, 306.
ROUSSET (Louis-Charles des Alris de), évêque de Béziers, VIII, 391; XII, 471.
ROUSSILLE (Marquis de), brigadier d'infanterie, VIII, 7.
ROUSSILLE (Mlle de), I, 42.
ROUSSILLON (Comte de), I, 79; III, 40, 291; XII, 396; XIII, 129.
ROUSSILLON (Comtesse de), XI, 357.
Roussillon (Inquisition de), I, 90.
Roussis. *Voy.* ROUPLI.
ROUVILLE (M. de), II, 198, 416; III, 82; V, 145; VI, 108, 144; XI, 210.
ROUVILLE (Mme de), I, 310; II, 43; VII, 78.
ROUVRAY (M. de), VIII, 293; X, 493; XI, 52; XVII, 263.
ROUVROY (M. de), III, 166; IX, 362; XIII, 129; XIV, 237.
ROUVROY (Mme de), I, 190, 191; VII, 325, 414; XIII, 219; XVI, 354.
ROUVROY (Mlle de), III, 49; V, 101, 105.
Roux (De), colonel de dragons, XI, 52.
Roux (Guillaume le), évêque de Périgueux, IV, 342.
Roux (Le), XVIII, 50.
ROUXEL, capitaine de vaisseau, III, 166.
ROVÈRE (Marquis de la), VII, 82.

Roxborough (Duc de), régent d'Angleterre, XV, 210.
Royan (M. de), I, 290; III, 150.
Royan (Mme de), IV, 287.
Roy-Chavigny (Abbé le), XIII, 76.
Roye (Abbé de), XVII, 184, 185.
Roye (M. de), I, 70, 135, 201, 364, 386; II, 40, 186, 207, 370; III, 159; IV, 391; VI, 68, 312, 338; IX, 405, 440, 443, 448, 456; X, 43, 122, 277, 284, 471; XI, 58; XII, 253, 254; XIII, 131, 234, 293, 297; XIV, 71, 144, 339, 382, 444; XV, 140, 174, 193, 215; XVI, 224, 258, 270, 272, 296; XVII, 377; XVIII, 3, 11. *Voy.* Rochefoucauld et Roucy.
Roye (Mme de), I, 280, 310, 311, 386; IV, 153; V, 50; IX, 409; XIII, 375; XV, 343; XVII, 167.
Roye (Mlle de), V, 50, 109, 308; VI, 76, 78.
Rozalie (Évêque de), XIV, 406.
Rozamel. *Voy.* Rosamel.
Roze, chef de fanatiques, X, 148.
Roze (M.), colonel d'infanterie, X, 285. *Voy.* Rosen.
Rozeaux (Des), brigadier des dragons, XIV, 133.
Rozel (M. du), II, 436; III, 76, 351; IV, 301, 323, 348, 385, 387; V, 40, 196, 342; VIII, 93, 113, 304, 307, 346, 348, 400; IX, 43, 71, 74, 107, 108, 109, 143, 163, 191, 416; X, 164, 270, 337, 473; XI, 46, 55, 134, 182, 242, 243, 328, 330, 492; XII, 192, 193, 195, 198, 281, 362, 418; XIV, 485; XVI, 364.
Rozen. *Voy.* Rosen.
Rozière, capitaine de cavalerie, X, 176.
Rubantel (M. de), I, 9; II, 163, 172, 179, 198, 340; III, 89, 94, 124, 158, 299, 306, 310, 313, 318, 329, 350; IV, 52, 81, 104, 108, 109, 112, 116, 120, 257, 325, 365, 477; V, 390; VI, 46, 47, 49, 53; X, 317.
Rubel (Mlle de), I, 54.
Rubi (M. de), XV, 450; XVII, 164, 174.
Rubini (Cardinal), III, 69.
Rue (Le P. de la), prédicateur, II, 60, 72, 77, 79, 82, 84, 340; IV, 233; V, 147, 190; VI, 68, 86, 91; IX, 337; X, 289; XI, 22; XII, 71, 85, 346; XIII, 56, 398, 419, 434; XIV, 41, 83, 101, 151, 272; XV, 84, 117, 136, 139; XVI, 313, 431.
Ruel, soldat aux gardes, XVII, 218, 221.
Ruffey (Duc de), XIV, 119; XVIII, 235.
Ruffec (M. de), VIII, 305; X, 165, 474; XI, 328, 492; XII, 31, 90, 117, 183, 196, 362; XIII, 130, 138, 273, 482; XIV, 16; XV, 34; XVI, 242; XVIII, 64.
Ruffo (Cardinal), XI, 113.
Rumney (Comte de), X, 47.
Rupelmonde (M. de), X, 239; XI, 5, 299; XVIII, 199, 222.
Rupelmonde (Mme de), X, 261; XI, 2, 314; XIII, 204, 219, 259, 344; XIV, 480; XV, 164, 251, 280, 396.
Russell, amiral anglais, IV, 155; V, 30, 34, 36, 52, 53, 54, 57, 60, 65, 79, 92, 94, 104, 193, 218, 221, 228, 235, 238, 246, 249, 264, 272, 276, 305, 375; VIII, 90; XI, 90.

TABLE GÉNÉRALE ALPHABÉTIQUE.

Russie (Palatin de), VII, 409.
Russie (Palatine de), VII, 409.
Ruthie (Pierre de Charité de), évêque de Rieux, X, 498; XIV, 218; XVII, 398.
Ruvigny (M. de), I, 40, 163, 226, 236, 285, 288; II, 446; III, 279, 447; IV, 151, 155, 335, 337, 416, 418, 434, 440, 444, 457; V, 97; VII, 58, 71; VII, 343; VIII, 57, 131, 178. *Voy.* Galloway et Tyrconnel.
Ruy (De), brigadier de cavalerie, III, 328. *Voy.* Druy.
Ruzzini (M.), sage grand de Venise, XIV, 70.

S.

Sabatier (Abbé), XI, 180.
Sabine. *Voy.* Savines.
Sablé (Marquis de), II, 334; V, 289; IX, 254; XIII, 194.
Sablière (Mme de la), I, 131; III, 74; IV, 219.
Sablonière (la), major des galères, I, 271.
Sabran (César de), évêque de Glandève, VIII, 426; XVIII, 333.
Sabran (M. de), I, 271, 276; XIV, 329; XVI, 227; XVII, 157; XVIII, 34, 233.
Sabran (Mme de), XVII, 261; XVIII, 99, 104.
Sabran-Baudisnar, capitaine de vaisseau, X, 331.
Sabret, intendant à Dunkerque, V, 349.
Sacchetti (Cardinal), X, 311.
Saché (Chevalier de), officier du régiment du roi, I, 309.
Saché (Marquis de), chevalier d'honneur de Madame, IV, 172.
Sacheverel, ministre anglican, XIII, 128, 276.
Sacripante (Cardinal), V, 327; VII, 459.
Sacy (M. de), de l'Académie française, VIII, 37; XVII, 447.
Sade de Mazan (Chevalier de), grand prieur de Saint-Gilles, XVIII, 55.
Sages, premier écuyer du duc du Maine, II, 174.
Sagonne (M. de), XII, 40; XIII, 65. *Voy.* Mansart fils.
Sagonne (Mme de), XVI, 484.
Saillant (Abbé de), IV, 199; V, 131; XVI, 453; XVII, 8, 10.
Saillant (François-Ignace de Baglion de), évêque de Poitiers, VI, 285.
Saillant (M. de), II, 328, 458; III, 313; IV, 119, 333; V, 28, 391; VIII, 305, 346; IX, 108; X, 69, 164, 297, 460; XI, 46, 117, 149, 157, 243, 492; XII, 242, 281; XIII, 80, 90, 273, 459; XIV, 128, 245, 359; XV, 26, 34, 150; XVI, 369; XVII, 133, 293; XVIII, 24, 41, 42.
Saillant (Mme de), XV, 17.
Sailly (M. de), II, 227; III, 167, 200, 201, 328; IV, 80, 255; V, 343; VI, 404, 467; VIII, 31, 347; IX, 109, 251, 280; X, 164; XI, 46, 329, 333, 358, 413, 420, 423; XII, 363.
Sain (M.), gentilhomme ordinaire du roi, II, 337.
Sainctot (Abbé de), XIII, 26.
Sainctot (M. de), introducteur des ambassadeurs, I, 379, 410; III, 108, 279, 423; V, 313; VI, 91, 271, 272, 385, 437, 440, 464; VII, 60, 151, 195, 213; IX, 328; X, 180; XII, 174; XIV, 436; XVIII, 60, 61.

Sainctot (Mme de), V, 20.
Sainsandoue, colonel, IX, 137.
Sainsant (de), major des carabiniers, XI, 182.
Sainson (M.), intendant de Montauban, V, 55.
Saint-Abdon, capitaine aux gardes, V, 350; VII, 201, 379; XI, 39.
Saint-Abre (M. de), X, 126; XVIII, 181, 209.
Saint-Adon. *Voy.* Saint-Abdon.
Saint-Aignan (Abbé de), VIII, 107; XIV, 392.
Saint-Aignan (M. de), I, 109, 133, 185, 186, 229, 230, 234, 263, 311, 341, 344, 345; II, 49; VIII, 132; X, 469, 483; XI, 41, 249, 261, 262, 266, 289; XII, 183, 249, 275; XIII, 37, 45, 253, 331, 349, 358; XIV, 62, 364, 377, 386; XV, 154, 193, 274, 275, 298, 342, 354, 356, 373, 417, 443; XVI, 421, 425, 488; XVII, 157, 169, 199, 411, 414, 419, 420, 436, 440, 442, 444, 463, 465.
Saint-Aignan (Mme de), I, 264, 342; XI, 290; XII, 483; XVI, 488; XVII, 54, 444.
Saint-Aignan (Mlle de), IX, 87, 103.
Saint-Albans (Duc de), I, 168; II, 109; VI, 275, 280, 282, 290.
Saint-Albin (Abbé de), XV, 173; XVI, 295; XVII, 169, 171, 248; XVIII, 44.
Saint-Alvère, chevalier de Saint-Louis, IV, 285.
Saint-Amand (Abbé de), IV, 293, 385.
Saint-Amand, capitaine de vaisseau, I, 363, 409.
Saint-Amand (Mlle de), V, 147.
Saint-Amour, partisan du prince Eugène, X, 382.
Saint-Amour (M. de), colonel du régiment de Languedoc, XVI, 480.
Saint-Andiol (Abbé de), XVII, 184.
Saint-André (Abbé de), V, 126.
Saint-André (M. de), IV, 158, 256; VI, 376; X, 405; XI, 52; XVIII, 13, 141, 142.
Saint-André la Bastie, brigadier de cavalerie, XVIII, 11.
Saint-André d'Écosse (Ordre de), XV, 153.
Saint-Ange (Le petit), VII, 133.
Saint-Ange (Mme de), I, 107.
Saint-Antoine (Abbesse de), I, 323.
Saint-Auban (M. de), XVII, 266.
Saint-Aubin (Abbé de), XIII, 379.
Saint-Aubin, maître des requêtes, XVIII, 199.
Saint-Aulaire (Abbé de), VIII, 391.
Saint-Aulaire (M. de), II, 139; IX, 233; XI, 55, 166, 170, 215; XIII, 23, 397.
Saint-Avit, mestre de camp, VIII, 343.
Saint-Balmont (M. de), gentilhomme de Lorraine, V, 91.
Saint-Bertin (Abbé de), X, 456.
Saint Brieuc (Évêque de). *Voy.* Coetlogon.
Saint Chamans (M. de), XI, 124, 261; XII, 319; XIII, 142, 286; XIV, 346; XV, 108; XVIII, 5.
Saint-Chamans (Mlle de), XVIII, 335.

TABLE GÉNÉRALE ALPHABÉTIQUE.

Saint-Chamond (Marquis de), XVIII, 10.
Saint-Chamond (Mlle de), I, 69.
Saint-Chaumont (M. de), I, 201; X, 228; XIII, 251.
Saint-Chaumont (Mme de), II, 154.
Saint-Christophe (M. de), IV, 482; XVI, 472, 474.
Saint-Cler Turgot (Mlle de), I, 368.
Saint-Cloud (Bâtiments de), I, 135.
Saint-Cloud (Cascades de), VII, 112, 113.
Saint-Contest (M. de), I, 308; II, 296; VII, 189, 299; VIII, 460; IX, 187; X, 253; XII, 124, 168; XV, 107, 109, 127, 142, 241, 244; XVI, 178, 186, 206, 209, 211, 260, 494, 495, 496, 498; XVII, 15, 102, 116, 122, 206; XVIII, 320.
Saint-Cyr (Maison royale de), 114, 121, 155, 332, 346, 348, 364; III, 40, 241; IV, 17, 199; V, 184; VI, 117; VII, 86; XII, 357; XIII, 78; XVI, 63.
Saint-Disant (Ferrand de), intendant et contrôleur général de l'argenterie et menus plaisirs du roi, VI, 460. *Voy.* Ferrand.
Saint-Éloi (Abbé de), I, 125.
Saint-Esprit (Ordre du), I, 344; II, 244-283; VI, 81; IX, 282; XVII, 442.
Saint-Esprit de Montpellier (Ordre du), IV, 272; VII, 306; XI, 264.
Saint-Estevan. *Voy.* San-Istevan.
Saint-Estève (Gabriel de), évêque de Conserans, XII, 52.
Saint-Estève (M. de), lieutenant des gardes du corps, II, 6; VI, 91.
Saint-Étienne de Reims (Abbesse de), XI, 296. *Voy.* Montausier.
Saint-Eugène, maître d'hôtel ordinaire du roi, XIV, 459; XVII, 28.
Saint-Évremond (M. de), 3, 180, 223; IX, 323.
Saint-Ferme (Abbaye de), VII, 356.
Saint-Florentin (M. de), IV, 138, 141.
Saint-Flour (Évêque de). *Voy.* Mothe-Houdancourt.
Saint-Frémont (M. de), II, 199; III, 30, 75, 191, 407; IV, 125, 210, 254, 257, 258, 478; V, 35, 94, 297; VII, 30, 352, 462; VIII, 151, 152, 304, 320, 481, 482, 486; IX, 109, 179, 206, 315, 371, 412, 430, 460, 477; X, 34, 55, 90; XI, 20, 49, 92, 204, 225, 227, 328; XII, 128, 145, 170, 281, 362; XIII, 3, 50, 207, 352, 421; XIV, 160, 380; XV, 67, 279.
Saint-Gelais (M. de), I, 127, 323; II, 163, 342, 343, 350, 363, 441, 456.
Saint-Génie, chevalier de Malte, VI, 313, 316, 427; VII, 99.
Saint-Geniez (M. de), I, 6, 146; IX, 145, 394, 461; XI, 11; XII, 33; XVII, 430, 435; XVIII, 143, 200, 232, 235, 250.
Saint-Geniez (Mme de), VII, 235.
Saint-Georges (Claude), évêque de Clermont, I, 181; archevêque de Tours, II, 44; IV, 358; archevêque de Lyon, 359; VIII, 411; XV, 96, 165.
Saint-Georges (M. de), IV, 384; VI, 2, 54; XII, 177, 348.
Saint-Géran (M. de), II, 222, 242, 285; V, 380.
Saint-Géran (Mme de), I, 55, 131, 205, 217, 232, 266; II, 98, 112, 114, 327, 363, 382, 392, 408, 420, 421, 422; III, 11, 49; IV, 432, 484; V, 11; VI, 15, 16; VII, 42, 164, 275; VIII, 199; X, 212; XIII, 52; XV, 165.
Saint-Germain (Bâtiments de), II, 94.
Saint-Germain (M. de), V, 350; VII, 294; VIII, 297; IX, 250; XVI, 47.

14.

SAINT-GERMAIN (Mlle de), XIV, 217; XV, 164, 251, 396.
SAINT-GERMAIN-BEAUPRÉ (M. de), II, 164; IV, 44, 146; VII, 281; VIII, 468; X, 13, 490; XI, 88; XIII, 357; XVII, 466; XVIII, 7, 10.
SAINT-GERMAIN-BEAUPRÉ (Mme de), XIV, 206; XV, 123.
SAINT-GÉRY, colonel, X, 407.
Saint-Gilles (Abbé de), XI, 404. *Voy.* CALVISSON.
SAINT-HÉREM (Abbé de), VIII, 311.
SAINT-HEREM (M. de), I, 416; V, 85, 296, 351, 359, 414; VI, 215; VIII, 165, 201, 286, 508; XI, 484; XIV, 484.
SAINT-HÉREM (Mme de), VIII, 246.
SAINT-HÉREM (Mlle de), VII, 155.
SAINT-HERMINE. *Voy.* SAINTE-HERMINE.
SAINT-HILAIRE (M. de), IV, 394; VIII, 305; IX, 235; X, 164, 196; XI, 297; XII, 300; XIII, 86, 405; XIV, 229, 234; XVI, 178, 186; XVII, 394.
SAINT-HILAIRE (Mme de), XVII, 86.
SAINT-ISTEVAN. *Voy.* SAN-ISTEVAN.
Saint-Jacques (Abbé de), XIV, 70. *Voy.* ALIGRE.
SAINT-JAL (M. de), XVII, 151; XVIII, 141.
SAINT-JEAN (Comte de), XII, 417; XIII, 411.
SAINT-JEAN (Duc de), vice-roi de Sardaigne, VIII, 3; XII, 470; vice-roi de Navarre, XIII, 232.
SAINT-JEAN (M. de), secrétaire d'État d'Angleterre, XIII, 369.
SAINT-JUST (M. de), VI, 296; XV, 425; XVI, 207.
SAINT-JUST (Mme de), VI, 57.
SAINT-LAURENT (M. de), I, 235; II, 163, 424; IV, 89; V, 284; VIII, 347; IX, 109, 458; XIII, 42; XV, 396; XVI, 367.
Saint-Lazare (Ordre de), IV, 270, 408; VI, 303; VIII, 274.
SAINT-LÉGER, premier valet de chambre du duc d'Orléans, XI, 204, 209, 221.
SAINT-LIEU, mestre de camp, IV, 396.
SAINT-LOUIS (M. de), VI, 188; VIII, 46; XIII, 163.
Saint-Louis (Ordre militaire de), IV, 261, 281, 282.
SAINT-LUC (Abbé de), I, 58, 59.
SAINT-LUC (Marquis de), V, 41, 42.
SAINT-MAIXANT, gouverneur de Sainte-Croix, XIII, 297.
Saint-Malo (Évêque de). *Voy.* DESMARETZ et GUÉMADEUC.
SAINT-MARC, capitaine de vaisseau, III, 166.
SANT-MARC (Mme de), XIV, 157.
SAINT-MARS (M. de), I, 198; II, 4; IV, 210, 333; VI, 339, 383; VII, 28, 375; VIII, 240; IX, 356, 367; XII, 238.
SAINT-MARTIN (M. de), V, 122, 368; XII, 286; XVII, 373.
SAINT-MARTIN DE BOSSUGE (De), brigadier d'infanterie, XVIII, 9.
SAINT-MARTIN MAUREVERT (Marquis de), II, 316.
Saint-Maur (Maison et terre de), VI, 144.
SAINT-MAURICE (M. de), I, 77; III, 244; V, 941; IX, 18, 157; X, 30, 131; XI, 46; XVII, 19; XVIII, 206.
SAINT-MAURICE (Mme de), I, 122.
SAINT-MAURIS (Abbé de), VIII, 478.

Saint-Mauris (M. de), V, 349; VIII, 347; IX, 68, 71, 109, 112, 163, 186, 292.
Saint-Mayol (Comte de), XIV, 157. *Voy.* Primi.
Saint-Méac (Mlle de), fille d'honneur de la dauphine, I, 272.
Saint-Mégrin (Marquis de), chevalier de l'ordre du Saint-Esprit, IV, 277.
Saint-Micau, colonel, XVII, 27.
Saint-Morel, brigadier d'infanterie, XIII, 131; maréchal de camp, XVIII, 6.
Saint-Olère. *Voy.* Saint-Aulaire.
Saint-Olon (M. de), I, 23; II, 184, 186, 391, 411; III, 153; IV, 207, 314; V, 235; VI, 463; VII, 24, 73, 156, 417; VIII, 501; IX, 255, 471; XV, 373.
Saintonge (Mme), IV, 359; V, 104.
Saint-Omer (Évêque de). *Voy.* Valbelle et Valbelle de Tourves.
Saint-Orin, mestre de camp de carabiniers, VIII, 289, 307.
Saint-Osmanne (M. de), sous-lieutenant des galères, XIV, 329.
Saint-Osmanne (Mlle de), II, 121, 151; VI, 376.
Saintot. *Voy.* Sainctot.
Saint-Ouen (Terre de), V, 351.
Saint-Papoul (Évêque de). *Voy.* Choiseul-Beaupré et Gramont de Lanta.
Saint-Pater (M. de), I, 52, 235; II, 408; V, 343; VII, 462; IX, 435; XI, 210, 214, 221, 329, 367, 386, 407, 423; XII, 363.
Saint-Pau, mestre de camp, VIII, 343; XII, 475; brigadier de cavalerie, XVIII, 10.
Saint-Paul (M. de), IX, 452; XI, 120, 289, 404.
Saint-Pée (M. de), aide de camp de M. de Cilly, XVIII, 40.
Saint-Perrier, maréchal de camp, XVIII, 6.
Saint-Phal (M.), garde du corps, IX, 255.
Saint-Pierre (Abbé de), V, 160; IX, 69; XVII, 296, 299, 300, 303; XVIII, 126.
Saint-Pierre (Abbesse de), V, 363, VII, 413.
Saint-Pierre (Duc de), VIII, 446; IX, 267, 382, 383, 385, 397; X, 441; XI, 232, 408; XII, 30; XIII, 277; 281; XIV, 149; XV, 98; XVIII, 55.
Saint-Pierre (Duchesse de), IX, 405; XI, 232; XII, 30; XVIII, 55.
Saint-Pierre (M. de), II, 199, 460; III, 165, 226; IV, 163, 164, 327, 328, 334; V, 204, 280; VIII, 119, 175; X, 16, 190, 268, 269, 365; XI, 93, 96, 242; XII, 469; XIII, 131; XIV, 214, 215; XVI, 319; XVII, 92, 302; XVIII, 100, 126, 229.
Saint-Pierre (Mme de), VII, 162; VIII, 272; XI, 93; XVIII, 328.
Saint-Pierre (Mlle de), XIV, 18.
Saint-Poin (Abbé de), XVI, 295.
Saint-Pol (M. de), IX, 175, 239, 275, 277, 370, 451; X, 105, 334, 465.
Saint-Pol de Léon (Évêque de). *Voy.* Bourdonnaye et Brosse.
Saint-Pons (Évêque de). *Voy.* Crillon et Montgaillard.
Saint-Port-Caumartin (Abbé de), IV, 229.
Saint-Pouanges (M. de), II, 184, 464, 478; III, 123, 127, 150, 192, 214, 224, 228, 236, 303, 373; IV, 167, 306, 339; V, 75, 76, 95; VI, 81, 100, 171; VII, 133, 459; VIII, 2, 3, 8, 9, 10, 15, 348, 360, 416; IX, 198; X, 166; XI, 235.
Saint-Pouanges-Fourquevaux (MM. de), IX, 19.

SAINT-PRIVAS (M. de), colonel du régiment du roi- cavalerie, X, 394, 499.
SAINT-QUENTIN, capitaine de vaisseau, XII, 38.
SAINT-QUENTIN (M. de), gouverneur de Castillon et Castillonet, IV, 200.
SAINT-QUENTIN (Mme de), VIII, 389.
SAINT-REMY (Marquis de), X, 139.
SAINT-REMY (Mme de), I, 318.
SAINT-ROMAIN (M. de), I, 60, 62, 244; IV, 398; V, 44.
SAINT-RUTH (M. de), I, 16, 140, 210, 323, 367; II, 36, 128, 163, 291, 340; III, 74, 89, 156, 162, 194, 200, 225, 237, 274, 297, 333, 379, 380; XIII, 155.
SAINT-SAENS (M. de), III, 36, 72, 195, 328; IV, 11; XII, 28; XVIII, 12.
SAINT-SECOND (M. de), IX, 72, 251; X, 107.
SAINT-SERNIN (M. de), VIII, 411, IX, 33, 114, 143; XI, 48; XII, 132; XIII, 131.
SAINT-SILVESTRE (M. de), III, 75, 78, 174, 245, 265, 329, 417; IV, 52, 250, 254, 258, 281, 283, 344, 392, 405, 478; V, 99, 113, 250, 307; XVI, 306, 313; XVII, 476.
SAINT-SIMON, brigadier de cavalerie, III, 75; IV, 336.
SAINT-SIMON, capitaine de frégate, III, 165.
SAINT-SIMON (Claude de Rouvroy, duc de), I, 102, 344, 379; II, 165, 239, 242, 257; III, 332, 376; IV, 27, 276; VI, 104; VIII, 16, 112, 235, 250; X, 86; XI, 82; XV, 101; XVIII, 63.
SAINT-SIMON (Louis de Rouvroy, duc de), fils du précédent, auteur des additions au Journal de Dangeau, IV, 278, 394, 444; V, 174, 178, 180, 192, 315; VII, 28, 37, 237, 280; VIII, 18, 302, 338, 384; IX, 386, 488; X, 225, 247; XI, 5, 31, 35, 437; XII, 127, 360, 433, 446; XIII, 82, 125, 135, 184, 331; XIV, 93, 97, 255, 285, 364, 371; XV, 64, 100, 105, 138, 181, 225, 369, 448, 459; XVI, 2, 42, 105, 138, 163, 178, 180, 183, 203, 230, 245, 267, 288, 301, 339, 343, 356, 367, 433, 441, 442, 446, 467, 499; XVII, 28, 30, 117, 118, 138, 140, 165, 185, 189, 196, 207, 280, 283, 303, 314, 338, 343, 362, 365, 371, 377, 389, 408, 442, 443, 450; XVIII, 46, 96, 107, 122, 174, 183, 212, 241, 251, 258, 301, 310; date de ses additions, 485-488.
SAINT-SIMON (Geneviève-Françoise de Durfort, Mlle de Lorges, duchesse de), femme du précédent, VI, 234, 243; VII, 3, 4, 236, 237; VIII, 20, 302, 338; IX, 386; X, 225; XI, 2, 314; XIII, 184, 201, 213, 370; XIV, 280, 373, 431; XV, 137, 167, 200, 201, 202, 421, 447; XVI, 139, 442; XVII, 255, 318, 424; XVIII, 83, 191. *Voy.* LORGES (Mlle de).
SAINT-SIMON (Jacques-Louis de Rouvroy-), nommé *le vidame de Chartres*, puis duc de Ruffec, fils aîné des précédents, XIV, 119; XVI, 339; XVII, 165. *Voy.* RUFFEC.
SAINT-SIMON (Armand Jean de Rouvroy-), second fils des précédents, XVII, 165.
SAINT-SIMON (Charles de Rouvroy, marquis de), frère de Claude, III, 48, 49, 59; XII, 372.
SAINT-SIMON (Louise de Crussol, marquise de), femme du précédent, III, 60; V, 191.
SAINT-SIMON (Titus-Eustache de Rouvroy, chevalier puis marquis de), ca-

pitaine aux gardes, IV, 163; IX, 452; brigadier d'infanterie, X, 166; XIV, 223.

SAINT-SIMON (Titus-Bernard de Rouvroy-), fils du précédent, lieutenant aux gardes, XIV, 229 ; XVII, 268, 313.

SAINT-SIMON (Claude, abbé de), frère du précédent, XVI, 295.

SAINT-SULPICE (M. de), III, 260; VIII, 310, 422, 435, 436, 438, 439; XV, 407.

SAINT-SYLVESTRE. *Voy.* SAINT-SILVESTRE.

SAINT-THOMAS (Marquis de), VI, 3, 5, 6, 54 ; V, 242; VII, 217; IX, 333, 367; XIV, 486.

SAINT-VALERY (M. de), II, 164; III, 134; IV, 50; IX, 377; X, 110.

SAINT-VALERY (Mme de), III, 429 ; IV. 49, 50, 63, 393, 399.

SAINT-VALLIER (Abbé de), I, 57; évêque de Québec, 112; V, 148.

SAINT-VALLIER (M. de), I, 190, 191; II, 32, 51, 60; VII, 107; X, 205; XII, 473; XVI, 296, 408; XVIII, 328.

SAINT-VALLIER (Mme de), V, 447.

SAINT-VANDRILLE, capitaine de frégate, IX, 174.

SAINT-VIANCE (M. de), I, 434; II, 6, 201, 203, 223, 328, 341, 342; III, 36, 72, 114, 328, 407; V, 343; VIII, 291; XVII, 182.

SAINT-VICTOR (M. de), II, 193, 235, 239, 312, 341; VI, 27; IX, 334; X, 21, 61, 242; XIV, 329, 401, 405.

SAINT-VILLIERS (De), capitaine de vaisseau, X, 331.

SAINTE-AULAIRE. *Voy.* SAINT-AULAIRE.

SAINTE-CROIX (M. de), X, 293; XI, 147; XVIII, 10.

Sainte-Geneviève (Abbé de), I, 116 ; V, 18.

SAINTE-HERMINE (Abbé de), VI, 348; IX, 467.

SAINTE-HERMINE (M. de), I, 356; II, 84, 111; III, 237, 241, 242; IV, 210; V, 288; VII, 314, 340, 394; VIII, 31; IX, 72, 90, 109, 138; X, 164; XI, 46, 278.

SAINTE-HERMINE (Mme de), VI, 328 ; VII, 315; XV, 456.

SAINTE-HERMINE (Mlle de), XVIII, 288, 291.

SAINTE-LIVIÈRE (M. de), III, 179, 216, 217, 415; IV, 254, 395.

SAINTE-MARIE, capitaine de vaisseau, III, 165.

SAINTE-MARIE (M. de), colonel, XIII, 376.

SAINTE-MARTHE, courrier du cabinet, IX, 207, 300; X, 378; XI, 87, 175.

SAINTE-MARTHE (Le P. de), supérieur général des Bénédictins de la Congrégation de Saint-Maur, XVIII, 332.

SAINTE-MARTHE (Sœur Françoise-Agnès de), religieuse de Port-Royal, XIII, 60.

SAINTE-MAURE (Le P.), I, 59, 65.

SAINTE-MAURE (M. de), I, 211, 220, 349, 407; II, 25, 27, 123, 172, 210, 372; III, 59, 76, 124, 160, 166, 304, 314; IV, 121, 299, 404, 406, 437, 442, 461, 480; V, 7, 16, 105, 148; VI, 448; VII, 266, 369; VIII, 421; XIII, 426; XIV, 71, 128, 136, 144, 237; XV, 140, 193, 445; XVI, 415; XVII, 79, 82; XVIII, 104, 228, 281.

SAINTE-MAURE (Mlle de), III, 330.

SAINTE-MESME (M. de), II, 158; VIII, 256; IX, 426. *Voy.* HÔPITAL.

SAINTE-MESME (Mme de), IV, 415.

SAINTE-MESME (Mlle de), I, 224.
Sainte-Perrine de la Villette (Abbesse de), II, 95.
Saintes (Abbesse de), II, 1 ; VIII, 224.
Saintes (Évêque de). *Voy.* BEAUMONT et PLESSIS DE GÊTE DE LA BRUNETIÈRE.
SAINTRAILLES. *Voy.* XAINTRAILLES.
SALA (Cardinal), évêque de Barcelone, XIV, 446; XV, 153, 455.
SALAINE (La), receveur des tailles de Clamecy, XVII, 31.
SALAMPAR, capitaine de vaisseau, I, 357.
SALARIEN. *Voy.* SALARUN.
SALART. *Voy.* SALHA.
SALARUN (Coué de), gentilhomme breton, XVIII, 274.
SALAZAR (Cardinal de), I, 384 ; IX, 50, 78 ; XI, 203.
SALAZAR (M. de), lieutenant général espagnol, X, 27, 442.
SALERNE, chevalier de Saint-Louis, IV, 285.
SALERNE (Le P.), jésuite, XVIII, 171, 179, 180.
SALES (M. de), général du duc de Savoie, III, 225 ; IX, 385, 399 ; XI, 441.
SALETTE (François-Charles de), évêque d'Oléron, II, 130.
SALHA, lieutenant des gendarmes de Monsieur, I, 41 ; III, 160.
SALIÈRES, brigadier d'infanterie, X, 166.
SALIERS (Mme de), XII, 381.
SALINS (M. de), lieutenant des vaisseaux, VIII, 144.
SALINS (Mlle de), II, 153.
SALIS (M. de), II, 163 ; III, 71 ; IV, 255 ; V, 402 ; VIII, 285 ; X, 435 ; XVIII, 6.
SALISBURY (Comte de), II, 231, 307.
Salisbury (Évêque de), XV, 414. *Voy.* BURNET.
SALISCH, général allemand, XI, 166.
SALLARD. *Voy.* SALHA.
SALLE (Abbé de la), III, 130 ; XII, 36.
SALLE (François de Caillebot de la), évêque de Tournay, IV, 293 ; X, 272, 299.
SALLE (M. de la), I, 149, 380, 432 ; II, 103, 189, 190, 206, 222, 240, 242, 285, 311, 476 ; III, 122, 140, 246, 252, 410 ; IV, 254 ; V, 21, 175 ; VII, 135, 225 ; VIII, 101 ; XIII, 313 ; XIV, 111, 239, 244, 386, 395 ; XV, 191.
SALLE (Mme de la), XI, 367 ; XII, 336.
Salle du bal (Bosquet de la), à Versailles, I, 168.
Salle de comédie (Nouvelle), à Versailles, XI, 24.
Salle du conseil (Bosquet de la), à Versailles, V, 28 ; XI, 254.
SALLES (M. des), colonel, III, 9.
SALM (Comte de), IX, 339, 349.
SALM (Prince de), XI, 482 ; XII, 21 ; XIII, 286, 470 ; XIV, 79.
SALMOUR (Comtesse de), V, 219.
Saltzbourg (Archevêque de), I, 384.
SALVAGO, sénateur de Gênes, I, 174.
SALVIATI (Duc), VII, 117, 242 ; IX, 419.
SALVIATI (Marquis de), IX, 420.
SALVIATI (M.), envoyé du grand-duc de Toscane, VII, 458 ; XI, 411.
SALVIATI, nonce du pape, XII, 174 ; vice-légat d'Avignon, XVII, 60.
Samson, tragédie, XVII, 36.

SAMSON. *Voy.* SANSON.
SANCÉ. *Voy.* SANZAY.
SAN-CESAREO (Cardinal), VII, 428, 445.
SANDRASKI, lieutenant-colonel, IX, 492; brigadier de cavalerie, XII, 319; XVII, 430, 437.
SANDRICOURT (M. de), II, 164, 180, 195, 215; III, 74; XI, 90; XIV, 243, 246; XVII, 121, 171, 263.
SANGRO, napolitain, VIII, 211.
SANGUIN (Denis), évêque de Senlis, VIII, 352.
SANGUIN (M.), I, 207; VII, 386; XIII, 131; XVII, 11.
SANGUIN (Mme), II, 47, 307.
SANGUINET (Abbé), V, 176.
SANGUINET, major de la Bessière, III, 177, 212; exempt des gardes du corps, IV, 323.
SAN-ISTEVAN (Comte de), vice-roi de Naples, II, 94; V, 360; VII, 216, 465; VIII, 2, 265; X, 50, 138, 478; XI, 151; XIII, 303; XIV, 44, 200; XVII, 189; XVIII, 336.
SAN-JEAN. *Voy.* SAINT-JEAN.
SANLECQUE (Le P.), XV, 56.
SANSAC (Mlle de), XIII, 322, 343.
SANSAY. *Voy.* SANZAY.
SANSON, capitaine de vaisseau, III, 166.
SANSON (M.), intendant de province, IV, 61; X, 61, 171.
SANTA-CROCE, nonce à Vienne, VII, 195.
SANTA-CRUZ (Marquis de), XV, 303; XVII, 191.
SANTENAS (M. de), III, 287, 333, 369; V, 109; X, 39.
SANTEUL, poëte latin, VI, 167.
SANTO-BUONO (Prince de), VIII, 444; XIII, 358, 489.
SANTO-BUONO (Princesse de), XV, 303.
SAN-VICENTE (Comte de), général portugais, XI, 78.
SAN-VITALE (Cardinal), XII, 414; XV, 342.
SANZAY (Abbé de), X, 299; XIII, 461.
SANZAY (M. de), VII, 49, 304; VIII, 312, 393; IX, 87, 323, 440, 441; XVI, 473.
SANZAY (Mlle de), II, 44, 263; VII, 128, 221.
SAPATA (La), femme de la reine d'Espagne, V, 466.
SAPIEHA (Prince), palatin de Wilna, I, 371; VI, 139, 154, 162, 207, 208, 211, 223, 288, 376; VII, 17, 292, 468; VIII, 410.
Sardaigne (Roi de). *Voy.* VICTOR-AMÉDÉE II.
Sarlat (Évêque de). *Voy.* BEAUVAU DU RIVAU et FÉNELON.
SARSFIELD (Milord), III, 74, 425, 439, 440; IV, 9, 10, 34.
SARTOUS (De), commandant des troupes des vaisseaux, IV, 394.
SASSENAGE (Abbé de), IX, 69.
SASSENAGE (M. de), III, 285; IV, 287, 294, 430; VI, 107, 327, 387, 391, 392; VII, 57, 237; X, 269; XI, 145, 208, 209, 288; XII, 255, 277; XVII, 471, 473; XVIII, 267, 296.
SASTAGO (Comte de), chef des rebelles d'Aragon, XI, 263.
SAUCE, armateur de Dunkerque, XIII, 325.

Saucourt (Chevalier de), III, 119, 435.
Saujon (Chevalier de), XII, 332; XIV, 15.
Saulçay. *Voy*. Saussoy.
Sauleux (M. de), veneur du duc d'Orléans, VIII, 292.
Sault (M. du), envoyé de France à Alger, IV, 313.
Saulx (François Chevalier de), évêque d'Alais, V, 57; XIV, 262.
Saulx (M. de), III, 53, 161; XVIII, 135.
Saulx-Tavannes (Comte de), mestre de camp du régiment de cavalerie d'Orléans, IV, 264.
Saulx-Tavannes (Marquis de), enseigne des gendarmes de Flandre, XVIII, 12.
Saumery (Abbé de), XII, 293; XIII, 375; XVII, 437.
Saumery (Comte de), III, 124, 198, 205, 206, 273; VI, 114, 279, 339, 383; VII, 107, 174, 176, 431, 432, VIII, 155, 345, 390, 401, 402, 405; XI, 214, 317, 357, 440; XII, 319, 408; XIII, 309; XIV, 19, 102, 128, 140, 361; XV, 235, 285; XVI, 166; XVII, 254, 256, 273, 437; XVIII, 4, 5, 93, 304.
Saumery (Mme de), III, 207.
Saumur (Le petit), paumier, I, 245.
Sauniers (Faux-), XI, 153, 164; XII, 4, 19, 23, 24; XVII, 309, 411, 412.
Saurin, de l'Académie des sciences, XIII, 297.
Sauroy, financier, XVI, 354; XVII, 30.
Saussoy (Abbé du), V, 301.
Saussoy (M. du), I, 78, 261, 437; IV, 466; VI, 219.
Sautrier (Abbé), II, 111. *Voy*. Fautrier.
Sauveboeuf (Abbé de), XI, 174.
Sauveboeuf (M. de), V, 151; IX, 164; XII, 309; XIII, 131; XV, 213.
Sauveboeuf (Mme de), XVI, 423.
Sauveboeuf (Mlle de), XVI, 390.
Sauvion, trésorier de l'extraordinaire de la guerre, VIII, 117, 118, 184.
Saux. *Voy*. Saulx.
Savary, colonel de cavalerie, XIV, 117.
Savary (M.), VII, 80, 84, 85.
Savary (Mathurin), évêque de Séez, II, 409; VI, 398.
Savelle, envoyé du roi d'Angleterre en France, II, 53.
Savelli (Cardinal), I, 226.
Savigny (M. de), IX, 488; XI, 94.
Savinnes (Abbé de), XIV, 115.
Savinnes (M. de), V, 197; VIII, 353; IX, 437, 439, 442; X, 198; XI, 112, XII, 306, 361; XIII, 142; XVII, 397; XVIII, 70.
Savoie (Ambassadeur de), VI, 148.
Savoie (Ambassadrice de), II, 61.
Savoie (Charles-Emmanuel Ier, duc de), I, 3.
Savoie (Chevalier de), I, 72, 73, 222, 394; II, 407, 448, 458; III, 230.
Savoie (Duc de). *Voy*. Victor-Amédée II.
Savoie (Duchesse de). *Voy*. Anne-Marie d'Orléans.
Savoie (Princesse de). *Voy*. Bourgogne et Marie-Louise-Gabrielle de Savoie.

TABLE GÉNÉRALE ALPHABÉTIQUE.

Savoie (Marie-Adélaïde, princesse de), V, 438, 459, 461, 466, 467, 468, 472, 476; VI, 3, 5. *Voy.* Bourgogne.

Savoie (Marie-Jeanne de Savoie, duchesse de), veuve de Charles-Emmanuel II, appelée *Madame Royale la douairière*, I, 164; VIII, 442; X, 420; XI, 135, 153; XV, 3; XVI, 382; XVIII, 94.

Savoie (Prince Philippe de), I, 188, 242, 370; II, 144, 174; IV, 371.

Savoie (Princesse Maurice de), IV, 87.

Savonnières (M. de), officier de marine, I, 276; XIV, 329.

Saxe (Madeleine-Sibylle de Brandebourg-Bareith, électrice douairière de), femme de Jean-Georges II, II, 39.

Saxe (Jean-Georges III, électeur de), I, 151; II, 200, 206, 226, 301, 417; III, 11, 27, 38, 186, 193, 200, 203, 216, 219, 220, 227, 414.

Saxe (Anne-Sophie de Danemark, électrice de), femme du précédent, XVII, 146.

Saxe (Jean-George IV, électeur de), I, 281, 282; IV, 56, 131, 321, 322; V, 14.

Saxe (Éléonore-Erdmuth-Louise de Saxe-Eisenach, électrice de), femme du précédent, IV, 56; VI, 6.

Saxe (Frédéric-Auguste Ier, électeur de), V, 262, 283, 293, 468, 472; VI, 5, 149, 150, 151, 152, 153, 156, 157, 162, 166, 176, 177, 179, 193, 194, 201, 203, 207, 209, 212, 216, 222, 224, 250, 288, 289, 310, 318, 320, 325, 329, 344, 345, 362, 422. *Voy.* Frédéric-Auguste Ier.

Saxe (Christine-Eberhardine de Brandebourg-Bareith, électrice de), femme du précédent, VI, 156, 157, 160. *Voy.* Christine-Eberhardine de Brandebourg.

Saxe (Frédéric Auguste, prince électoral de), fils des précédents, XIII, 462; XV, 201, 238, 250, 251, 252, 258, 272, 289, 313, 365, 368, 391, 409; XV, 425, 427, 431; XVI, 297, 449; XVII, 146, 176, 177, 379; XVIII, 20, 72; 101, 112, 119, 125.

Saxe (Maurice, comte de), maréchal de camp, XVIII, 335.

Saxe (Princes de), IX, 22.

Saxe-Gotha (Duc de), II, 67, 81; III, 393; VII, 24, 382.

Saxe-Gotha (Prince de), II, 70; XI, 443.

Saxe-Lawembourg (Duc de), III, 11.

Saxe-Zeist (Cardinal de), XI, 297.

Saxe-Zeist (Duc de), VI, 384; XI, 113.

Saxe-Zeist (Prince de), VIII, 160; XI, 264.

Saxe-Weissenfels (Prince de), VIII, 232.

Scarborough (Comte de), XV, 210.

Scarron (Mme), II, 30; XVI, 53. *Voy.* Maintenon.

Sceaux (Château de), VII, 405, 432.

Sceaux (M. de), II, 464; III, 168, 170.

Schack (Comte de), Danois, XI, 21.

Schalembourg. *Voy.* Schlangembourg.

Schauenbourg (Comte de), IV, 223.

Schelberg. *Voy.* Cherbert et Schellemberg.

Scheldon, brigadier de cavalerie, IV, 34, 61, 255; maréchal de camp, VIII, 304, 469; lieutenant général, X, 164; XII, 179, 434; XIII, 40, 41, 131; XVIII, 6.

Schellemberg, brigadier d'infanterie, V, 27; IX, 19. *Voy.* Cherbert.
Scheppin, membre de la Chambre basse, XIII, 366.
Scherfemberg, II, 170.
Schlangembourg (M. de), IX, 253; X, 39.
Schlick (Comte), général de l'empereur, IX, 99, 139, 142, 148, 164, 173, 191, 199, 204, 208, 213, 218, 261, 383.
Schoenborn (Lothaire-François), électeur de Mayence, V, 187; VI, 39; VIII, 80, 325; X, 338; XII, 159; XIII, 462; XIV, 392.
Schomberg (Comte de), III, 272; IV, 153, 155, 377.
Schomberg (Comte Charles de), I, 204, 294, 343; II, 474; III, 53.
Schomberg (Comte Ménard de), IV, 20.
Schomberg (Duc de), IV, 151, 375, 380; V, 211; VIII, 57; IX, 433; X, 4, 59, 75; XVIII, 92.
Schomberg (Duchesse de), III, 375.
Schomberg (Maréchal de), I, 14, 21, 54, 215, 308, 343, 437, 438; II, 166, 176, 377.
Schomberg (Maréchale de), II, 152.
Schomberg (M. de), I, 159, 294; II, 42, 185, 190, 194, 199, 353, 365, 374, 391, 415, 419, 437, 442, 447, 451, 455, 456, 463, 475; III, 4, 5, 10, 15, 29, 34, 36, 37, 43, 45, 60, 116, 181, 184, 186, 376; IV, 140, 392; VII, 364.
Schomborn (Cardinal de), XVI, 327.
Schomborn (Comte de), XII, 143; XV, 52, 431; XVII, 22.
Schoning, général des troupes de Brandebourg, II, 141; III, 2, 398; IV, 130.
Schowel, amiral anglais, IX, 270, 280, 386; X, 46, 83, 96, 116, 131; XII, 9, 11; XIII, 457.
Schulembourg (M. de), VI, 303; XI, 45; XIII, 212; XVI, 458.
Schulembourg (Mlle de), XVI, 416.
Schutz (Baron de), envoyé de Hanovre en Angleterre, XV, 144.
Schwartzenberg (M. de), Autrichien, VII, 357; XV, 145.
Sconin, intendant du duc de Chevreuse, XIV, 258.
Scorbiac (M. de), conseiller au parlement de Toulouse, I, 342.
Scott (Chevalier), colonel anglais, IV, 383.
Scott (Cardinal), XVI, 292.
Scudéry (Abbé de), VII, 3; XII, 137.
Seaford (Lord), XVIII, 44.
Sébastien (Le P.), carme de la place Maubert, XVII, 93, 136.
Sebbeville (M. de), I, 324; II, 163, 179, 316, 354, 355; III, 25, 92, 165, 195, 327; IV, 51, 117, 288, 299, 394; VII, 53; VIII, 305; IX, 64; X, 165; XI, 64, 72, 337, 425; XIII, 130, 421; XIV, 28; XVIII, 158.
Sebbeville (Mme de), I, 160.
Seckendorf (M. de), général allemand, XVII, 355.
Séez (Évêque de). *Voy.* Daquin, Savary et Turgot de Saint-Clair.
Seconsac (Abbé de), XVII, 185.
Seconsac, mestre de camp, X, 323; brigadier de cavalerie, XVIII, 10.
Segrais, de l'Académie française, IV, 297; VIII, 76.
Séguier (Le chancelier), II, 116; VII, 361.
Séguier (Mme la chancelière), II, 132.
Séguier (M.), I, 61, 242, 244, 251; II, 60.

SÉGUIER DE LA VERRIÈRE (Jean-Jacques), évêque de Nîmes, III, 19.
SÉGUIRAN (M.), I, 85; II, 163; IV, 86, 238; IX, 34, 230.
SEGUNI, capitaine du Louvre, IV, 385.
SÉGUR (M. de), III, 263; IV, 244, 377; V, 135; VII, 74; VIII, 131, 146; XI, 22; XV, 396; XVII, 382; XVIII, 3, 11, 64, 198.
SEHEULT, orfèvre, VII, 44.
SEIGNELAY (Abbé de), XI, 491; XVI, 477.
SEIGNELAY (M. de), I, 14, 17, 89, 105, 109, 115, 118, 194, 208, 240, 241, 242, 247, 273, 357, 383, 401, 425; II, 44, 58, 104, 126, 137, 145, 146, 213, 215, 217, 220, 230, 234, 288, 301, 304, 323, 334, 369, 372, 376, 384, 387, 391, 396, 398, 399, 403, 405, 415, 419, 422, 426, 428, 431, 432, 443, 450, 457, 460, 463, 470, 472, 475; III, 3, 4, 5, 71, 75, 80, 94, 122, 204, 230, 240, 241, 242, 243, 257, 289; IV, 288; VII, 104, 176, 195, 225, 405; VIII, 111, 155, 302, 306; IX, 19, 93, 297, 450; X, 104, 191, 225, 232; XI, 5, 314; XII, 29, 41, 53, 54, 64, 164, 442; XIII, 316, 378; XIV, 106; XVI, 477; XVII, 41, 180, 381, 480.
SEIGNELAY (Mme de), I, 55, 69, 216, 339, 352, 356, 390; II, 68, 73, 80, 81, 85, 94, 95, 100, 107; III, 430; V, 185, 313, 349, 352, 366, 369; XII, 75, 79, 442; XIII, 316; XVI, 500.
Seigneur (Le Grand). *Voy.* ACHMET III, MAHOMET IV, MUSTAPHA II et SOLIMAN III.
SEIGNIER (M. de), VIII, 306; IX, 43; X, 132, 269, 333; XI, 26, 76, 119, 172, 329; XII, 363; XVI, 207; XVII, 13.
SEILERN (Baron de), ministre plénipotentiaire de l'empereur, XI, 197; XV, 149.
SEISSAC. *Voy.* SESSAC.
SELKIRK (Milord), XV, 6, 94.
SELLETON. *Voy.* SCHELDON.
SELVE (M. de), IX, 439, 442; XIII, 248, 253.
SEMÉAC (Mlle de), I, 365, 414; II, 68.
Sémiramis, opéra, XVII, 425.
SENAS (Marquis de), XIII, 283.
SENAUX (Bernard), évêque de Saintes, puis d'Autun, VIII, 426, 459; XII, 414.
SENECEY (Mme de), III, 111; XV, 88.
SÉNÉCHAL (Eustache le), évêque de Tréguier, V, 12.
SENECTÈRE. *Voy.* SENNETERRE.
SENEVOY (Abbé de), IX, 467.
Senez (Évêque de). *Voy.* SOANEN et VILLESERIN.
Senlis (Évêque de). *Voy.* CHAMILLART et SANGUIN.
SENNETERRE (M. de), III, 162, 435; IV, 33; VI, 387; IX, 1, 277; X, 165, 399, 433; XI, 167, 205, 211, 371; XII, 225, 362; XV, 285; XVII, 351, 425, 458; XVIII, 18, 48, 60, 164, 242, 283, 286, 303, 307, 318.
SENNETERRE (Mme de), II, 312; V, 440.
SENNETERRE (Mlle de), I, 80; II, 82, 96, 97.
Sens (Archevêque de). *Voy.* CHAVIGNY et HOGUETTE.
SENS (Louise-Anne de Bourbon-Condé, Mlle de), VI, 426; X, 157, 227, 263; XI, 2, 314.
SEPPEVILLE. *Voy.* SEBBEVILLE.

SEPTEMES, capitaine de vaisseau, II, 304 ; III, 165 ; chef d'escadre, VI, 98.
SEPTINES. *Voy.* SEPTEMES.
SÉRAPHIN (Le P.), capucin, V, 360, 376, 385, 399.
SÉRAUCOURT (M. de), IV, 89 ; VII, 179; IX, 452; X, 70 ; XI, 120, 404, 406.
SERENI (Comte de), général des troupes de Bavière, III, 228, 230, 278.
SERET, colonel de hussards, XVII, 437.
SÉRICOURT D'ESCLAINVILLIERS (Mme de), abbesse de Saint-Michel de Dourlens, XIV, 252. *Voy.* ESCLAINVILLIERS.
SÉRIGNAN (Abbé de), V, 399.
SÉRIGNAN (M. de), IV, 255; VI, 46, 97; VII, 210 ; VIII, 304, 308, 350; XVI, 215.
SÉRIGNAN (Mme de), XIII, 316.
SÉRISY (M. de), VIII, 305 ; X, 283; XVII, 99. *Voy.* CERISY.
SERMENT (M. de), gouverneur de Nancy, IX, 77.
SÉRON, médecin, III, 85, 366, 451 ; IV, 403.
SÉRONI. *Voy.* SERRONI.
SERQUIGNY, chef d'escadre, XII, 38.
SERRANT (M. de), chancelier du duc d'Orléans, XIII, 477.
SERRE (De), lieutenant-colonel de Condé, IX, 266.
SERRE (La), chef de fanatiques, X, 226.
SERRE (M. de la), sous-lieutenant des gendarmes de Bourgogne, XI, 25; XII, 392.
SERRE-AUBETERRE (Comte de la), I, 285; IV, 325.
SERREITO (Comte de), VI, 30. *Voy.* FERRERO.
SERRONI (Hyacinthe), archevêque d'Alby, II, 3.
SERTAU, commandant des gardes marines, VI, 144.
SERVIEN (Abbé), I, 397, 400, 405, 412; II, 63 ; XIII, 195 ; XIV, 217; XV, 59 ; XVI, 469.
SERVIEN (M.), surintendant des finances, XIII, 195.
SERVIEN (Mme), I, 107.
SERVIGNY (M. de), capitaine de vaisseau, III, 166.
SERVILLE, maréchal de camp, XII, 285 ; lieutenant général, XVIII, 269.
SERVO, paumier, II, 57.
SERVON (M. de), II, 164; IV, 253, 267, 272; VI, 108.
SÉRY (Chevalier de), I, 33.
SÉRY (Mlle de), V, 408, 417; VIII, 321 ; XI, 144, 229, 233, 241, 245 ; XII, 334. *Voy.* ARGENTON.
SESANNE (M. de), V, 318 ; VI, 466 ; VIII, 99 ; VII, 79, 97, 306, 385; IX, 28, 431 ; X, 165, 223, 318, 388; XI, 5, 328, 409, 412, 429; XII, 362; XIII, 130 ; XV, 267, 401.
SESANNE (Mme de), XVII, 211.
SESARGES, officier de la gendarmerie, VI, 326.
SESSA (Duc de), gentilhomme de la chambre du roi d'Espagne, VIII, 58; X, 428.
SESSAC (M. de), I, 155; III, 223, 316, 326 ; V, 44, 427 ; VI, 303, 305, 312, 427; VII, 275 ; X, 312.
SESSAC (Mme de), VI, 427; XIII, 480 ; XV, 436; XVII, 176.
SEUIL (M. de), IX, 431; XI, 458; XII, 369.

Seurre (Le curé de), VI, 401.
Sève (Abbé de), X, 236 ; XVIII, 189.
Sève (M. de), III, 412 ; V, 397 ; IX, 15, 239.
Sévigné, capitaine du *Faucon*, III, 166.
Sévigné (De), capitaine du *Palmier*, III, 166.
Sévigné (Marquis de), lieutenant de roi du pays nantais, IV, 266 ; VII, 50, 404 ; XIV, 374.
Sévigné (Mme de), I, 26 ; V, 401 ; X, 397 ; XIII, 372.
Sévin (M.), conseiller au parlement, III, 406.
Seyssac. *Voy.* Sessac.
Suzanne. *Voy.* Sesanne.
Sfondrate (Cardinal), V, 327 ; VI, 3.
Sforce (Duc), I, 134, 145.
Sforce (Duchesse), I, 146 ; II, 19 ; III, 49 ; IV, 73, 450 ; V, 404 ; VI, 174, 249 ; VII, 162 ; IX, 159, 160 ; XI, 422 ; XIII, 182 ; XIV, 31 ; XVI, 357, 415, 480 ; XVII, 158, 309, 368, 478 ; XVIII, 271, 276.
Scravemoere, lieutenant général des troupes du prince d'Orange, IV, 335, 418.
Scravemore (M. de), XIV, 113.
Shack (Comte de), brigadier d'infanterie, X, 272.
Shaftesbury (Milord), II, 388 ; III, 133.
Sharp (Le docteur), curé de Saint-Gilles de Londres, I, 381.
Shelton. *Voy.* Scheldon.
Shouel. *Voy.* Schowel.
Shrewsbury (Duc de), II, 345 ; V, 13, 210 ; VI, 37 ; VII, 57, 188 ; XII, 123 ; XIV, 69, 276, 277, 282, 318, 322, 323, 324, 325, 331, 333, 338, 364, 383, 392, 396, 405, 411, 421, 445, 446, 453, 459, 464, 466 ; XV, 6, 73, 210, 448, 456 ; XVI, 2.
Shrewsbury (Duchesse de), XIV, 324, 331, 333, 337, 338, 466.
Shum (M.), envoyé du roi de Pologne, XVIII, 246.
Skelton, brigadier de cavalerie. *Voy.* Scheldon.
Skelton (M.), envoyé du roi d'Angleterre, I, 194 ; II, 106, 171, 181, 196, 323, 333.
Siam (Ambassadeurs de), I, 59, 75, 115, 315, 354, 364, 370, 377, 395, 419 ; II, 6, 7.
Siam (Roi de), II, 346 ; III, 18.
Sibourg (M. de), IV, 254, 402 ; VIII, 270.
Sicile (Affaire de) contre la cour de Rome, XVI, 298.
Sicile (Roi de). *Voy.* Victor-Amédée II, roi de Sardaigne.
Sicilien (Le), comédie, I, 210.
Sidney, conseiller du prince d'Orange, II, 212 ; VII, 98.
Sieniawski, grand général de la couronne de Pologne, XIII, 361 ; XVI, 427.
Siennes (De), lieutenant-colonel du régiment de Duras, III, 428 ; VIII, 79.
Sigueran (Commandeur de), chef d'escadre, XVI, 264. *Voy.* Séguiran.
Sillery (Fabius Brulart de), évêque de Soissons, II, 410 ; III, 52 ; IV, 54. *Voy.* Brulart.
Sillery (M. de), I, 77, 154 ; II, 27 ; III, 252, 304 ; IV, 333 ; VI, 188 ; X, 495 ; XI, 361 ; XII, 51, 52 ; XVII, 137 ; XVIII, 23, 24.
Sillery (Mme de), VI, 305, 306.

SILLY (M. de), IV, 257, 264; VIII, 305, 306, 348, 434; IX, 43, 251; X, 109, 116, 165, 268; XI, 301, 431, 444; XVII, 262, 347. *Voy.* CILLY.
SILVA, médecin, XVIII, 229.
SIMEONI (Baron), I, 211, 212; VI, 196; VIII, 283, 492; IX, 7, 105, 225, 233; XIV, 357.
SIMIANE (M. de), IV, 375, 377; V, 316; VII, 223; VIII, 71, 267, 307; XI, 52; XIII, 187, 426, 435; XV, 51; XVI, 204, 206, 208, 210; XVII, 60, 91, 245, 252, 263, 478; XVIII, 9, 256, 276.
SIMIANE (Mme de), X, 397; XIII, 40; XIV, 374, 467; XV, 330; XVI, 451; XVII, 263; XVIII, 244, 267.
SIMIANE (Mlle de), I, 315; II, 43; VIII, 321; XVII, 398.
SIMMEREN (Duchesse de), II, 125.
SIMON (M.), garde du cabinet des médailles, XIV, 66.
SIMON (M.), oratorien, IX, 56.
SIMONET, capitaine de vaisseau, X, 331.
SINIASKI. *Voy.* SIENIAWSKI.
Sinople (Évêque de), XV, 17.
SIOUGEAT (M. de), X, 166; XI, 399; XVII, 263.
SIOUGEAT (Mme de), XV, 315.
SIRI (Abbé Vittorio), I, 228.
SIVRAC (Mlle de), XIII, 410.
SLIPENBACK, général suédois, VIII, 313.
SLUS (M.), chanoine de Liége, I, 144.
SLUSIO (Cardinal), I, 384.
SOANEN (Jean), prédicateur, puis évêque de Senez, I, 306, 309, 310; V, 274, 314, 317; VI, 117; XIII, 68; XV, 68; XVII, 36.
SOBIESKI (Alexandre), prince de Pologne, I, 371; V, 96, 117, 126, 129, 434; VI, 30, 32, 34, 44, 62, 68, 99; VIII, 1; IX, 463; XV, 299.
SOBIESKI (Constantin), prince de Pologne, V, 117, 126, 129, 434; VI, 30, 32, 34, 44, 62, 68, 99; IX, 478; X, 230; XI, 211, 258.
SOBIESKI (Jacques), prince royal de Pologne, I, 371; II, 144; III, 58, 267, 328; V, 434; VI, 182; IX, 463, 478; X, 230; XI, 211, 216, 258; XVI, 312, 378, 427; XVII, 413; XVIII, 70.
SOBIESKI (Hedwige-Élisabeth de Bavière, princesse), femme du précédent, XVII, 409, 413, 425.
SOBIESKI (Marie-Casimire), princesse de Pologne, fille aînée des précédents, XVI, 312, 378, 427; XVII, 396.
SOBIESKI (Marie-Charlotte), princesse de Pologne, deuxième fille des précédents, XVII, 396.
SOBIESKI (Marie-Clémentine), princesse de Pologne, troisième fille des précédents, XVII, 396, 409, 413, 416, 419, 425, 440; XVIII, 2, 43, 52, 59, 124, 266, 276.
SOESSANS (De), enseigne des galères, XIV, 329.
SOISAN, capitaine lieutenant de la réale, I, 271.
Soissons (Abbesse de), I, 15; IV, 402.
Soissons (Évêque de). *Voy.* BRULART DE SILLERY et LANGUET DE GERGY.
SOISSONS (Chevalier de), IV, 448, 450, 453, 466; V, 53, 56, 89; VIII, 449; XI, 368.

Soissons (Comte de), I, 11, 15, 14, 49, 72, 73, 80, 84, 242. 257, 279, 389, 11, 164, 174, 221, 257, 384, 458; III, 3, 75, 88, 128, 131, 135, 143, 162, 167, 200, 201, 228, 230, 269, 270; IV, 102, 194; V, 42, 84, 157, 159, 163, 177, 201, 253, 308, 325, 352; VI, 205; 459; VII, 29; VIII, 488, 493.

Soissons (Comtesse de), I, 111, 331, 333; II, 37, 335; III, 110, 112, 174; V, 167, 200; VI, 205, 301, 340, 368, 459; VII, 220, 291; XI, 478; XII, 242; XVI, 15; XVII, 188, 194.

Soissons (M. de), le fils, XI, 157; XVII, 99.

Soissons (Mlle de), II, 151; VI, 18, 59, 61, 301, 316; XVII, 402, 406; XVIII, 284.

Soisy (M. de), maître des requêtes, II, 158.

Solari (Comte), général piémontais, VIII, 503; IX, 199, 411, 412.

Soleil (Le F. du), apothicaire du collége des Jésuites, XVI, 455, 456.

Solferino (Duc de), XVI, 474. Voy. Castiglione (Abbé de).

Solier (Abbé du), XIV, 251.

Soliman III, sultan, II, 82, 131, 445; III, 380.

Solleysel, gentilhomme ordinaire du roi, I, 388; gentilhomme de la manche du duc de Berry, IV, 345.

Solms (Comte de), II, 437, 447; IV, 335.

Solre (Comte de), I, 13; II, 141, 195, 197, 222, 242, 285; III, 309, 315; IV, 254, 257, 325, 365, 387, 478; V, 387; VII, 95; VIII, 304, 346; IX, 108; X, 246; XVII, 440.

Solre (Comtesse de), VI, 401; XIV, 478.

Solre (Mlle de), VI, 244; VIII, 20, 302; IX, 119; X, 225; XIV, 316, 478; XV, 74.

Sommers (Milord), VIII, 90.

Sommerset (Duc de), XIV, 48, 69; XV, 210.

Sommerset (Duchesse de), XIII, 203, 245; XIV, 69.

Sonnino (Prince de), I, 336.

Sopha (Le), honneur rendu aux ambassadeurs à Constantinople, I, 166.

Sophie-Alexiewna, co-régente de Russie, III, 37.

Sophie-Amélie de Brunswick-Lunebourg, reine de Danemark, veuve de Frédéric III, I, 137.

Sorbeck. Voy. Surbeck.

Sorel, inspecteur d'infanterie, VI, 181.

Sorgues (De), capitaine de frégate, XII, 333.

Souatre (M. de), IX, 418; XVIII, 282.

Souatre (Mlles de), XVIII, 305.

Soubise (Abbé de), I, 112, 137; IV, 152; VI, 318, 320, 364; VII, 355, 458; VIII, 49, 96, 137. Voy. Rohan (Cardinal de).

Soubise (M. de), I, 82; II, 221, 256, 439; III, 88, 135, 152, 193, 228, 255, 299, 306, 308, 312, 317, 329, 418, 434; IV, 51, 88, 99, 100, 101, 107, 111, 115, 118, 333, 378, 449, 451; VI, 378; VII, 264, 277; XI, 124, 285, 301; XII, 325; XIV, 134, 213; XV, 151, 204, 206, 240, 242; XVII, 17, 33, 334; XVIII, 110, 282.

Soubise (Mme de), I, 55, 339; II, 439; III, 49, 255, 289, 346; IV, 67, 75, 289; V, 214; VI, 126, 319, 364, 402; VII, 283; XI, 65; XII, 201, 321, 323; XV, 118, 254, 265, 272, 401; XVI, 52; XVIII, 297.

Soubise (Mlle de), IV, 212; V, 8, 10.
Soucelles (Mlle de), fille d'honneur de Madame, II, 403; III, 49; V, 216, 220.
Soucy, enseigne, puis lieutenant des gardes du corps, XII, 301; XIII, 137.
Soudé (M. de), lieutenant des chevau-légers d'Anjou, XIII, 323.
Souges (M. de), capitaine de frégate, III, 165.
Soulangeais (Mme de), XIV, 142, 151; XV, 71.
Souliers (Marquis de), chevalier d'honneur de Madame, X, 65, 95; XII, 419; XIV, 477; XV, 86; XVI, 204.
Souligny (Bonnaire de), enseigne de frégate, XII, 333.
Soupir (M.), capitaine aux gardes, VII, 121.
Soupir (Mlle), II, 383.
Sourches (Abbé de), VII, 91; X, 303; XIII, 411; XV, 341.
Sourches (Jean-Louis du Bouchet de), évêque de Dol, XVIII, 118, 250.
Sourches (Chevalier de), VIII, 368; IX, 230; X, 166; XI, 22, 198; XV, 209; XVII, 462.
Sourches (Marquis de), grand prévôt de France, II, 380; X, 234; XI, 22, 26; XII, 250; XIV, 481; XVI, 125, 331; XVII, 468.
Sourches (M. de), XVI, 500; XVII, 263.
Sourches (Mme de), III, 49; XVI, 244.
Sourches (Mlle de), IV, 456, 459; XV, 144.
Sourcy, gentilhomme de la vénerie, VI, 219; XII, 79.
Sourdis (M. de), I, 291, 312, 368; II, 128, 162, 169, 199, 222, 225, 243, 286, 320, 340, 354, 355, 383, 397, 402, 403; III, 19, 51, 74, 84; VIII, 5, 348; IX, 401, 471; XI, 471.
Sourdis (Mlle de), VIII, 348, 360.
Soury, officier suisse, X, 283; XII, 227, 262, 415; XV, 302, 350.
Soussy. Voy. Soucy.
Souternon (M. de), III, 291; IV, 395; V, 28, 113, 114, 189, 195, 198, 413; VI, 381; VIII, 137, 304, 307, 346, 434; IX, 107, 108, 189; X, 164, 469; XI, 46, 132, 133, 243, 328, 492; XII, 224, 367; XVIII, 327.
Souvré (M. de), I, 237, 359; II, 199, 362, 374, 384, 386; III, 149, 297, 448; VI, 274, 297; VII, 289; VIII, 148; IX, 414; XII, 85, 215; XIV, 102; XVI, 363.
Souvré (Mme de), VI, 334; VII, 226, 236, 237; VIII, 302, 338; X, 225; XI, 2; XII, 64; XV, 164.
Souza (Cardinal de), VIII, 302.
Souzy (Pelletier de), IV, 169. Voy. Pelletier.
Soy (M. de), commis de la guerre, X, 313.
Soye (Comte de), lieutenant général espagnol, IX, 157.
Soyecourt (M. de), I, 137, 189; II, 188; III, 160; X, 187; XVIII, 7.
Soyecourt (Mme de), IX, 103.
Soyecourt-Boisfranc (M. de), XVIII, 216.
Soyer (Baron de), IV, 176, 194.
Spaar. Voy. Sparre.
Spada (Cardinal), III, 371; VII, 446, 459; VIII, 255; XI, 113; XVII, 117.
Spaer. Voy. Sparre.
Spanheim (M.), envoyé de Brandebourg, II, 141, 288; VI, 297; VII, 216, 457; VIII, 19, 294; XII, 297.

SPARRE (Baron de), suédois, V, 98; VI, 355; VIII, 306; IX, 351, 419, 479; X, 165, 386, 387; XI, 21, 46, 163, 328, 346, 464, 468; XIII, 38; XV, 98, 188, 317, 328, 345, 349, 400; XVI, 236, 385, 414, 511; XVII, 42, 149, 472.
SPARRE (Comte de), XVIII, 231, 320.
SPENCER (Milord), II, 168.
SPERELLI (Cardinal), VII, 206.
SPI (M. de), mestre de camp, III, 178; brigadier de cavalerie, IX, 196.
SPINOLA, I, 71.
SPINOLA (Cardinal), III, 323; V, 327; VII, 445; XVI, 292; XVIII, 171.
SPINOLA, commandeur de l'ordre de Malte, VII, 281, 294.
SPINOLA (Don Luca), commandant à Messine, XVIII, 125, 148.
SPINOLA (M. de), grand d'Espagne, XII, 327; XV, 172; XVI, 232.
SPINOLA (Mlle de), XII, 430; XV, 172.
SPINOLA SAN-CESAREO (Cardinal), XVIII, 31.
SPINOSA (Cardinal), IX, 419.
STADEL (M. de), III, 216, 225.
STAFFORD (Milord), I, 272; IV, 470, 471; V, 50.
STAFFORD (Mme de), V, 54, 321; XIII, 209; XVIII, 58, 95.
STAHUB (M.), envoyé d'Angleterre à Madrid, XVIII, 210.
STAINVILLE (M. de), colonel, VIII, 435, 436, 438.
STAIRS (Milord), XV, 349, 357, 381, 389, 400, 401, 405, 419, 434; XVI, 201, 205, 226, 231, 256, 269, 321, 338; XVII, 6, 26, 28, 148, 163, 294, 323, 335, 343, 359, 380, 381, 422, 426, 454, 473, 475, 481, 483, 485; XVIII, 2, 15, 16, 39, 40, 42, 67, 147, 156, 187, 204, 206, 249, 303, 304, 307, 309.
STANFORD (Comte de), I, 206.
STANHOPE (Milord), VIII, 107; X, 77; XIII, 224, 277, 302, 303, 364; XIV, 199, 200, 211; XVI, 421; XVII, 332, 333, 335, 343, 346, 353, 381, 394, 426; XVIII, 48, 54, 203, 204, 206, 210, 258, 263, 265, 282.
STANISLAS Ier, roi de Pologne, X, 135, 453, 456, 466, 484; XI, 201, 256, 257, 258, 267, 271, 278, 291, 321, 346, 407, 409, 449, 463; XII, 19, 73, 74, 158, 335; XIII, 315, 362; XIV, 46, 274, 333, 472, 475, 485; XV, 6, 19, 188, 260; XVI, 386; XVII, 145, 464. *Voy.* LECZINSKI.
STAREMBERG (Comte Ernest de), VIII, 142.
STAREMBERG (Comte de Guy de), VIII, 230, 485, 489; IX, 89; XII, 121, 122.
STAREMBERG (Comte Maximilien de), II, 233.
STAREMBERG (M. de), II, 61, 170, 181, 182, 194, 205, 232, 236; IV, 20; VIII, 86; IX, 131, 329, 336, 339, 344, 347, 388, 397, 399, 417, 430, 446; X, 474, 489, 492, 501; XI, 9; XII, 62, 141, 203, 204, 207, 210, 289; XIII, 4, 9, 19, 31, 42, 43, 46; XIII, 178, 245, 246, 247, 254, 281, 293, 296, 303, 305, 309, 310, 316, 318, 323, 328, 342, 343, 349, 353, 358; XIV, 2, 3, 7, 9, 14, 26, 53, 58, 152, 241, 278, 280, 281, 282, 323, 324, 326, 336, 412, 437, 446, 449, 463; XV, 388.
STAREMBERG (Mme de), III, 11.
Statue antique de la galerie de Versailles, V, 265.
Statues des jardins de Versailles, XVI, 8.
Statues de Louis XIV, I, 230, 332; II, 15, 42, 429; VII, 130.
STEIN (Rhingrave de), III, 154.
STEINAU, général allemand, VI, 327; VIII, 471, IX, 198.

STEINBOCK (Comte de), général suédois, IX, 304; XIII, 128; XIV, 239, 315, 319, 327, 332, 348, 351, 352, 395, 406, 410.

STERN (Baron de), major général allemand, III, 405.

STIRUM (Comte de), I, 357, 358; II, 232; V, 419; IX, 117, 152, 163, 164, 167, 169, 173, 208, 224, 305, 308, 346, 373; X, 67.

STOFFEMBERG (Général), IX, 19.

STOPPA, officier suisse, I, 225; III, 312; IV, 192; V, 22; VI, 323; VIII, 7, 11.

STOPPA (Mme), V, 22.

STOUPPE. *Voy.* STOPPA.

STRAFFORD (Milord), V, 109, 308; XIV, 11, 13, 15, 17, 31, 55, 175, 177, 248, 262, 268, 271, 277, 278, 282, 289, 321; XV, 210, 271; XVIII, 258.

STRALENLHEIM, envoyé de Suède à Vienne, XII, 35.

Strasbourg (Coadjuteur de), IX, 422. *Voy.* ROHAN (Armand-Gaston, cardinal de).

Strasbourg (Évêque de). *Voy.* FURSTEMBERG et ROHAN.

STRATMAN, premier ministre de l'empereur, IV, 393; VI, 5.

STRÉ (Mlle de), I, 226.

STREIFF (M. de), IV, 279; VIII, 305; IX, 43, 196; X, 165, 441; XI, 162.

STRICKLAND (Abbé), XVII, 420.

STRICKLAND, vice-amiral d'Angleterre, II, 286, 287, 301.

STROTTENBACH (Cardinal de), XVIII, 121.

SUÈDE (Gustave, prince de), I, 175.

SUÈDE (Hedwige, princesse de), fille de Charles XI, VI, 344.

SUÈDE (Ulrique-Éléonore, princesse de), fille de Charles XI, princesse de Hesse-Cassel, puis reine de Suède, XIII, 359. *Voy.* HESSE-CASSEL et ULRIQUE-ÉLÉONORE.

Suède (Reine de). *Voy.* CHRISTINE, ULRIQUE-ÉLÉONORE DE DANEMARK et ULRIQUE-ÉLÉONORE DE SUÈDE.

Suède (Reine mère de). *Voy.* HEDWIGE-ÉLÉONORE DE HOLSTEIN-GOTTORP.

Suède (Roi de). *Voy.* CHARLES XI, CHARLES XII et FRÉDÉRIC Ier.

SUISSE (Le), chef de fanatiques, X, 314.

SULLY (Chevalier de), I, 110; II, 343; IV, 233; V, 119; VII, 28, 226, 229, 237, 243, 251; VIII, 111, 191, 206; IX, 72, 120; XI, 249; XII, 64; XIV, 284.

SULLY (Duc de), II, 222, 241, 254, 285; V, 28, 31, 213; VII, 24, 32, 237; XIV, 284, 394; XV, 117, 164; XVI, 320; XVII, 29.

SULLY (Duchesse de), II, 26; VI, 243, 290; VII, 20, 203, 235, 251; VIII, 20, 154, 288, 293; XIII, 228; XIV, 88; XVII, 249; XVIII, 38, 256.

Sultan (Le). *Voy.* ACHMET III, MAHOMET IV, MUSTAPHA II et SOLIMAN III.

SULTZBACH (Princesse de), XVII, 56; XVIII, 129, 234.

SUNDERLAND (Milord), II, 207, 212, 336, 349; III, 337; V, 303; VI, 283; VII, 188; VIII, 373; XIII, 203.

SURBECK, officier suisse, I, 403; III, 327; IV, 192; V, 113, 343; VIII, 92, 346; IX, 108; X, 164; XV, 141; XVII, 410.

SURBECK (Mlle de), XII, 87.

SURIAN (Le P.), prêtre de l'Oratoire, XVII, 181, 206, 471; XVIII, 15, 22, 26, 29.

SURVILLE (M. de), II, 36; IV, 100, 114, 250, 251, 254; V, 135, 341; VI, 367; VII, 119; VIII, 93, 346; IX, 72, 107, 108, 459; X, 18, 355, 408, 413, 431, 487; XI, 3, 197, 250; XII, 191, 199, 259, 260, 362, 414, 415, 459, 461, 466, 468, 469, 472, 474; XIII, 1, 12, 15, 26, 27, 30, 45, 325, 367; XIV, 155, 327; XVIII, 81, 128.
SURVILLE (Mlle de), XV, 404, 410.
SURVILLE-LA ROCHE, capitaine de vaisseau, III, 166.
SUSE. *Voy.* SUZE.
SUSEMONT, lieutenant-colonel, XIII, 290.
SUSSELLE. *Voy.* SOUCELLES.
SUSSEX (Mme de), II, 108, 325, 390.
SUSY. *Voy.* SUZY.
SUTTON (Chevalier), XVIII, 249, 303, 304, 307, 309.
SUZE (Abbé de), XII, 381.
SUZE (Armand-Anne Tristan de la Baume de), archevêque d'Auch, I, 19; IV, 38, 262, 266, 280; VII, 35, 231, 321; X, 272.
SUZE (Louis-François de la Baume de), évêque de Viviers, II, 144; III, 221.
SUZE (Comte de), X, 305.
SUZE (Marquis de), VIII, 159; XV, 3.
SUZE (Mlle de), VIII, 159.
SUZY (M. de), VIII, 295; XII, 319; XVI, 473.
SZEREMET, général russe, XI, 485.

T.

TABORDA (M.), envoyé extraordinaire de Portugal, II, 172; III, 250.
TACHARD (Le P.), jésuite, II, 155, 199; III, 12.
TAF (Comte de), VI, 235, 428. *Voy.* CARLINGFORD.
TAFFOUREAU DE FONTAINE (Charles-Nicolas), évêque d'Alet, VI, 453.
TAJAC, lieutenant-colonel, IV, 395, 407.
TALBOT, brigadier d'infanterie, V, 28.
TALBOT, colonel anglais, V, 387.
TALBOT (Le petit), I, 297.
TALENDE, brigadier d'infanterie, IX, 441.
TALHOUET (Chevalier de), XVIII, 260.
TALHOUET DE BOISHORANT, XVIII, 260.
TALHOUET DE BONAMOUR, XVIII, 260.
TALLARD (Abbé de), X, 7; XI, 66.
TALLARD (Maréchal de), I, 269; IX, 90, 107, 112, 135, 150, 156, 163, 191, 203, 316, 324, 334, 350, 352, 354, 376, 378, 421, 423, 432, 485, 497, 499; X, 43, 48, 149, 155, 211, 289, 290; XIV, 10, 17, 18, 19, 21, 24, 25, 114, 230, 358, 362, 409, 431; XV, 56; XVI, 165; XVII, 33, 140, 471, 482; XVIII, 203, 295.
TALLARD (M. de), I, 269, 323; II, 163, 288, 339; III, 8, 19, 88, 135, 182, 186, 188, 189, 192, 193, 209, 210, 212, 214, 237, 282, 330, 416; IV, 33, 52, 186, 209-213, 217, 253, 258, 350, 356, 383, 462, 476, 478; V, 94, 237, 243, 266, 297, 389, 390, 397, 403, 419, 424, 434, 443, 458; VI, 13,

188, 223, 301, 309, 324, 329, 330, 397, 406, 442, 466, 471, 472, 478 ; VII,
101, 109, 171, 180, 183, 184, 190-192, 237, 269, 302, 344, 400, 407, 408,
450, 452, 468 ; VIII, 3, 74, 82, 87, 91, 93, 94, 99-101, 129, 131, 134, 150,
169, 240, 242, 346, 393, 404, 405, 413, 417, 420, 432, 465, 467, 508 ; IX,
9, 10, 21, 25, 34, 39, 50, 54, 65, 97, 124, 171, 181, 182, 186, 192, 205,
208, 216, 322, 323, 326, 332, 337, 346, 355, 357, 462 ; X, 14, 17, 18, 20, 22,
25, 27, 31, 36, 41, 47, 57, 58, 61, 63, 68, 74, 76, 78, 82, 84, 89, 101, 104,
109, 116, 119, 131, 157, 200, 227 ; XI, 113, 458; XII, 3, 350; XIII, 24;
XIV, 62, 114, 323, 351, 352, 354, 358, 362, 416; XV, 383 ; XVI, 321;
XVII, 139 ; XVIII, 8.

TALLARD (Mme de), VIII, 113; XV, 272, 349, 399, 401, 402; XVI, 321, 511; XVIII, 256.

TALLEMANT (Abbé), IV, 280; VIII, 342; XIV, 204.

TALLEYRAND (M. de), IV, 441, 449 ; V, 11 ; VIII, 396 ; XIV, 290; XV, 245, 247.

TALMACH, général de l'infanterie anglaise, V, 32.

TALMOND (Prince de), I, 83 ; III, 76, 224 ; IV, 25, 256 ; V, 156 ; VI, 232 ; VII, 283 ; VIII, 305, 401 ; IX, 43, 148 ; X, 1, 165, 169 ; XI, 46, 239, 328 ; XII, 17, 20, 21, 22, 362 ; XIII, 130 ; XIV, 82, 451 ; XVI, 394, 402 ; XVII, 48, 50, 52, 116 ; XVIII, 158, 222.

TALMOND (Princesse de), XII, 25.

TALON (M.), I, 212; II, 97, 98, 176; III, 71, 248, 272 ; IV, 75; V, 111 ; VI, 302 ; VII, 342; XVII, 93.

TALON (Mme), VI, 482.

TAMBONNEAU (M.), I, 38 ; II, 216, 313; VI, 292, 294 ; X, 312 ; XII, 322 ; XIII, 467 ; XVIII, 148.

TAMBONNEAU (Mme de), II, 307 ; VII, 256.

TANA (Comte de), V, 438.

TANARA, nonce du pape à Vienne, III, 446 ; cardinal, V, 327 ; VI, 234.

TANCHEAUX (Des), VIII, 436. *Voy.* DESTANCHAULT et ESTANCHAUX.

TANCRED (Jean), chirurgien du duc d'Orléans, I, 256 ; II, 125 ; VIII, 120.

TANE (Marquis), gouverneur de Savoie, VI, 2, 54.

TANNE (Comte), gouverneur de Montmélian, X, 485.

Tapisserie des Ages, léguée à Louis XIV, II, 115.

TARAMESNIL, chef du vol du cabinet, II, 330 ; IV, 478.

Tarbes (Évêque de). *Voy.* CAMBOUT-BEÇAY et POUDENX.

TARCILE (Sœur), religieuse de Port-Royal, XIII, 60.

TARDIF, brigadier d'infanterie, X, 166 ; XI, 111 ; maréchal de camp, XVIII, 4.

TARENTE (Prince de), VIII, 286 ; IX, 19, 73 ; X, 169, 193 ; XI, 64, 72 ; XII, 319, 384, 426, 429 ; XV, 426.

TARENTE (Princesse de), IV, 244 ; XI, 86.

TARNEAU (M. de), brigadier de cavalerie, XII, 319 ; XIV, 105 ; maréchal de camp, XVIII, 5, 170, 330.

TARNEAU (Mme de), I, 173, 174.

TAROUCA (Comte de), ambassadeur de Portugal à la Haye, XVI, 411.

Tartufe, comédie, VII, 382; IX, 13, 302; XI, 313, 463.

TARUGI (Cardinal), V, 327 ; VI, 60.

TASCHARD. *Voy.* TACHARD.

TABLE GÉNÉRALE ALPHABÉTIQUE.

TASTE (M. de la), I, 370; III, 413; IV, 140, 255; VIII, 304, 350; XV, 145.
TASTE (Mme de la), XV, 145; XVIII, 69.
TAUMÉ (Mlle), XII, 134.
TAUN. *Voy.* THAUN.
TAVAGNY, brigadier d'infanterie, IX, 439, 442, 488.
TAVANNES (Abbé de), XIII, 308; XVII, 160, 170, 176.
TAVANNES (M. de), IX, 226; X, 307; XII, 68, 182; XIII, 123; XIV, 43; XVI, 450; XVII, 11; XVIII, 7, 12, 138, 139, 140, 147, 267, 282.
TAVAZÈNE (De), gouverneur de la citadelle d'Anvers, XI, 125.
TAXIS. *Voy.* TOUR.
TÉAUBON. *Voy.* THÉOBON.
TEKELI (Comte de), I, 222, 252, 312, 336, 345; III, 217, 238, 271, 445; IV, 6; V, 320; VI, 176; X, 466.
TELESSIA (Duc), VIII, 207, 210.
TÉLIGNY-LANGEAIS (Marquis de), XVII, 228, 242, 315; XVIII, 279.
TELLIER (Charles-Maurice le), archevêque de Reims, I, 188, 293, 338; II, 222, 241, 285, 322, 326; III, 27, 61, 127, 280, 288, 368, 402; IV, 1, 218; V, 6, 14, 19, 176, 178, 185, 202, 232, 260, 279, 314, 315, 460; VI, 51, 207, 269, 275, 279, 280, 364; VII, 19, 21, 95, 212, 223, 231, 318, 321, 322, 323, 327, 351, 357, 358, 364, 370, 375; VIII, 1, 5, 29, 99, 100; IX, 386, 391, 434; X, 235; XI, 158, 192, 313; XII, 41, 173; XIII, 92, 106, 122; XVII, 270.
TELLIER (François le), évêque de Digne, VII, 356; XII, 78.
TELLIER (Le chancelier le), I, 88, 238, 239, 240, 241, 242, 251, 313; VII, 148; XVI, 16, 69.
TELLIER (La chancelière le), V, 315; VI, 464, 466.
TELLIER (Chevalier le), colonel de dragons, III, 241, 242.
TELLIER (Le), lieutenant aux gardes, XII, 321.
TELLIER (Le P. le), confesseur du roi, III, 64; VII, 234; XII, 337, 347, 351, 364; XIII, 118, 122, 127, 130, 133, 146, 154, 159, 168, 177, 205, 213, 217, 227, 263, 267, 282, 293, 297, 302, 308, 313, 323, 345, 355, 364, 368, 370, 384, 399, 409, 443, 472, 476; XIV, 69, 97, 106, 123, 141, 146, 149, 156, 159, 163, 176, 179, 182, 185, 188, 194, 199, 206, 208, 210, 213, 217, 220, 229, 233, 241, 251, 263, 280, 318, 332, 335, 339, 346, 350, 354, 359, 366, 370, 376, 381, 384, 388, 393, 409, 413, 416, 418, 438, 456, 460, 468, 472, 475, 483, 486; XV, 4, 11, 22, 42, 45, 50, 57, 66, 69, 80, 83, 92, 96, 100, 107, 123, 129, 149, 152, 171, 188, 191, 203, 208, 214, 220, 242, 254, 270, 284, 297, 302, 314, 315, 333, 340, 343, 351, 359, 376, 381, 388, 395, 399, 404, 405, 407, 411, 427, 440, 447, 454, 457; XVI, 1, 78, 100, 110, 114, 125, 134, 142, 222, 242, 253, 486; XVII, 483; XVIII, 118.
TEMPLE (M.), I, 223; II, 345, 388, 389; VII, 32; XIV, 257.
Temple de la paix (Le), opéra, I, 229, 235; II, 40.
TENCIN (Abbé de), VIII, 391; XVIII, 158.
TENCIN (Mme de), XVIII, 158.
TENCIN (Président), VI, 146; IX, 421.
TÉOBON. *Voy.* THÉOBON.
TERLAYE (De), brigadier d'infanterie, XVIII, 7.
TERMES (M. de), I, 6, 10, 81; II, 110; IX, 448.

TERNANT, colonel d'infanterie, XI, 307.
TERNAU. *Voy.* TARNEAU.
TÉRON (Colbert du), I, 6, 109, 110.
TÉRON (Mlle du), I, 211.
TERRAIL (M. du), III, 336, 350; VIII, 23, 109.
TERRASSON (Le P.), prêtre de l'Oratoire, XVII, 14, 22, 34, 43.
TERRAT, chancelier du duc d'Orléans, I, 114; II, 104; IV, 264; VII, 65; VIII, 123; IX, 183; XI, 209; XVI, 177, 196, 483; XVII, 363; XVIII, 18, 19, 255.
TERRAY (Abbé), XVII, 184.
TERRIDES (Comte de), VII, 120.
TESEU (Abbé de), VI, 86; VIII, 350; IX, 69; XII, 76; XVI, 295.
TESEU (M. de), secrétaire des commandements du duc d'Orléans, II, 117; XI, 422.
TESSÉ (Abbé de), X, 7; XIII, 353, 360.
TESSÉ (Gabriel-Philippe de Froulay de), évêque d'Avranches, II, 388.
TESSÉ (Chevalier de), III, 75, 278, 281, 380; IV, 15, 52, 64, 183, 258, 478; V, 100, 341, 348; VI, 4, 125, 131; VII, 267, 392, 462; VIII, 78, 181, 368; IX, 462; X, 44; XI, 95, 366; XIV, 59, 107, 191; XV, 212; XVII, 101; XVIII, 7.
TESSÉ (Maréchal de), IX, 90, 113, 115, 143, 256, 319, 323, 325, 349, 385, 400, 412, 418, 453, 462, 478, 491, 496; X, 3, 24, 126, 141, 156, 176, 184, 188, 231, 233, 249, 262, 267, 281, 313, 320, 330, 335, 336, 361, 364, 372, 411, 433, 446, 454, 456, 462, 500, 502; XI, 4, 19, 32, 38, 40, 44, 53, 55, 60, 63, 76, 90, 104, 115, 156, 281, 289, 297, 298, 320, 329, 343, 370, 399, 406, 417, 418, 420, 421, 424, 434, 448, 450, 454, 462, 464, 471; XII, 3, 7, 12, 20, 33, 72, 201, 204, 214, 237, 243, 260, 280, 309, 344, 346, 366, 396, 422; XIII, 352, 360; XIV, 105, 113, 129, 191, 245, 246, 247, 249, 267, 277, 441, 447, 452; XV, 18, 21, 40, 121, 371, 422; XVI, 184, 227, 236, 289, 375, 390, 437, 452, 497; XVII, 70, 71, 77, 80, 91, 95, 96, 108, 144, 152, 173, 185, 310, 469; XVIII, 271, 272.
TESSÉ (M. de), I, 67, 155, 304, 324; II, 163, 214, 223, 225, 230, 243, 286, 320, 339; III, 8, 9, 25, 79, 89, 242, 329, 345, 417, 418; IV, 1, 16, 17, 52, 59, 60, 64, 117, 164, 183, 210, 231, 245, 258, 326, 342, 345, 348, 405, 412, 418, 429, 478; V, 98, 282, 298, 348, 367, 370, 388, 409, 428, 438, 452, 461, 462, 469, 472; VI, 6, 115, 118, 215, 219, 239, 249, 254, 275, 292, 412; VII, 30, 42, 75, 83, 93, 107, 149, 164, 413, 456; VIII, 12, 14, 43, 56, 70, 71, 151, 180, 181, 183, 203, 205, 209, 221, 222, 248, 262, 292, 300, 326, 341, 347, 354, 367, 368, 374, 377, 385, 396, 425, 426, 431, 450, 459, 484, 485; IX, 21, 44, 47, 51, 85, 96, 124, 145, 153, 323, 351, 361, 388, 425; X, 291, 345, 366, 474, 479, 483, 484; XI, 7, 38, 42, 56, 63, 72, 385, 428, 440, 443, 446, 448, 450, 458, 483, 487; XII, 14, 63, 64, 363, 437; XIV, 267, 277; XV, 119; XVII, 144, 173, 263, 310; XVIII, 163. *Voy.* FROULAY.
TESSÉ (Mme de), XI, 86; XII, 378; XIII, 45; XVI, 331.
TESSÉ (Mme de), abbesse de la Trinité de Caen, XVIII, 271.
TESSÉ (Mlle de), VI, 283; XI, 219.
TEST (M.), gouverneur d'Ivrée, X, 137.
Testament de Louis XIV, XV, 216; XVI, 280.

TESTART (Mlle), XV, 25.
TESTU (Abbé), I, 40; XI, 142.
TESTU-MAUROY (Abbé), IV, 129; XI, 70.
Teutonique (Le grand maître de l'ordre), II, 198. *Voy.* NEUBOURG (Louis-Antoine de).
TEZEU. *Voy.* TESEU.
THAUN (Comte de), général de l'empereur, XI, 140, 370; XII, 20, 159, 187, 188, 190, 473; XIII, 225, 232, 238. 244, 310, 436, 440; XIV, 180, 190; XVII, 221; XVIII, 76.
Théagène et Chariclée, opéra, V, 187.
THÉOBALD, musicien, III, 327.
THÉOBON (Mme de), IV, 411.
THÉOBON (Mlle de), I, 307, 405; II, 176.
Thésée, opéra, II, 232.
THÉSU. *Voy.* TESEU.
Thétis et Pélée, opéra, II, 296, 332.
THÉVENIN, financier, XII, 97, 130, 196, 263.
THÉVENIN, le neveu, XVI, 451.
THÉVENOT, garde de la bibliothèque du roi, I, 76.
THIANGES (M. de), I, 240, 264; II, 123, 169, 172; III, 13, 39, 129, 141; IV, 138, 254, 324, 442, 448; V, 157, 160, 248, 264; VIII, 304, 347, 408; IX, 109; X, 164, 270, 283; XI, 330; XII, 54.
THIANGES (Mme de), I, 145, 152, 166, 176, 196, 237, 266. 276, 277, 379, 398, 400, 424; II, 10, 11, 19, 50, 68, 95, 114, 128, 276, 301; IV, 260, 359, 360; VI, 339; XVI, 51.
THIBAULT, chirurgien de l'Hôtel-Dieu, XVIII, 157.
THIEUX (M. de), gouverneur du Crotoy, XIV, 39.
THIL (Abbé du), XIV, 115.
THIL (M. du), X, 3; XII, 269; XIII, 447, 450.
THOIS (Marquis de), I, 117, 208; XIII, 172.
THOIS-GOUFFIER (Mlle de), XVIII, 224.
THOMAS (Prince). *Voy.* VAUDEMONT.
THOMAS, de l'artillerie, XVI, 389, 395; XVII, 410.
THOMASSIN (Louis), évêque de Sisteron, XVII, 349.
THORÉ (La présidente), II, 90.
THOREAU (Matthieu), évêque de Dol, IV, 35.
THORIGNY (M. de), I, 197; VII, 320; XII, 321; XIII, 97, 286; XIV, 339; XV, 329, 385, 457; XVI, 167.
THORILLIÈRE (La), comédien, I, 16, 28.
THORN (Princesse de), XI, 233.
THOUY (M. de), III, 28, 75, 162, 246; V, 342, 348; VI, 2; VII, 324, 462; VIII, 93, 346; IX, 43, 108, 231, 426, 430, 436; X, 15, 36, 46, 65, 176, 229, 333, 407, 463; XI, 111, 392; XII, 187, 190, 192, 262, 319, 363; XIII, 4, 5, 101, 133, 266; XIV, 475; XV, 86.
THOWSEND *Voy.* TOWNSEND.
THOYSY. *Voy.* TOISY.
THUILLERIE (La), comédien, II, 120.
THUISY (M. de), maître des requêtes, XVII, 370.

THUISY (Mme de), XVII, 4, 6.
THUN (Comte de), VI, 347.
THUNGEN (Comte de), général des troupes de l'empereur, III, 163, 178, 355; V, 16, 421; VI, 384; IX, 271, 279, 406; X, 17, 29, 67, 84, 140, 326, 444; XI, 215, 251, 409; XIII, 41.
THURY (M. de), IV, 254; VII, 64, 68, 186, 342.
TIBERGEAU (Mme de), XVII, 206; XVIII, 23.
TIBERGES (M.), directeur des missions étrangères, I, 157.
TIEPOLO, ambassadeur de Venise, IX, 160; XII, 15.
TIERCEVILLE (Marquis de), major de la marine, IX, 233.
TIESENHAUSEN (M. de), lieutenant-colonel, III, 84.
TIGNÉ, brigadier d'infanterie, XVIII, 10.
TILLADET (Chevalier de), I, 237, 388; II, 172, 179, 342, 424; III, 141, 299; V, 16; VI, 452, 453; VIII, 449, 453.
TILLADET (M. de), I, 9, 133, 174, 185, 186, 236, 380, 390; II, 163, 166, 223, 243, 286, 311, 320, 321, 339, 412; III, 88, 90, 135, 140, 141, 143, 152, 175, 182, 186, 188, 213, 217, 329; IV, 1, 51, 89, 92, 102, 107, 112, 116, 119, 138, 152, 157; VI, 407; VIII, 267; X, 222; XII, 254.
TILLADET-FIMARCON (Marquis de), XII, 249.
TILLET (M. du), I, 113, 284; V, 414.
TILLEUL, gouverneur de la citadelle de Cambrai, VI, 80.
TILLIÈRES (M. de), II, 37, 73; IV, 73; V, 287; VI, 480; IX, 72, 76, 110; XI, 388; XVIII, 12.
TILLY (Abbé de), XVII, 184.
TILLY (Comte de), IV, 323; V, 86, 422; VIII, 404; X, 435; XII, 196; XIII, 38; XIV, 205.
TILLY (Comtesse de), IX, 230; XIII, 209.
TILNORE (De), brigadier de cavalerie, V, 28.
TIMOTHÉE (Le P.), coadjuteur de Babylone, XV, 440.
TINCHEN. Voy. THUNGEN.
TINGRY (Prince de), I, 70, 130, 204, 247, 374; II, 123, 161, 172, 219; XIV, 63, 191, 253, 426, 436; XVIII, 165.
TINGRY (Princesse de), I, 131, 205; III, 49; IV, 432; XI, 155; XVIII, 168.
TINMOUTH (Milord), XVI, 344, 365, 439.
TIQUET (M.), conseiller du parlement, VII, 61, 94.
TIQUET (Mme), VII, 70, 93, 99, 100.
TIRMONT (Comte de), ministre plénipotentiaire du roi d'Espagne, VI, 42; VII, 216.
TITON, fournisseur des armes des troupes de France, IX, 457; XIII, 17.
TIRAQUEAU (Abbé), XIV, 287; XV, 149.
TIRAQUEAU (Chevalier), colonel d'infanterie, XIII, 351; XVII, 317.
TOB. Voy. TOP.
TOBSKA, vice-ban de Presbourg, IX, 401.
Tocsin (Le), pamphlet, XVI, 357.
TOIRAS (Chevalier de), III, 195, 431.
TOIRAS (M. de), III, 195, 328, 403, 408; IV, 391; IX, 356.
TOIS. Voy. THOIS.

Toison d'or (Réception dans l'ordre de la), XV, 110.
Toisy (Mme de), VI, 280 ; IX, 150; XVII, 5.
Tolède (Don Antonio Martin de), grand d'Espagne, VIII, 69.
Tolet, lieutenant de roi de Tournay, XIII, 325; XIV, 390.
Tolomei (Cardinal), XIV, 153.
Tomelle (La), exempt de la compagnie de Luxembourg, III, 408.
Tommasi (Le P.), cardinal, XIV, 153, 334.
Tonnay-Charente (M. de), XVII, 395. *Voy.* Mortemart.
Tonnerre (Abbé de), III, 384 ; IV, 164, 282 ; V, 327, 328; VII, 39.
Tonnerre (M. de), I, 33, 39, 141, 149, 151, 221, 247, 265, 288; II, 70, 73, 162; III, 178; IV, 430; VI, 451 ; VIII, 37, 240 ; X, 272, 460; XI, 459 ; XII, 21, 287, 290, 295; XIII, 135.
Tonnerre (Mme de), VI, 244 ; VIII, 228 ; XI, 459 ; XII, 290; XIII, 204, 213, 269, 406 ; XIV, 431 ; XV, 157; XVI, 225 ; XVIII, 191.
Tonnerre (Mlle de), I, 6, 33, 289.
Top (M.), général hollandais, IX, 394 ; X, 168, 171 ; XIII, 38.
Toralva (M. de), X, 363, 364; XII, 262.
Torcy (M. de), II, 209, 304, 394, 450, 473 ; III, 6, 18, 19, 75, 147, 161, 230, 351 ; IV, 246, 407 ; V, 72, 281, 441, 443-445, 448, 451-453, 472 ; VI, 91, 150, 158, 181, 184, 187, 196, 227, 259, 323, 338, 368, 396, 418, 420, 435, 439, 443, 467; VII, 7, 15, 26, 41, 43, 73, 78, 118, 148, 159, 161, 190, 195, 197, 200, 208, 220, 233, 290, 323, 348, 359, 361, 363, 393, 394, 407, 408, 412, 413, 421, 428, 430, 433, 440, 457 ; VIII, 8, 9, 15, 21, 27-29, 101, 139, 152, 164, 186, 238, 265, 272, 296, 304, 313, 382, 397, 399, 450, 487, 502; IX, 35, 81, 111, 200, 235, 246, 290, 391, 398, 405; X, 96, 117, 138, 246, 389, 428, 436, 476, 503, 504; XI, 12, 35, 57, 143, 217, 223, 231, 254, 324, 366, 392, 414, 441 ; XII, 30, 89, 175, 202, 268, 314, 357, 387, 403, 405, 410, 413, 415, 419, 423, 425-427, 454, 455; XIII, 5, 18, 51, 58, 66, 67, 95, 96, 103, 112, 119, 122, 128, 129, 223, 228, 237, 239, 300, 303, 305, 395, 397, 413, 460, 479; XIV, 3, 11, 12, 24, 31, 34, 51, 88, 112, 114, 122, 123, 134, 148, 158, 159, 160, 175, 176, 178, 181, 183, 184, 209-211, 236, 249, 274, 281, 325, 343, 405, 409, 430, 433; XV, 29, 42, 126, 273, 288, 353, 356, 366, 370, 372, 387, 389, 435; XVI, 125, 127, 175, 182, 193, 196, 201, 202, 208, 231, 289, 302, 317, 322, 325, 336, 368, 375, 384, 413, 423, 424, 450, 452 ; XVII, 116, 233, 303, 443, 450; XVIII, 2, 90, 231.
Torcy (Mme de), V, 95 ; VI, 37, 99, 141, 339, 402; VII, 190 ; XIV, 51.
Torcy (Mlle de), XV, 207, 387, 394 ; XVII, 234, 242, 250, 252.
Torcy (Mme de), abbesse de Panthemont, XVI, 296, 363; XVIII, 184.
Torcy-la-Tour (Marquis de), VIII, 313.
Tordenschild, commandant danois, XVIII, 116.
Torentier (Le P.), de l'Oratoire, XIII, 68.
Torf, gentilhomme ordinaire du roi, I, 152, 190, 354 ; II, 38, 167, 346 ; III, 259.
Torillière. *Voy.* Thorillière.
Tornielle (M. de), III, 130.
Torrecusa (Marquis de), Napolitain, XIII, 277.
Torres (Comte de las), XI, 4, 6, 10, 12, 27, 102, 148; XIII, 265, 293.
Torrington (Milord), III, 268.

Tons (Marquis de), colonel du régiment de Flandre, IV, 314 ; VIII, 373.

Tortone (Évêque de), VI, 31.

TOSCANE (Victoire de la Rovère, grande-duchesse de), mère de Côme III, IV, 465.

TOSCANE (Côme III, grand-duc de), III, 37, 369 ; VII, 76 ; VIII, 444 ; XV, 51.

TOSCANE (Marguerite-Louise d'Orléans, grande-duchesse de), nommée *M*me *la grande Duchesse*, femme du précédent, I, 172 ; II, 15 ; III, 29, 108 ; IV, 32, 127, 199, 249 ; VI, 59, 431, 439, 441 ; VII, 99, 201, 323, 390 ; XIV, 185, 186, 189, 252, 403, 443 ; XV, 42, 238 ; XVI, 451, 484 ; XVII, 92, 148, 251, 436 ; XVIII, 134, 158, 170, 336.

TOSCANE (Ferdinand de Médicis, grand prince de), fils aîné du précédent, II, 88, 143, 173 ; VII, 202 ; XIII, 268, 273 ; XV, 18, 34.

TOSCANE (Violante-Béatrix de Bavière, grande princesse de), femme du précédent, II, 88, 126, 173, 474 ; III, 37, 105 ; VIII, 444.

TOSCANE (Jean-Gaston de Médicis, prince de), second fils de Côme III, VI, 352, 366 ; XV, 310.

TOSCANE (Anne-Marie-Louise, princesse de), fille de Côme III, III, 265, 341. *Voy.* PALATINE DU RHIN.

TOST (M.), président de Calais, XIV, 341.

TOT (M. du), V, 343 ; IX, 19 ; X, 165 ; XI, 492.

TOUANNE (M. de la), III, 155, 387 ; VIII, 117, 118, 236, 252, 263 ; X, 100.

TOUCHE (M. de la), commis de M. de Pontchartrain, X, 447.

TOUCHES (Le petit des), IX, 459. *Voy.* DESTOUCHES.

Toul (Évêque de). *Voy.* BISSY et CAMILLY.

Toulon (Évêque de). *Voy.* CHALMET et TOUR DU PIN-MONTAUBAN.

Toulouse (Archevêque de). *Voy.* BEAUVAU, CORBON et VILLACERF.

Toulouse (Grand prieur de), II, 133. *Voy.* BÉON.

TOULOUSE (Louis-Alexandre de Bourbon, comte de), grand amiral de France, I, 56, à XVIII, 271 ; sa protestation au parlement, 407-424.

TOUPIN, lieutenant aux gardes, II, 166.

Tour (La), brigadier, III, 284 ; IX, 486.

TOUR (La), colonel, X, 179.

TOUR (Comte de la), général allemand, IX, 265, 275.

TOUR (Le P. de la), général de l'Oratoire, III, 302 ; X, 224 ; XII, 343, 365, 375 ; XIII, 111.

TOUR (M. de la), intendant de Poitiers, XVI, 325, 329.

TOUR (Président de la), VII, 15, 345, 412, 463.

TOUR DE CAMP (La), enseigne du régiment des gardes, II, 459.

TOUR DU PIN-MONTAUBAN (Louis de la), évêque de Toulon, XVI, 368, 372.

TOUR-LANDRY (Chevalier de la), capitaine de vaisseau, XI, 247.

TOUR-TAXIS (Comte de la), envoyé de l'électeur de Bavière, II, 170, 172, 186.

TOUR-TAXIS (Prince de la), II, 61 ; VIII, 241 ; IX, 347.

TOURBERY, envoyé de France en Suède, XVIII, 184.

TOURBES (Mlle de), IV, 203, 432 ; V, 275 ; VI, 142, 394 ; VII, 226, 236, 237 ; XIV, 431 ; XV, 146, 154, 155. *Voy.* TOURPES.

TOUREIL (M. de), de l'Académie française, IV, 14, 26 ; VIII, 342 ; XV, 260.

TOURMONT (M. de), commis de la guerre, IX, 141 ; X, 313.

TABLE GÉNÉRALE ALPHABÉTIQUE

Tournay (Évêque de). *Voy.* Beauvau, Choiseul et Salle.

Tournefort (M. de), I, 13; V, 350; VI, 4; VII, 103; IX, 439, 442; X, 120; XI, 472; XII, 252, 254, 256, 356; XIV, 329.

Tournelle (M. de la), II, 201; III, 187; IV, 256; VII, 387; X, 235; XI, 118.

Tournelles (M. des), mestre de camp de cavalerie, VIII, 94.

Tournelly (Abbé), XII, 417.

Tournemine (M. de), VIII, 349; IX, 1; X, 166, 234, 271; XII, 182, 319; XIII, 37.

Tournin (M. de), VIII, 306; IX, 43; XII, 285, 286, 295; XIII, 367.

Tourniquet (Jeu du), II, 307.

Tournon (Cardinal de), XIII, 267, 476; XIV, 6.

Tournon (M. de), VI, 54; IX, 72; XI, 449; XII, 363; XIV, 446.

Tournon (Mlle de), XIV, 351, 352, 354, 358, 362.

Tourolle, garde-meuble de la couronne, I, 226; II, 290.

Tourolle (Mme), femme de chambre de la duchesse de Bourgogne, VI, 219; VIII, 195.

Tourotte (M. de), brigadier de cavalerie, XII, 262, 319; maréchal de camp, XVIII, 5.

Tourouvre (Abbé de), XVI, 376.

Tourouvre (M. de), IV, 178; V, 400; X, 331; XI, 1, 2, 497; XII, 1, 96; XIV, 28, 38; XVI, 337.

Tourpes (Maréchal de), IX, 92. *Voy.* Estrées.

Tourpes (Mlle de), IX, 135. *Voy.* Tourbes.

Tourreil. *Voy.* Toureil.

Tourres (Des), enseigne des galères, XIV, 329.

Tours (Archevêque de). *Voy.* Castries, Hervaut et Saint-Georges.

Tours (Comte de), volontaire de l'armée de Monseigneur, II, 188.

Tourville (M. de), I, 68, 299; II, 102, 147, 409, 426, 428, 430-432, 434, 438, 440, 444, 476; III, 13, 47, 51, 53, 58, 165, 168, 170, 171, 173, 244, 248, 266, 271, 343, 354, 374, 386; IV, 11, 25, 57, 74, 75, 77, 80, 81, 84, 97-99, 101, 129, 251, 252, 266, 267, 295, 308, 312, 313, 315, 324, 327, 328, 341, 350, 370, 386, 393, 453, 460, 462, 470; V, 16, 21, 34, 37, 95, 99, 100, 106, 157, 163, 196, 305, 370, 387, 398; VI, 98, 108, 109, 168; VII, 239; VIII, 77, 89, 111, 112, 114; XII, 5, 317; XIII, 354; XIV, 191.

Tourville (Mme de), IV, 432; XII, 5.

Tourville (Mlle de), XV, 195, 199.

Tourville (Mme de), abbesse de Panthemont, XVI, 261.

Touy. *Voy.* Thouy.

Towienska (Mme), XI, 491; XII, 44.

Townsend (Milord), XIII, 243, 311, 316; XV, 210; XVII, 162.

Tracy (M. de), III, 407; IV, 173, 336, 442, 445; VI, 125; VIII, 53, 79, 291; X, 112.

Traisne (M. de la), premier président de Bordeaux, IX, 209.

Traisne (Mme la présidente de la), XII, 168.

Traisnel (M. de), III, 408; V, 242; VI, 378; X, 165; XIII, 130; XV, 454; XVII, 91, 94; XVIII, 34, 66, 164.

Traisnel (Mme de), IV, 44.

TRAISNEL-PALAISEAU (M. de), VI, 387.
Translation du parlement de Paris à Pontoise, XVIII, 328.
TRANSTOURETTE (Chevalier de), capitaine lieutenant des galères, XIV, 329.
TRAUTMANSDORF (Comte de), VII, 251; IX, 425, 430.
TRAVERSONNE, capitaine aux gardes, V, 168; brigadier d'infanterie, 343; VI, 295; IX, 103.
TREBISACCIA (Prince de), VIII, 452.
TREBONS, enseigne des mousquetaires noirs, VII, 121; XVI, 319.
TRECESSON (M. de), IX, 441; XVII, 174; XVIII, 4.
Tréguier (Évêque de). *Voy*. BAGLION, KERVILIO et SÉNÉCHAL.
TRELON-MÉRODE (M. de), II, 196, 197; III, 235.
Tremblement de terre en France et en Allemagne, XIV, 26.
TRÉMOILLE (Jean Emmanuel de la), abbé, puis cardinal et archevêque de Cambrai, II, 360; VIII, 391; IX, 478; XI, 35, 37, 113, 351; XII, 146, 227; XIII, 45, 141, 183, 282, 292; XIV, 340, 485; XV, 145, 351, 370, 385; XVI, 294, 408; XVII, 259, 291, 301, 310, 316; XVIII, 68, 130, 133, 209, 210.
TRÉMOILLE (M. de la), I, 45, 86, 112, 432, 435; II, 77, 220, 222, 229, 240, 241, 254, 285, 293, 430; III, 76, 123, 128, 230, 427, 448; V, 16, 317, 349, 354, 461; VI, 150, 231, 379, 380; VII, 28, 240; VIII, 50, 118, 123; X, 245; XI, 58, 180, 434; XII, 18, 216, 344, 425, 426, 427; XIII, 8, 48, 74, 121, 317, 347; XIV, 49, 82, 87, 128, 396; XV, 143, 146; XVI, 124, 173; XVII, 22, 219, 386; XVIII, 5, 135.
TRÉMOILLE (Mme de la), XI, 433; XVII, 124, 125.
TRÉMOILLE (Mlle de la), III, 428, 437, 442, 447; IV, 158, 203; V, 317, 350, 353, 359.
TRÉMOUILLE. *Voy*. TRÉMOILLE.
TRENEL. *Voy*. TRAISNEL.
TRENTE (Mlle de), XVIII, 189, 206, 208.
TRESLON (Chevalier de), ambassadeur en Danemark, II, 357.
TRESMES (Duc de), V, 347; IX, 239; X, 2, 196, 197, 238, 302, 335; XI, 2, 242, 302; XII, 38, 371, 382, 384, 427; XIII, 17, 18, 74, 105, 174, 395, 434; XIV, 10, 49, 159, 204, 231, 409, 423; XV, 7, 79, 131, 141, 362, 364, 394; XVI, 124, 173, 197, 212, 494; XVII, 108, 177, 300, 360; XVIII, 3, 64, 119, 129, 158, 191, 322.
TRESMES (Mlle de), XVI, 196.
TRESNE. *Voy*. TRAISNE.
TRESNEL. *Voy*. TRAISNEL.
Trésor (Abbesse du), V, 104.
TRESSAN (Abbé de), VII, 217; XI, 255; XIV, 33; XV, 405; XVI, 375; XVII, 162.
TRESSAN (Louis de la Vergne de), évêque de Nantes, XVII, 386, 440; XVIII, 37, 241, 300.
TRESSAN (Louis de la Vergne de Monthénard de), évêque du Mans, II, 137; X, 260; XI, 255; XIV, 73.
TRESSAN (M. de), IV, 391; V, 433, 440; VI, 311; XVIII, 199.
TRESSEMANNES (Chevalier de), IX, 20, 154, 306, 307, 308, 320; X, 188, 297; XII, 361; XV, 284; XVI, 385; XVII, 263, 310.

TRESSON (Chevalier de), colonel, V, 304, 307; lieutenant général de l'artillerie, XVI, 462.
TREVELEC DE BOURGNEUF, gentilhomme breton, XVIII, 260.
TRÈVES (M. l'électeur de), I, 27; II, 186, 193; VII, 40; VIII, 80, 325; X, 329; XIII, 322, 395, 462; XV, 358; XVI, 258, 262, 327.
TREVIER (Marquis), ambassadeur de Savoie en Angleterre, XIV, 473.
TRÉVILLE (Abbé de), VII, 413.
TRÉVILLE (M. de), X, 39; XII, 201; XVII, 100.
TREVISANI (Abbé), III, 87, 96.
TREVOR (Milord), XIV, 375.
TRÉVOUX (Le P. du), VIII, 145; XVI, 225, 431, 488.
TRÉVOUX (Mme de), XVIII, 125.
Trianon (Bâtiments de), II, 65, 75, 107; XVI, 48.
TRICAUT, brigadier d'infanterie, XI, 52.
Trinité de Caen (Abbaye de la), XVIII, 272.
Tripoli (Envoyés de), XV, 358.
TROBAT (M.), premier président et intendant de Roussillon, I, 425; VI, 146, 340.
TROCHE (M. de la), brigadier, III, 75, 403, 408.
TROCHE (Mme de la), III, 439.
TROIGNIES (Baron de), IX, 394; X, 194, 203.
TROISVILLE. *Voy.* TRÉVILLE.
TROMP, amiral hollandais, III, 347.
TRONCQ (Abbé du), IV, 354; V, 143.
TRONCQ (Du), brigadier de cavalerie, XI, 232; maréchal de camp, XVII, 263.
TROUILLON, médecin, XII, 335.
Trou-Madame (Jeu de), II, 305.
TROUSSE (M. de la), I, 140, 222, 336, 394; II, 68, 181, 222, 242, 285, 340, 349, 351, 407; III, 119, 415; IV, 285.
Troyes (Évêque de). *Voy.* BOUTHILLIER DE CHAVIGNY.
TRUCHSES, général de l'empereur, IX, 468.
TRUDAINE (Abbé de), XIII, 461; XV, 149.
TRUDAINE (M. de), X, 98, 343; XI, 72; XII, 142, 396, 415; XIII, 77, 123, 132, 429, 463; XIV, 29, 69, 195; XV, 210, 378; XVII, 14, 312, 353, 359, 360; XVIII, 184, 309, 317, 332.
TRUMBAL (Chevalier), envoyé extraordinaire du roi d'Angleterre, I, 265, 266; VI, 53.
Truzzi (Comte), envoyé du duc de Mantoue, XII, 217.
TUISY. *Voy.* THUISY.
Tulle (Évêque de). *Voy.* ANCELIN.
TULLIBARDINE (Milord), XVIII, 44, 140.
TUNGHEN. *Voy.* THUNGEN.
TURBILLY (De), brigadier d'infanterie, XVIII, 7.
TURCI. *Voy.* TURSIS.
TURENNE (M. de), I, 45, 75, 130, 131, 138, 139, 141, 215, 278, 362; II, 83, 122, 198, 394; III, 176, 202, 253, 254, 274, 282, 289, 290, 291, 304, 309, 313, 403, 404, 424; IV, 54, 70, 76, 88, 89, 103, 114, 119, 123, 137, 139, 152, 232; XVIII, 199, 304.

TURENNE (Mme de), III, 385; IV, 232, 241, 250, 263, 447, 451, 452.
TURENNE (Mlle de), IV, 378.
TURGIS, capitaine de vaisseau, III, 166.
TURGOT (Abbé), V, 13, 38; XII, 358; XIII, 207.
TURGOT (M.), V, 60, 400; VII, 189, 208, 299; VIII, 35; XII, 118; XIII, 10; XV, 25, 43; XVIII, 207.
TURGOT (Mme), XIII, 402.
TURGOT DE SAINT-CLAIR, II, 109; XII, 156.
TURGOT DE SAINT-CLAIR (Dominique-Barnabé), évêque de Séez, XIII, 264, 310, 429, 446; XIV, 386; XV, 167, 411.
TURMENIES (M. de), III, 387; IV, 207; V, 309, 419; VIII, 344, 400; XVIII, 277.
Turin (Archevêque de), VII, 370.
TURPIN DE CRISSÉ DE SANZAY (Christophe-Louis), évêque de Rennes, XVII, 171.
TURSIS (Duc de), IV, 181; VIII, 208; X, 122; XI, 432; XV, 422, 423, 446, 453; XVI, 95, 236, 244, 352.
Type (Le), libelle, XVII, 204.
TYRCONNEL (M. de), I, 229; II, 14, 300, 324, 336, 353, 372; III, 14, 145, 181, 186, 218, 231, 235, 239, 240, 247, 249, 250, 257, 269, 297, 347, 390, 398, 403.
TYRCONNEL (Mme de), I, 228; III, 189, 340; V, 47, 83, 285, 286, 305; VI, 198, 441; VII, 50, 151; VIII, 358.
TZERCLAES (M. de), III, 398, 399, 406; IV, 87, 165, 482; V, 15, 234; VIII, 218, 229, 416, 471, 475; IX, 276, 284, 359, 395; X, 16, 33, 46, 127, 353, 384, 419, 422, 445, 455, 467, 472, 478; XI, 6; XII, 465; XIII, 439; XIV, 214, 282.

U.

UBALDINI (M.), envoyé du pape, XVIII, 289.
UBILLA (Don Antonio de), ministre espagnol, VII, 414; VIII, 58, 162; IX, 43, 312; XVI, 233. *Voy.* RIVAS.
UCEDA (Duc d'), VIII, 427; IX, 81, 201; XIII, 334, 338, 346; XIV, 13, 26; XV, 56.
ULRIQUE-ÉLÉONORE, princesse, puis reine de Suède, XV, 46, 74, 328; XVII, 472, 473; XVIII, 17, 21, 44, 104, 126, 143.
ULRIQUE-ÉLÉONORE DE DANEMARK, reine de Suède, femme de Charles XI, IV, 342, 347.
Union de la Jeunesse avec la Sagesse (L'), ballet, XVII, 247.
URBAIN VIII, pape, II, 3.
URBAN (M. d'), VIII, 50; XIII, 126.
URCE. *Voy.* URSÉ.
URFÉ (Abbé d'), V, 125, 176; VIII, 171.
URFÉ (Louis de Lascaris d'), évêque de Limoges, V, 233.
URFÉ (M. d'), I, 39, 55, 118, 167, 244, 265, 266; II, 25, 123, 139; III, 18, 152, 167, 194, 334, 419; IV, 271, 279, 437, 456, 461; V, 105; VI, 36,

TABLE GÉNÉRALE ALPHABÉTIQUE.

316, 359; VII, 82, 93; VIII, 62, 65; XIII, 435; XIV, 129, 388; XV, 317.
URFÉ (Mme d'), I, 342, 345, 354, 356, 359, 380, 381; II, 25, 66, 68, 80, 94, 95, 96, 106, 112, 114, 211, 213, 305, 308, 363, 381, 385; III, 49, 68, 71, 339, 342; IV, 272, 432; V, 233, 293, 295; VI, 141.
URSÉ (Chevalier d'), maréchal des logis de la cavalerie, V, 122.
URSÉ (Comte d'), VIII, 230, 267; IX, 416; XI, 212.
URSINS (Princesse des), I, 290; II, 81; VII, 276; VIII, 142, 172, 256, 252, 265, 302; IX, 3, 119, 127, 134, 148, 162, 164, 202, 214, 221, 310, 312, 343, 395, 447, 460, 476, 490, 495; X, 21, 25, 47, 56, 113, 114, 127, 156, 163, 180, 225, 229, 230, 231, 232, 249, 261, 264, 285, 290, 306, 310, 315, 325, 347, 348, 379, 388, 395; XI, 53, 63, 200, 286, 311; XII, 344, 394, 406, 478; XIII, 31, 35, 41, 45, 122, 133, 136, 340, 356, 416, 449, 471, 472, 476, 481, 487; XIV, 45, 119, 170, 225, 242, 248, 249, 261, 281, 290, 462, 475, 480; XV, 15, 16, 44, 57, 85, 98, 118, 120, 127, 158, 255, 263, 278, 283, 303, 309, 316, 318, 335, 336, 344, 351, 355, 368, 370, 372, 389, 390, 406, 408, 413, 455; XVI, 5, 95, 138, 174, 313, 406; XVIII, 14, 68, 201, 211, 240, 274, 287. *Voy.* BRACCIANO.
USSÉ (M. d'), contrôleur général de la maison du roi, XIV, 392; XV, 58.
USSÉ (Mme d'), XIV, 392; XV, 29.
USSON (Abbé d'), XII, 113.
USSON (M. d'), III, 278, 281, 293, 404, 425, 434; IV, 15, 22, 52, 59, 183, 258, 478; V, 100, 344, 348, 395; VI, 151, 158; VII, 49, VIII, 93, 113, 196, 371, 381; IX, 43, 89, 107, 108, 181, 305, 308; X, 97, 270, 284, 407, 434.
UTERBIE (Vicomte d'), capitaine de vaisseau, XI, 247.
UZÈS (Abbé d'), III, 131; V, 24; X, 498; XIV, 177.
UZÈS (Comte d'), V, 188; VI, 87, 297; VII, 357, 359, 364, 460, 464; VIII, 109; IX, 166, 435, 443; X, 374, 494; XII, 361, 362, 364; XIII, 401; XIV, 130, 144, 174, 185, 204; XV, 391, 418; XVII, 397; XVIII, 41.
UZÈS (Comtesse d'), XIII, 55; XIV, 376.
UZÈS (Duc d'), I, 133, 148, 171, 185, 186, 255; II, 97, 222, 240, 241, 285, 288; III, 120, 121, 124, 127, 439; IV, 1, 123, 332, 414; V, 192, 194, 321, 323, 344, 349, 350; IX, 53; XI, 47, 55; XVI, 221.
UZÈS (Duchesse d'), I, 319, 339; II, 10, 67, 94, 220; III, 49, 120, 232, 253, 343; V, 1, 186, 188; VII, 343, 344; XI, 322, 336; XII, 119; XIII, 389.
UZÈS (Mlle d'), I, 69, 288, 319, 366, 372, 373; II, 212; III, 131, 245, 296, 342, 393, 402, 410, 422, 429; V, 24; XI, 56.
UZÈS (Évêque d'). *Voy.* PONCET DE LA RIVIÈRE.

V

VACHTMEISLER (Baron), amiral de Suède, II, 121.
VACOGNE, exempt dans les gardes, I, 79; IV, 203.
VACQUEUIL (M. de), exempt dans les gardes, III, 407.
VAILLAC (M. de), III, 6; V, 342; IX, 72, 109, 287; X, 164, 180; XI, 46, 330, 401.
VAILLAC (Mme de), II, 33; IV, 228.

VAILLANT (M.), avocat, V, 17.
VAINI (Prince), VI, 285, 287, 288, 348; VII, 64, 95, 117, 242, 424, 425, 428, 444; XV, 351; XVIII, 281.
VAIR (M. de), colonel, IV, 279.
VAISE (La), gouverneur du fort Louis du Rhin, XIV, 113.
VAISE (Mlle de la), première femme de chambre de la duchesse de Berry, XVI, 226.
Vaison (Évêque de). *Voy.* GENEST, au Supplément.
VAISSE (M. de la), III, 75; IV, 343; V, 341; VI, 109; X, 164.
VAKENER, lieutenant-colonel des Suisses, IV, 193.
VAL (Del), gouverneur de Dendermonde, XI, 140.
VALAVOIRE (Abbé de), XIV, 115.
VALAVOIRE (Marquis de), I, 179; IV, 475; XII, 333.
VALAVOIRE (Nicolas de), évêque de Riez, I, 179.
VALBELLE (Abbé de), VII, 134; IX, 338, 434, 443; X, 392; XII, 256; XV, 376.
VALBELLE (Louis-Alphonse de), évêque d'Alet, puis de Saint-Omer, I, 19; III, 114, 288; VII, 91; IX, 443.
VALBELLE (M. de), III, 166; VIII, 49, 448; XI, 285; XII, 392; XIV, 274; XV, 454; XVI, 373; XVIII, 12.
VALBELLE DE TOURVES (François de), évêque de Saint-Omer, XII, 295; XVII, 266, 377.
VALCROISSANT, capitaine d'infanterie, XVII, 217.
VALCROISSANT, gouverneur d'Arras, IX, 470.
VALDECANAS (Marquis de), XIII, 265, 344, 354, 358, 360, 376.
VALDECK (Prince de), II, 190, 445, 449, 452, 453, 455, 456, 461, 463, 464, 466, 468, 471; III, 3, 12, 140, 158, 161, 171, 183, 189, 344, 399; IV, 80, 118, 123, 129, 140, 205, 206.
VAL-DE-FUENTÈS (Comte de), VII, 440; VIII, 14.
VALÉE (M.), commis des finances, IX, 115.
VALEILLES (M. de), VIII, 406, 450; IX, 38, 43; X, 166; XI, 466; XV, 330; XVI, 415.
VALENÇAY (Chevalier de), III, 268; VII, 281.
VALENÇAY (Marquis de), III, 167; VII, 263.
VALENÇAY (Mme de), I, 48.
VALENÇAY (Mlle de), II, 332.
Valence (Évêque de). *Voy.* COSNAC.
VALENCE (M. de), III, 152; IV, 96; V, 123; X, 373; XIII, 249, 251; XVII, 268.
VALENCEY. *Voy.* VALENÇAY.
VALENTINE (M. de), V, 430.
Valentinois (Duché de), XV, 385.
VALENTINOIS (M. de), I, 50, 52; II, 126, 129, 140, 145, 146, 188; IV, 103; V, 367, 376; VII, 20; XVI, 263, 388, 398, 439, 505; XVIII, 281.
VALENTINOIS (Mme de), II, 212; III, 48; IV, 72, 320, 369, 432, 484; V, 65, 294, 296, 302, 304, 325, 353, 404; VI, 55, 56, 63, 141, 279; VII, 20; XIV, 392; XVII, 261, 314.
VALENTINOIS (Mlle de), V, 427; XVII, 314.

VALENZUELA (Marquis de), IV, 175.
VALERIO (Don), VII, 433; X, 374; XI, 251; XVI, 3.
VALERO Y LOSSA (Francesco), archevêque de Tolède, XV, 342, 384; XVIII, 286.
VALERY (M. de), brigadier de cavalerie, III, 409.
VALETTE (Abbé de la), XIV, 115.
VALETTE (M. de la), I, 14; II, 163, 374; III, 17, 25, 91, 299, 329, 407, 416; IV, 52, 81, 88, 96, 120, 185, 253, 257, 325, 362, 385, 386, 477; V, 65, 94, 147, 148, 155; X, 372.
VALETTE (Mlle de la), I, 79, 331.
VALETTE-LAUDUN, capitaine de vaisseau, X, 331.
VALGRAND (M. de), mestre de camp, XI, 27; brigadier de cavalerie, XVIII, 11.
VALICOURT, intendant d'armée, I, 324.
VALIEJO. *Voy.* VALLÉJO.
VALIER. *Voy.* VALIERI.
VALIÈRE. *Voy.* VALLIÈRES.
VALIERI (Silvestro), doge de Venise, IV, 465; VII, 353.
VALINCOURT (M. de), VII, 76, 89, 404; XVII, 116, 366, 479; XVIII, 90.
VALLEJO (Don Joseph), XII, 160; XIII, 266, 280, 296, 310, 318, 324, 334.
VALLEMANNI (Cardinal), XI, 449.
VALLIÈRE (Chevalier de la), aide de camp du duc de Choiseul, III, 403, 408; IV, 414; VI, 377, 378; VII, 221; VIII, 271; IX, 185; X, 101, 268; XI, 41.
VALLIÈRE (Duchesse de la), I, 393; V, 379, 455; VII, 317; XIII, 176; XIV, 392; XVI, 15, 50.
VALLIÈRE (Marquis de la), III, 441; V, 126; VI, 345, 346, 366; VII, 20, 221, 238, 256; VIII, 305; X, 101, 125, 165, 306, 309, 326, 333, 454; XI, 100, 157, 184, 277, 335, 393; XII, 258, 309, 362, 397, 451; XIV, 128; XV, 90; XVI, 306, 310.
VALLIÈRE (Marquise de la), I, 399; VI, 392, 410; VII, 39, 351; VIII, 42; X, 454; XI, 318, 322, 373, 374, 391, 392; XII, 106, 395, 470; XIII, 196, 204, 259, 269, 344, 485; XIV, 62; XV, 272; XVI, 368, 439, 476; XVII, 301.
VALLIÈRE (Mlle de la), VI, 133.
VALLIÈRES (M. de), lieutenant-colonel de Piémont, II, 444; brigadier d'infanterie, IV, 255; V, 100; maréchal de camp, IX, 168, 355, 361; X, 226; XI, 253; XIII, 199.
VALLIERRE (De), maréchal de camp, XVIII, 6, 199.
VALLOIS (Sœur Gertrude du), religieuse de Port-Royal, XIII, 60.
VALOIS (Charlotte-Aglaé d'Orléans, Mlle de), XIII, 88, 180, 198, 201; XIV, 422; XV, 204; XVI, 300, 331, 469, 484, 487; XVII, 58, 142, 184, 248, 249, 250, 251, 254, 265, 273, 356, 474, 478; XVIII, 19, 52, 125, 144, 145, 146, 148, 150, 157, 165, 166, 195, 211, 219, 222, 232. *Voy.* MODÈNE.
VALOIS (N. d'Orléans, Mlle de), IV, 412; V, 93, 94, 96.
VALOIS (Le P. de), jésuite, V, 298, 301; VII, 372.
VALONGE (Abbé de), IV, 354.
VALORGE, capitaine de grenadiers, I, 16.

VALORY (Abbé de), XIV, 147, 389.
VALORY (M. de), VIII, 306; XII, 285; XIII, 197; XIV, 237, 470. 471; XV, 71.
VALOSIÈRE, secrétaire du conseil de commerce, XVI, 293.
VALOT (Édouard), évêque de Nevers, X, 410.
VALOUZE (M. de), V, 67, 308; X, 166; XI, 362; XVII, 206.
VALSASSINE (Mlle de), XVI, 477; XVII, 41, 480. *Voy.* SEIGNELAY (Mme de).
VALSEMÉ (M. de), I, 309; V, 342; VIII, 52, 469; IX, 72, 109; X, 157, 161, 164, 306, 309, 363; XI, 41, 100, 419, 496; XII, 32; XIV, 388; XVIII, 141.
VALTEG (De), capitaine de vaisseau, X, 331.
VANBUNEIN, IV, 130.
VANDENPIERRE (Pierre de), évêque de Namur, IV, 123, 383.
VANDERBUYS (M.), ambassadeur extraordinaire de Hollande, XIV, 457; XV, 153. *Voy.* BUYS.
VANDER-DUSSEN, député de Hollande, X, 493; XIV, 47.
VANDER-GOEZ, vice-amiral de Hollande, XI, 427.
VANDER-NATH (Baron de), XVIII, 21.
VANDEUIL (M. de), II, 164, 172; III, 87, 413; IV, 185, 258, 400, 442, 451, 477; V, 263, 391; VI, 367; VII, 419; VIII, 93, 305, 346, 388, 495; XI, 89; XIII, 154, 157; XIV, 122, 125, 126. *Voy.* VENDEUIL.
VANDEUVRE (M. de), III, 75, 288.
VANDREVEC, porte-manteau de la Dauphine, III, 105.
VANDY (M. de), gouverneur de Montmédy, III, 34.
VANGANGEL (Mlle de), I, 270.
VAN-HOL, grand audiencier, XV, 146, 299.
Vannes (Évêque de). *Voy.* ARGOUGES, CAUMARTIN et VAUTORTE.
VANOLLES. *Voy.* VANHOL.
VARAILLON, aide de camp de Villars, IX, 246.
VARAY (De), brigadier de dragons, V, 28.
VARDES (M. de), I, 204, 215; II, 88, 98, 102, 129, 164.
VAREILLES (M. de), I, 314; II, 6; XI, 336.
VARENGEVILLE (M. de), IV, 187; VIII, 300.
VARENGEVILLE (Mme de), V, 436; VI, 292; XIII, 39, 64.
VARENGEVILLE (Mlle de), VI, 292, 293; VIII, 299, 312.
VARENNE (M. de la), I, 433; V, 409, 410; VI, 118, 249, 396; VII, 30; XV, 212.
VARENNE (Mme de la), VI, 56; VII, 30; XVII, 93.
VARENNES (M. de), I, 264, 324; II, 164, 396; III, 57; IV, 253, 258, 375, 478; V, 348, 410; VIII, 93, 102, 129, 251, 304, 423, 455, 507; IX, 48, 107, 136, 139; X, 91, 102, 234, 270; XIII, 90, 323; XIV, 246; XVII, 126; XVIII, 193.
VARENNES (Mme de), VIII, 113.
VARÈZE (Abbé de), I, 7, 59, 77.
VARILLAS, historien, V, 424.
Varmie (Évêque de), I, 384.
Varron, comédie, II, 96.
VARS (Comte de), IX, 157. *Voy.* USSÉ.

VASET, envoyé de la reine d'Espagne, XI, 150.
VASSAL, huissier du cabinet, IV, 474.
VASSAN (M. de), IV, 345; XI, 94; XVI, 390, 423.
VASSÉ (Abbé de), II, 379; XIII, 217; XIV, 115, 123; XVI, 361.
VASSÉ (M. de), I, 11, 47; II, 415; VIII, 99, 146; IX, 76, 90; XI, 34, 129; XII, 184, 320; XIII, 145.
VASSÉ (Mme de), II, 36; IX, 32.
VASSENVILLE, colonel, V, 308.
VASSEUR (Abbé le), I, 420.
VASSEUR (Mlle le), IV, 227.
VASSIGNAC, gouverneur de Montmédy, VI, 132. *Voy.* IMÉCOURT.
VASSY (Marquis de), cornette des chevau-légers de Bretagne, XVIII, 12.
VASTO (Marquis del), VIII, 389; IX, 323.
VATAN-AUBERY (M. de), secrétaire des commandements de Monsieur, III, 96. *Voy.* AUBERY.
VATTAN, procureur général, XVIII, 130.
VATTEVILLE (Abbé de), VIII, 310, 311.
VATTEVILLE (M. de), I, 278, 324, 397; II, 163, 342; III, 91, 95, 299, 319, 329; IV, 52, 250, 253, 257, 283, 477; V, 279; VI, 29; X, 166, 178; XVII, 263, 270.
VATTEVILLE (Mme de), VII, 357.
VAU (De), gentilhomme du prince de Conty, I, 164, 254.
VAUBAN (Abbé de), XVII, 85.
VAUBAN (M. de), I, 25, 124, 322; II, 45, 163, 179, 187, 191, 200, 386; III, 17, 82, 302, 307, 312, 313, 320, 321; IV, 58, 59, 82, 85, 99, 104, 110, 111, 113, 116, 122, 124, 133, 169, 261, 281, 296, 298, 358, 367, 372, 373; V, 30, 31, 170, 300, 306, 374, 389; VI, 119, 126, 128; VII, 163; VIII, 146, 394; IX, 90, 94, 129, 130, 226, 229, 250, 255, 260, 273, 316; X, 219, 221, 245, 273, 424, 430, 433; XI, 132, 331, 332, 357; XIII, 248; XVII, 229, 240.
VAUBECOURT (Abbé de), II, 84; III, 425; IV, 354; VIII, 390; IX, 269, 469.
VAUBECOURT (François de), évêque de Montauban, IX, 269; XIII, 142; XVII, 40; XVIII, 72.
VAUBECOURT (M. de), II, 43, 164, 180; IV, 65, 117, 164, 258, 321, 478; V, 174, 341, 359; VII, 371, 462; VIII, 347; IX, 102, 109, 206, 258; X, 269, 280, 334.
VAUBECOURT (Mme de), II, 232; IV, 322; XI, 460; XIII, 42, 142.
VAUBECOURT (Mlle de), IV, 65.
VAUBONNE (M. de), IX, 258, 466; X, 15; XI, 154; XII, 20; XIV, 484, 486, 487; XV, 2.
VAUBOURG (M. de), I, 206; III, 412; V, 457; VI, 279; VII, 355; VIII, 72, 73; XII, 444; XIII, 66, 249, 404; XV, 378; XVII, 14; XVIII, 126.
VAUBOURG (Mme de), XIII, 404.
VAUBRUN (Abbé de), V, 345; VI, 482; VII, 306; X, 7; XIII, 278, 331; XV, 271; XVIII, 265.
VAUBRUN (Mme de), II, 361, 364, 371; XIII, 477.
VAUBRUN (Mlle de), II, 161, 359, 360.
VAUCIEUX, colonel, IV, 178.

VAUCRESSON, intendant des galères, XVIII, 141.
VAUDEMONT (M. de), I, 143; II. 445, 467; III, 3, 349, 374, 439; IV, 140, 235; V, 213, 231, 233, 236, 238, 240, 245, 258, 263, 431, 451, 453, 470, 471, 472, 477; VI, 7, 120, 123, 124, 134, 176, 184, 250, 278, 324, 406; VII, 128, 216, 314, 437, 445, 452, 456, 465; VIII, 14, 20, 43, 48, 56, 165, 168, 169, 171, 172, 173, 214, 233, 316, 361, 392, 465, 467, 472, 476, 477, 481, 482, 486, 489; IX, 165, 170, 172, 199, 202, 206, 209, 211, 222, 242, 252, 281, 294, 315, 321, 344, 361, 389, 404; X, 2, 24, 160, 400; XI, 6, 18, 55, 144, 162, 195, 213, 214, 221, 244, 264, 275, 287, 302, 350, 351, 359, 360, 365, 366, 367, 368, 369, 373, 376, 387, 391, 393, 398, 401, 412, 415, 416, 418, 423; XII, 52, 55, 57, 59, 63, 70, 133, 316, 382; XIII, 45; XIV, 42, 345, 469; XV, 69, 89, 108, 240, 259, 269; XVI, 32; XVII, 249, 266, 423; XVIII, 54, 60, 61, 62, 63, 236, 277.
VAUDEMONT (Mme de), XI, 244, 350, 360, 396, 412, 413; XV, 89, 205.
VAUDEMONT (Prince Charles de), IX, 446.
VAUDEMONT (Prince Thomas de), VIII, 317, 485; X, 24.
VAUDETAR (Mme de), I, 137.
VAUDRÉ. *Voy.* VAUDREY.
VAUDREUIL (M. de), II, 330, 433; IV, 386; X, 234; XV, 461.
VAUDREUIL (Mme de), XIV, 247, 373, 386; XV, 167, 409.
VAUDREY (M. de), III, 435, 446; V, 113; IX, 72, 110, 179, 249, 268, 400, 437; X, 9, 164, 399; XI, 141; XVIII, 12.
VAUDRICOURT, capitaine de vaisseau, III, 165.
VAUGUYON (M. de la), I, 208, 383; II, 40, 133, 222, 242, 285; III, 140, 191, 415, 417; IV, 17, 130, 191, 193, 273, 404.
VAUGUYON (Mme de la), III, 444.
VAUPALIÈRE (La), colonel, IX, 462; XI, 220.
VAURÉAL (Abbé de), XVII, 377.
VAUROUY (Abbé de), V, 126; XI, 352.
VAUROUY (M. de), III, 314; IV, 119, 129; IX, 216.
VAUTORTE (Louis Casset de), évêque de Vannes, II, 79.
VAUVINEUX (Mme de), X, 411.
VAUVRÉ, intendant de la marine, IV, 293; VII, 407; VIII, 101, 208; IX, 229, 429; X, 281; XI, 9, 55, 427, 441; XII, 98, 139, 160, 164; XIII, 419; XIV, 459; XV, 95; XVI, 209, 214, 260; XVII, 348.
VAUX (De), écuyer du comte de Brionne, XII, 357.
VAUX (Comtesse de), XVII, 106.
VAUX (Marquis de), II, 459.
VAVASSEUR (Sœur Françoise-Madeleine le), religieuse de Port-Royal, XIII, 60.
VAYER (M. le), intendant en Bourbonnais, IV, 440.
VECHEL (M.), général de l'électeur de Bavière, X, 172.
VEILLANNE (Le), page de M. de Villars, I, 203.
VEILLARD (Le P.), jésuite, XII, 328.
VEILLET (Abbé), I, 65.
VEISSENROLF, chevalier de la Toison d'Or, II, 61.
VELASCO (M. de), VI, 153, 243; VII, 451; VIII, 58; X, 36, 491.
VELDENS (Prince de), I, 364.
VELLERON (Chevalier de), XII, 306; XIII, 131; XVIII, 6, 180, 183.

Vence (Évêque de), *Voy.* ALLART et CRILLON.
VENDEUIL (M. de), maréchal de camp, IV, 253; lieutenant général, VIII, 304; IX, 100. *Voy.* VANDEUIL.
VENDIVES, orfévre, VII, 44.
VENDÔME (Louis-Joseph, duc de), I, 88, à XIV, 174.
VENDÔME (Marie-Anne de Bourbon-Condé, Mlle d'Enghien, duchesse de), femme du précédent, XIII, 201, 390, 420; XIV, 100, 102, 107, 231, 234, 462; XV, 48, 199, 427; XVI, 199, 475; XVII, 163, 286. *Voy.* ENGHIEN (Mlle d').
VENDÔME (Philippe de), grand prieur de France, nommé *M. le grand prieur*, frère du précédent, I, 15, à XIV, 174; XV, 350, 389, 393, 396, 406, 423; XVI, 199, 359, 419, 451; XVII, 46, 51, 52, 66, 288; XVIII, 13, 28, 120, 132.
VENDÔME, enseigne de vaisseau, XI, 248.
Vendôme (Place), à Paris, I, 174; VI, 394; VII, 50, 75.
VENEL (Mme de), II, 69; VII, 164.
VÉNIER, ambassadeur de Venise, II, 391; V, 11.
VÉNIER, lieutenant-colonel des bombardiers, I, 50.
Venise (Ambassadeur de), I, 327.
Venise (Ambassadrice de), V, 288, 289.
VENISE (M. de), capitaine de vaisseau, III, 164; VIII, 502.
VENTADOUR (Duc de), I, 432, 435; II, 254; IV, 250; V, 409; VII, 294, 295; XII, 378, 389; XVII, 166, 167.
VENTADOUR (Duchesse de), I, 23, 27, 64, 69, 140, 162, 216, 232, 299; II, 2, 25, 73, 95, 115, 159, 176, 287, 325, 422, 423; IV, 173, 241, 263; V, 184, 282, 293, 295, 404; VI, 192, 198, 208, 355; VII, 32, 57, 124, 126, 127, 149; VIII, 125, 158, 389; IX, 26, 122, 199, 236, 248, 469, 470; X, 24, 302; XII, 18, 302, 315; XIII, 102, 184, 329, 374; XIV, 101, 109, 183, 362; XV, 240, 365, 390, 393; XVI, 127, 170, 208, 272, 317, 321, 346, 362, 424, 461; XVII, 22, 23, 25, 27, 72, 76, 85, 166, 167, 310, 312, 319, 412, 417, 423; XVIII, 48, 125, 126, 132.
VENTADOUR (Mlle de), II, 287; III, 274, 282, 290, 291.
VENTELET (Mme de), I, 129.
VENTELET (Mlle de), I, 39.
Vénus d'Arles (La), statue antique, I, 156.
VÉRAC (M. de), I, 310; II, 222, 231, 242, 258, 285; V, 359; VII, 464; IX, 181; X, 57, 60, 166, 176; XI, 210; XIII, 131, 354; XVIII, 260.
VÉRAC (Mme de), XVIII, 97.
VERAGUAS (Duc de), VII, 216; VIII, 3, 114; X, 182, 184; XII, 470; XIII, 44; XV, 374.
VERBAUNI (M. de), ingénieur des troupes espagnoles, XI, 152; XIII, 224.
VERCEIL (M. de), X, 244, 261; XII, 88, 93, 301, 319; XVI, 376; XVII, 76; XVIII, 5. *Voy.* BASTIE.
VERCHIN (Mlle de), XV, 151, 206, 240, 242.
VERDERONNE (M. de), VIII, 29, 35; XIV, 360; XV, 359.
VERDERONNE (Mlle de), XIV, 436, 442.
VERDESALLE, I, 424.
VERDUN (Comte de), XIV, 358.

Verdun (Évêque de). *Voy.* Béthune.
Vère (M. de la), lieutenant général, XV, 249.
Vergagne (M. de), grand d'Espagne, XVI, 232.
Vergagne (Mme de), XV, 172.
Verget (Du), inspecteur d'infanterie, XVI, 385.
Vergetot (M. de), IV, 140; VIII, 305; IX, 338; X, 165; XI, 22; XIV, 47.
Vergetot (Mme de), VIII, 255.
Vergne (Abbé de la), IX, 31.
Vergne (La), lieutenant général, I, 408.
Verjus (Abbé), I, 326.
Verjus (Le P.), I, 19.
Verjus (M.), secrétaire du cabinet, I, 54.
Vermandois (Comte de), I, 256.
Verme (Cardinal del), V, 327; XVII, 16.
Vernassal (M. de), III, 177; VIII, 343, 440, 446, 467, 495; IX, 100; X, 487; XII, 319; XVIII, 5.
Verneuil (Abbé de), V, 126,
Verneuil (Charlotte Séguier, duchesse de), I, 150; II, 342, 348; III, 108; IV, 29, 32; VI, 101, 240, 244, 377; VIII, 125, 215; X, 30, 34; XIII, 209, 229.
Verneuil (M. de), secrétaire du cabinet, XVII, 164.
Verneuil du Rozel (De), brigadier de cavalerie, XII, 319; maréchal de camp, XVIII, 4.
Vernicourt, inspecteur de cavalerie, XVIII, 258.
Vernon (Comte de), VI, 360, 366; VII, 98, 398; VIII, 90; IX, 480; XVIII, 25, 43.
Verpel, brigadier d'infanterie, V, 343; IX, 370.
Verre (Marquis de la), XVII, 215.
Verrue. *Voy.* Verue.
Versailles (Château de), I, 48, 182; XVI, 41, 47.
Versailles (Curé de), III, 114.
Versailles (Loterie de), XI, 26.
Versailles (Ménagerie de), VI, 30.
Verseil. *Voy.* Verceil.
Vertamont. *Voy.* Verthamon.
Verteuil (Abbé de), II, 443; V, 310.
Verthamon (Abbé de), IV, 354; XII, 63.
Verthamon (Isaac-Jacques de), évêque de Conserans, XVIII, 250.
Verthamon (Jean-Baptiste de), évêque de Pamiers, XV, 354.
Verthamon (M. de), I, 43, 44; VI, 69; X, 343; XII, 390; XIII, 408; XVI, 310, 314, 317; XVII, 424.
Verthamon (Mme de), X, 393.
Verthamon (Mlle de), I, 35, 37, 38; XVI, 309.
Vertillac (M. de), I, 190, 306, 314; II, 180; III, 139, 308, 320, 327; IV, 124, 139, 317. *Voy.* Bertillac.
Vertilly (M. de), III, 328; IV, 387; V, 342; IX, 64; X, 165, 234; XVII, 40.
Vertilly (Mlle de), XVII, 40, 69.

VERTON (M. de), XVII, 283.
VERTOT (Abbé de), IX, 269.
VERTRON (Mme de), XI, 272.
VERTUS (Comte de), VI, 311; VII, 43; VIII, 89; XII, 257, 319; XV, 454; XVIII, 5.
VERTUS (Mlle de), IV, 201.
VERUE (Abbé de), III, 256, 258; VI, 71.
VERUE (Comte de), III, 258, 268; VI, 418; IX, 176, 290, 459; X, 104, 107, 183.
VERUE (Comtesse de), III, 256, 258, 276, 443, 444; V, 181; VII, 256, 398; VIII, 159; XI, 149.
VERVILLE LE MAIRAT (Mlle de), V, 78.
VERVILLON, écuyer de M. le Prince, XII, 376.
VERVINS (M. de), IV, 255; VII, 135, 365; VIII, 348; IX, 114, 170; X, 49.
VESINS (Chevalier de), capitaine de vaisseau, XI, 369.
VESTERLO (Marquis de), XI, 212.
VETERANI (Comte), général autrichien, V, 291, 293, 297, 299; XVII, 356, 416.
VIALA (Abbé), XIII, 375.
VIANTAIS (Abbé de), VII, 217.
VIANTAIS (M. de), VIII, 436, 437.
VIANTAIS (Mlle de), I, 200, 245; II, 95; VI, 141; VII, 128.
VIBEU (M.), ministre du roi de Danemark, XVIII, 76.
VIBRAYE (M. de), I, 51; II, 188, 373, 389; V, 28; IX, 43, 72, 84, 108; X, 164; XI, 47, 77, 226, 330; XII, 90, 130, 161.
VIBRAYE (Mme de), I, 169; V, 397; VIII, 45; XV, 330.
VICTOIRE (Abbé de la), XV, 308.
VICTOIRE (Princesse). *Voy.* SOISSONS (Mlle de).
Victoires (Place des), à Paris, I, 315, 316; II, 15, 42; VII, 86.
VICTOR-AMÉDÉE II, duc de Savoie, puis roi de Sardaigne, I, 2, 5, 48, 49, 71, 76, 150, 151, 277, 296, 301, 313, 329; II, 26, 34, 324; III, 13, 98, 104, 118, 121, 133, 141, 143, 146, 147, 153, 169, 221, 252, 272, 276, 278, 328, 334, 345, 387, 426, 441, 443, 446; IV, 46, 110, 126, 131, 133, 137, 140, 150, 153, 155, 157, 162, 164, 166, 169, 172, 175, 177, 182, 183, 185, 186, 187, 191, 194, 196, 202, 204, 209, 212, 225, 227, 236, 239, 240, 243, 245, 248, 251, 265, 268, 312, 316, 323, 348, 359, 361, 364, 370, 373, 375, 379, 413, 417, 440, 444, 449, 457, 460; V, 36, 52, 54, 59, 66, 73, 91, 155, 157, 177, 181, 211, 219, 242, 284, 290, 297, 374, 400, 409, 410, 415, 424, 437, 438, 442, 450, 452, 455, 466, 467, 471, 473, 475; VI, 1, 14, 17, 149, 204, 316, 359, 371, 373, 383, 402, 406, 447, 459; VII, 15, 23, 77, 128, 256, 279, 370, 393, 412, 468; VIII, 37, 48, 71, 72, 77, 86, 131, 156, 159, 165, 186, 189, 190, 243, 251, 400, 416, 441, 442, 444, 446; IX, 202, 284, 302, 313, 315, 316, 218, 325, 332, 333, 341, 344, 348, 366, 378, 379, 405, 424, 427, 451, 454, 473, 478; X, 5, 9, 12, 19, 34, 45, 55, 74, 85, 95, 151, 159, 177, 187, 203, 223, 282, 286, 317, 332, 347, 363, 365, 385, 391, 420, 429, 462, 474; XI, 3, 111, 132, 139, 144, 146, 149, 152, 156, 160, 187, 204, 226, 227, 228, 229, 232, 235, 240, 244, 289, 345, 358, 375, 385, 391, 399, 403, 411, 417, 418, 420, 425, 427, 433, 434, 435, 440, 446, 447, 448, 450, 454, 458, 464, 466, 487; XII, 72, 122, 168, 171, 180, 185, 188,

192, 194, 197, 198, 202, 206, 219, 226, 236, 304, 366, 430, 459, 473, 482;
XIII, 6, 28, 61, 182, 206, 213, 267, 371, 400, 440, 444, 448, 451, 458, 461,
466, 468, 469, 478; XIV, 3, 15, 39, 47, 68, 177, 190, 223, 269, 349, 351,
367, 394, 443, 455, 460; XV, 3; XVI, 332; roi de Sicile, XVII, 138;
XVIII, 25, 35, 284, 316.

Vidame (Le). *Voy.* AMIENS.

VIE (M. de la), I, 86; III, 278.

VIE (Mlle de la), VI, 445.

VIELOPOLSKI (Comte), grand chancelier et ambassadeur extraordinaire de Pologne, I, 234, 258.

VIENNE (M. de), I, 69; IV, 195, 273, 279, 285, 430, 448, 459; VIII, 368; IX, 440, 442; XI, 127; XIII, 74; XVII, 305; XVIII, 218.

VIENNE (Mme de), XV, 284.

VIENNE (Mlle de), XIV, 59.

VIENNE (La), premier valet de chambre du roi, VI, 388; VIII, 351; IX, 236, 306, 307; XIII, 225. *Voy.* QUENTIN.

VIENNE (Mlle de la), VI, 87.

Vienne (Archevêque de). *Voy.* MONTMORIN et VILLARS.

VIENS (Abbé de), I, 326.

Vierge (Chapelle de la), à Chartres, I, 218.

VIERNE (M. de la), colonel, IV, 279.

VIERUE (M. de la), V, 122, 369; X, 230; XII, 361; XIV, 245, 246; XVII, 171; XVIII, 4, 31.

VIEUBOURG (Abbé de), II, 370; V, 250.

VIEUBOURG (M. de), I, 220; V, 246.

VIEUBOURG (Mme de), IV, 22.

VIEUCOUR (M. de), financier, XVI, 488.

VIEUVILLE (Abbé de la), III, 93; XIII, 218.

VIEUVILLE (Bailli de la), ambassadeur de Malte, XIV, 214, 276; XV, 269.

VIEUVILLE (M. de la), I, 69, 326; II, 223, 242, 285, 313, 320, 322, 337, 409, 435; IV, 443; VI, 237, 256; VII, 359; XIII, 184; XIV, 207, 459; XV, 285; XVI, 322, 324, 362, 364, 391, 486; XVII, 46, 47, 49, 75; XVIII, 56, 57, 60, 136.

VIEUVILLE (Mme de la), I, 55, 209, 217; II, 109, 332, 336, 337; IV, 2, 432; VI, 226, 243; VII, 28; X, 300; XIII, 182, 213, 370; XIV, 360; XV, 91, 136, 200, 201, 202, 285, 421; XVI, 171.

VIEUVILLE (Mlle de la), XII, 467; XIII, 418.

VIEUXPONT (Marquis de), III, 139, 203, 241; VIII, 305; IX, 388; X, 165; XI, 95, 215, 328; XII, 309, 314, 362, 463; XIII, 130, 132, 292; XIV, 16, 127, 191, 221, 222, 245, 253, 345, 346, 350, 355, 360; XV, 89; XVII, 112.

VIEUXPONT (Marquise de), XIII, 432.

VIGER (M. de), procureur général à Bordeaux, X, 63.

VIGERIE (M. de la), capitaine de vaisseau, III, 167.

VIGIER (Abbé de), XIV, 251.

VIGIER (De l'Ile du), brigadier, IX, 72.

VIGNACOURT, grand maître de Malte, III, 201; VI, 82.

VIGNAU (Abbé du), XIII, 77.

VIGNAU (M. du), I, 402, 404; II, 164, 355, 403, 407, 413; IV, 61, 65, 117, 164, 225; IX, 359.; XII, 251, 319; XIII, 138; XIV, 1, 4, 15, 78.

VIGNÉ (Chevalier de), enseigne de vaisseau, XI, 248.

VIGNOLES, mestre de camp, X, 170, 274.

VIGNY (M. de), III, 320; IV, 138, 255, 361; VIII, 304; IX, 369; XI, 14, 303.

VILLACERF (Abbé de), XII, 39; XIII, 193.

VILLACERF (Jean-Baptiste-Michel Colbert de), archevêque de Toulouse, XII, 39; XIII, 193, 205.

VILLACERF (M. de), I, 324, 366; III, 134, 162, 167, 168, 327, 332, 355, 372, 373, 384; IV, 209, 218, 220, 240; V, 74, 76, 215, 366, 369; VI, 38, 114, 219, 222, 223, 306, 341, 389, 478, 481; VII, 3, 9, 10, 13, 149, 164, 169, 171; X, 192; XIII, 452; XIV, 129; XV, 301.

VILLACERF (Mme de), VII, 359, 433; VIII, 48, 178, 199; IX, 451, 454; XI, 289; XIV, 129; XV, 21; XVI, 401.

VILLACERF (Mlle de), I, 33; II, 112; X, 290, 306; XV, 299.

VILLADARIAS (Marquis de), VIII, 69, 504, 505, 511; IX, 8, 364; X, 16, 64, 106, 129, 136, 156, 167, 174, 177, 188, 193, 195, 256, 262, 271, 320; XI, 251; XIII, 118, 166, 219, 224.

VILLAFRANCA (Marquis de), VIII, 58, 427, 463; IX, 111; X, 359.

VILLA-GARCIA (Marquis de), X, 478.

VILLA-HERMOSA (M. de), II, 461.

VILLAINCOURT, brigadier d'infanterie, V, 343.

VILLAINE (M. de), III, 86, 408; IV, 398; V, 342; VIII, 264; X, 165; XI, 48; XII, 128, 392; XIII, 130; XIV, 121; XVIII, 141.

VILLANDRY (M. de), I, 59; II, 144, 194; III, 13, 18.

VILLANDRY (Mlle de), XIV, 400.

VILLARCEAUX (Abbé de), I, 207; III, 409.

VILLARCEAUX (M. de), I, 118, 122; II, 56, 118, 123, 223, 242, 285, 305; III, 75, 160, 172, 289.

VILLARCEAUX (Mlle de), V, 97.

VILLAROEL (Marquis de), XII, 478; XIII, 319; XIV, 458; XV, 247, 258, 275.

VILLARS, aide-major du régiment des gardes, XIV, 195; XVIII, 188.

VILLARS, capitaine des gardes suisses, V, 368; VIII, 13.

VILLARS, colonel de milices de Bourbonnais, V, 62.

VILLARS (Abbé de), I, 181; II, 178; III, 422.

VILLARS (Henri de), archevêque de Vienne, IV, 429.

VILLARS (Chevalier, puis comte de), frère du maréchal, III, 166; VII, 113, 270; IX, 185, 186, 194, 205; X, 439; XI, 15, 301, 302, 344, 492; XII, 7, 164, 362; XIII, 43, 58, 132, 231, 273, 415, 416; XIV, 16, 211.

VILLARS (Duc de), I, 52; III, 287; XIII, 73, 80, 458; XVI, 331, 442; XVIII, 285.

VILLARS (Duchesse de), VIII, 35; XIII, 80; XVI, 421, 442; XVIII, 219, 228, 229, 233, 235, 244, 305, 317, 320.

VILLARS (Marquis de), surnommé *Orondat*, ambassadeur en Danemark, I, 43, 106; II, 222, 242, 285, 313; IV, 20, 27, 44, 138, 429; VI, 314.

VILLARS (Marquise de), femme du précédent, VI, 392; XI, 140.

VILLARS (Marquis de), fils des précédents, depuis duc et maréchal de France, I, 43, 436; II, 66, 126, 139, 155, 158, 162, 164 168, 171, 189, 234, 301, 312, 313; III, 35, 40, 75, 89, 237, 282, 299, 306, 309, 315, 329, 378, 384, 416; IV, 52, 58, 127, 138, 185, 216, 254, 258, 387, 392, 478; V, 35, 348; VI, 3, 247, 375; VII, 26, 45, 54, 72, 81, 215, 224, 311, 319, 362, 368, 378, 398, 445, 465; VIII, 56, 93, 95, 152, 168, 170, 174, 214, 293, 299, 312, 347, 451, 480, 502, 504, 506; IX, 4, 8, 13-20, 22, 29, 32, 34, 36, 42, 50, 59, 66, 68, 75, 79, 83, 86, 109, 110, 122, 124, 127, 130, 136, 138, 140, 149, 150, 155, 164, 171, 174, 177, 179, 181, 182, 185, 186, 188, 190, 196, 200, 204, 207, 218, 225, 228, 237, 245, 249, 251, 254, 256, 265, 275, 294, 316, 327, 336, 359, 364, 365, 369, 370, 402, 470, 471, 480, 493, 498; X, 4, 20, 32, 42, 50, 61, 135, 147, 169, 210, 213, 219, 221, 232, 237, 245, 248, 275, 278-280, 297, 307, 309, 330, 332, 336, 340, 342, 344, 345, 350, 354, 357, 358, 362, 364, 366, 376, 386, 391, 392, 398, 403, 405, 408, 411, 412, 417, 426, 441, 453, 463, 473, 499; XI, 45, 63, 78, 80, 83, 89, 94, 100, 103, 109, 121, 129, 134, 136, 139, 146, 162, 210, 215, 225, 239, 251, 254, 262, 302, 303, 309, 359, 373, 376, 377, 384, 386, 387, 389, 400, 404, 409, 412, 415, 419, 429, 432, 442, 445, 461, 467, 483, 484, 488, 492; XII, 3, 4, 11, 16, 24, 34, 40, 57, 67, 122, 125, 126, 132, 133, 137-139, 147, 180, 187-192, 197-206, 258, 262, 267, 278, 348, 349, 352, 354, 356, 359, 395, 408, 411-414, 422-483; XIII, 7-14, 26-81, 92-94, 135-252, 273, 293, 314, 330, 356, 358, 371, 392-401, 424-428, 441, 454-458, 464, 478, 482; XIV, 12, 16, 22, 108, 118, 125-140, 159, 160, 183-193, 203, 205, 214-222, 236, 241, 244-249, 262, 274, 336, 388, 389, 399-429, 435, 444, 451, 457, 463, 468, 473, 484-487; XV, 4-20, 30-47, 78, 80, 92, 99, 106-110, 134, 147, 173, 187, 207-211, 238-246, 289, 343, 371; XVI, 3, 165, 178, 185, 194, 200, 208, 210, 219, 226, 232, 320, 322, 345, 364, 418, 476; XVII, 86, 87, 91, 108, 125, 185, 199, 242, 244, 247, 264, 267, 281-299, 322, 392, 431; XVIII, 45, 330.

VILLARS (Maréchale de), femme du précédent, IX, 214, 216, 336, 475, 480; XI, 416, 492; XII, 25, XIII, 46, 75, 76; XIV, 351; XV, 156, 157, 187; XVI, 439, 476; XVII, 90.

VILLARS (Marquis de), fils des précédents, XV, 122; XVIII, 199, 239.

VILLARS (M. de), II, 118, 476; III, 328.

VILLARS (Mme de), VII, 270.

VILLARS (Mlle de), VI, 323, 392; VII, 17.

VILLARS (Mme de), abbesse de Chelles, XI, 436; XVIII, 22, 27, 62.

VILLARS-BRANCAS (Duc de), XIII, 71; XVI, 398, 439, 449.

VILLARS-BRANCAS (Duchesse de), V, 359.

VILLARS-CHANDIEU, maréchal de camp, X, 165; XI, 328; XII, 362.

VILLAT (Du), chef des fanatiques, X, 314.

VILLATTE-CHAMILLART (M. de), VIII, 163; X, 312.

VILLAYER, doyen du conseil, III, 295.

VILLE (De). Voy. DEVILLE.

VILLE-AUX-CLERCS (La), conseiller du parlement, XVII, 331.

VILLEBLAIN, capitaine de frégate, XI, 247.

VILLEBREUIL (Abbé de), VII, 464; XII, 381.

VILLEBREUIL (M. de), gentilhomme du comte de Toulouse, VII, 464,

VILLEFORT (Abbé de), XIII, 308.
VILLEFORT (M. de), III, 320; V, 300; IX, 439, 441; XIII, 360; XIV, 107.
VILLEFORT (Mme de), XIII, 347, 360; XIV, 107, 134, 280; XVI, 346, 362.
VILLEFORT (Mlle de), XIII, 117.
VILLEFRANCHE (Comte de), député de la ville d'Avignon, X, 143.
VILLEFRANCHE (Mme de), XI, 407, 473.
VILLEFRANCHE (Mlle de), VIII, 357; XI, 407; XVI, 451; XVII, 266.
VILLEGAGNON (M. de), colonel de dragons, XIII, 443, 475.
VILLEGENOU, intendant des menus plaisirs du roi, VI, 460.
VILLEGLEY (De), gentilhomme breton, XVIII, 260.
VILLELOUVET, colonel de dragons, XII, 131; XIII, 197, 226.
VILLEMANDOR, chevalier de Saint-Louis, IV, 285.
VILLEMAREUIL (Abbé de), X, 467.
VILLEMENEUST (M. de la), X 503; XIV, 444, 460; XV, 245, 247; XVII, 61, 63, 214, 221, 386; XVIII, 8, 221.
VILLEMUR (Abbesse de), VII, 317.
VILLEMUR (M. de), III, 408; VIII, 286, 305; IX, 439, 442; X, 165; XI, 26; XII, 473; XVII, 262.
VILLÉNA (Marquis de), duc d'Escalone, V, 21; VIII, 114; XIV, 199, 200, 347; XVII, 189, 192. *Voy.* ESCALONE.
VILLENEUVE, barbier du roi, III, 293.
VILLENEUVE, caissier de l'extraordinaire des guerres, XVI, 394.
VILLENEUVE (Abbé de), V, 174, 301; VI, 123.
VILLENEUVE (Chevalier de), VIII, 343; IX, 100; X, 487.
VILLENEUVE (M. de), X, 219, 226; XI, 90; XIV, 329.
VILLENEUVE DE VAUCLUSE, enseigne des galères, XIV, 329.
VILLENEUVE DE VENCE (Abbé de), I, 326.
VILLENEUVE DE VENCE (Charles de), évêque de Glandève, VIII, 398.
VILLENNE, exempt des gardes, I, 83.
VILLENNES (De), brigadier d'infanterie, XVIII, 8.
VILLENOUVELLE, aide de camp de M. d'Alègre, IX, 195, 196, 447.
VILLEPASSANS (Mme de), abbesse de Fabas, X, 170.
VILLEPEAUX, lieutenant de roi de Hesdin, XI, 272; XIII, 326.
VILLEPION (M. de), II, 457; III, 75; V, 113, 341, 348; VI, 4; VII, 462, 466; VIII, 347.
VILLEQUIER (M. de), I, 142, 380, 390, 407, 427; II, 94, 98, 171; III, 80, 229, 262, 266; IV, 333, 437, 456; V, 5, 105, 271, 342; VII, 206, 460; VIII, 154, 304, 307, 348, 352, 385; IX, 461; XI, 34; XII, 120, 173, 364, 371; XIII, 172, 315, 316; XVI, 201; XVII, 373, 457.
VILLEQUIER (Mme de), 4, 2; V, 11, 190, 295, 457; VI, 62, 226, 244; VII, 221, 236, 238, 243, 259, 294, 325; XVI, 402, 403; XVII, 182.
VILLERAS, capitaine au régiment de Piémont, VII, 190.
VILLERAS (M. de), sous-introducteur des ambassadeurs, XIII, 11.
VILLERAY, capitaine de vaisseau, X, 331.
VILLERÉ, sous-lieutenant des chevau-légers de Monsieur, VII, 229.
VILLEROMAR (M. de), trésorier de l'extraordinaire des guerres, I, 223.

VILLERON (Chevalier de), exempt des gardes du corps, IX, 235; XII, 419.
VILLEROY (Abbé de), VI, 319, 320, 395; XIV, 1, 15; XV, 209.
VILLEROY (Camille de Neufville de), archevêque de Lyon, I, 260, 376; IV, 299, 300, 302, 304.
VILLEROY (Ferdinand de Neufville de), évêque de Chartres, III, 50.
VILLEROY (François-Paul de Neufville de), archevêque de Lyon, XV, 287; XVI, 305.
Villeroy (Incendie du château de), II, 87.
VILLEROY (Chevalier de), V, 308; VII, 281, 294, 458.
VILLEROY (Duc de), I, 13, 202, 376; II, 87, 190, 222, 241, 285, 310, 339, 397; III, 10, 53, 135, 140, 152, 175, 177, 183, 190, 191, 192, 201, 202, 210, 217, 218, 220, 221, 222, 228, 290, 449; IV, 30, 51, 68, 96, 104, 136, 177, 251, 304, 327, 378, 456, 461; 478, 480; V, 105, 177, 322, 341, 392; VI, 367; VII, 20, 45, 78, 226, 237, 243, 251; VIII, 23, 93, 129, 169, 170, 313, 315, 347, 484, 485, 500; IX, 65, 98, 108, 120, 227, 230, 459; X, 67, 69, 153, 173, 297, 322, 460; XI, 34, 46, 123, 300, 483, 484; XII, 43, 59, 85, 432; XIII, 335, 456; XIV, 1, 12, 233, 431; XV, 87, 164; XVI, 124, 305, 311, 391, 461, 505; XVII, 46, 341, 395.
VILLEROY (Duchesse de), II, 140, 342; IV, 432; V, 370; VI, 141, 243; VII, 20, 226, 235, 237, 255; VIII, 148, 302; IX, 119; X, 225; XI, 2, 62, 314; XII, 64, 470; XIII, 167, 196, 388, 393.
VILLEROY (Maréchal de), I, 88, 89, 203, 225, 259, 260; IV, 252,·257, 282, 294, 304, 325, 363, 364, 365, 371, 450, 452, 477, 481; V, 7, 16, 65, 66, 74, 83, 84, 86, 96, 101, 103, 131, 132, 149, 167, 169, 182, 197, 206, 209, 216, 218, 220, 221, 233, 236, 238, 240, 242, 244, 252, 253, 256, 257, 258, 259, 261, 262, 265, 266, 267, 268, 269, 270, 272, 276, 281, 284, 298, 300, 302, 305, 306, 308, 309, 330, 346, 348, 349, 402, 405, 413, 414, 417, 420, 423, 424, 426, 427, 429, 431, 433, 442, 443, 449, 450, 451, 453, 456, 457, 459, 468; VI, 5, 6, 15, 20, 41, 70, 98, 108, 110, 111, 113, 116, 117, 122, 124, 125, 127, 132, 141, 142, 159, 165, 176, 177, 193, 200, 215, 257, 351, 352, 449, 450, 456, 475, 482; VII, 28, 92, 143, 162, 166, 239, 285; VIII, 54, 83, 111, 125, 126, 134, 150, 157, 168, 169, 170, 171, 172, 178, 180, 181, 182, 183, 185, 187, 189, 223, 224, 239, 242, 251, 259, 262, 265, 269, 292, 315, 316, 319, 320, 321, 322, 331, 361, 456, 493, 494, 507; IX, 7, 21, 27, 29, 32, 40, 61, 62, 98, 100, 109, 138, 145, 168, 171, 172, 178, 183, 186, 189, 194, 202, 206, 212, 217, 226, 232, 234, 237, 243, 248, 250, 252, 260, 262, 267, 271, 295, 299, 307, 309, 322, 335, 338, 390, 402, 407, 410, 414, 432, 436, 452, 455, 456, 461, 471, 472, 475, 479, 496; X, 3, 14, 15, 23, 25, 27, 28, 31, 36, 41, 43, 47, 48, 60, 61, 63, 67, 79, 98, 102, 107, 112, 114, 116, 119, 120, 126, 131, 132, 141, 144, 146, 153, 154, 155, 157, 171, 211, 261, 267, 271, 273, 278, 293, 294, 324, 336, 338, 349, 352, 362, 371, 378, 382, 383, 407, 411, 426, 455, 458, 469, 470, 492, 499; XI, 11, 16, 18, 22, 25, 26, 56, 72, 77, 109, 110, 112, 117, 120, 125, 134, 136, 173, 179; XII, 43, 45, 89, 264; XIII, 71, 352; XIV, 90, 99, 112, 230, 233, 244, 274, 279, 328, 377, 431, 437, 438, 447; XV, 87, 96, 163, 186, 236, 244, 251, 269, 315, 368, 371, 438; XVI, 86, 112, 121, 124, 165, 169, 194, 216, 228, 242, 272, 293, 317, 362, 366, 391, 393, 405, 455; XVII, 1,

22, 23, 25, 43, 84, 95, 105, 117, 127, 152, 153, 175, 178, 201, 202, 206, 224, 240, 252, 261, 278, 279, 289, 303, 320, 330, 347, 367, 371, 372, 378, 381, 395, 434; XVIII, 19, 49, 52, 54, 67, 90, 114, 128, 139, 199, 222, 225, 230, 281, 283, 294, 300, 311, 314, 326, 334.

VILLEROY (Maréchale de), VI, 141; VII, 2, 285; VIII, 92; IX, 327, 393; XI, 368; XII, 248, 278.

VILLEROY (Marquis de), XIV, 233, 244; XV, 87; XVI, 253, 311, 316, 345, 505, 512.

VILLEROY (Marquise de), XVIII, 238, 239, 245.

VILLEROY (M. de), II, 38; III, 88, 152, 190, 291, 330; IV, 81, 429, 453; V, 229, 248, 328; X, 20, 57, 373; XI, 496; XIV, 190; XVII, 274.

VILLEROY (Mme de), II, 385; XII, 464.

VILLEROY (Mlle de), II, 173, 193; XVI, 259, 273, 299.

VILLEROY (Mme de), supérieure du Calvaire, XVI, 253.

VILLERS (M. de), lieutenant dans le regiment du roi, IV, 96.

VILLERS (Mme de), abbesse de Willancourt XI, 352.

VILLERS (Milord), VI, 43, 53, 236, 342. *Voy.* JERSEY.

VILLERS D'O (Marquis de), major de la marine, II, 30.

VILLESAVIN (Mme de), II, 28.

VILLESAVIN-CHAVIGNY (M. de), XV, 286.

VILLESERIN (Louis-Anne Aubert de), évêque de Senez, V, 158.

VILLETANEUSE (Mme de), XII, 300; XIII, 43.

VILLETTE (M. de), I, 264, 272, 276, 308; II, 128; III, 13, 50, 165, 173, 176; IV, 66, 68, 70, 72, 77, 80, 84, 135, 151, 163; V, 163, 179; IX, 448; X, 122; XI, 37, 297; XII, 37; XVI, 324, 331, 357, 358; XVII, 154, 156, 186.

VILLETTE (Mme de), XVII, 157, 187.

VILLETTE (Mlle de), IV, 252.

VILLEVIEILLE, lieutenant-colonel, I, 355.

VILLEVRAU (De), capitaine des gardes, III, 408.

VILLIERS (M. de), I, 227; IV, 256; V, 310, 395; VII, 317; VIII, 214; X, 169; XI, 205; XII, 139, 158, 333; XIII, 131, 331; XV, 427; XVIII, 5.

VILLIERS-LONGCHESNE (M. de), II, 162.

VILLIERS LE MORHIER (M. de), VIII, 305; X, 165; XI, 52, 401; XII, 362, 410.

VINCELLES (De), brigadier de dragons, XVIII, 10.

VINCENOT (Abbé de), XII, 293.

VINS (M. de), II, 163; III, 3, 95, 152, 297, 329, 332, 417; IV, 52, 88, 138, 141, 162, 240, 242, 253, 258, 478; V, 308, 348; VI, 6, 97; VIII, 93, 346, IX, 110; XI, 247; XIII, 479; XVI, 373, 394.

VINS (Mme de), III, 412; VII, 265.

VINTERFELDT (M. de), officier général des troupes d'Espagne, XI, 141.

VINTES, écuyer ordinaire de Madame, XVII, 457; XVIII, 57.

VINTIMILLE DU LUC (Charles-Gaspard-Guillaume de), évêque de Marseille, I, 19; IV, 55; VIII, 155; archevêque d'Aix, XII, 76; XIII, 214; XVII, 40.

VINTIMILLE (M. de), colonel de cavalerie, XVII, 373.

VIOLAINE, gouverneur de Philippeville, V, 322; X, 471.

VIREMONT, capitaine de grenadiers, I, 203.

VIREVILLE. *Voy.* VIRIVILLE.

VIRIEU (M. de), III, 195; V, 28, 310.

VIRIEU (Mlle de), V, 350.

VIRIVILLE (M. de), II, 303, 321; III, 43, 47, 168, 195; VII, 101; VIII, 71; X, 436; XV, 207.

VISCONTI (Cardinal), IV, 234.

VISCONTI (M. de), général des troupes de l'empereur, VIII, 467, 468; IX, 339, 341; X, 59; XI, 435.

VISÉ. *Voy.* VIZÉ.

Visites du roi et de la reine, II, 177.

VISNICH (Abbé de), XIII, 76.

VISSAC (Abbé de), XIII, 76.

VISSAC, gouverneur de Landau, II, 200; III, 182; IV, 235.

VISSEC, colonel, XVII, 347.

VITRÉ (M. de la), I, 66.

VITRY (Chevalier de), XV, 26.

VITRY (Duchesse de), I, 18.

VITRY (Marquis de), I, 120; II, 459, 464.

VITRY (Marquise de), II, 151, 366; III, 49; VI, 343; VII, 68.

VITTEMENT (Abbé), XVI, 365; XVIII, 49, 50.

VITTEMENT (M.), recteur de l'Université, VI, 359, 360.

VIVANS (M. de), I, 257, 278, 323; II, 163, 179, 339, 429; III, 89, 124, 158, 163, 299, 354; IV, 210; V, 342; IX, 19, 72, 109, 112; X, 164; XI, 46, 254, 329, 376, 386, 409, 445, 452, 474, 477; XII, 7, 362; XIII, 273; XIV, 16, 253; XV, 12, 34; XVIII, 149.

VIVANS (Mme de), XVIII, 204.

VIVIER (M. du), II, 437; V, 124, 287; VI, 118; VIII, 43; XI, 52.

Viviers (Évêque de). *Voy.* CHAMBONAS, RATABON et SUZE.

VIVONNE (M. de), I, 299, 390; II, 124, 168; XII, 353.

VIVONNE (Mme de), X, 103; XII, 353.

VIVONNE (Mlle de), VI, 454, 459, 460; VIII, 494.

VIZÉ (M. de), maître d'hôtel ordinaire de la reine, I, 199.

VIZÉ (Mme de), IV, 71, 215.

VIZÉ (M. de) le fils, officier aux gardes, III, 315.

VIZÉE, musicien, I, 332; V, 112; IX, 332; X, 161, 428.

VOGADE (La), gouverneur d'Oléron, II, 8.

VOGÜÉ (Mme de), XIV, 336.

VOIGNY, financier, XVI, 508.

VOISIN (M.), I, 16, 77, 110, 227; II, 41, 54; IV, 400; V, 231; VII, 144, 216; VIII, 24; XI, 343, 346; XII, 92, 118, 155, 311, 357, 440-483; XIII, 3-488; XIV, 2-487; XV, 2-184; chancelier de France, 185-461; XVI, 4-121, 174, 193, 300, 302, 303, 322, 339, 368, 370, 374, 455, 468; XVII, 14.

VOISIN (Mme), XII, 440, 483; XIII, 19, 67, 186, 196, 197, 202, 254, 255, 276, 327, 360, 417; XV, 116, 120, 127, 129.

VOISIN (Mlle), XIII, 117, 313, 324, 326; XVI, 488.

VOISIN DE LA NORAYE, maître des requêtes, II, 41; V, 77.

VOISINS (Gilbert de). *Voy.* GILBERT DE VOISINS.

Vol à Versailles, I, 62; II, 9; III, 353; VII, 93; à Meudon, 215, 282; à Versailles, IX, 87; XIII, 202.
VOLTAIRE. *Voy.* AROUET.
VOLVIRE (Abbé de), XIV, 147.
VOLVIRE (M. de), XI, 285, 286; XIII, 131; XVIII, 5.
VOUE-TOUROUVRE (M. de la), enseigne des gendarmes de Bourgogne, II, 321.
VOYE (De), capitaine dans le régiment de Forez, IV, 322.
VOYER (M. de), XVII, 410.
VOYER (M. le), intendant à Moulins, VII, 179.
VRAIGNES (M. de), V, 343; VII, 462; X, 165; XI, 329.
VRANGEL (Baron), maréchal de camp espagnol, IX, 157; XI, 141.
VRAY, résident à la Haye, VIII, 85.
VREVINS. *Voy.* VERVINS.
VRILLIÈRE (Chevalier de la), III, 183, 423; VIII, 313, 338; IX, 124; X, 166, 191, 322; XII, 444.
VRILLIÈRE (M. de la), V, 149, 299; VII, 300, 303, 306, 311, 324, 367, 465; VIII, 27, 81; X, 36, 52, 396, 403; XI, 113, 265; XII, 133, 216, 227; XIII, 129; XIV, 72, 223, 371, 416, 418, 431; XV, 19, 24; XVI, 125, 171, 194, 198, 199, 201, 208, 300, 386, 434, 473; XVII, 10, 37, 236, 394, 401, 479; XVIII, 36, 80, 102, 231, 288, 291, 294, 300, 307, 322, 336.
VRILLIÈRE (Mme de la), VII, 368, 394, 452; VIII, 31, 338; IX, 119, 454; X, 225; XI, 2, 62, 310; XII, 64; XIII, 316; XIV, 6, 82, 87, 142, 149, 351; XV, 187, 394; XVI, 368, 434.
VRILLIÈRE (Mlle de la), XVII, 261, 278.
Vrillière (Hôtel de la), XIV, 247, 325.

W.

WACOP, officier irlandais, IV, 61, 255, 375; VIII, 319.
WAGNER, officier suisse, 4, 254; VIII, 10, 304, 346, 420; IX, 89.
WALDECK (Prince de), II, 211, 226.
WALDEGRAVE (Milord), II, 234; III, 58.
WALDEGRAVE (Mme de), II, 390; V, 134, 172, 303.
WALKER, chevalier de Saint-Louis, IV, 285.
WALLERSTED, sénateur de Suède, VI, 111.
WALPOLE (M.), XVII, 162; XVIII, 203.
WALSTEIN (Comte de), VI, 375; VII, 287; IX, 210, 216, 236, 246, 255, 471.
WARTENBERG (Comtesse de), XV, 98.
WARTIGNY (M. de), III, 7; VI, 375; VII, 365; VIII, 305, 469; IX, 433; X, 173.
WARTON (Milord), XII, 30; XV, 410.
WASSENAER, Hollandais, VI, 361.
WEBENOM, gouverneur de Bréda, III, 291.
WEGEL, général des troupes de l'électeur Palatin, XIII, 266.
WELS (Baron de), plénipotentiaire de l'empereur, XV, 287.
WERCHIN. *Voy.* VERCHIN.

WHARTON. *Voy.* WARTON.
WHETEN, général-major allemand, IV, 168.
WIECNOWIECKI (Michel, roi de Pologne, VI, 12.
WIGNACOURT. *Voy.* VIGNACOURT.
WILLIAMSON (M. de), plénipotentiaire du prince d'Orange, VI, 43, 53.
WILNA (Castellane de), V, 151.
WILS (M. de), V, 349; VIII, 270; XIII, 303.
WINBERGHEN (M. de), commandant à Namur, 4, 115.
WINDISCH-GRAETZ (Comte de), II, 61; IV, 459; XVIII, 22.
WINTHOR (Mme Henriette), I, 199.
WISNIOVIECKI. *Voy.* WIECNOWIECKI.
WOLFENBUTTEL (Duc de), IV, 231.
WOLFENBUTTEL (Prince de), VIII, 95.
WOLFENBUTTEL (Princesse de), X, 449; XI, 239, 319, 352, 486; XII, 4, 62, 63, 141, 164; XIV, 16, 20.
WRANGEL. *Voy.* VRANGEL.
WREDE, sénateur de Suède, VI, 111.
WRMB (Comte de), chevalier de la Toison d'Or, VI, 347.
WURTEMBERG (Duc de), I, 291; III, 17; IV, 176, 194, 196, 220, 228, 233, 325, 336, 350; V, 66, 229, 386, 405; VI, 221; VII, 13, 343; VIII, 131; IX, 169, 190; XII, 27; XIV, 212; XVI, 476.
WURTEMBERG (Prince de), IX, 22, 10, 403, 411; XI, 443, 446; XIV, 423, 468, 470, 471.
WURTEMBERG-MONTBÉLIARD (Princesse de), VII, 151.
WURTS, général des troupes de l'empereur, VI, 384.
Wurtzbourg (Évêque de), V, 16; VII, 382; IX, 381.

X.

XAINTRAILLES (M. de), I, 81; II, 27; III, 61, 256; XI, 397; XIII, 115; XV, 45.
XAINTRAILLES (Mlle de), II, 151; IV, 270, 275, 280.
XIMENÈS (M. de), II, 163, 342; III, 91, 160, 161, 187, 247, 261; IV, 52, 79, 81, 82, 102, 109, 112, 118, 185, 253, 257, 303, 325, 365, 397, 400, 477; V, 94, 292, 297, 390, 403, 434; VI, 43; VIII, 33, 93, 183, 218, 257, 346; IX, 43, 108, 165, 301, 459; XI, 19, 274; XII, 182, 184; XVI, 367; XVIII, 229.

Y.

YARMOUTH (Comte d'), XIV, 176. *Voy.* DARMOUTH.
YOLET (M. d'), mestre de camp, IV, 240; VIII, 396; maréchal de camp, XVII, 343.
York (Archevêque d'), II, 324, 383; XV, 210.
YORK (Duc d'), I, 123, 196; II, 415.
YOUEL, officier danois, V, 343; VI, 467; X, 165; XI, 328; XII, 164.

Ypres (Évêque d'), XIV, 389, 472.
YVETOT (Mlle d'), II, 167.

Z.

ZAGUAROLLE (Duc de), I, 438.
ZANDEDARI. *Voy.* ZONDODARI.
ZEDDES, brigadier de dragons, X, 392.
ZELL (Duc de), I, 291; III, 331; IV, 3, 64; V, 154; VI, 442; VII, 228, 324; VIII, 114, 184, 201, 381.
ZÉNO, général vénitien, IV, 465; V, 184.
ZEREZEDA, colonel espagnol, XII, 10. *Voy.* CEREZEDA.
ZINZENDORF (Comte de), VII, 126, 139, 204, 215, 264, 288, 385, 390, 405, 410, 418, 421, 457; VIII, 3, 153, 169, 175, 463, 506; IX, 70, 248, 288; XI, 238; XII, 383, 415, 427; XIII, 68, 326; XIV, 71, 289, 388, 399, 403, 405.
ZOBOR (Comte de), chambellan de l'empereur, XI, 378, 441; XII, 11, 35.
ZONDODARI, grand maître de Malte, XVIII, 244, 269.
ZONDODARI, nonce du pape en Espagne, VIII, 255; cardinal, XIV, 153.
ZOZIME (Dom), abbé de la Trappe, V, 386.
ZUMJUNGEN, général des troupes de l'empereur, XIV, 139; XVIII, 62.
ZUNIGA (M. de), XI, 294, 353, 357; XIII, 245, 305, 308; XV, 161.
ZURLAUBEN (M. de), III, 330, 337; V, 341; VI, 13; VIII, 93, 126, 262, 300, 341, 347, 367, 368, 369, 377, 428, 472, 482; IX, 21, 109, 281, 439, 441; X, 17, 18, 102, 112, 131, 137, 140, 143, 148.
ZURLAUBEN (Mme de), V, 102.
ZURLAUBEN (Mlle de), XIV, 141, 586.

SUPPLÉMENT

A LA

TABLE GÉNÉRALE ALPHABÉTIQUE.

A.

Albemarle (Duc d'), nommé *le petit Grand Prieur*, V, 326 ; VI, 278, 338.
Aligre (Chancelier d'), XIV, 70.

B.

Barroire (Le président de la), III, 406.
Bavière (Électeur de), XVII, 96.
Brandebourg (Prince Philippe de), I, 427, 430.
Brisay, exempt des gardes, XV, 51.
Bueil (Comte de), VII, 307 ; XVIII, 260.

C.

Canilly (Abbé de), IV, 416.
Caraffa (Don Tiberio), XIV, 214, 335.
Cavendish. *Voy.* Hartington.
Caze (M. de la), I, 202 ; IV, 282, 284.
Chaville (Maison et parc de), V, 315.
Clancarthy (Milord), IV, 344.
Coadelet (Abbé de), VI, 320, 330 ; VII, 88.
Coadelet (M. de), X, 148, 283 ; XI, 134, XV, 150.

CONTY (Mlle de), XI, 314.
COPPOLA (Gaëtano), prince de Montefalcone, VIII, 416.
COUR (La), IX, 198.
CRENAN, II, 106.
CRILLON, III, 9.
CROISSY (Mme de), abbesse du Lis, VI, 350.

D.

DARMSTADT (Prince Philippe de), VI, 423.
DESLANDES, XII, 301.

E.

EAU (L.). *Voy.* LO.
ESPAGNE (M. d'), XIII, 438.

F.

Faux-Sauniers. *Voy.* Sauniers.
FERRAND. *Voy.* SAINT-DISANT.
Fontainebleau (Travaux de), VII, 306.

G.

GENEST (François), évêque de Vaison, II, 181.
GILBERT de VOISINS, XVII, 349, 381, 415.
GONDRAS, exempt de la compagnie de Duras, VIII, 79.
GUILLELMINE-AMÉLIE DE HANOVRE, reine des Romains, VII, 45, 215, 415; VIII, 74, 231, 381.

H.

HARCOURT (M. d'), lieutenant général, IV, 254.
HOWARD (Milord Thomas), II, 341.
HUMIÈRES (Maréchal d'), IV, 80.

J.

JOSEPH, roi des Romains, VI, 313, 468; VII, 65, 381; VIII, 408, 452, 471, 482; X, 41, 131, 132, 136.

K.

Kiovie (Palatin de), XIII, 230.

M.

Marnais, mestre de camp de cavalerie, VIII, 79.
Mustapha II, sultan, V, 13, 197, 472; VIII, 110; IX, 289, 303.

FIN DU TOME DIX-NEUVIÈME.

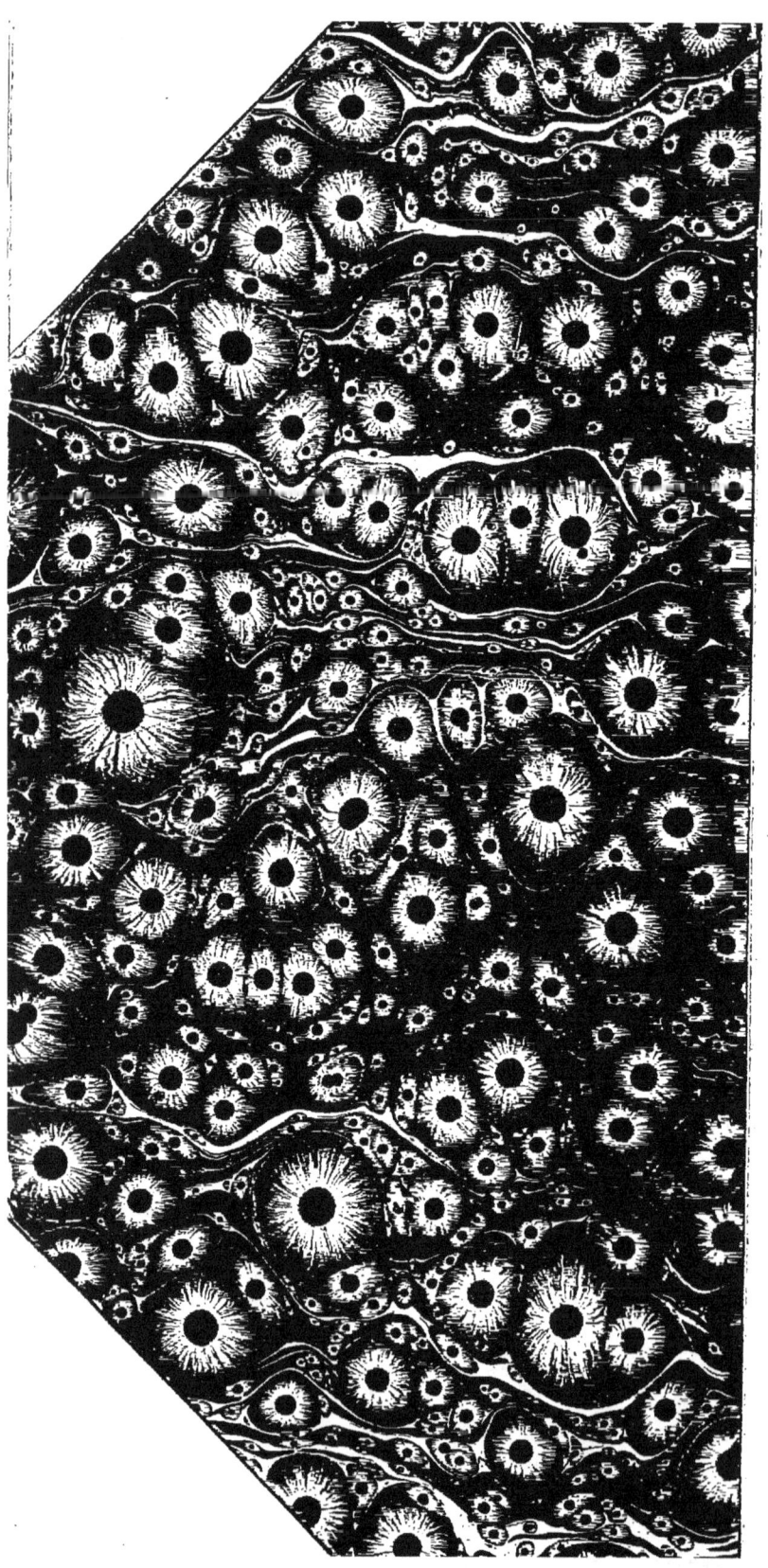

www.ingramcontent.com/pod-product-compliance
Lightning Source LLC
Chambersburg PA
CBHW050641170426
43200CB00008B/1111